Die Gefahr der Mehrfachverfolgung und Mehrfachbestrafung im internationalen Korruptionsstrafrecht am Beispiel Deutschlands, Großbritanniens und der Vereinigten Staaten

Deutsches, europäisches und internationales Strafrecht und Strafprozessrecht

Herausgegeben von
Martin Waßmer

Band 12

PETER LANG

Thomas Kieferle

Die Gefahr der Mehrfachverfolgung und Mehrfachbestrafung im internationalen Korruptionsstrafrecht

am Beispiel Deutschlands, Großbritanniens und der Vereinigten Staaten

PETER LANG

Bibliografische Information der Deutschen Nationalbibliothek
Die Deutsche Nationalbibliothek verzeichnet diese Publikation in der Deutschen Nationalbibliografie; detaillierte bibliografische Daten sind im Internet über http://dnb.d-nb.de abrufbar.
Zugl.: Berlin, Humboldt-Univ., Diss., 2019.

Die Arbeit wurde unter dem Arbeitstitel „Die Gefahr der Doppelbestrafung im internationalen Korruptionsstrafrecht" eingereicht.

Gedruckt auf alterungsbeständigem, säurefreiem Papier.
Druck und Bindung: CPI books GmbH, Leck

D 11
ISSN 2197-8417
ISBN 978-3-631-80674-6 (Print)
E-ISBN 978-3-631-82182-4 (E-PDF)
E-ISBN 978-3-631-82183-1 (EPUB)
E-ISBN 978-3-631-82184-8 (MOBI)
DOI 10.3726/b16965

Peter Lang – Berlin · Bern · Bruxelles · New York · Oxford · Warszawa · Wien

Diese Publikation wurde begutachtet.

www.peterlang.com

Meiner Familie

Vorwort

Die vorliegende Arbeit wurde von der Juristischen Fakultät der Humboldt-Universität zu Berlin im Sommersemester 2019 als Dissertation angenommen.
Die Dissertation befindet sich auf dem Stand ihrer Fertigstellung Mitte Juni 2018. Für die Publikation ist die Arbeit nur an einzelnen Stellen geringfügig überarbeitet worden.
Mein herzlicher Dank gilt meinem Doktorvater Professor Dr. Luís Greco, LL.M für die Betreuung der Arbeit sowie Professor Dr. Gerhard Werle für die Erstellung des Zweitgutachtens.
Dem Herausgeber der Reihe Professor Dr. Dr. h.c. Martin Waßmer danke ich für die Aufnahme in die Schriftenreihe.
Zu besonderem Dank verpflichtet bin ich all denjenigen, die mir während der Entstehung dieser Arbeit aufmunternd zur Seite gestanden sind. Dies gilt vor allem meinen (Groß-)Eltern, die mich stets unterstützt und mir so vieles ermöglicht haben.

Augsburg, im Januar 2020 Thomas Kieferle

Inhaltsverzeichnis

Abkürzungsverzeichnis

a.A.	anderer Ansicht
ABl.	Amtsblatt
Abs.	Absatz
AC	The Law reports. Appeal cases before the House of Lords and the Judicial Committee of the Privy Council
AEMR	Allgemeine Erklärung der Menschenrechte
AEUV	Vertrag über die Arbeitsweise der Europäischen Union
AJIL	The American Journal of International Law
AT	Allgemeiner Teil
BayObLG	Bayerisches Oberstes Landesgericht
BB	Betriebs-Berater
BGBl.	Bundesgesetzblatt
BGH	Bundesgerichtshof
BGHSt	Entscheidungen des Bundesgerichtshofs in Strafsachen – Amtliche Sammlung
BMJ	Bundesministerium der Justiz
bspw.	beispielsweise
BT	Besonderer Teil
BT-Drs.	Bundestagsdrucksache
BVerfG	Bundesverfassungsgericht
BVerfGE	Entscheidungen des Bundesverfassungsgerichts – Amtliche Sammlung
bzgl.	bezüglich
bzw.	beziehungsweise
CCZ	Corporate Compliance Zeitschrift
DOJ	United States Department of Justice
DPA	Deferred Prosecution Agreement
DStR	Deutsches Steuerrecht
EMRK	Europäische Konvention zum Schutze der Menschenrechte und Grundfreiheiten
ETS	European Treaty Series
EUBestG	EU-Bestechungsgesetz
FCPA	Foreign Corrupt Practices Act

Fn.	Fußnote
FS	Festschrift
GA	Goltdammer's Archiv für Strafrecht
GG	Grundgesetz
ggf.	gegebenenfalls
GrCh	Charta der Grundrechte der Europäischen Union
GRECO	Groupe d'Ètats contre la Corruption
GS	Gedächtnisschrift
HRRS	Höchstrichterliche Rechtsprechung zum Strafrecht
Hrsg.	Herausgeber
I.L.M.	International Legal Materials
i.R.d.	im Rahmen des/der
i.S.d.	im Sinne des/der
i.V.m.	in Verbindung mit
ICCLR	International Company and Commercial Law Review
ICLR	The International Construction Law Review
IGH	Internationaler Gerichtshof
Int. Crim. Law Rev.	International Criminal Law Review
Int'l. & Comp. Law Q.	The International and Comparative Law Quarterly
IntBestG	Gesetz zur Bekämpfung internationaler Bestechung
IPbpR	Internationaler Pakt über bürgerliche und politische Rechte
IRG	Gesetz über die internationale Rechtshilfe in Strafsachen
Isr. L. Rev.	Israel Law Review
IStGH	Internationaler Strafgerichtshof
KG	Kammergericht
KOM	Kommissionsdokument
KPKp	Kölner Papiere zur Kriminalpolitik
KritV	Kritische Vierteljahresschrift für Gesetzgebung und Rechtswissenschaft
L. Rev.	Law Review
m.w.N.	mit weiteren Nachweisen
m.W.v.	mit Wirkung vom
Metro. Corp. C.	The Metropolitan Corporate Counsel
N.C.J. Int'l L. & Com. Reg.	North Carolina Journal of International Law and Commercial Regulation
NJW	Neue Juristische Wochenschrift

Nr.	Nummer
NStZ	Neue Zeitschrift für Strafrecht
Nw. J. Int'l L. & Bus.	Northwestern Journal of International Law & Business
NZG	Neue Zeitschrift für Gesellschaftsrecht
NZWiSt	Neue Zeitschrift für Wirtschafts-, Steuer- und Unternehmensstrafrecht
OAS	Organization of American States
OECD	Organization for Economic Cooperation and Development
OLG	Oberlandesgericht
OWiG	Gesetz über Ordnungswidrigkeiten
Para.	Paragraph (engl.)
RG	Reichsgericht
RGSt	Entscheidungen des Reichsgerichts in Strafsachen – Amtliche Sammlung
RIW	Recht der internationalen Wirtschaft
Rn.	Randnummer
S.	Satz
s.	siehe
S. Rep.	Senate Report
SDÜ	Übereinkommens zur Durchführung des Übereinkommens von Schengen
SEC	United States Securities and Exchange Commission
Sec.	Section
SFO	Serious Fraud Office
StA	Staatsanwaltschaft
StGB	Strafgesetzbuch
StV	Strafverteidiger
Tulane J. of Int'l. & Comp. Law	Tulane Journal of International and Comparative Law
U. Law Rev.	Utrecht Law Review
U. Penn. J. of Business L.	University of Pennsylvania Journal of Business Law
u.U.	unter Umständen
UK	United Kingdom of Great Britain and Northern Ireland (Vereinigtes Königreich von Großbritannien und Nordirland)
UKBA	UK Bribery Act 2010

U.S.C.	United States Code
USD	US-Dollar
Var.	Variante
vgl.	vergleiche
Wash. & Lee Law Rev.	Washington and Lee Law Review
Wash. U. Law Rev.	Washington University Law Review
wistra	Zeitschrift für Wirtschafts- und Steuerstrafrecht
Yale Law J.	The Yale Law Journal
ZIS	Zeitschrift für Internationale Strafrechtsdogmatik
ZRFC	Zeitschrift für Risk, Fraud & Compliance
ZRP	Zeitschrift für Rechtspolitik
ZStW	Zeitschrift für die gesamte Strafrechtswissenschaft

„[D]ie Korruption [stellt] eine Bedrohung der Rechtsstaatlichkeit, der Demokratie und der Menschenrechte [dar], die Grundsätze verantwortungsbewussten staatlichen Handelns, der Billigkeit und der sozialen Gerechtigkeit untergräbt, den Wettbewerb verzerrt, die wirtschaftliche Entwicklung behindert und die Stabilität der demokratischen Institutionen und die sittlichen Grundlagen der Gesellschaft gefährdet"

Präambel des Strafrechtsübereinkommens des Europarats vom 27. Januar 1999 über Korruption

„The underlying idea [...] is that the State, with all its resources and power, should not be allowed to make repeated attempts to convict an individual for an alleged offense, thereby subjecting him to embarrassment, expense and ordeal and compelling him to live in a continuing state of anxiety and insecurity"

U.S. Supreme Court, Green v. United States, 355 U.S. 184, at 187 (1957).

Einleitung

Im Zeitalter der Globalisierung erlebt nicht nur der globale Handel einen Aufschwung. Wo viele Geschäfte abgeschlossen werden, ist Korruption oft nicht weit entfernt. Dies gilt besonders dann, wenn Staaten in diese Geschäfte verwickelt sind, die im Corruption Perception Index von Transparency International[1] als „highly corrupt" eingestuft werden.

Als Antwort auf diese zunehmende Korruptionsgefahr wurden von einer Vielzahl von Staaten Übereinkommen unterzeichnet, die diesen Tendenzen begegnen sollen. Zu nennen sind insbesondere das OECD-Übereinkommen über die Bekämpfung der Bestechung ausländischer Amtsträger im internationalen Geschäftsverkehr vom 17.12.1997 („OECD-Übereinkommen"), das Übereinkommen der Vereinten Nationen vom 31.10.2003 gegen Korruption („UN-Übereinkommen") und das Strafrechtsübereinkommens des Europarats vom 27.1.1999 über Korruption („Europarat-Übereinkommen"), welche bereits zum großen Teil in nationale Regelungen überführt wurden.

1 Abrufbar im Internet unter: https://www.transparency.org/cpi2018 (Corruption Perception Index (CPI) 2018, zuletzt aufgerufen am 12.8.2019).

Mittels dieser Übereinkommen wurde der Kampf gegen die Korruption zu einer globalen Angelegenheit gemacht, da Korruption auch vor Landesgrenzen nicht mehr halt mache.[2] Dieser Trend zur „Globalisierung der Korruptionsbekämpfung“[3] nahm auf nationaler Ebene im Jahre 1977 mit der Einführung des *Foreign Corrupt Practices Act* („FCPA“) in den USA seinen Anfang. Dieses Gesetz, welches in seiner Anwendbarkeit weit über die Grenzen der Vereinigten Staaten hinausreicht, war der Grundstein für eine Vielzahl weiterer umfassender Anti-Korruptionsgesetze.[4] Galt der FCPA für viele lange als das strengste Gesetz gegen Korruption der Welt, so änderte sich diese Einschätzung mit der Einführung des *UK Bribery Act* („UKBA“) im Jahre 2010.[5] Dieses Gesetz, das eine ähnlich umfassende Geltung für sich beansprucht wie der FCPA, führte nun sogar eine verschuldensunabhängige Haftung für Unternehmen im Bestechungsfall ein, sofern das Unternehmen keine angemessenen Präventionsmaßnahmen implementiert hatte.[6] Schlussendlich passte sich auch das deutsche Recht im November 2015 mit dem Gesetz zur Bekämpfung der Korruption dieser Entwicklung an.

Neben einem (möglichst) globalen Geltungsanspruch zeichnet sich somit ebenfalls ein Trend zu einer zunehmenden Kriminalisierung im Bereich der Korruptionsbekämpfung ab.

Diese Kombination aus zunehmender Kriminalisierung bestimmter Verhaltensweisen und Ausdehnung des Anwendungsbereichs nationaler Anti-Korruptionsgesetze enthält eine besondere Brisanz. Stand das Problem von strafrechtlichen Jurisdiktionskonflikten bislang nicht im Fokus der Aufmerksamkeit, wird sich diese Problematik im Bereich des Korruptionsstrafrechts noch verschärfen. Durch die zunehmende Zahl an Staaten, die die Anti-Korruptionsabkommen in nationales Recht umsetzen, steigt auch die Zahl an Jurisdiktionen, die in einem Korruptionsfall ihre Strafgewalt geltend machen können.[7]

---

2 So schon die Problembeschreibung im Gesetzesentwurf der Bundesregierung zum Gesetz zur Bekämpfung der Korruption, BT-Drs. 18/4350, S. 1.

3 So der erste Teil des Titels der 2007 erschienenen Dissertation von *Androulakis*, Die Globalisierung der Korruptionsbekämpfung.

4 Siehe zum FCPA unter Kap. 1 C.

5 Siehe zum UKBA unter Kap. 1 B.

6 Section 7 UKBA.

7 So stellten *Vander Beken u. a.*, Finding the Best Place for Prosecution, S. 56 bereits im Jahre 2002 fest: „Currently, finding a State that has jurisdiction is easier than pointing one out that has no jurisdiction.“; vgl. auch *Holtmeier*, Fordham L. Rev. 2015, 493 (494 f.); zu diesen sog. „positiven Kompetenzkonflikten“ s. *Linke*, in: Oehler/Pötz,

Dies führt in direkter Konsequenz zu einer Gefahr mehrfacher Strafverfolgung und zur Gefahr der Doppelbestrafung für den Betroffenen. Die fehlende Anerkennung eines international geltenden *ne bis in idem* verschärft diese Problematik zusätzlich.

An dieser Stelle gilt es jedoch, die beiden oben angeführten Zitate in Einklang zu bringen. Auf der einen Seite stehen natürlich die viel beachteten schädlichen Auswirkungen, die Korruption auf fundamentale Werte hat. Auf der anderen Seite steht jedoch ein Individuum, das als mutmaßlicher „Korruptionsstraftäter“ für diese Schäden mitverantwortlich gemacht wird und zu dessen „Bekämpfung“ sich Staaten der ganzen Welt verbunden haben. Vor diesem Hintergrund gilt es, sich die Aussage des U.S. Supreme Courts vor Augen zu führen. Diese scheint aktuell gewichtiger denn je.

In dieser Arbeit wird daher zunächst die extraterritoriale Anwendbarkeit der wichtigsten Anti-Korruptionsvorschriften dargestellt, nach der sich die Intensität der angesprochenen Problematik der Mehrfachbestrafung richtet. Auch die Gründe für diese Entwicklung werden aufgezeigt (Kapitel 1). Anschließend wird untersucht, ob und inwieweit dieser Problematik bereits durch transnational geltende ne bis in idem Regelungen im nationalen Recht oder im Völkerrecht begegnet wird (Kapitel 2). Nach Aufzeigen der Unzulänglichkeiten der gegenwärtigen Rechtslage, wird erörtert, weshalb es notwendig ist, der dem internationalen Korruptionsstrafrecht immanenten Gefahr der Doppelbestrafung und -verfolgung vorzubeugen (Kapitel 3).

Auf dieser Basis werden schließlich vorhandene Lösungsmöglichkeiten dargestellt und untersucht, die zu einer adäquaten Entschärfung dieser Problematik führen könnten (Kapitel 4). Im Rahmen dieser Untersuchungen werden Maßstäbe für eine praktikable Lösung aufgestellt, an denen sich der abschließend vorgestellte eigene Lösungsvorschlag messen lassen muss (Kapitel 5).

Dabei beschränkt sich diese Arbeit auf die Besonderheiten der Korruptionstatbestände des FCPA, des UKBA und des deutschen Rechts (§§ 299 ff. StGB und §§ 331 ff. StGB). Die Beschränkung auf diese drei Rechtsordnungen bedingt sich aus der praktischen Relevanz der darin enthaltenen Normen. Der FCPA verdient einerseits als Ursprung der beschriebenen Entwicklung, andererseits

---

FS Grützner, S. 85; *Eser/Weißer*, in: Schönke/Schröder, Strafgesetzbuch, Vor §§ 3-9 Rn. 34; *Ambos*, in: Joecks/Miebach, Münchener Kommentar zum StGB, Vor § 3 Rn. 61; *Schönberger*, Positive transnationale Jurisdiktionskonflikte, S. 45 ff. m.w.N.

durch viele aus ihm hervorgehende medienträchtigen Verfahren besondere Aufmerksamkeit.[8] Die Einbeziehung des UKBA in die Untersuchung erfolgt neben der räumlichen Nähe zu Deutschland auch daraus, dass dieser zum einen als besonders striktes Gesetz gegen Korruption gilt, welches Strafen in unbegrenzter Höhe zulässt, dessen Einführung zum anderen dennoch mit großen Unsicherheiten verbunden war.[9] Schlussendlich sind natürlich die hierzulande geltenden Normen relevant, an denen die beiden anderen Gesetze gemessen werden sollen.

Da vor allem die Normen des FCPA nur auf die Bekämpfung der Bestechung ausländischer Amtsträger abzielen, wird sich darauf im Laufe der Arbeit ein gewisser Fokus einstellen.[10]

Auf die Sanktionierung von Unternehmen wird dabei nur am Rande eingegangen, wenn eine damit zusammenhängende Besonderheit dies gerechtfertigt erscheinen lässt. Dieser Bereich wurde bereits umfassend behandelt.[11]

---

8 Siehe beispielsweise *FOCUS Online*, 413 Millionen Dollar: US-Hedgefonds Och-Ziff muss Strafe wegen Bestechung zahlen (Meldung vom 30.9.2016, abrufbar im Internet unter: http://www.focus.de/finanzen/news/regierungsmitglieder-in-afrika-geschmiert-413-millionen-dollar-us-hedgefonds-och-ziff-muss-strafe-wegen-bestechung-zahlen_id_6010262.html, zuletzt aufgerufen am 12.8.2019); *SPIEGEL ONLINE*, Französischer Energiekonzern: Korruptionsaffäre kostet Alstom 772 Millionen (Meldung vom 22.12.2014, abrufbar im Internet unter: http://www.spiegel.de/wirtschaft/unternehmen/alstom-muss-wegen-korruptionsaffaere-772-millionen-euro-zahlen-a-1010022.html, zuletzt aufgerufen am 12.8.2019).

9 *Kappel/Ehling*, BB 2011, 2115 (2116), die den UKBA als Damoklesschwert bezeichnen; *Klengel/Dymek*, HRRS 2011, 22 (25), wonach der UKBA ein fast unüberschaubares Risiko darstellt.

10 Siehe dazu auch zusammenfassend unter Kap. 1 D.

11 Vgl. dazu die Dissertation von *Letzien*, Internationale Korruption und Jurisdiktionskonflikte. Die Sanktionierung von Unternehmen im Fall der Bestechung ausländischer Amtsträger, 2018.

Kapitel 1 Die Reichweite der Gesetze gegen Korruption

Das Problem der Gefahr der Mehrfachbestrafung im internationalen Korruptionsstrafrecht gründet auf der weiten extraterritorialen Reichweite der Normen. Um zu ermitteln, wie weit die Anwendbarkeit der §§ 299 ff. und §§ 331 ff. StGB, FCPA und UKBA tatsächlich reicht, werden zunächst die Grenzbereiche ihres Geltungsbereichs genauer beleuchtet. Dies ist unerlässlich, da sich die Intensität der Gefahr der Mehrfachbestrafung auf die nachfolgenden Erkenntnisse stützen wird. Abschließend wird auf die Gründe für diese Entwicklung eingegangen.

A. Die Reichweite der deutschen Anti-Korruptionsvorschriften

Zunächst werden die nach deutschem Recht geltenden Normen zur Korruptionsbekämpfung untersucht. Diese lassen sich unterteilen in Bestechlichkeit und Bestechung im privaten Sektor (§ 299 StGB)[12] und im öffentlichen Sektor (§§ 331 ff. StGB). Die Bestechlichkeit und Bestechung im Gesundheitswesen (§ 299a und § 299b StGB)[13] und die Bestechlichkeit und Bestechung von Mandatsträgern (§ 108e StGB)[14] werden an passenden Stellen in Bezug genommen, sind jedoch nicht zentraler Untersuchungsgegenstand.[15] Um feststellen zu können, wann Korruption mit Auslandsbezug nach den Normen des deutschen Strafrechts strafbar ist, ist zunächst eine Unterscheidung nötig zwischen korruptiven Zuwendungen *ins* Ausland und korruptiven Zuwendungen *im* Ausland.[16] Zur anschaulicheren Darstellung wird im Folgenden von „Zahlungen" gesprochen. Gemeint sind damit natürlich sämtliche Formen der von den Bestechungsdelikten erfassten Zuwendungen.[17]

---

12 Siehe dazu *Kieferle*, NZWiSt 2017, 391, wo neben Erläuterungen zur Norm auch auf die Problematik der entschleierten Schmiergelder im Lichte der Neuregelung eingegangen wird.

13 Vgl. dazu *Kubiciel*, KPKp 1/2015, S. 3 ff.

14 Vgl. dazu *Hoven*, NStZ 2015, 553 (553 ff.).

15 Zum Unrecht der Korruption im Allgemeinen siehe die Ausführungen von *Greco*, GA 2016, 249.

16 Diese Unterscheidung ebenfalls treffend *Kappel/Junkers*, NZWiSt 2016, 382 (382 f.).

17 Zur Anwendung des deutschen Strafrechts bei Korruptionsdelikten mit Bezügen zur alten Rechtslage *Weigend*, in: Hoven/Kubiciel, Das Verbot der Auslandsbestechung.

I. Bestechungszahlungen ins Ausland

Zur Feststellung, wann Bestechungszahlungen ins Ausland nach deutschem Recht verfolgt werden können, wird zunächst das für diese Situationen relevante deutsche Strafanwendungsrecht dargestellt und anschließend überprüft, inwieweit dieses im Zusammenhang mit den deutschen Anti-Korruptionsvorschriften zur Anwendung gelangt.

1. Deutsches Strafanwendungsrecht

Für die Feststellung, ob eine Handlung nach deutschem Recht strafbar sein kann, ist das deutsche Strafanwendungsrecht maßgeblich. Dieses ist im ersten Teil des ersten Abschnitts des Strafgesetzbuchs unter dem Titel „Geltungsbereich" in den §§ 3 bis 9 StGB geregelt.

Damit nationales Strafrecht anwendbar sein kann, muss ein völkerrechtlich legitimierender Anknüpfungspunkt gegeben sein. Diese anerkannten Anknüpfungspunkte für die nationale Strafgewalt[18] sind im deutschen Strafanwendungsrecht in den §§ 3 ff. StGB kodifiziert.[19]

In Fällen, in denen Zahlungen ins Ausland getätigt werden, der Täter also im Inland handelt, ist zuvorderst das Territorialitätsprinzip maßgeblich. Gemäß diesem allgemeinen Grundsatz[20] des § 3 StGB gilt das deutsche Strafrecht für Taten, die im Inland begangen wurden. Das darin zum Ausdruck kommende Territorialitätsprinzip richtet sich wiederum nach dem Ort der Tat, welcher

---

Tagungen und Kolloquien, S. 110 ff. sowie zur neuen Rechtslage, S. 114 ff.; zum Ganzen auch *Isfen*, JZ 2016, 228.

18 Darunter soll die „*völkerrechtliche* Befugnis des Einzelstaats zur Strafverfolgung im Verhältnis zu allen anderen Staaten" zu verstehen sein, *Lagodny*, ZStW 101 (1989), 987 (987 Fn. 2).

19 Vgl. dazu *Eser/Weißer*, in: Schönke/Schröder, Strafgesetzbuch, Vor §§ 3-9 Rn. 1 sowie Rn. 17 ff. für die einzelnen Strafanwendungsprinzipien; siehe auch *Werle/Jeßberger*, in: Laufhütte/Rissing-van Saan/Tiedemann, Leipziger Kommentar, Strafgesetzbuch, Vor § 3 Rn. 216 ff.; *Ambos*, in: Joecks/Miebach, Münchener Kommentar zum StGB, Vor § 3 Rn. 17 ff.

20 Vgl. *Ambos*, Internationales Strafrecht, § 3 Rn. 9 f., der aufgrund der zahlreichen Durchbrechungen des Prinzips nicht mehr von einem „Grundsatz" sprechen möchte. Aufgrund der Formulierung und der Stellung als „erste Norm" des Strafanwendungsrechts soll hier jedoch zum besseren Verständnis der Systematik der §§ 3 ff. StGB an dieser Formulierung festgehalten werden; so auch *Walter*, JuS 2006, 870 (871).

gemäß § 9 StGB festzulegen ist. Danach ist sowohl eine Anknüpfung an den Handlungsort als auch an den Erfolgsort möglich (sog. Ubiquitätsprinzip).[21]

Nach § 9 Abs. 1 StGB ist eine Tat an jedem Ort begangen, an dem der Täter gehandelt hat oder im Falle des Unterlassens hätte handeln müssen oder an dem der zum Tatbestand gehörende Erfolg eingetreten ist oder nach der Vorstellung des Täters hätte eintreten sollen.

Der Ort der Teilnahme ist nach § 9 Abs. 2 StGB zu bestimmen. Diese ist sowohl an dem Ort begangen, an dem die Tat begangen ist, also auch an jedem Ort, an dem der Teilnehmer gehandelt hat oder im Falle des Unterlassens hätte handeln müssen oder aber auch an dem Ort, an dem die Tat nach seiner Vorstellung begangen werden sollte, § 9 Abs. 2 S. 1 StGB. Für den Fall, dass der Teilnehmer an einer Auslandstat im Inland gehandelt hat, gilt für die Teilnahme ebenfalls das deutsche Strafrecht, auch wenn die Tat nach dem Recht des Tatorts nicht mit Strafe bedroht ist, § 9 Abs. 2 S. 2 StGB.

Das Territorialitätsprinzip als „Ausgangspunkt" der Prüfung der Anwendbarkeit deutschen Strafrechts wird in den folgenden §§ 4 bis 7 StGB ergänzt.[22]

Die für Zahlungen *ins* Ausland relevante Ergänzung ist das Flaggenprinzip gemäß § 4 StGB. Demnach gilt das deutsche Strafrecht unabhängig vom Recht des Tatorts für Taten, die auf einem Schiff oder in einem Luftfahrzeug begangen werden, welches berechtigt ist, die Bundesflagge oder das Staatszugehörigkeitszeichen der Bundesrepublik Deutschland zu führen.[23]

2. *Anwendung auf die §§ 299 ff. und §§ 331 ff. StGB*

Eine Bestechungszahlung ins Ausland kann beispielsweise durch eine in Deutschland getätigte Überweisung von einem inländischen Konto auf ein ausländisches Konto erfolgen.[24] Um festzustellen, ob deutsches Strafrecht gemäß § 3 StGB anwendbar ist, ist der Ort der Tat nach § 9 StGB zu ermitteln. Dabei ist in Abs. 1 zwischen tatbestandsmäßiger Handlung und Erfolgseintritt zu differenzieren.

---

21 Vgl. dazu *Satzger*, Internationales Strafrecht, § 5 Rn. 10 ff. m.w.N.; *Eser/Weißer*, in: Schönke/Schröder, Strafgesetzbuch, § 9 Rn. 3.

22 Weshalb *Satzger* das deutsche Strafanwendungsrecht als „partiell erweitertes Territorialitätsprinzip" charakterisiert, vgl. *Satzger*, Internationales Strafrecht, § 5 Rn. 4.

23 Vgl. dazu *Ambos*, Internationales Strafrecht, § 3 Rn. 25 ff. m.w.N.

24 Beispiel nach *Kappel/Junkers*, NZWiSt 2016, 382 (382).

Tathandlungen der Korruptionsdelikte sind fordern, sich versprechen lassen oder annehmen (§§ 299 Abs. 1, 331, 332 StGB) bzw. anbieten, versprechen oder gewähren (§§ 299 Abs. 2, 333, 334 StGB).

Um den Ort der Tat nach § 9 Abs. 1 Var. 1 StGB festzustellen, ist damit an der Unrechtsvereinbarung bzw. an der tatsächlichen Gewährung oder Annahme des Vorteils anzuknüpfen.[25]

Im nächsten Schritt ist zu untersuchen, ob sich der Tatort auch gemäß § 9 Abs. 1 Var. 3 StGB ermitteln lässt. Dort wird auf den Eintritt des tatbestandlichen Erfolgs abgestellt. Diese Variante gestaltet sich weitaus problematischer, da schon fraglich ist, ob die Bestechlichkeits- und Bestechungsdelikte überhaupt einen tatbestandlichen Erfolg haben.

Nach überwiegender Auffassung handelt es sich bei § 299 StGB um ein abstraktes Gefährdungsdelikt.[26] Als solches hat § 299 StGB keinen tatbestandlichen Erfolg.[27] Folglich lässt sich der Tatort nicht gemäß § 9 Abs. 1 Var. 3 StGB

---

25 *Kappel/Junkers*, NZWiSt 2016, 382 (383); *Dannecker*, in: Kindhäuser/Neumann/Paeffgen, Strafgesetzbuch, § 299 Rn. 122; *Fischer*, StGB, § 299 Rn. 3; *Momsen/Laudien*, in: v. Heintschel-Heinegg, Beck'scher Online Kommentar StGB, § 299 Rn. 14; zur Bestimmung des Handlungsortes bei Mittäterschaft und mittelbarer Täterschaft: *Mölders*, Bestechung und Bestechlichkeit im internationalen geschäftlichen Verkehr, S. 205; *Böse*, in: Kindhäuser/Neumann/Paeffgen, Strafgesetzbuch, § 9 Rn. 5; *Ambos*, in: Joecks/Miebach, Münchener Kommentar zum StGB, § 9 Rn. 10 jeweils m.w.N.

26 BGH, 5.5.2011 - 3 StR 458/10 = NStZ 2012, 35 (38); *Fischer*, StGB, § 299 Rn. 3; *Momsen/Laudien*, in: v. Heintschel-Heinegg, Beck'scher Online Kommentar StGB, § 299 Rn. 10; *Heine/Eisele*, in: Schönke/Schröder, Strafgesetzbuch, § 299 Rn. 4; *Heger*, in: Lackner/Kühl, Strafgesetzbuch, § 299 Rn. 1; *Gaede*, in: Leitner/Rosenau, Wirtschafts- und Steuerstrafrecht, § 299 Rn. 1; *Krick*, in: Joecks/Miebach, Münchener Kommentar zum StGB, § 299 Rn. 17; zur Einordnung des § 299 StGB in die einzelnen Deliktstypen vgl. *Mölders*, Bestechung und Bestechlichkeit im internationalen geschäftlichen Verkehr, S. 207 ff., die ebenfalls zu dem Ergebnis kommt, dass es sich bei § 299 StGB um ein abstraktes Gefährdungsdelikt handelt, S. 212; einschränkend *Tiedemann*, in: Laufhütte/Rissing-van Saan/Tiedemann, Leipziger Kommentar, Strafgesetzbuch, § 299 Rn. 6 f.; a.A. *Walter*, wistra 2001, 321 (324).

27 So zur Bestechlichkeit OLG Stuttgart, 20.05.1997 - 1 Ws 76/97; zur Geldwäsche, welche als abstraktes Gefährdungsdelikt keinen inländischen Erfolgsort aufweist BGH, 23.4.2013 - 2 AR 91/13 und 2 AR 56/13 = NStZ-RR 2013, 253; allgemein: *Fischer*, StGB, § 9 Rn. 4; *Heger*, in: Lackner/Kühl, Strafgesetzbuch, § 9 Rn. 2; *Rotsch*, in: Graf/Jäger/Wittig, Wirtschafts- und Steuerstrafrecht, § 9 Rn. 19; *Ambos*, in: Joecks/Miebach, Münchener Kommentar zum StGB, § 9 Rn. 19, 27 ff. m.w.N.; *Satzger*, NStZ 1998, 112 (114 ff.) m.w.N.; *Mölders*, Bestechung und Bestechlichkeit im internationalen geschäftlichen Verkehr, S. 212 ff. m.w.N.; *Klengel/Heckler*, CR 2001, 243 (247 f.) m.w.N.; kritisch BGH, 12.12.2000 - 1 StR 184/00 = NJW 2001, 624 (627 f.); a.A. *Werle/Jeßberger*,

ermitteln.[28] Ebenso verhält es sich mit den §§ 331 ff. StGB. Diese sind ebenfalls abstrakte Gefährdungsdelikte[29] und haben folglich keinen tatbestandlichen Erfolgsort gemäß § 9 Abs. 1 Var. 3 StGB.

Besondere Tücken enthält die Eröffnung des deutschen Strafrechts für den Teilnehmer der Tat. Der Ort der Tat richtet sich gemäß § 9 Abs. 2 S. 1 StGB sowohl nach der Haupttat als auch nach der Teilnahmehandlung. Somit besteht in dieser Konstellation die doppelte Gefahr, einen Tatort zu begründen und sich damit der Strafverfolgung auszusetzen. Nach § 9 Abs. 2 S. 1 Var. 4 StGB reichen die subjektiven Vorstellungen des Teilnehmers von der Haupttat aus, um einen Tatort zu begründen und ihn damit unter deutsches Strafrecht zu stellen.[30] Gemäß § 9 Abs. 2 S. 2 StGB ist für diesen die Strafbarkeit der Haupttat ausnahmsweise unerheblich. § 9 Abs. 2 S. 2 StGB löst die Akzessorietät zur Haupttat.[31] Folglich gilt bei Teilnahme an einer Auslandstat das deutsche Strafrecht,

---

in: Laufhütte/Rissing-van Saan/Tiedemann, Leipziger Kommentar, Strafgesetzbuch, § 9 Rn. 32 ff. m.w.N.

28 Dennoch wird ein Erfolgsort für eine Anwendbarkeit deutschen Strafrechts in der Literatur teilweise konstruiert. So wird angenommen, dass die Gewährung des Vorteils einen tatbestandlichen Erfolg darstelle, vgl. *Fischer*, StGB, § 299 Rn. 3; *Sahan*, in: Graf/Jäger/Wittig, Wirtschafts- und Steuerstrafrecht, § 299 Rn. 4; *Krick*, in: Joecks/Miebach, Münchener Kommentar zum StGB, § 299 Rn. 114; *Kudlich/Hoven*, in: Spinellis/Theodorakis/Billis/Papadimitrakopulos, FS Courakis, S. 588 f., mit anschließendem Rechtsvergleich mit Griechenland; vgl. dazu *Weidemann*, RIW 2006, 370 (371 f.); gegen derartige Ausnahmen *Rotsch*, in: Graf/Jäger/Wittig, Wirtschafts- und Steuerstrafrecht, § 9 Rn. 19, demnach die Deliktsstruktur i.R.d. Strafanwendungsrechts nicht modifiziert werden darf, nur weil diese zu unerwünschten Ergebnissen führt; vgl. zur Rspr. zu abstrakt-konkreten Gefährdungsdelikten als Untergruppe der abstrakten Gefährdungsdelikte, wo der BGH in einer Entscheidung zu § 130 Abs. 1, Abs. 3 StGB zur Ermittlung des Erfolgsortes darauf abstellte, „wo die konkrete Tat ihre Gefährlichkeit im Hinblick auf das im Tatbestand umschriebene Rechtsgut entfalten kann", BGH, 12.12.2000 - 1 StR 184/00 = NJW 2001, 624 (627).

29 *Sowada*, in: Laufhütte/Rissing-van Saan/Tiedemann, Leipziger Kommentar, Strafgesetzbuch, Vor § 331 Rn. 39 f.; *Fischer*, StGB, § 331 Rn. 2; *Korte*, in: Joecks/Miebach, Münchener Kommentar zum StGB, § 331 Rn. 12; *v. Heintschel-Heinegg*, in: v. Heintschel-Heinegg, Beck'scher Online Kommentar StGB, § 331 Rn. 5; nach *Roxin*, Strafrecht AT I, § 11 Rn. 161 sind §§ 331 ff. StGB Delikte mit vergeistigtem Zwischenrechtsgut, welche jedoch einen Unterfall der abstrakten Gefährdungsdelikte darstellen.

30 Dazu kritisch *Oehler*, Internationales Strafrecht, Rn. 259.

31 *Rönnau*, JZ 2007, 1084 (1085 f.); *Werle/Jeßberger*, in: Laufhütte/Rissing-van Saan/Tiedemann, Leipziger Kommentar, Strafgesetzbuch, § 9 Rn. 47 ff. m.w.N.

wenn der Täter im Inland gehandelt hat, auch wenn die Tat nach dem Recht des Tatorts nicht mit Strafe bedroht ist, § 9 Abs. 2 S. 2 StGB.[32]

3. *Ahndbarkeit nach § 130 OWiG*

Besonders problematisch kann in diesem Zusammenhang auch § 130 OWiG werden.[33] Dort ist es nicht relevant, ob die Korruptionstat als Anknüpfungstat deutschem Strafrecht untersteht. Es genügt für eine mögliche Ahndbarkeit, dass das Ordnungswidrigkeitengesetz gemäß § 5, 7 OWiG für die nach § 130 OWiG geschuldete Handlung anwendbar ist.[34] Da § 130 OWiG nicht auf die Bestechungshandlung an sich abstellt, sondern an das Unterlassen von Aufsichtsmaßnahmen, lässt sich dadurch ein Tatort im Inland begründen.[35] Über die Regelung des § 30 Abs. 1 OWiG kann bei einem entsprechenden Versäumnis auch gegen das Unternehmen selbst eine Geldbuße festgesetzt werden. Fraglich ist dabei allerdings, ob diese Aufsichtsmaßnahmen nicht gerade vor Ort am Sitz der Tochtergesellschaft durchzuführen sind, also im Ausland, oder ob an das bloße Unterlassen der Anweisung zur Implementierung in dem Land, in dem die Konzernmutter ihren Sitz hat, anzuknüpfen ist.[36]

4. *Zwischenergebnis*

Somit ist Tatort im Sinne des § 9 Abs. 1 Var. 1 StGB neben dem Ort einer auf den Abschluss einer Unrechtsvereinbarung gerichteten Erklärung, der Ort des Zugangs, sowie der Ort, an dem der Vorteil geleistet oder empfangen wird.[37]

---

32 Dies kritisierend *Oehler*, Internationales Strafrecht, Rn. 360.

33 *Kappel/Junkers*, NZWiSt 2016, 382 (383); vgl. dazu *Caracas*, CCZ 2015, 167 (Teil 1); *Caracas*, CCZ 2015, 218 (Teil 2), der jedoch von einer konzernweiten Aufsichtspflicht der Muttergesellschaft ausgeht, CCZ 2015, 167 (167 ff.); siehe auch *Waßmer*, in: Hoven/Kubiciel, Das Verbot der Auslandsbestechung. Tagungen und Kolloquien, S. 165 ff.

34 *Caracas*, CCZ 2015, 218 (218 ff.) m.w.N.

35 *Caracas*, CCZ 2015, 218 (218).

36 An das Land anknüpfend, in dem die Konzernmutter ihren Sitz hat (Anweisungsort) *Caracas*, CCZ 2015, 218 (218); *Thorhauer*, Jurisdiktionskonflikte im Rahmen transnationaler Kriminalität, S. 319 f. m.w.N.

37 *Momsen/Laudien*, in: v. Heintschel-Heinegg, Beck'scher Online Kommentar StGB, § 299 Rn. 14 (annähernd wörtlich wiedergegeben); *Fischer*, StGB, § 299 Rn. 3; *Dannecker*, in: Kindhäuser/Neumann/Paeffgen, Strafgesetzbuch, § 299 Rn. 122; *Kappel/Junkers*, NZWiSt 2016, 382 (383); vgl. auch *Tiedemann*, in: Laufhütte/Rissing-van Saan/Tiedemann, Leipziger Kommentar, Strafgesetzbuch, § 299 Rn. 63.

Einen zum Tatbestand gehörenden Erfolg gemäß § 9 Abs. 1 Var. 3 StGB gibt es bei §§ 299 ff. StGB und §§ 331 ff. StGB nicht.

Damit unterliegen Zahlungen aus der Bundesrepublik Deutschland heraus an ausländische Amtsträger oder an Angestellte oder Beauftragte ausländischer Unternehmen dem deutschen Strafrecht.[38]

II. Bestechungszahlungen im Ausland

1. Deutsches Strafanwendungsrecht

Die für Zahlungen im Ausland relevanten Ergänzungen des Territorialitätsprinzips finden sich in §§ 5 bis 7 StGB.

Von § 5 StGB werden laut amtlicher Überschrift „Auslandstaten mit besonderem Inlandsbezug" erfasst. Für die dort aufgelisteten Taten gilt das deutsche Strafrecht unabhängig vom Recht des Tatorts. Dieser Norm dienen sowohl das Staatsschutzprinzip als auch das aktive und passive Personalitätsprinzip als legitime Anknüpfungspunkte.[39]

Als weiterer Anknüpfungspunkt für die Anwendung deutschen Strafrechts kommt das Weltrechtsprinzip in Betracht. Dieses ist in § 6 StGB in das deutsche Recht überführt worden.[40] Das Weltrechtsprinzip soll dem Schutz von Rechtsgütern dienen, die von der Völkergemeinschaft insgesamt als schlechthin schützenswert angesehen werden.[41] § 6 StGB regelt laut amtlicher Überschrift „Auslandstaten gegen international geschützte Rechtsgüter" und erstreckt die Anwendbarkeit des deutschen Strafrechts unabhängig vom Recht des Tatorts auf die in den Nrn. 2-9[42] genannten Taten, die im Ausland begangen wurden. Plakativ gesprochen ist damit die Anwendung deutschen Strafrechts auf die Tat eines Ausländers gegen einen Ausländer im Ausland möglich.[43]

Nach § 7 Abs. 1 StGB gilt das deutsche Strafrecht für Taten, die im Ausland gegen einen Deutschen begangen werden, wenn die Tat am Tatort mit Strafe bedroht ist oder der Tatort keiner Strafgewalt unterliegt. Gemäß § 7 Abs. 2 StGB gilt das

---

38 So auch *Kappel/Junkers*, NZWiSt 2016, 382 (383).

39 *Eser/Weißer*, in: Schönke/Schröder, Strafgesetzbuch, § 5 Rn. 2; *Satzger*, Internationales Strafrecht, § 5 Rn. 65 f., der in diesem Zusammenhang ebenso wie die Erstgenannten auch vom „Domizilprinzip" spricht.

40 *Fischer*, StGB, § 6 Rn. 1.

41 *Satzger*, Internationales Strafrecht, § 5 Rn. 73 m.w.N.; vgl. auch *Ambos*, Internationales Strafrecht, § 3 Rn. 95 ff.

42 § 6 Nr. 1 StGB aufgehoben m.W.v. 30.6.2002 durch Gesetz v. 26.6.2002, BGBl. I S. 2254.

43 *Satzger*, Internationales Strafrecht, § 5 Rn. 73.

deutsche Strafrecht für andere Taten, die im Ausland begangen werden, wenn die Tat am Tatort mit Strafe bedroht ist oder der Tatort keiner Strafgewalt unterliegt und der Täter zur Zeit der Tat Deutscher war oder es nach der Tat geworden ist (Abs. 2 Nr. 1) oder zur Zeit der Tat Ausländer war, im Inland betroffen und, obwohl das Auslieferungsgesetz seine Auslieferung nach der Art der Tat zuließe, nicht ausgeliefert wird, weil ein Auslieferungsersuchen innerhalb angemessener Frist nicht gestellt oder abgelehnt wird oder die Auslieferung nicht ausführbar ist (Abs. 2 Nr. 2). Damit verzichtet diese Norm auf eine katalogartige Auflistung der erfassten Taten, sondern formuliert die Anwendbarkeit des deutschen Strafrechts allgemein. Dabei folgt § 7 Abs. 1 StGB dem passiven Personalitätsprinzip. Für § 7 Abs. 2 Nr. 1 StGB ist das aktive Personalitätsprinzip leitend, § 7 Abs. 2 Nr. 2 StGB folgt dem Gedanken der stellvertretenden Strafrechtspflege.[44]

2. *Schutzbereichsprüfung*

„Dem Schutzbereich eines Tatbestands unterfällt ein Verhalten im Ausland, wenn Rechtsgüter betroffen sind, die nach der Entscheidung des nationalen Gesetzgebers am inländischen Rechtsgüterschutz teilhaben sollen“[45].[46]

Dies ist für jeden einschlägigen Tatbestand einzelfallbezogen mittels Auslegung festzulegen.[47]

Unterschieden wird dabei zwischen Individual- und Kollektivrechtsgütern. Sofern Kollektivrechtsgüter betroffen sind, dient das deutsche Strafrecht für gewöhnlich ausschließlich deutschen Interessen.[48] Ausnahmen hiervon bestehen beispielsweise in Fällen, in denen ein entsprechender Schutz ausdrücklich gesetzlich angeordnet wird.[49] Auch völkervertraglich können bestimmte Kollektivrechtsgüter unter einen transnationalen Schutz gestellt werden.[50] Bei

---

44 *Eser/Weißer*, in: Schönke/Schröder, Strafgesetzbuch, § 7 Rn. 1 m.w.N.; *Heger*, in: Lackner/Kühl, Strafgesetzbuch, § 7 Rn. 1.

45 *Caracas*, CCZ 2015, 218 (218).

46 *Ambos*, Internationales Strafrecht, § 1 Rn. 32; zum str. Verhältnis von Schutzbereichs- und Geltungsfrage siehe *Ambos*, in: Joecks/Miebach, Münchener Kommentar zum StGB, Vor § 3 Rn. 88 f.; *Eser/Weißer*, in: Schönke/Schröder, Strafgesetzbuch, Vor §§ 3-9 Rn. 38 ff.; *Satzger*, Internationales Strafrecht, § 3 Rn. 12 f. jeweils m.w.N.

47 *Ambos*, Internationales Strafrecht, § 1 Rn. 34.

48 So *Ambos*, in: Joecks/Miebach, Münchener Kommentar zum StGB, Vor § 3 Rn. 83 (annähernd wörtlich wiedergegeben).

49 *Ambos*, in: Joecks/Miebach, Münchener Kommentar zum StGB, Vor § 3 Rn. 83; *Eser/Weißer*, in: Schönke/Schröder, Strafgesetzbuch Vor §§ 3-9 Rn. 51 f.

50 *Ambos*, in: Joecks/Miebach, Münchener Kommentar zum StGB, Vor § 3 Rn. 84.

Individualrechtsgütern ist eine Unterscheidung zwischen inländischen und ausländischen Rechtsgütern nicht notwendig. Diese werden unabhängig von Staatsangehörigkeit oder Belegenheit des Rechtsguts geschützt.[51]

Geschütztes Rechtsgut der § 299 Nrn. 1 StGB ist das Interesse der Allgemeinheit an einem freien und fairen Wettbewerb im geschäftlichen Verkehr.[52] Ausweislich des Wortlauts bezieht sich § 299 StGB auch auf den ausländischen Wettbewerb. So wird in § 299 StGB der weltweite Wettbewerb vor Korruption geschützt, wodurch auch im ausländischen Wettbewerb getätigte Handlungen in der Bundesrepublik Deutschland bestraft werden können.[53]

§ 299 Nrn. 2 StGB schützen die Interessen des Geschäftsherrn an der loyalen und unbeeinflussten Erfüllung der Pflichten durch seine Angestellten und Beauftragten im Bereich des Austausches von Waren und Dienstleistungen.[54] Dieses Individualrechtsgut des Geschäftsherrn wird unabhängig von Staatsangehörigkeit oder Belegenheit des Rechtsguts geschützt.[55]

Die §§ 331 ff. StGB schützen die Lauterkeit des öffentlichen Dienstes sowie das Vertrauen der Allgemeinheit in diese Lauterkeit.[56] Nach der Gesetzesbegründung soll dies auch eingeschränkt für internationale Korruptionstaten gelten.[57]

---

51 *Ambos*, in: Joecks/Miebach, Münchener Kommentar zum StGB, Vor § 3 Rn. 85.

52 *Sahan*, in: Graf/Jäger/Wittig, Wirtschafts- und Steuerstrafrecht, § 299 Rn. 4 m.w.N.; dazu ausführlich *Mölders*, Bestechung und Bestechlichkeit im internationalen geschäftlichen Verkehr, S. 94 ff. m.w.N.; *Koepsel*, Bestechlichkeit und Bestechung im geschäftlichen Verkehr, S. 63 ff. m.w.N.

53 *Ambos*, in: Joecks/Miebach, Münchener Kommentar zum StGB, Vor § 3 Rn. 83; dazu auch *Rönnau*, JZ 2007, 1084 (1085).

54 BT-Drs. 18/4350, S. 21.

55 *Wollschläger*, StV 2010, 385 (389).

56 *Fischer*, StGB, § 331 Rn. 2; *Wittig*, Wirtschaftsstrafrecht, § 27 Rn. 4; *v. Häfen*, in: Graf/Jäger/Wittig, Wirtschafts- und Steuerstrafrecht, Vor §§ 331-338 Rn. 9 f.; *Sowada*, in: Laufhütte/Rissing-van Saan/Tiedemann, Leipziger Kommentar, Strafgesetzbuch, Vor § 331 Rn. 29 ff. m.w.N.; *Korte*, in: Joecks/Miebach, Münchener Kommentar zum StGB, § 331 Rn. 2 ff. m.w.N.; *Roxin*, in: Albrecht/Kirsch/Neumann/Sinner, FS Kargl, S. 461 ff. m.w.N.

57 BT-Drs. 18/4350, S. 24; gemäß dem zu dieser Zeit amtierenden Bundesminister der Justiz und für Verbraucherschutz „schützen wir also gute Regierungsführung und nachhaltige Entwicklung weltweit", *Maas*, NStZ 2015, 305 (308); kritisch *Schünemann*, ZRP 2015, 68 (71); *Weigend*, in: Hoven/Kubiciel, Das Verbot der Auslandsbestechung. Tagungen und Kolloquien, S. 119 m.w.N.

Zur gesetzlichen Erweiterung der Anwendbarkeit der §§ 331 ff. StGB ist insbesondere der neu eingefügte § 335a StGB zu beachten.[58]

§ 333 StGB und § 334 StGB schützen Kollektivrechtsgüter, die völkervertraglich unter Schutz gestellt worden sind und damit auch von der deutschen Rechtsordnung geschützt werden.[59]

3. Anwendung auf die §§ 299 ff. und §§ 331 ff. StGB

Eine Bestechungszahlung im Ausland könnte beispielsweise in der im Rahmen einer Unrechtsvereinbarung durchgeführten Übergabe von Bargeld in einem Restaurant in Nigeria liegen. Da sich die Anwendbarkeit des deutschen Strafanwendungsrechts auf die §§ 299 ff. und §§ 331 ff. StGB unterscheidet, sind diese im Folgenden getrennt zu beleuchten.

a) §§ 299 ff. StGB

Da die §§ 299 ff. StGB nicht im Katalog des § 5 StGB aufgelistet sind, mithin also keine Auslandstaten mit besonderem Inlandsbezug darstellen, findet das deutsche Strafrecht über diese Norm keine Anwendung.

Auch das Weltrechtsprinzip greift hier nicht. Die §§ 299 ff. StGB sind nicht in § 6 StGB aufgelistet und dementsprechend nicht über diese Norm anwendbar.[60]

Lehnt man mit der herrschenden Auffassung einen Erfolgsort der Korruptionsdelikte gemäß § 9 Abs. 1 Var. 3 StGB ab, kommt eine Anwendung der §§ 299 ff. StGB bei Zahlungen im Ausland lediglich über § 7 StGB in Betracht.

Zunächst ist anzumerken, dass die Anwendung deutschen Strafrechts über § 7 StGB stets voraussetzt, dass die Tat am Tatort mit Strafe bedroht ist oder der Tatort keiner Strafgewalt unterliegt. Gemäß § 7 Abs. 1 StGB muss die Tat

---

58 *Gaede*, in: Leitner/Rosenau, Wirtschafts- und Steuerstrafrecht, § 335a Rn. 1; siehe dazu unten unter Kap. 1 A.II.3.c); zum Strafgrund der Bestechung ausländischer Amtsträger *Kubiciel*, in: Hoven/Kubiciel, Das Verbot der Auslandsbestechung. Tagungen und Kolloquien, S. 50 ff. m.w.N.; vgl. zu § 335a StGB auch *Papathanasiou*, wistra 2016, 175; s. darüber hinaus zum Unrecht der Korruption *Greco*, GA 2016, 249.

59 *Ambos*, in: Joecks/Miebach, Münchener Kommentar zum StGB, Vor § 3 Rn. 84; *Werle/Jeßberger*, in: Laufhütte/Rissing-van Saan/Tiedemann, Leipziger Kommentar, Strafgesetzbuch, Vor § 3 Rn. 279; kritisch zur unklaren Schutzrichtung der Amtsträgerkorruption bei Auslandssachverhalten *Isfen*, JZ 2016, 228 (233 f.).

60 Die Aufnahme der Korruptionsdelikte in § 6 StGB bereits erwartend *Isfen*, JZ 2016, 228 (235); in diese Richtung *Peters*, JZ 2016, 217 („Korruption und Menschenrechte"); das Weltrechtsprinzip für Korruptionsdelikte ablehnend *Kappel/Lagodny*, StV 2012, 695 (700 f.).

„gegen einen Deutschen begangen werden". Obgleich im Gegensatz zu Körperverletzungsdelikten nicht auf den ersten Blick erkennbar ist, „gegen" wen sich eine Bestechlichkeit und Bestechung im geschäftlichen Verkehr richtet, werden dies – sei es der Betriebsinhaber oder ein Wettbewerber – wohl vorrangig Unternehmen und damit juristische Personen sein.[61] Da § 7 Abs. 1 StGB jedoch nach herrschender Auffassung nicht auf juristische Personen mit Sitz im Inland anwendbar ist[62], wird dadurch die Anwendbarkeit des deutschen Strafrechts über § 7 Abs. 1 StGB in der Praxis erheblich eingeschränkt.[63] Gemäß § 7 Abs. 2 Nr. 1 StGB ist der Täter auch nach deutschem Recht strafbar, wenn die Tat im Ausland mit Strafe bedroht ist oder der Tatort keiner Strafgewalt unterliegt und der Täter Deutscher ist. Nach § 7 Abs. 2 Nr. 1 StGB kann auch ein ausländischer Täter nach deutschem Recht bestraft werden, wenn er in Deutschland betroffen wird und eine Auslieferung nicht erfolgt.

Im praktisch wohl relevantesten Fall des § 7 Abs. 2 Nr. 1 StGB wäre auf den genannten Beispielsfall deutsches Strafrecht somit nur dann anwendbar, wenn der Täter Deutscher ist und eine entsprechende Zuwendung in Nigeria auch unter Strafe gestellt ist.[64] Dies gilt übrigens auch in den dem typischen Korruptionsverständnis eher fernliegenden Konstellationen, welche nach dem Geschäftsherrenmodell gemäß § 299 Abs. 1 Nr. 2, Abs. 2 Nr. 2 StGB unter Strafe gestellt sind. So muss sich auch der Fall, in dem ein Manager von Daimler den Mitarbeiterinnen eines konservativen Cateringunternehmens in Kuala Lumpur Geld dafür anbietet, dass diese anweisungswidrig enganliegende Kleidung tragen, am deutschen Strafanwendungsrecht messen lassen.[65] Zu beachten ist jedoch, dass mangels hinreichend bestimmter Bevorzugung Zuwendungen der allgemeinen Klimapflege zur Sicherung des generellen Wohlwollens des

---

61 Dies erkennend *Kappel/Junkers*, NZWiSt 2016, 382 (384).

62 KG, 24.03.2006 - 4 Ws 52/06 = NJW 2006, 3016, 3017 m.w.N.; *Fischer*, StGB, § 7 Rn. 4; *Ambos*, in: Joecks/Miebach, Münchener Kommentar zum StGB, § 7 Rn. 23; *Satzger*, Internationales Strafrecht, § 5 Rn. 82.

63 *Kappel/Junkers*, NZWiSt 2016, 382 (384), die zugleich auf daraus folgende Unstimmigkeiten im Zusammenhang mit dem Geschäftsherrenmodell hinweisen; *Wollschläger*, StV 2010, 385 (389).

64 Zur Strafdrohung im Ausland vgl. *Ambos*, in: Joecks/Miebach, Münchener Kommentar zum StGB, § 7 Rn. 5 ff.; *Eser/Weißer*, in: Schönke/Schröder, Strafgesetzbuch, § 7 Rn. 2 ff.

65 Beispiel aufgegriffen von *Schünemann*, ZRP 2015, 68 (69). Sofern der Manager im Ausland handelt, ist er mangels Tatort im Inland nach § 9 StGB nur nach deutschem Recht strafbar, wenn die Tat in Kuala Lumpur ebenfalls mit Strafe bedroht ist und er Deutscher ist, § 7 Abs. 2 Nr. 1 StGB.

Empfängers regelmäßig nicht von § 299 StGB erfasst sind.[66] Belohnungen für in der Vergangenheit erbrachte Leistungen werden ebenfalls nicht vom Tatbestand erfasst, da eine Benachteiligung der Mitbewerber dann nicht mehr möglich ist.[67]

b) §§ 331 ff. StGB

Für die Anwendung der Vorschriften zur Amtsträgerkorruption nach §§ 331 ff. StGB bestehen mehrere Anknüpfungspunkte.

Diese Delikte sind, ebenso wie die Bestechlichkeit und Bestechung von Mandatsträgern nach § 108e StGB gemäß § 5 Nr. 16 StGB, Auslandstaten mit besonderem Inlandsbezug und finden sich ausdrücklich in § 5 Nr. 15 StGB.

Nach § 5 Nr. 15 StGB sind die §§ 331 ff. StGB für Taten im Ausland unabhängig vom Recht des Tatorts zunächst anwendbar, wenn der Täter Deutscher ist, § 5 Nr. 15 a) StGB. Auch, wenn der Täter EU-Amtsträger ist und eine Dienststelle mit Sitz im Inland hat, § 5 Nr. 15 b) StGB, finden die §§ 331 ff. StGB Anwendung. Das gilt auch für Taten, die gegenüber einem deutschen Amtsträger begangen werden, § 5 Nr. 15 c) StGB, sowie für Taten gegenüber einem EU-Amtsträger bzw. einem diesem nach § 335a StGB gleichgestellten ausländischen Amtsträger, der Deutscher ist, § 5 Nr. 15 d) StGB.[68]

Insbesondere § 5 Nr. 15 a) StGB ist dabei herauszustellen. Diese Vorschrift hat zur Folge, dass sämtliche Bestechungshandlungen eines Deutschen insbesondere gegenüber einem ausländischen bzw. internationalen Bediensteten gemäß § 335a StGB[69] unabhängig vom Recht des Tatorts dem deutschen Strafrecht unterstehen.[70] Der signifikante Unterschied des § 5 Nr. 15 StGB im Vergleich zu § 7 StGB liegt darin, dass nach erstgenannter Norm das deutsche Strafrecht

---

66 *Gaede*, in: Leitner/Rosenau, Wirtschafts- und Steuerstrafrecht, § 299 Rn. 60; *Krick*, in: Joecks/Miebach, Münchener Kommentar zum StGB, § 299 Rn. 68; *Tiedemann*, in: Laufhütte/Rissing-van Saan/Tiedemann, Leipziger Kommentar, Strafgesetzbuch, § 299 Rn. 29; *Heger*, in: Lackner/Kühl, Strafgesetzbuch, § 299 Rn. 5; *Sahan*, in: Graf/Jäger/Wittig, Wirtschafts- und Steuerstrafrecht, § 299 Rn. 39; *Wittig*, Wirtschaftsstrafrecht, § 26 Rn. 50; kritisch *Kubiciel*, ZIS 2014, 667 (671 f.), der einen Verstoß gegen § 299 Abs. 1 Nr. 2 StGB für möglich hält.

67 BGH, 10.7.2013 - 1 StR 532/12 = NStZ 2014, 42 (44); *Fischer*, StGB, § 299 Rn. 22; *Sahan*, in: Graf/Jäger/Wittig, Wirtschafts- und Steuerstrafrecht, § 299 Rn. 39; *Wittig*, Wirtschaftsstrafrecht, § 26 Rn. 55; *Tiedemann*, in: Laufhütte/Rissing-van Saan/Tiedemann, Leipziger Kommentar, Strafgesetzbuch, § 299 Rn. 29 m.w.N.

68 Siehe dazu *Isfen*, JZ 2016, 228 (230 ff.).

69 Siehe dazu sogleich.

70 Dazu auch *Kappel/Junkers*, NZWiSt 2016, 382 (384 f.).

unabhängig vom Recht des Tatorts anwendbar ist, was die Anwendbarkeit der §§ 331 ff. StGB erheblich erweitert.

Zusätzlich kommt aber auch hier eine Anwendbarkeit über § 7 StGB in Betracht.

Somit wäre im Beispielsfall ein deutscher Täter auch dann nach deutschem Recht strafbar, wenn er das Bargeld einem nigerianischen Bediensteten für eine pflichtwidrige Diensthandlung übergibt und die Tat nach nigerianischem Recht gar nicht mit Strafe bedroht wäre. Erwähnenswert ist dabei, dass sich § 335a Abs. 1 StGB nur auf § 332 StGB und § 334 StGB bezieht, also eine pflichtwidrige Diensthandlung voraussetzt.[71] Daraus folgt, dass im Beispielsfall ein sog. „Facilitation Payment“[72] für die bloß schnellere Erledigung einer an sich rechtmäßigen Diensthandlung nicht nach deutschem Recht strafbar wäre, sofern der Amtsträger nicht andere Gesuchsteller benachteiligen soll oder sich über Dienstvorschriften hinwegsetzen soll.[73] Durch die Beschränkung des § 335a StGB auf künftige Handlungen, wären „Danke schön“-Zahlungen an den nigerianischen Bediensteten für bereits vorgenommene Diensthandlungen ebenfalls nicht nach deutschem Recht strafbar.[74]

c) § 335a StGB

Neben der tatbestandlichen Erstreckung der §§ 331 ff. StGB auf Europäische Amtsträger mitsamt neu eingefügter Legaldefinition in § 11 Abs. 1 Nr. 2a StGB

---

71 Kritisch zum umgekehrten Fall, also der strafrechtlichen Erfassung der Bestechlichkeit des ausländischen Bediensteten *Schünemann*, in: Hoven/Kubiciel, Das Verbot der Auslandsbestechung. Tagungen und Kolloquien, S. 35 ff.; zur (praktisch wohl nicht sehr relevanten, aber gleichwohl theoretisch) möglichen Strafbarkeit des ausländischen Bediensteten nach § 332 StGB *Weigend*, in: Hoven/Kubiciel, Das Verbot der Auslandsbestechung. Tagungen und Kolloquien, S. 118.

72 Zum Begriff siehe *Teicke/Mohsseni*, BB 2012, 911 (911) m.w.N.; mit kritischer Würdigung des Strafgrundes *Kubiciel*, ZIS 2015, 473 (473 ff.).

73 In diesen Fällen käme eine Strafbarkeit nach § 334 StGB in Betracht, BGH, 16.2.1961 - 1 StR 611/60 = BGHSt 15, 350 (351 f.); zur Strafbarkeit solcher Fälle bzgl. inländischer Amtsträger nach § 333 StGB vgl. *Teicke/Mohsseni*, BB 2012, 911 (912); *Fischer*, StGB, § 334 Rn. 4; dazu auch *Kubiciel*, ZIS 2015, 473 (473 ff.).

74 Dazu *Weigend*, in: Hoven/Kubiciel, Das Verbot der Auslandsbestechung. Tagungen und Kolloquien, S. 120. Zu beachten ist jedoch, dass diese Einschränkung für Europäische Amtsträger nicht gilt, da diese direkt in den Tatbestand der §§ 331 ff. StGB aufgenommen wurden und darüber hinaus keine Einschränkung mehr möglich ist, da ein Bezug zum internationalen geschäftlichen Verkehr nicht mehr notwendig ist.

wurde der materiell-rechtliche Anwendungsbereich der §§ 331 ff. StGB auch mittels der ebenfalls neu eingefügten Norm des § 335a StGB erweitert.[75]

In § 335a StGB werden Regelungen zu ausländischen und internationalen Bediensteten getroffen. Die Norm wurde durch das Gesetz zur Bekämpfung der Korruption vom 20.11.2015[76] mit Wirkung zum 26.11.2015 in das Strafgesetzbuch eingefügt. Ausweislich der Gesetzesbegründung dient sie dem Zweck, neben Europäischen Amtsträgern und Mitgliedern von Gerichten der Europäischen Union, auch bestimmte Bedienstete und Richter ausländischer und internationaler Behörden und Gerichte in den Anwendungsbereich der §§ 331 ff. StGB miteinzubeziehen.[77]

Die Norm erstreckt in Abs. 1 die Anwendung der §§ 332 und 334 StGB, jeweils auch in Verbindung mit § 335 StGB, auf Taten, die sich auf künftige richterliche Handlungen oder Diensthandlungen beziehen, indem sie die im Folgenden dargestellten Gleichstellungen regelt. In Abs. 1 Nr. 1 der Vorschrift werden „einem Richter" Mitglieder eines ausländischen und eines internationalen Gerichts gleichgestellt. Abs. 1 Nr. 2 trifft Gleichstellungen für einen „sonstigen Amtsträger". Gemäß Abs. 1 Nr. 2 a) steht diesem ein Bediensteter eines ausländischen Staates und eine Person, die beauftragt ist, öffentliche Aufgaben für einen Staat wahrzunehmen, gleich.[78] Ebenfalls gleichgestellt ist ein Bediensteter einer internationalen Organisation und eine Person, die beauftragt ist, Aufgaben einer internationalen Organisation wahrzunehmen, Abs. 1 Nr. 2 b). Auch ein Soldat eines ausländischen Staates und ein Soldat, der beauftragt ist, Aufgaben einer internationalen Organisation wahrzunehmen, ist nach Abs. 1 Nr. 2 c) mit einem „sonstigen Amtsträger" gleichgestellt. Die noch nach altem Recht im IntBestG

---

75 Zum Ganzen *Papathanasiou*, wistra 2016, 175 (175 ff.) mit Vergleich zur alten Rechtslage auf S. 178 f.; siehe dazu auch *Weigend*, in: Hoven/Kubiciel, Das Verbot der Auslandsbestechung. Tagungen und Kolloquien, S. 116 ff.; *Letzien*, Internationale Korruption und Jurisdiktionskonflikte, S. 94 ff.

76 Gesetz vom 20.11.2015, BGBl. I S. 2025.

77 BT-Drs. 18/4350, S. 24; eine Übersicht zu den Normen, die in § 335a StGB überführt wurden, siehe bei *Meißner*, StV 2017, 128 (129); zum Schutzzweck der Norm siehe *Letzien*, Internationale Korruption und Jurisdiktionskonflikte, S. 98 ff. m.w.N.; dazu auch *Kubiciel*, in: Hoven/Kubiciel, Das Verbot der Auslandsbestechung. Tagungen und Kolloquien, S. 45 ff. m.w.N.

78 Vgl. dazu *Meißner*, StV 2017, 128; zur Auslegung und insb. nach welchem Recht dies zu erfolgen hat, siehe auch *Papathanasiou*, wistra 2016, 175 (176 f.) m.w.N.; *Kubiciel/Spörl*, KPKp 4/2014, S. 22 ff.; *Münkel*, Bestechung und Bestechlichkeit ausländischer Amtsträger, S. 270 ff.; dazu bereits ebenso ausführlich wie kritisch *Nestler*, StV 2009, 313 (316 ff.) jeweils m.w.N.

vorgesehene Beschränkung der Bestechung auf den internationalen geschäftlichen Verkehr ist nunmehr aufgehoben. Dies führt dazu, dass kein Bezug auf ein grenzüberschreitendes Geschäft mehr erforderlich ist und damit auch rein lokale Vorgänge dem deutschen Strafrecht unterfallen können.[79] Dadurch möglicherweise entstehende Extremsituationen bezüglich der Pönalisierung im Ausland sollen laut Gesetzesbegründung auf Ebene der Rechtswidrigkeit, Schuld und Strafzumessung sowie auf prozessualer Ebene (§ 153c Abs. 1 Nr. 1 StPO) gelöst werden.[80] Zur konkreten, dogmatisch und methodisch sauberen Ausgestaltung dieser „Lösungsansätze" schweigt die Gesetzesbegründung jedoch.[81] Durch den Verweis auf §§ 332 und 334 StGB soll klargestellt werden, dass sich das Verhalten auf eine pflichtwidrige Diensthandlung beziehen muss.[82]

In § 335a Abs. 2 StGB werden für die Anwendung der §§ 331 und 333 StGB auf Taten, die sich auf eine künftige richterliche Handlung oder künftige Diensthandlung beziehen, einem „Richter" Mitglieder des Internationalen Strafgerichtshofes gleichgestellt (Abs. 2 Nr. 1) sowie Bedienstete des Internationalen Strafgerichtshofes einem „sonstigen Amtsträger" (Abs. 2 Nr. 2).

§ 335a Abs. 3 StGB trifft Gleichstellungen für die Anwendung des § 333 Abs. 1 und 3 auf eine Tat, die sich auf eine künftige Diensthandlung bezieht. So steht gemäß Abs. 3 Nr. 1 einem Soldaten der Bundeswehr ein Soldat der in der BRD stationierten Truppen der nichtdeutschen Vertragsstaaten des Nordatlantikpaktes, die sich zur Zeit der Tat im Inland aufhalten, gleich. Nach Abs. 3 Nr. 2 entspricht ein Bediensteter dieser Truppen einem sonstigen Amtsträger. Zudem gilt eine Person, die bei den Truppen beschäftigt oder für sie tätig und auf Grund einer allgemeinen oder besonderen Anweisung einer höheren Dienststelle der Truppen zur gewissenhaften Erfüllung ihrer Obliegenheiten förmlich verpflichtet worden ist, als ein für den öffentlichen Dienst besonders Verpflichteter, Abs. 3 Nr. 3.[83]

---

79 *Dann*, NJW 2016, 203 (206); *Kappel/Junkers*, NZWiSt 2016, 382 (386).

80 BT-Drs. 18/4350, S. 24.

81 Ebenfalls kritisch *Nestler*, StV 2009, 313 (319); *Isfen*, JZ 2016, 228 (235), der die Lösungswege als „Armutszeugnis" bezeichnet; *Weigend*, in: Hoven/Kubiciel, Das Verbot der Auslandsbestechung. Tagungen und Kolloquien, S. 117.

82 BT-Drs. 18/4350, S. 24.

83 Die tatbestandliche Erweiterung durch § 335a StGB wird durch das Strafanwendungsrecht jedoch wieder „ausgebremst", vgl. *Isfen*, JZ 2016, 228 (234); *Nestler*, StV 2009, 313 (320); *Kappel/Junkers*, NZWiSt 2016, 382 (385).

III. Sanktionen

In der Bundesrepublik Deutschland beträgt die maximale Strafandrohung der §§ 331 ff. StGB Freiheitsstrafe bis zu fünf Jahre. In besonders schweren Fällen steigt diese Strafandrohung auf bis zu zehn Jahre Freiheitsstrafe, § 335 StGB. Die Strafandrohung der §§ 299 ff. StGB liegt bei maximal drei (bzw. fünf, § 300 StGB) Jahren Freiheitsstrafe.

Unternehmen droht vor allem eine Sanktionierung nach dem Ordnungswidrigkeitengesetz, insbesondere eine Geldbuße gemäß § 30 OWiG, die im Falle einer vorsätzlichen Anknüpfungstat bis zu zehn Millionen Euro beträgt.[84] Darüber hinaus soll die Geldbuße gemäß § 17 Abs. 4 OWiG den aus der Ordnungswidrigkeit gezogenen wirtschaftlichen Vorteil übersteigen. Die Obergrenze der Geldbuße ergibt sich somit aus dem festgelegten gesetzlichen Höchstmaß zuzüglich des wirtschaftlich erlangten Vorteils.[85]

B. Die Reichweite des UK Bribery Act

In diesem Abschnitt werden die Anti-Korruptionsregelungen des Bribery Act 2010[86] untersucht. Dabei wird der Blick insbesondere auf deren extraterritoriale Reichweite gerichtet. Dies ist deshalb besonders spannend, da das im Jahre 2010 eingeführte und am 1.7.2011 in Kraft getretene[87] Gesetz bereits als das strengste Gesetz gegen Korruption weltweit eingestuft wurde.[88] Inwiefern man sich davor auch außerhalb der Landesgrenzen des Vereinigten Königreichs in Acht nehmen muss, wird im Folgenden untersucht. Um einen Überblick über dieses ausländische Gesetz zu erhalten, wird zunächst dessen Aufbau dargestellt, bevor sein

---

84 § 30 Abs. 2 S. 1 Nr. 1 OWiG bzw. §§ 30 Abs. 2 S. 3, 130 Abs. 3 S. 2 OWiG.

85 OLG Karlsruhe, 3.7.1974 - 3 Ss (B) 46/74 = NJW 1974, 1883; *Mitsch*, in: Mitsch, Karlsruher Kommentar zum Gesetz über Ordnungswidrigkeiten, § 17 Rn. 140; umfassend zu den Rechtsfolgen für Unternehmen bei Bestechung ausländischer Amtsträger nach deutschem Recht *Letzien*, Internationale Korruption und Jurisdiktionskonflikte, S. 106 ff.

86 So die offizielle Zitierweise gemäß Sec. 20 UKBA. Im Folgenden wird jedoch zur Klarstellung der geographischen Zugehörigkeit des Gesetzes das Länderkürzel „UK" vorangestellt und auf die Angabe der Jahreszahl verzichtet.

87 UKBA Guidance, S. 2 und S. 6.

88 *Russell*, Fears Bribery Act will harm UK plc, The Telegraph (Meldung vom 21.1.2011, abrufbar im Internet unter: https://www.telegraph.co.uk/finance/yourbusiness/bribery-act/8272140/FearsBribery-Act-will-harm-UK-plc.html, zuletzt aufgerufen am 12.8.2019); *Acker/Ehling*, BB 2012, 2517 (2518); *Deister u. a.*, CCZ 2011, 81 (82); *Pörnbacher/Mark*, NZG 2010, 1372 (1372).

Regelungsgehalt skizziert und anschließend davon ausgehend die extraterritoriale Anwendbarkeit beleuchtet wird.[89]

I. Aufbau

Der UK Bribery Act ist in sechs Teile untergliedert. Der erste Teil, Sections 1 bis 5, regelt die „General bribery offences", beschreibt also die Tatbestände der Korruptionsdelikte im Allgemeinen. Anschließend wird in Section 6, „Bribery of foreign public officials", die Bestechung ausländischer Amtsträger unter Strafe gestellt. Der wohl umstrittenste Teil des UK Bribery Act ist der dritte Teil, „Failure of commercial organisations to prevent bribery". Dort wird geschäftlichen Unternehmen die Pflicht auferlegt, Korruption zu verhindern. Bestimmungen hierzu werden in den Sections 7 bis 9 getroffen. Regelungen zur Verfolgung und zur Strafandrohung finden sich unter „Prosecution and penalties" in den Sections 10 und 11. Im fünften Teil, Sections 12 bis 15, den „Other provisions about offences", finden sich Regelungen zur Anwendbarkeit und zu Verteidigungsmöglichkeiten. Im letzten Teil werden in den Sections 16 bis 20 sonstige Bestimmungen getroffen.

Diese in Gesetzesform gegossenen Regelungen werden durch den „Quick start guide" und der „Guidance" ergänzt. In diesen vom Ministry of Justice, dem Justizministerium, herausgegebenen Dokumenten, werden einzelne, sich aus dem Gesetz ergebende Unklarheiten näher erläutert.[90]

II. Regelungsgehalt

Im Gegensatz zu den deutschen Anti-Korruptionsvorschriften erschöpfen sich die Regelungen des UK Bribery Act[91] nicht in einem nach deutschem Recht aufgebauten Tatbestand. Es werden vielmehr Fälle beschrieben, in denen sich eine

---

89 Vgl. zur alten Rechtslage *Heiß*, Bestechung und Bestechlichkeit im geschäftlichen Verkehr. Die strafrechtliche Erfassung in Deutschland und England. Ein Vergleich, S. 63 ff.; die alten Korruptionsstraftatbestände werden durch den UK Bribery Act umfassed ersetzt, vgl. *Sullivan*, in: Horder/Alldridge, Modern Bribery Law. Comparative Perspectives, S. 13.

90 Zur Unverbindlichkeit der „Guidelines" *Deister/Geier*, CCZ 2011, 12 (15).

91 Siehe dazu neben der *Guidance* ausführlich *Sullivan*, in: Horder/Alldridge, Modern Bribery Law. Comparative Perspectives, S. 16 ff.; *Lim*, ICCLR 2014, 1 (1 ff.); *Dixon u. a.*, ICLR 2013, 54 (54 ff.); *Hugger/Röhrich*, BB 2010, 2643 (2643 ff.); *Deister u. a.*, CCZ 2011, 81 (82 ff.); *Klengel/Dymek*, HRRS 2011, 22 (23 f.); *Deister/Geier*, CCZ 2011, 12 (13 ff.); *Kraft*, in: Ahlbrecht/Dann/Wessing/Frister/Bock, FS Wessing, S. 83 ff.; *Weiß*, HRRS 2014, 293 (293 ff.).

Person („P“) nach diesen Vorschriften strafbar macht.[92] Auch werden in der Norm bereits Klarstellungen getroffen. So erklärt beispielsweise Sec. 1 Para. 5 UKBA, dass es keinen Unterschied mache, ob P den Vorteil direkt anbietet, verspricht oder gibt oder dies mittels eines Dritten tut.

1. Bestechung und Bestechlichkeit

In Sec. 1 UKBA ist die Bestechung unter Strafe gestellt („offences of bribing another person“). Die Bestechlichkeit wird von Sec. 2 UKBA erfasst („offences relating to being bribed“). Anknüpfungspunkt ist dabei stets die Pflichtwidrigkeit („improperly“) einer relevanten Handlung[93] („relevant function or activity“). Anforderungen an die Handlung, auf die sich die Bestechung bzw. Bestechlichkeit bezieht, werden in Sec. 3 UKBA dargestellt. Erfasst werden demnach vor allem Handlungen im öffentlichen Bereich sowie Geschäftstätigkeiten oder Handlungen innerhalb eines Arbeitsverhältnisses, Sec. 3 Para. 2 UKBA.[94] Erfasst ist eine solche Handlung jedoch nur dann, wenn diesbezüglich Erwartungen beispielsweise hinsichtlich Gutgläubigkeit oder Unparteilichkeit der betroffenen Person bestehen. Dabei werden auch solche Handlungen erfasst, die keinen Bezug zum UK haben und außerhalb des UK ausgeübt werden, Sec. 3 Para. 6 UKBA. Anforderungen an die Pflichtwidrigkeit finden sich in Sec. 4 UKBA. Werden die Erwartungen hinsichtlich Gutgläubigkeit oder Unparteilichkeit nicht erfüllt, ist die Handlung pflichtwidrig gemäß dieser Vorschrift.[95]

Zu beachten ist dabei, dass sich die pflichtwidrige Handlung sowohl auf den privaten als auch auf den öffentlichen Sektor beziehen kann.[96] Es wird nicht nach Korruption im privaten Sektor und Korruption im öffentlichen Sektor differenziert.[97]

---

92 So heißt es bspw. in Sec. 1 Para. 1 UKBA: „A person (“P”) is guilty of an offence if either of the following cases applies.“ Diese „cases“ werden anschließend beschrieben. So heißt es in Para. 2: „Case 1 is where […]“.

93 Übersetzung nach *Hugger/Röhrich*, BB 2010, 2643 (2644).

94 *Hugger/Röhrich*, BB 2010, 2643 (2644) (Übersetzungen von dort übernommen).

95 *Hugger/Röhrich*, BB 2010, 2643 (2644); dazu auch *Sullivan*, in: Horder/Alldridge, Modern Bribery Law. Comparative Perspectives, S. 18 f.

96 UKBA Guidance, S. 10 Rn. 18.

97 UKBA Guidance, S. 10 Rn. 18, vgl. aber auch S. 8 Rn. 10 wo erklärt wird, dass es mit Sec. 6 und Sec. 7 UKBA zwei Straftatbestände gibt, die sich eigens auf geschäftliche Korruption beziehen; *Sullivan*, in: Horder/Alldridge, Modern Bribery Law. Comparative Perspectives, S. 13; *Hugger/Röhrich*, BB 2010, 2643 (2644).

Die in Sec. 3 und 4 UKBA erwähnten Erwartungen werden durch Sec. 5 UBKA konkretisiert, der Maßstäbe für den „expectation test“ festlegt. So soll gemäß Sec. 5 Para. 1 UKBA entscheidend sein, was eine vernünftige Person im Vereinigten Königreich bezüglich der jeweiligen Funktion oder Aktivität erwarten würde.[98]

Die Bestechung ausländischer Amtsträger ist in Sec. 6 UKBA normiert. So macht sich strafbar, wer einen ausländischen Amtsträger besticht, um Geschäftsabschlüsse beizubehalten oder zu erlangen, oder einen geschäftlichen Vorteil beizubehalten oder zu erlangen[99]. Neben dem Tatbestand enthält diese Vorschrift eine Vielzahl an Klarstellungen und Definitionen, wie beispielsweise die Definition des „foreign public official“ in Sec. 6 Para. 5 UKBA.[100]

Facilitation payments sind nach dem UKBA – ebenso wie schon nach der alten Rechtslage – verboten.[101]

„Danke schön“-Zahlungen und Belohnungen für pflichtwidrig vorgenommene Handlungen sind ebenfalls vom UKBA erfasst und strafbar.[102]

Im Gegensatz dazu sind Hospitality[103] und allgemeine Klimapflege nach dem UK Bribery Act erlaubt. So ist es gestattet, den Geschäftspartner beispielsweise zu Sportveranstaltungen oder einem Abendessen einzuladen, solange diese Aufwendungen „reasonable and proportionate“, also angemessen und verhältnismäßig, sind.[104] Es darf nur keine hinreichende Verbindung zwischen Vorteil und der Absicht, Geschäfte oder Geschäftsvorteile zu beeinflussen und sich zu

98 Bei fehlenden niedergeschriebenen Gesetzen soll dies sogar für ausländische Sachverhalte gelten, Sec. 5 Para. 2 UKBA; vgl. auch UKBA Guidance, S. 10 Rn. 19.

99 Übersetzungen nach *Hugger/Röhrich*, BB 2010, 2643 (2644).

100 Siehe dazu *Lim*, ICCLR 2014, 1 (4 f.); dazu auch *Weiß*, HRRS 2014, 293 (293 ff.); UKBA Guidance, S. 8 Fn. 2 stellt klar, dass Sec. 1 UKBA nicht lex specialis zu Sec. 6 UKBA ist. Vielmehr können die Verfolgungsbehörden die angemessenste Strafnorm wählen; so auch *Deister u. a.*, CCZ 2011, 81 (86).

101 UKBA Quick start guide, S. 7; UKBA Guidance, S. 18 und S. 33; *Dixon u. a.*, ICLR 2013, 54 (61); instruktiv *Lim*, ICCLR 2014, 1 (5 f.); ferner *Teicke/Mohsseni*, BB 2012, 911 (914 f.).

102 Sec. 1 Para. 2 b) iii) UKBA; vgl. auch „bribery […] is defined as […] or to reward that person for already having done so.“, UKBA Quick start guide, S. 3.

103 Zu Hospitality nach dem StGB im Vergleich zum UKBA, *Acker/Ehling*, BB 2012, 2517.

104 UKBA Quick start guide, S. 7; UKBA Guidance, S. 12 ff. und S. 36 sowie S. 2, wo es heißt: „no one wants to stop firms getting to know their clients by taking them to events like Wimbledon or the Grand Prix.“; dazu auch *Scheint*, NJW-Spezial 2011, 440 (440).

sichern, vorliegen, was regelmäßig in einer Gesamtschau der Umstände zu würdigen ist.[105]

2. Die von Unternehmen abverlangte Verhinderung von Korruption

Die Regelung zur „failure of commercial organisations to prevent bribery", also das Versäumnis geschäftlicher Unternehmen, Korruption zu verhindern, ist in Sec. 7 UKBA geregelt. Nach Sec. 7 Para. 1 UKBA macht sich das Unternehmen strafbar, wenn eine mit dem Unternehmen assoziierte Person („associated person") eine andere Person besticht, um dem Unternehmen Geschäftsabschlüsse beizubehalten oder zu erlangen, oder einen geschäftlichen Vorteil beizubehalten oder zu erlangen.[106] Dies wird jedoch anschließend in Sec. 7 Para. 2 wieder eingeschränkt, der es als „defence", also Verteidigungsmöglichkeit, ansieht, wenn das Unternehmen adäquate Vorkehrungen („adequate procedures") getroffen hat, um ein solches Verhalten ihrer assoziierten Personen zu verhindern. Das Unternehmen haftet damit verschuldensunabhängig und muss den Nachweis adäquater Vorkehrungen selbst erbringen.[107] Auch in Sec. 7 Para. 3 UKBA wird die Weite des Tatbestandes etwas eingeschränkt, indem für die Anwendbarkeit von Sec. 7 gefordert wird, dass sich die im konkreten Fall bestechende Person auch gemäß Sec. 1 oder Sec. 6 UKBA strafbar macht oder machen würde. Es folgen in den übrigen Absätzen wiederum begriffliche Klarstellungen.

Schwierigkeiten bestehen bei dieser Regelung vor allem darin, zu beurteilen, wann eine Person „associated person" ist und was unter „adequate procedures" im Rahmen der Verteidigungsmöglichkeit zu verstehen ist. Abhilfe soll hier Sec. 8 UKBA schaffen. Dort wird die „associated person" näher definiert. Es ist demnach entscheidend, ob die Person Dienstleistungen für oder im Interesse des Unternehmens durchführt („a person ("A") is associated with C if […] A […]

---

105 UKBA Guidance, S. 13 Rn. 28; dazu ausführlich *Lim*, ICCLR 2014, 1 (2 f.).

106 Sec. 7 Para. 1 UKBA lautet:
„*A relevant commercial organisation ("C") is guilty of an offence under this section if a person ("A") associated with C bribes another person intending –*
(a) *to obtain or retain business for C, or*
(b) *to obtain or retain an advantage in the conduct of business for C.*"

107 *Kraft*, in: Ahlbrecht/Dann/Wessing/Frister/Bock, FS Wessing, S. 84 f.; von „in dubio contra reo" sprechend *Kappel/Lagodny*, StV 2012, 695 (697); *Hugger/Röhrich*, BB 2010, 2643 (2645); *Deister/Geier*, CCZ 2011, 12 (15); die Beweislast für das Vorliegen einer Bestechungshandlung liegt allerdings bei der Verfolgungsbehörde, UKBA Guidance, S. 9 Rn. 13.

performs services for or on behalf of C“), Sec. 8 Para. 1 UKBA. Zur Beurteilung dessen sollen alle Umstände des Einzelfalls herangezogen werden und nicht auf die Natur der Beziehung zwischen A und C verwiesen werden („should be determinded [...] not merely by reference to the nature of the relationship between A and C“), Sec. 8 Para. 4 UKBA. Als Beispiele werden in Sec. 8 Para. 3 Arbeitnehmer, Agenten oder Tochtergesellschaften genannt. Insbesondere der Umfang der ausgeübten Dienstleistungen ist für die Beurteilung jedoch unerheblich, Sec. 8 Para. 2 UKBA.[108]

Um die in Form der „defence“ aufgestellte Pflicht zur Korruptionsverhinderung mittels „adequate procedures“ näher zu konkretisieren und für die Praxis handbarer zu machen, bestimmt Sec. 9 UKBA, dass vom Secretary of State eine „guidance“, also eine Anleitung, herauszugeben ist, in der Maßnahmen beschrieben werden, die geschäftliche Unternehmen umsetzen müssen, um sich auf die Verteidigungsregelung in Sec. 7 Para. 2 UKBA berufen zu können. Dieser Aufforderung kam *Kenneth Clarke*, damaliger Secretary of State for Justice, im März 2011 nach.[109] Demnach ist für die Beurteilung, ob die getroffenen Vorkehrungen adäquat sind, zunächst entscheidend, wie hoch das Korruptionsrisiko einzustufen ist. Dies kann je nach Größe, Bereich und Umfang des jeweiligen Geschäfts variieren. Nach der Intensität des Risikos richtet sich auch der Umfang der zu treffenden Vorkehrungen.[110] Insoweit kommt dem Prinzip der Verhältnismäßigkeit („Proportionality“) grundlegende Bedeutung zu.[111] Daher ist dieses wohl auch das erste der in dieser konkretisierenden Guidance aufgestellten sechs maßgeblichen Prinzipien.[112] Als weitere Prinzipien werden „Top Level Commitment“[113], also das Zeigen von Hingabe bezüglich der Korruptionsbekämpfung seitens der Führungsebene, „Risk Assessment“[114], also die regelmäßige Bewertung der Risikofaktoren, „Due Diligence“[115], das heißt der sorgfältigen Auswahl und Überprüfung von für das Unternehmen tätigen Personen als besondere

---

108 Siehe dazu UKBA Guidance, S. 16 ff.

109 Die veröffentlichte Anleitung trägt den Titel: The Bribery Act 2010. Guidance about procedures which relevant commercial organisations can put into place to prevent person associated with them from bribing (section 9 of the Bribery Act 2010).

110 UKBA Guidance, S. 21 f.; UKBA Quick start guide, S. 4 mit Hinweisen zur Risikobeurteilung auf S. 5 f.

111 So der Secretary of State for Justice bereis im Vorwort, UKBA Guidance, S. 2.

112 Vgl. dazu UKBA Guidance, S. 21 f.

113 UKBA Guidance, S. 23 f.

114 UKBA Guidance, S. 25 f.

115 UKBA Guidance, S. 27 f.

Ausprägung der Risikoanalyse, „Communication“[116], also der Bekanntmachung der Anti-Korruptionsmaßnahmen im Unternehmen und entsprechender Fortbildung, und „Monitoring and Review“[117], also die kontinuierliche Prüfung und Weiterentwicklung der getroffenen Maßnahmen, genannt.[118]

3. *Sanktionen*

Der Strafrahmen für die jeweiligen Delikte ist in Sec. 11 UKBA geregelt. Ist die Sanktionsmöglichkeit für Korruption durch natürliche Personen im Falle einer „summary conviction“ auf Freiheitsstrafe von bis zu zwölf Monaten und/oder der Höhe nach beschränkter Geldstrafe gedeckelt (Sec. 11 Para. 1 a) UKBA), ist in schwerwiegenden Fällen eine „conviction on indictment“ und damit eine Freiheitsstrafe von bis zu zehn Jahren und/oder eine Geldstrafe in unbegrenzter Höhe möglich (Sec. 11 Para. 1 b) UKBA).[119]

Für juristische Personen sind bei „conviction on indictment“ ebenfalls Geldstrafen in unbegrenzter Höhe möglich (Sec. 11 Para. 2 b) UKBA), wohingegen diese im Falle einer „summary conviction“ ebenfalls begrenzt ist (Sec. 11 Para. 2 a) UKBA).

Für das Nicht-Verhindern von Korruption im geschäftlichen Unternehmen nach Sec. 7 UKBA droht dem Unternehmen gemäß Sec. 11 Para. 3 UKBA eine Geldstrafe in unbegrenzter Höhe.[120]

Zu beachten ist darüber hinaus die mögliche persönliche Haftung einer Führungskraft[121] für Korruption durch das Unternehmen gemäß Sec. 14 Para. 2 UKBA, wenn diese einer Bestechungszahlung nach Sec. 1, 2, oder 6 UKBA

---

116 UKBA Guidance, S. 29 f.

117 UKBA Guidance, S. 31.

118 Siehe zu den Prinzipien UKBA Guidance, S. 20 ff.; UKBA Quick start guide, S. 4; *Dixon u. a.*, ICLR 2013, 54 (57 f., 60 f.); *Sullivan*, in: Horder/Alldridge, Modern Bribery Law. Comparative Perspectives, S. 30 f.; *Deister u. a.*, CCZ 2011, 81 (86 ff.); *Hugger/Röhrich*, BB 2010, 2643 (2645 f.); *Klengel/Dymek*, HRRS 2011, 22 (25); *Deister/Geier*, CCZ 2011, 12 (16 f.); *Kraft*, in: Ahlbrecht/Dann/Wessing/Frister/Bock, FS Wessing, S. 97 f.; *Weiß*, HRRS 2014, 293 (296 f.).

119 Eine „summary conviction“ erfolgt dabei durch den *Magistrates‘ Court*. Eine „conviction on indictment“ erfolgt hingegen durch den für schwerwiegende Fälle zuständigen *Crown Court*, vgl. *Chapman/Niven*, A Guide to the Criminal Justice System in England and Wales, Rn. 4.5 ff.

120 Dazu im Einzelnen *Letzien*, Internationale Korruption und Jurisdiktionskonflikte, S. 197 ff.

121 Siehe dazu Sec. 14 Para. 4 UKBA.

zugestimmt oder die Zahlung geduldet hat. Diese kann neben der Gesellschaft strafrechtlich belangt werden.[122] Entscheidend ist dabei eine enge Verbindung der Führungskraft mit dem Vereinigten Königreich, Sec. 14 Para. 3 UKBA.

III. Extraterritoriale Anwendbarkeit

Der räumliche Geltungsbereich des UK Bribery Act ist in Sec. 12 UKBA geregelt.

Sec. 12 Para. 1 UKBA richtet sich nach dem Territorialitätsprinzip. Demnach sind sowohl bei Korruption im privaten als auch im öffentlichen Sektor alle tatbestandsmäßigen Handlungen oder Unterlassungen vom UKBA erfasst, die in England, Wales, Schottland oder Nordirland vorgenommen wurden.

Für außerhalb des Vereinigten Königreichs vorgenommene Handlungen oder Unterlassungen treffen Sec. 12 Para. 2 bis 4 UKBA spezielle Regelungen. Demnach werden auch Handlungen oder Unterlassungen vom UKBA erfasst, die – wären sie im Vereinigten Königreich vorgenommen worden – tatbestandsmäßig im Sinne der Sec. 1, 2 oder 6 UKBA wären und die handelnde Person zudem eine enge Verbindung („close connection") zum Vereinigten Königreich hat. Wann eine solche enge Verbindung vorliegt, wird in Sec. 12 Para. 4 UKBA definiert.[123] Eine solche soll nur gegeben sein, wenn der Täter zur Zeit der Handlung oder des Unterlassens Brite in einer der dort genannten Formen ist, Sec. 12 Para. 4 a) bis f) UKBA. Neben der Anknüpfung an die Staatsbürgerschaft besteht eine solche enge Verbindung auch bei natürlichen Personen, die sich gewöhnlich im Vereinigten Königreich aufhalten, Sec. 12 Para. 4 g) UKBA. Für juristische Personen reicht es aus, dass sie nach dem Recht eines Teils des Vereinigten Königreichs gegründet sind, um eine solche enge Verbindung annehmen zu können, Sec. 12 Para. 4 h) UKBA.

---

122 Zum umgekehrten Fall vgl. UKBA Guidance, S. 9 Rn. 14 „identification principle".

123 Sec. 12 Para. 4 UKBA lautet:
„*[...] a person has close connection with the United Kingdom if, and only if, the person was one of the following at the time the acts or omissions concerned were done or made –*
(a) *a British citizen,*
(b) *a British overseas territories citizen,*
(c) *a British National (Overseas),*
(d) *a British Overseas citizen,*
(e) *a person who under the British Nationality Act 1981 was a British subject,*
(f) *a British protected person within the meaning of that Act,*
(g) *an individual ordinarily resident in the United Kingdom,*
(h) *a body incorporated under the law of any part of the United Kingdom,*
(i) *a Scottish partnership.*"

Für die Anwendbarkeit von Sec. 7 UKBA gelten jedoch spezielle Regelungen. So wird in Sec. 7 Para. 3 b) UKBA klargestellt, dass für diese Norm eine solche enge Verbindung nicht notwendig ist. Zudem kommt es für die Verwirklichung des Delikts auch nicht darauf an, ob die tatbestandlichen Handlungen oder Unterlassungen im Vereinigten Königreich oder irgendwo sonst vorgenommen werden, Sec. 12 Para. 5 UKBA.[124] Diese umfassende Anwendbarkeit wird lediglich tatbestandlich vom Begriff der „relevant commercial organisation" eingeschränkt.[125] Eine solche ist zunächst jede nach dem Recht des Vereinigten Königreichs gegründete Gesellschaft, Sec. 7 Para. 5 a) und c) UKBA. Allerdings fallen auch ausländische Gesellschaften unabhängig vom Recht der Gründung darunter, wenn sie irgendwo im Vereinigten Königreich geschäftlich aktiv sind, Sec. 7 Para. 5 b) und d) UKBA („which carries on a business, or part of a business, in any part of the United Kingdom"). Maßgeblich für die Beurteilung soll dabei ein „common sense approach" sein, also der gesunde Menschenverstand.[126] Obgleich dieses Merkmal noch einer Konkretisierung durch die Gerichte bedarf[127], wird angenommen, dass bereits eine einzige Transaktion mit einem britischen Geschäftspartner ausreichend sein kann, um die Anwendbarkeit des UKBA auf das geschäftliche Unternehmen zu begründen.[128] Hat also ein deutsches Unternehmen geschäftliche Kontakte in das Vereinigte Königreich, besteht die Gefahr, dass das Unternehmen mit Strafzahlungen in unbegrenzter Höhe belangt werden kann, wenn beispielsweise ein Agent des Unternehmens in Nigeria einen Amtsträger im Zusammenhang mit einer Transaktion besticht, die keinerlei Bezug zum Vereinigten Königreich aufweist.[129]

---

124 UKBA Guidance, S. 9, Rn. 16; dazu auch *Deister u. a.*, CCZ 2011, 81 (85).

125 Siehe dazu UKBA Guidance, S. 15 f.

126 UKBA Guidance, S. 15 f. Rn. 36; dazu auch *Süße/Püschel*, ZRFC 2015, 82 (83); *Kappel/Lagodny*, StV 2012, 695 (698); *Deister u. a.*, CCZ 2011, 81 (84).

127 *Sullivan*, in: Horder/Alldridge, Modern Bribery Law. Comparative Perspectives, S. 28; *Deister u. a.*, CCZ 2011, 81 (84); *Kappel/Ehling*, BB 2011, 2115 (2116).

128 *Hugger/Röhrich*, BB 2010, 2643 (2646); nicht ganz so weit gehend *Klengel/Dymek*, HRRS 2011, 22 (24), denen zufolge bereits ein einzelnes Büro im Anwendungsbereich des UKBA zu einer britischen Zuständigkeit führen soll; ebenfalls zurückhaltend *Kraft*, in: Ahlbrecht/Dann/Wessing/Frister/Bock, FS Wessing, S. 88 f., der dies erst nach wiederholter Geschäftstätigkeit annehmen möchte; bei Verkauf von Waren über das Internet bejahend *Weiß*, HRRS 2014, 293 (295) m.w.N.; kritisch *Kappel/Lagodny*, StV 2012, 695 (695), denen zufolge völlig unklar ist, wann der UKBA bspw. auf ein deutsches Unternehmen anwendbar ist; UKBA Guidance, S. 15 Rn. 36 fordert eine „demonstrable business presence in the United Kingdom".

129 Vgl. dazu auch *Hugger/Röhrich*, BB 2010, 2643 (2646 f.).

Eine Bestechungszahlung ins Ausland ist demnach auch nach dem UKBA strafbar, da beispielsweise im Falle einer Überweisung ins Ausland die tatbestandliche Handlung im Vereinigten Königreich vorgenommen wird, Sec. 12 Para. 1 UKBA.

Für den Fall, dass eine Person in einem Restaurant in Nigeria Bargeld übergibt, ist Sec. 12 Para. 2 bis 4 UKBA maßgeblich. Neben der Vornahme einer tatbestandlichen Handlung nach den Sec. 1, 2 oder 6 UKBA ist dazu eine enge Verbindung zum Vereinigten Königreich erforderlich. Strafbar nach dem UKBA wäre der Täter demnach beispielsweise, wenn er die Bestechungszahlung als britischer Staatsbürger vornimmt, Sec. 12 Para. 4 a) bis f) UKBA.

Unabhängig von dessen Staatsbürgerschaft wäre der UKBA auch auf den Täter anwendbar, wenn sich dieser gewöhnlich im Vereinigten Königreich aufhält.[130]

Wie gleich zu Beginn des Quick start guide angemerkt wird, ist eine Verfolgung nach dem UKBA allerdings nur möglich, wenn entweder der Director of Public Prosecutions oder der Director of the Serious Fraud Office eine Verurteilung für überwiegend wahrscheinlich halten und die Verfolgung im öffentlichen Interesse liegt.[131] Im Rahmen der den Unternehmen auferlegten Pflicht zur Verhinderung von Korruption wird dabei hinsichtlich der Entscheidung, ob ein Strafverfahren einzuleiten ist, auch die Bereitschaft zur Kooperation mit den Ermittlungsbehörden gewürdigt.[132]

Durch die den Unternehmen auferlegte Pflicht zur Korruptionsverhinderung nach Sec. 7 UKBA wird somit ein erhebliches Haftungspotenzial begründet. Insbesondere die Arbeitsweise lokaler Agenten, die in Ländern operieren, in denen üblicherweise Beschleunigungszahlungen geleistet werden, sollte vom beauftragenden Unternehmen genauer unter die Lupe genommen werden.[133]

---

130 Sec. 12 Para. 4 g) UKBA.

131 UKBA Quick start guide, S. 3, in Sec. 10 Para. 1 c) UKBA wird zusätzlich noch der Director of Revenue and Customs Prosecutions genannt; ein öffentliches Interesse ist umso wahrscheinlicher je schwerer das Vergehen ist, wobei für Hospitality und Facilitation Payments gesondert darauf hingewiesen wird, dass in diesen Fällen eine sehr sorgfältige Prüfung notwendig ist, UKBA Guidance, S. 19; zur Strafverfolgung *Deister u. a.*, CCZ 2011, 81 (86 ff.); vgl. dazu auch die Leitlinien zur Strafverfolgung, Bribery Act 2010: Joint Prosecution Guidance of the Director of the Serious Fraud Office and the Director of Public Prosecutions, abrufbar im Internet unter: https://www.sfo.gov.uk/?wpdmdl=1456 (Stand: 30.3.2011, zuletzt aufgerufen am 12.8.2019).

132 UKBA Guidance, S. 8 Rn. 12.

133 Dazu mit konkreten Hinweisen für die Praxis *Lim*, ICCLR 2014, 1 (7 f.).

C. Die Reichweite des Foreign Corrupt Practices Act

Nach Darstellung des deutschen Rechts und des UK Bribery Act, folgt nun eine Erläuterung des US-amerikanischen Foreign Corrupt Practices Act.

Dieses Gesetz war das erste Gesetz, das den Kampf gegen Korruption auf internationaler Ebene aufgenommen hat.[134] Es wird auch hier zuerst dessen Aufbau dargestellt und anschließend sein Regelungsgehalt skizziert, bevor davon ausgehend die extraterritoriale Anwendbarkeit des Gesetzes dargestellt wird.

I. Aufbau

Die „Anti-Bribery and Books & Record Provisions“ des FCPA sind – wie der Titel schon andeutet – in zwei Teile untergliedert. Anders als die im Titel festgelegte Reihenfolge vermuten lässt, sind im ersten Teil unter der Überschrift „Periodical and other reports“ zunächst die Buchführungsvorschriften des Gesetzes geregelt, 15 U.S.C. § 78m. Diesen nachfolgend finden sich erst die Anti-Korruptionsvorschriften in 15 U.S.C. § 78dd. Diese untergliedern sich in mehrere Tatbestände und differenzieren nach dem jeweils tauglichen Täter.

So regelt 15 U.S.C. § 78dd-1 die „Prohibited foreign trade practices by issuers“, beschreibt also verbotene Außenhandelspraktiken durch Emittenten[135]. Inlandspersonen werden von 15 U.S.C. § 78dd-2 erfasst („Prohibited foreign trade practices by domestic concerns“). Die Norm des 15 U.S.C. § 78dd-3 zielt schließlich auf die übrigen Personen ab, welche sich nicht unter einer der vorgenannten Kategorien fassen lassen („Prohibited foreign trade practices by persons other than issuers or domestic concerns“).

Die Anti-Korruptionstatbestände sind dabei jeweils untergliedert in den Tatbestand („Prohibition“), einer expliziten Ausnahme für routinemäßige Regierungshandlungen („Exception for routine governmental action“), einer Verteidigungsmöglichkeit („Affirmative defenses“) und für den jeweiligen Abschnitt relevante Legaldefinitionen („Definitions“). Die Absätze „Guidelines by Attorney General“ (Richtlinien des Generalstaatsanwalts), „Opinions of Attorney General“ (Stellungnahmen des Generalstaatsanwalts) und „Alternative Jurisdiction“ (Alternativer Gerichtsstand) finden sich nur bei den Regelungen zu den Emittenten (15 U.S.C. § 78dd-1) und den Inlandspersonen

---

134 Siehe dazu unten unter Kap. 1 E.I.1.

135 Terminus aus der nichtamtlichen deutschen Übersetzung des FCPA. Abrufbar im Internet unter: https://www.justice.gov/sites/default/files/criminal-fraud/legacy/2012/11/14/fcpa-german.pdf (zuletzt aufgerufen am 12.8.2019).

(15 U.S.C. § 78dd-2). Letztgenannte bieten in 15 U.S.C. § 78dd-2(d), ebenso wie die Regelungen zu den sonstigen Personen in 15 U.S.C. § 78dd-3(d), zudem noch die Möglichkeit einer „Unterlassungsverfügung" („Injunctive relief"). Auch spezielle Regelungen zu Sanktionen („Penalties") finden sich nur in 15 U.S.C. § 78dd-2(g) zu Inlandspersonen und in 15 U.S.C. § 78dd-3(e) zu den sonstigen Personen. Somit ist die Regelung zu den „domestic concerns" nach 15 U.S.C. § 78dd-2 der umfassendste der drei Tatbestände, da dieser alle Regelungsbereiche der jeweils anderen Tatbestände enthält.

Abschließend finden sich in der Norm 15 U.S.C. § 78ff weitere Regelungen zu den möglichen „Penalties".

II. Regelungsgehalt

Die Anti-Korruptionsvorschriften des FCPA verbieten die Bestechung von ausländischen Amtsträgern („foreign officials"). Sie beziehen sich nur auf die aktive Korruption im öffentlichen Sektor. Die passive Korruption, also die Bestechlichkeit, ist ebenso wie Korruption im privaten Sektor nicht vom FCPA erfasst.

1. Persönlicher Anwendungsbereich

Der persönliche Anwendungsbereich erfasst Emittenten („issuer"), Inlandspersonen („domestic concerns") und sonstige Personen („persons other than issuers or domestic concerns"). Gemäß 15 U.S.C. § 78dd-1(a) ist „Issuer" jede Person, die über eine Gattung von Wertpapieren verfügt, die nach 15 U.S.C. § 78l börsengängig ist oder die nach 15 U.S.C. § 78o(d) zum Einreichen von Berichten verpflichtet ist. Gemäß der Legaldefinition in 15 U.S.C. § 78dd-2(h)(1) ist Inlandsperson neben jedem Staatsbürger, Staatsangehörigen oder Einwohner der Vereinigten Staaten, auch jedes Unternehmen, das seinen Hauptsitz in den Vereinigten Staaten hat oder nach dem Recht eines Staates der Vereinigten Staaten gegründet wurde. Als „sonstige Person" gemäß 15 U.S.C. § 78dd-3 gilt jede sonstige ausländische natürliche Person sowie jedes sonstige ausländische Unternehmen, 15 U.S.C. § 78dd-3(f). Jeder dieser Tatbestände bezieht sich zudem auf für die jeweilige Person handelnde Personen (z.B. „Agents").

2. Tathandlung

Den vom persönlichen Anwendungsbereich umfassten Personen ist es verboten, einem ausländischen Amtsträger Geld oder irgendetwas von Wert zukommen zu lassen, anzubieten oder zu versprechen, um diesen zur Herbeiführung oder

Sicherung von Geschäftsabschlüssen[136] in korrupter Weise zu beeinflussen.[137] Dabei ist es unerheblich, ob dies direkt oder durch einen Dritten erfolgt.[138]

Auf korrupte Weise („corruptly") erfolgt die Tat, wenn der Vorteilsempfänger auf unlautere Weise beeinflusst werden soll, seine Position zu missbrauchen.[139] Eine Pflichtverletzung des Amtsträgers ist dabei nicht notwendig. Ausreichend ist jede Beeinflussung der Entscheidungsfindung.[140] Es ist auch nicht erforderlich, dass die Identität des Empfängers bekannt ist.[141] Damit eine natürliche Person eine Strafbarkeit nach den Anti-Korruptionsvorschriften des FCPA auslösen kann, muss die Tat zudem „willfully", also vorsätzlich, begangen werden.[142]

Bei Inlandstaten von US-Personen oder US-Gesellschaften[143] sowie bei Taten von sonstigen Personen ist zur Tatbestandsverwirklichung zudem die Nutzung der „mails or any means or instrumentality of interstate commerce" notwendig, also des Postdienstes oder eines anderen Mittels oder Einrichtung des zwischenstaatlichen Handels. Sonstige Personen müssen sich dabei jedoch zum einen auf dem Gebiet der Vereinigten Staaten aufhalten („while in the territory of the United States") und zum anderen ist für diese neben dem Gebrauch der Mittel des

136 Siehe dazu den sog. „Business Purpose Test" *Breuer/Khuzami*, FCPA Resource Guide, S. 12 ff.; *Rübenstahl*, NZWiSt 2012, 401 (405 f.); *Kraft*, in: Ahlbrecht/Dann/Wessing/Frister/Bock, FS Wessing, S. 81.

137 *„It shall be unlawful […] to make use of the mails or any means of instrumentality of interstate commerce corruptly in furtherance of an offer, payment, promise to pay, or authorization of the payment of any money, or offer, gift, promise to give, or authorization of the giving of anything of value to […] any foreign official for purposes of […] influencing […] in order to assist […] in obtaining or retaining business"*, 15 U.S.C. § 78dd-1(a), § 78dd-2(a), § 78dd-3(a).

138 15 U.S.C. § 78dd-1(a)(3); dazu *Dann*, in: Hoven/Kubiciel, Das Verbot der Auslandsbestechung. Tagungen und Kolloquien, S. 244.

139 *Breuer/Khuzami*, FCPA Resource Guide, S. 14 mit Verweis auf S.Rep. No. 95-114, S. 10.

140 *Dann*, in: Hoven/Kubiciel, Das Verbot der Auslandsbestechung. Tagungen und Kolloquien, S. 246 m.w.N.

141 *Breuer/Khuzami*, FCPA Resource Guide, S. 14.

142 15 U.S.C. § 78dd-2(g)(2)(A), § 78dd-3(e)(2)(A), § 78ff(c)(2)(A); vgl. dazu *Breuer/Khuzami*, FCPA Resource Guide, S. 14; *Dann*, in: Hoven/Kubiciel, Das Verbot der Auslandsbestechung. Tagungen und Kolloquien, S. 245; zum Ganzen: *Kraft*, in: Ahlbrecht/Dann/Wessing/Frister/Bock, FS Wessing, S. 80 ff.

143 15 U.S.C. § 78dd-1(g)(1), § 78dd-2(i)(1); *Breuer/Khuzami*, FCPA Resource Guide, S. 12; *Dann*, in: Hoven/Kubiciel, Das Verbot der Auslandsbestechung. Tagungen und Kolloquien, S. 240 f.

zwischenstaatlichen Handels auch jede andere Förderungshandlung vom Tatbestand erfasst, 15 U.S.C. § 78dd-3(a).[144]

3. *Taugliche Vorteilsempfänger*

Neben ausländischen Amtsträgern, die in 15 U.S.C. § 78dd-1(f)(1) legaldefiniert sind, sind auch ausländische politische Parteien („any foreign political party"), samt deren Funktionären („official thereof") und Kandidaten für ein ausländisches politisches Amt („any candidate for foreign political office"), taugliche Vorteilsempfänger.[145]

4. *Ausnahmen*

Um einer Strafbarkeit zu entgehen, stehen dem Beschuldigten zwei „affirmative defenses", also Verteidigungsmöglichkeiten[146], zur Verfügung. Die Beweislast liegt dabei beim Beschuldigten.[147] Auf eine solche „affirmative defense" kann sich der mutmaßliche Täter berufen, wenn ihm der Nachweis gelingt, dass die Gewährung des Vorteils nach dem jeweiligen ausländischen Recht rechtmäßig wäre, 15 U.S.C. § 78dd-1(c)(1), § 78dd-2(c)(1), § 78dd-3(c)(1), oder es sich bei dem Vorteil um angemessene Aufwendungen handelt, die in gutem Glauben vorgenommen wurden („reasonable and bona fide expenditure"), 15 U.S.C. § 78dd-1(c)(2), § 78dd-2(c)(2), § 78dd-3(c)(2).[148] Im Gegensatz dazu sind Zahlungen für routinemäßige Regierungshandlungen gar nicht erst vom Tatbestand erfasst. Darunter fallen Erleichterungs- und Beschleunigungszahlungen an ausländische Amtsträger („facilitating or expediting payment").[149]

---

144 15 U.S.C. §§ 78dd-3(a) lautet:
„It shall be unlawful […] while in the territory of the United States, corruptly to make use of the mails or any means or instrumentality of interstate commerce or to do any other act in furtherance of an offer, payment […]".

145 15 U.S.C. § 78dd-1(a)(2), § 78dd-2(a)(2), § 78dd-3(a)(2); siehe dazu weiterführend *Schulte/Görts*, RIW 2006, 561 (563); *Grau u. a.*, BB 2010, 652 (656 f.); *Koehler*, U. Penn. J. of Business L. 2012, 1 (28 ff.).

146 Die nichtamtliche deutsche Übersetzung des FCPA spricht von „Einredungen"; *Dann*, in: Hoven/Kubiciel, Das Verbot der Auslandsbestechung. Tagungen und Kolloquien, S. 247 f. spricht von „Strafausschließungsgründen".

147 *Schulte/Görts*, RIW 2006, 561 (562).

148 Vgl. dazu *Dann*, in: Hoven/Kubiciel, Das Verbot der Auslandsbestechung. Tagungen und Kolloquien, S. 247 f.; *Tarun*, Basics of the Foreign Corrupt Practices Act, S. 6 f.

149 15 U.S.C. § 78dd-1(b), § 78dd-2(b), § 78dd-3(b); siehe dazu *Breuer/Khuzami*, FCPA Resource Guide, S. 25 f.

5. *Buchführungsvorschriften*

Die Buchführungsvorschriften in 15 U.S.C. § 78m haben hauptsächlich eine ergänzende Funktion. Kann ein Verstoß gegen die Anti-Korruptionsvorschriften nicht nachgewiesen werden, wird oftmals auf die leichter nachzuweisenden Verstöße gegen die Buchführungspflichten zurückgegriffen.[150] Gemäß 15 U.S.C. § 78m(b)(2)(A) muss der Emittent[151] seine Geschäftsbücher, Unterlagen und Buchhaltungsunterlagen so erstellen und führen, dass die Transaktionen und Dispositionen über Vermögenswerte ausreichend genau, fair und angemessen wiedergegeben werden. Als Maßstab für die angemessene Detailtiefe soll gemäß 15 U.S.C. § 78m(b)(7) das Handeln eines vorsichtig handelnden Amtsträgers in eigenen Angelegenheiten dienen.[152]

6. *Verfolgungsbehörden*

Für die Verfolgung von Verstößen gegen den FCPA sind das Justizministerium (Departement of Justice, „DOJ") und die Börsenaufsicht (U.S. Securities and Exchange Commisson, „SEC") zuständig. Das DOJ ist für die strafrechtliche Verfolgung von Verstößen gegen den FCPA zuständig, und teilt sich die Zuständigkeit für die zivilrechtliche Verfolgung mit dem SEC.[153]

---

150 *Dann*, in: Hoven/Kubiciel, Das Verbot der Auslandsbestechung. Tagungen und Kolloquien, S. 251 f.; *Teicke/Mohsseni*, BB 2012, 911 (913); *Sporkin*, Nw. J. Int'l L. & Bus. 1998, 269 (276).

151 Die Buchführungsvorschriften beziehen sich nur auf die Emittenten; vgl. dazu im Einzelnen *O'Melveny & Myers LLP*, Foreign Corrupt Practices Act, S. 15; *Rübenstahl*, NZWiSt 2013, 6 (6 f.); *Dann*, in: Hoven/Kubiciel, Das Verbot der Auslandsbestechung. Tagungen und Kolloquien, S. 252.

152 Zu den Buchführungsvorschriften im Ganzen siehe *Breuer/Khuzami*, FCPA Resource Guide, S. 38 ff.; *Dann*, in: Hoven/Kubiciel, Das Verbot der Auslandsbestechung. Tagungen und Kolloquien, S. 251 ff. m.w.N.; *Rübenstahl*, NZWiSt 2013, 6 (6 ff.); *Kraft*, in: Ahlbrecht/Dann/Wessing/Frister/Bock, FS Wessing, S. 82 f.; *Schulte/Görts*, RIW 2006, 561 (564 f.); die Buchführungsvorschriften in Zusammenhang mit deutschen Normen bringend *Grau u. a.*, BB 2010, 652 (653 ff.).

153 *Schulte/Görts*, RIW 2006, 561 (562); vgl. dazu im Einzelnen *Dann*, in: Hoven/Kubiciel, Das Verbot der Auslandsbestechung. Tagungen und Kolloquien, S. 229 ff. m.w.N.; zum Ablauf eines SEC-Verfahrens und damit in Zusammenhang stehende Schutzmöglichkeiten siehe *Senderowitz u. a.*, wistra 2008, 281 (282 ff.).

7. Sanktionen

Im Falle einer Verurteilung drohen neben dem Imageverlust empfindliche Strafen.[154] Diese richten sich bei einem Verstoß gegen die Anti-Korruptionsvorschriften nach 15 U.S.C. § 78ff(c), § 78dd-2(g), § 78dd-3(e). Juristische Personen können mit einer Geldstrafe von bis zu USD 2 Mio. oder der zweifachen Höhe der erlangten Vorteile belegt werden.[155] Natürlichen Personen droht eine Geldstrafe von bis zu USD 250.000[156] oder der doppelte Wert der erlangten Vorteile. Zudem kommt eine Freiheitsstrafe von bis zu fünf Jahren in Betracht.[157] Daneben treten noch zivilrechtliche Geldbußen gegen Unternehmen[158] und natürliche Personen[159]. Demnach sind Zahlungen in Höhe von USD 16.000 pro Verstoß möglich.[160]

Auch eine Verletzung der Buchführungsvorschriften wird empfindlich bestraft. Natürliche Personen können gemäß 15 U.S.C. § 78ff(a) mit einer Geldstrafe von bis zu USD 5 Mio. und Freiheitsstrafe von bis zu 20 Jahren belangt werden. Unternehmen können mit Geldstrafe bis zu USD 25 Mio. bestraft werden.

Zivilrechtlich kann jeder Verstoß des Unternehmens gegen die Buchführungsvorschriften mit bis zu USD 725.000 und jeder Verstoß einer natürlichen Person mit bis zu USD 150.000 geahndet werden oder in Höhe des Bruttobetrags des Gewinns, der durch den Verstoß erzielt wurde.[161]

---

154 Siehe dazu ausführlich *Rübenstahl/Boerger*, NZWiSt 2013, 367; *Letzien*, Internationale Korruption und Jurisdiktionskonflikte, S. 31 ff.

155 15 U.S.C. § 78ff(c)(1)(A), § 78dd-2(g)(1)(A), § 78dd-3(e)(1)(A), 18 U.S.C. § 3571(d).

156 *Breuer/Khuzami*, FCPA Resource Guide, S. 68.

157 15 U.S.C. § 78ff(c)(2)(A), § 78dd-2(g)(2)(A), § 78dd-3(e)(2)(A), 18 U.S.C. § 3571(b)(3), (d), (e); vgl. dazu *Breuer/Khuzami*, FCPA Resource Guide, S. 68 f. m.w.N.

158 15 U.S.C. § 78ff(c)(1)(B), § 78dd-2(g)(1)(B), § 78dd-3(e)(1)(B).

159 15 U.S.C. § 78ff(c)(2)(B), § 78dd-2(g)(2)(B), § 78dd-3(e)(2)(B).

160 *Breuer/Khuzami*, FCPA Resource Guide, S. 69. Zu beachten ist demnach auch 17 C.F.R. § 201.1004, der Anpassungen an die Inflation trifft und demzufolge mittlerweile Zahlungen von über USD 20.000 möglich sind; *Dann*, in: Hoven/Kubiciel, Das Verbot der Auslandsbestechung. Tagungen und Kolloquien, S. 249 f. m.w.N.

161 *Breuer/Khuzami*, FCPA Resource Guide, S. 69, wieder mit Verweis auf 17 C.F.R. § 201.1004; *Dann*, in: Hoven/Kubiciel, Das Verbot der Auslandsbestechung. Tagungen und Kolloquien, S. 256 f.

Neben diesen Sanktionen sind außerdem wirtschaftliche Konsequenzen, wie der Verlust von Exportprivilegien oder der Ausschluss von Geschäften mit der Regierung oder multilateralen Entwicklungsbanken, möglich.[162]

III. Extraterritoriale Anwendbarkeit

Dass mit dem FCPA ein weiter extraterritorialer Anwendungsbereich einhergeht, lässt sich schon bei einem Blick auf das Titelblatt des FCPA Resource Guide, einem vom DOJ und SEC herausgegebenen Leitfaden zum FCPA[163], erahnen. Die dort abgebildete Weltkarte vermittelt sofort das Gefühl globaler Relevanz des Gesetzes. Unter welchen Voraussetzungen eine solche gegeben ist, wird an dieser Stelle genauer untersucht.

Festzuhalten ist allerdings, dass über die exakte Auslegung der Merkmale des FCPA eine große Rechtsunsicherheit herrscht, da entsprechende Verfahren in den Vereinigten Staaten häufig beendet werden, bevor ein Gericht darüber entscheiden kann.[164] Lediglich Anklageschriften oder veröffentlichte „Deferred Prosecution Agreements" („DPA", „Vereinbarung der Zurückstellung der Strafverfolgung"[165]) können Aufschluss über das Verständnis der Verfolgungsbehörden bezüglich dieser Merkmale geben.

1. *Anwendbarkeit auf Emittenten, Inlandspersonen und sonstige Personen*

Eine Anwendbarkeit des FCPA auf Inlandspersonen folgt nach 15 U.S.C. § 78dd-2 dem Nationalitätsprinzip.[166]

---

162 Vgl. dazu *Breuer/Khuzami*, FCPA Resource Guide, S. 69 ff.; *Dann*, in: Hoven/Kubiciel, Das Verbot der Auslandsbestechung. Tagungen und Kolloquien, S. 249 f., 256 f. jeweils m.w.N.

163 Für eine Zusammenfassung des Resource Guide siehe *Spehl/Grützner*, CCZ 2013, 198.

164 *Maberry u. a.*, Metro. Corp. C. 05/2013, 26; *Schulte/Görts*, RIW 2006, 561 (561); zu den Möglichkeiten der Verfahrensbeendigung siehe *Dann*, in: Hoven/Kubiciel, Das Verbot der Auslandsbestechung. Tagungen und Kolloquien, S. 234 ff.; vgl. dazu auch beispielhaft die Darstellung der vom DOJ im Jahre 2011 ergriffenen Maßnahmen gegen Unternehmen und deren Rechtsnatur mit anschließender Kritik bei *Koehler*, U. Penn. J. of Business L. 2012, 1 (4 ff., 18 ff.).

165 Vgl. dazu *Dann*, in: Hoven/Kubiciel, Das Verbot der Auslandsbestechung. Tagungen und Kolloquien, S. 235 f.; *Kraft*, in: Ahlbrecht/Dann/Wessing/Frister/Bock, FS Wessing, S. 93.

166 *Breuer/Khuzami*, FCPA Resource Guide, S. 12.

Zudem unterfällt jedes Unternehmen bereits mit der Listung an einer amerikanischen Börse dem FCPA gemäß 15 U.S.C. § 78dd-1. Dabei ist das Recht der Gründung oder der Ort des Sitzes unerheblich.

Nach US-amerikanischem Recht gegründete Emittenten sowie Inlandspersonen können sich unter gelockerten Voraussetzungen überall auf der Welt nach dem FCPA strafbar machen. Diese müssen nämlich insbesondere bei Auslandstaten gerade nicht die Mittel zwischenstaatlichen Handels verwenden, um eine tatbestandsmäßige Handlung zu begehen.[167] Ausreichend ist vielmehr jede Handlung zur Förderung einer korruptiven Handlung, 15 U.S.C. § 78dd-1(g)(1), § 78dd-2(i)(1).[168] Eine Nutzung der Mittel zwischenstaatlichen Handels ist nur für Inlandstaten erforderlich, vgl. 15 U.S.C. § 78dd-1(a), § 78dd-2(a).[169]

Unter zwischenstaatlichem Handel („interstate commerce") ist dabei sowohl Handel als auch Wirtschaft, Transport und Kommunikation zwischen den einzelnen US-Bundesstaaten oder zwischen einem ausländischen Staat und einem US-Bundesstaat oder einem US-Bundesstaat und einem sonstigen Ort oder Schiff außerhalb der Vereinigten Staaten zu verstehen. Zudem erfasst dieser Begriff auch die innerstaatliche Nutzung eines Telefons oder sonstiger zwischenstaatlicher Kommunikationsmittel sowie sonstige zwischenstaatliche Einrichtungen.[170] Dabei muss die Nutzung dieser Mittel nicht zwingend innerhalb der räumlichen Grenzen der Vereinigten Staaten stattfinden. Es kann durchaus ausreichend sein, dass der Vorgang lediglich durch die Vereinigten Staaten verläuft.[171] Somit kann bereits ein Geldtransfer durch die Vereinigten Staaten[172] oder eine in die USA

---

167 Dieses Erfordernis wurde im Zuge der Reform des FCPA im Jahre 1998 gestrichen, vgl. *Breuer/Khuzami*, FCPA Resource Guide, S. 12.

168 „To corruptly do any act outside the United States in furtherance of an offer, [...]"; vgl. dazu *Breuer/Khuzami*, FCPA Resource Guide, S. 12; *Dann*, in: Hoven/Kubiciel, Das Verbot der Auslandsbestechung. Tagungen und Kolloquien, S. 240 f.

169 Vgl. auch *O'Melveny & Myers LLP*, Foreign Corrupt Practices Act, S. 7 f.

170 Vgl. die Legaldefinition in 15 U.S.C. § 78dd-2(h)(5): „The term "interstate commerce" means trade, commerce, transportation, or communication among the several States, or between any foreign country and any State or between any State and any place or ship outside thereof, and such term includes the intrastate use of-- (A) a telephone or other interstate means of communication, or (B) any other interstate instrumentality.".

171 *O'Melveny & Myers LLP*, Foreign Corrupt Practices Act, S. 7 f.; *Dann*, in: Hoven/Kubiciel, Das Verbot der Auslandsbestechung. Tagungen und Kolloquien, S. 241; *Rübenstahl/Boerger*, NZWiSt 2013, 281 (282).

172 Vgl. United States v. JGC Corporation, No. 11-cr-260 (S.D. Tex. Apr. 6, 2011). Dabei handelt es sich jedoch um ein Deferred Prosecution Agreement (DPA), somit ist diese Auslegung nicht von einem Gericht bestätigt und stellt keine einschlägige Rechtsprechung

gesendete E-Mail, die auf einem US-Server gespeichert ist[173], die Anwendbarkeit des FCPA begründen, sofern dadurch eine korruptive Handlung gefördert wird.[174]

Eine weitere Anwendungsmöglichkeit des FCPA findet sich in 15 U.S.C. § 78dd-3 in der Regelung zu „sonstigen Personen". Die Weite dieses Tatbestandes folgt zunächst daraus, dass wohl jede Person auf dem gesamten Globus eine „sonstige Person" in diesem Sinne darstellt und zur Tatbestandverwirklichung neben der Verwendung der „mails or any means or instrumentality of interstate commerce" auch eine sonstige Handlung zur Förderung einer korruptiven Handlung („or to do any other act in furtherance of…") ausreicht. Ausreichend kann dabei bereits die einmalige Teilnahme an einem Meeting in den USA sein, bei dem entsprechende Bestechungszahlungen besprochen werden.[175]

Eingeschränkt wird dieser Tatbestand jedoch im Sinne des Territorialitätsprinzips durch das Erfordernis „while in the territory of the United States", 15 U.S.C. § 78dd-3(a). Der Täter muss sich also zum Zeitpunkt der Tathandlung auf dem Gebiet der Vereinigten Staaten aufhalten.

---

dar. Aber es zeigt die extensive Auslegung durch Behörden, die eine Überweisung von Bestechungsgeldern „via a correspondent bank account in New York" (Attachment A – Statement of Facts, Nrn. 27, 44, 46) wohl ausreichen lassen wollen, um eine Anwendbarkeit des FCPA zu begründen. Laut *Maberry u. a.*, Metro. Corp. C. 05/2013, 26 reicht diese Art von Anknüpfungspunkt wohl bereits aus, um eine Handlung „while in the territory of the United States" begründen zu können und sich nach dem FCPA verantworten zu müssen.

173 Vgl. United States v. Magyar Telekom, Plc., No. 1:11-CR-00597 (E.D. Va. Dec. 29, 2011). Dabei handelt es sich ebenfalls um ein DPA. In diesem Fall wurde eine entsprechende E-Mail versendet, „which email was passed through, stored on, and transmitted from servers located in the United States." (Attachment A – Statement of Facts, Nrn. 23 und 25c); deutlicher wurde ein Gericht im mit diesem Fall im Zusammenhang stehenden Verfahren gegen Individualpersonen in SEC v. Straub, No. 11 Civ. 9645 (S.D.N.Y. Feb. 8, 2013), Memorandum and Order, S. 15, wo festgestellt wird, dass E-Mails „sent from locations outside the United States, but were routed through and/ or stored on network servers located within the United States" mit dem damit verbundenen Gebrauch des Internets als „mails or any means or instrumentality of interstate commerce" zu werten sind. Zudem wurde festgestellt, dass bzgl. des Gebrauchs der Mittel zwischenstaatlichen Handels kein Vorsatz erforderlich ist, S. 15 ff.

174 *Rübenstahl/Boerger*, NZWiSt 2013, 281 (282), denen zufolge in diesen Fällen US-Jurisdiktion angenommen werden kann.

175 *Breuer/Khuzami*, FCPA Resource Guide, S. 11 f.

Dieses Merkmal wird jedoch sehr weit ausgelegt.[176] Es ist bereits erfüllt, wenn eine Handlung zur Förderung der korruptiven Handlung vom Täter selbst oder durch einen Agenten in den Vereinigten Staaten vorgenommen wird.

Es wird außerdem angenommen, dass eine physische Anwesenheit in den Vereinigten Staaten nicht unbedingt notwendig ist, um dieses Merkmal zu erfüllen. Es soll bereits ausreichend sein, wenn ein Beitrag für eine auf dem Gebiet der Vereinigten Staaten vorzunehmende Handlung geleistet wird. Der Beitrag selbst soll dabei – entgegen des Wortlauts – nicht unbedingt auf dem Gebiet der Vereinigten Staaten vorgenommen werden müssen, um dem Merkmal „while in the territory of the United States" zu entsprechen.[177] So soll nach Ansicht des DOJ der Gebrauch des US-amerikanischen Postwegs oder von US-amerikanischer digitaler Infrastruktur („U.S. mails and wires") bereits mit hoher Wahrscheinlichkeit ausreichend sein, um diese Ausprägung des Territorialitätsprinzips zu erfüllen.[178]

Jedoch wurde dieses weite Verständnis bisweilen auch eingeschränkt. So wurde im Fall *United States v. Patel* (Bürger des Vereinigten Königreichs und Angestellter eines Unternehmens aus dem Vereinigten Königreich, das kein Emittent i.S.d. FCPA ist) entschieden, dass es nicht ausreichend ist, ein kurruptives Angebot per DHL-Paket vom Vereinigten Königreich in die Vereinigten Staaten zu schicken, um ein Handeln „while in the territory of the United States" zu begründen. Demzufolge ist – entsprechend dem Wortlaut – eine physische Anwesenheit in den Vereinigten Staaten notwendig.[179]

Zudem wird die Gerichtsbarkeit der Vereinigten Staaten bei Klagen nach dem Exchange Act, worunter alle Verstöße durch Emittenten oder deren Beauftragte erfasst sind, durch 15 U.S.C. § 78aa(b)[180] allgemein beschränkt. Demnach muss die Handlung entweder in den Vereinigten Staaten stattgefunden haben oder

---

176 Kritisch *Koehler*, U. Penn. J. of Business L. 2012, 1 (13 ff.).

177 Vgl. *Tarun*, Basics of the Foreign Corrupt Practices Act, S. 12 f. unter Berufung auf das „USAM Criminal Resource Manual, 1018" (Handbuch für die Bundesstaatsanwaltschaft); ebenso *Partsch*, The Foreign Corrupt Practices Act (FCPA) der USA, S. 27; *O'Melveny & Myers LLP*, Foreign Corrupt Practices Act, S. 9 ff. mit Beispielen.

178 *O'Melveny & Myers LLP*, Foreign Corrupt Practices Act, S. 9; dazu auch *Rübenstahl/Boerger*, NZWiSt 2013, 281 (284). Letztere allerdings zurückhaltender.

179 *Muberry u. a.*, Metro. Corp. C. 05/2013, 26 mit Verweis auf United States v. Patel, No. 1:09-CR-00335 (D.D.C. Feb. 24, 2012); *Koehler*, The Foreign Corrupt Practices Act in a New Era, S. 110 f.

180 15 U.S.C. § 78aa(b) „Extraterritorial jurisdiction" lautet:
„The district courts of the United States [...] shall have jurisdiction of an action or proceeding brought or instituted by the Commission or the United States alleging a violation of the antifraud provisions of this chapter involving–

sich zumindest vorhersehbar erheblich innerhalb der Vereinigten Staaten ausgewirkt haben.[181]

Eine beispielhafte Anwendung dieser Vorschrift findet sich im Fall *SEC v. Steffen*[182]. Dort wurde die Klage wegen fehlender US-Jurisdiktion abgewiesen. Es wurde ausgeführt, dass sich die Anwendbarkeit dieser Vorschrift (und damit der US-Jurisdiktion) nach der Rechtsstaatsgarantie des „due process" richten muss.[183]

Um vor einem US-Gericht verklagt werden zu können, muss der Betroffene demnach „minimum contacts", also eine Mindestbeziehung, zu den Vereinigten Staaten haben und es müssen vernünftige Gründe („reasonableness") vorliegen.[184] Das Gericht entschied in *SEC v. Steffen*, dass keine „sufficient minimum contacts" vorlagen, weil der Beklagte weder Bestechungshandlungen autorisiert hatte noch an einer Fälschung von Berichten an die SEC beteiligt gewesen war und auch sonst keine Beziehung zu den Vereinigten Staaten vorhanden war. Das Gericht sah sich zu dieser Einschränkung veranlasst, da das Erfordernis des Minimalkontaktes sonst uferlos wäre („minimum contacts would be boundless")[185].

In einem weiteren, ähnlich gelagerten Fall eines ausländischen Angestellten eines nicht-US-Emittenten gelangte das Gericht bezüglich der Frage, ob der Angeklagte jeweils „sufficient minimum contacts" in die Vereinigten Staaten

---

(1) *conduct within the United States […]; or*

(2) *conduct occurring outside the United States that has a foreseeable substantial effect within the United States.*"

181 *Rübenstahl/Boerger*, NZWiSt 2013, 281 (282).

182 SEC v. Sharef, 11 Civ. 9073 (Feb. 19, 2013), Opinion and Order.

183 Dabei handelt es sich jedoch um kein FCPA-spezifisches Problem. Da bereits keine allgemeine US-Jurisdiktion gegeben war, ist das Gericht hier nicht auf die FCPA-spezifischen Regelungen zur US-Gerichtsbarkeit eingegangen, *Koehler*, The Foreign Corrupt Practices Act in a New Era, S. 112; zur „due process"-Klausel und zum Folgenden auch *Hoven*, Auslandsbestechung, S. 114 ff.

184 SEC v. Sharef, 11 Civ. 9073 (Feb. 19, 2013), Opinion and Order, S. 11 m.w.N.; *Rübenstahl/Boerger*, NZWiSt 2013, 281 (283); *O'Melveny & Myers LLP*, Foreign Corrupt Practices Act, S. 17 f.; dies gilt insbesondere für zivilrechtliche Verfahren, bei strafrechtlichen Verfahren wird von einem „sufficient nexus" zu den Vereinigten Staaten gesprochen, der für die Anwendung der US-Gerichtsbarkeit gegeben sein muss. Dieser Test hat aber denselben Zweck wie das Erfordernis der „minimum contacts". Dazu im Einzelnen *Tarun*, Basics of the Foreign Corrupt Practices Act, S. 14 f.; *Partsch*, The Foreign Corrupt Practices Act (FCPA) der USA, S. 29 ff.

185 SEC v. Sharef, 11 Civ. 9073 (Feb. 19, 2013), Opinion and Order, S. 18 f.

hatte (was zu US-Jurisdiktion führt), zu einem anderen Ergebnis. Im Fall *SEC v. Straub*[186] ging das Gericht von ausreichend Kontakt des Angeklagten in die Vereinigten Staaten aus, weil dieser neben Bestechungshandlungen im Ausland auch falsche Finanzausweise (financial statements) unterzeichnete. Dieses Verhalten war laut Gericht „directed toward the United States", da dadurch auch US-Investoren betroffen waren, und begründet damit die erforderlichen minimalen Kontakte.[187]

2. *Agenten und andere für das Unternehmen tätige Personen*

Wie erwähnt, ist der FCPA auch auf die „Agents" eines Emittenten, einer Inlandsperson oder einer sonstigen Person anwendbar. Unter „Agent" wird dabei jeder Mitarbeiter oder Beauftragte des Unternehmens verstanden, der in dieser Funktion handelt und das Unternehmen durch sein Handeln begünstigen will.[188] Ist der Täter „Agent" einer dieser Personen, kann er bei entsprechendem korruptivem Handeln auf der ganzen Welt nach dem FCPA verfolgt werden.[189] Dabei ist zu beachten, dass es für alle Agents von Emittenten oder US-Personen, also sowohl US- als auch nicht-US-Agents, notwendig ist, die „means of interstate commerce" zu gebrauchen, um nach dem FCPA belangt werden zu können. Lediglich US-Agents können bei reinen Auslandstaten zudem unabhängig vom Gebrauch dieser Mittel nach dem FCPA verfolgt werden.[190] Für Agents sonstiger Personen ist weiterhin ein Handeln „while in the territory of the United States" notwendig.

Sendet beispielsweise ein nigerianischer Agent eines US-Emittenten eine E-Mail an einen nigerianischen Amtsträger, in der er diesem eine Bestechungszahlung als Gegenleistung für die Erteilung eines öffentlichen Auftrags verspricht und wird diese E-Mail (zufälligerweise[191]) auf einem Server in

---

186 SEC v. Straub, No. 11 Civ. 9645 (S.D.N.Y. Feb. 8, 2013), Memorandum and Order.

187 SEC v. Straub, No. 11 Civ. 9645 (S.D.N.Y. Feb. 8, 2013), Memorandum and Order, S. 8 ff.: „[...] the Defendants here allegedly engaged in conduct that was designed to violate United States securities regulations and was thus necessarily directed toward the United States, even if not principally directed there.".

188 Definition nach *Dann*, in: Hoven/Kubiciel, Das Verbot der Auslandsbestechung. Tagungen und Kolloquien, S. 238, der auf United States v. Naaman (Indictment), No. 08-cr-246 (D.D.C. Aug. 7, 2008), verweist.

189 *O'Melveny & Myers LLP*, Foreign Corrupt Practices Act, S. 11 f. m.w.N.

190 Vgl. *O'Melveny & Myers LLP*, Foreign Corrupt Practices Act, S. 11 Fn. 36.

191 SEC v. Straub, No. 11 Civ. 9645 (S.D.N.Y. Feb. 8, 2013), Memorandum and Order, S. 15 f.: Es genügt bereits die objektive Nutzung des US-Kommunikationsmittels. Auf

den Vereinigten Staaten gespeichert, kann der Agent nach dem FCPA verfolgt werden.[192]

Beschränkt sich in diesem Fall die Handlung des Agenten auf die Übergabe von Bargeld, scheidet eine Strafbarkeit des Agenten nach FCPA aus, da keine Mittel des zwischenstaatlichen Handels benutzt werden.

Der Agent kann sich in dieser abgewandelten Konstellation nur strafbar machen, sofern er „United States person" ist, da es für diese Personen nicht auf den Gebrauch der Mittel zwischenstaatlichen Handels ankommt, 15 U.S.C. § 78dd-1(g)(1), § 78dd-2(i).

3. *Risiko für das Unternehmen – respondeat superior*

Daraus folgen gleichzeitig erhebliche Risiken für das Unternehmen. Dieses kann in einem solchen Fall nämlich ebenfalls eine Haftung nach dem FCPA treffen, da es sich regelmäßig die Handlungen seiner Agenten zurechnen lassen muss.[193]

Eine besondere Konstellation ergibt sich bei im Ausland tätigen nicht-US-Agenten eines US-Emittenten. Müssen die Agenten von „means of interstate commerce" Gebrauch machen, um den FCPA zu verletzen und sich persönlich strafbar zu machen, folgt aus der *respondeat superior*-Doktrin, dass sich das Unternehmen deren Handlung zurechnen lassen muss, und zwar unabhängig von deren persönlicher Strafbarkeit.[194]

Somit macht sich der US-Emittent strafbar, wenn der nicht-US-Agent im Ausland einen ausländischen Amtsträger ohne Gebrauch der Mittel zwischenstaatlichen Handels besticht und daher selbst nicht wegen eines FCPA-Verstoßes belangt werden kann, vgl. 15 U.S.C. § 78dd-1(g)(1), § 78dd-3(a).

---

die subjektive Kenntnis kommt es nicht an; vgl. auch *Rübenstahl/Boerger*, NZWiSt 2013, 281 (282).

192 15 U.S.C. § 78dd-1(a), sofern die „minimum contacts" gegeben sind.

193 *Rübenstahl/Boerger*, NZWiSt 2013, 281 (283); *O'Melveny & Myers LLP*, Foreign Corrupt Practices Act, S. 12: „[…] under most circumstances, basic principles of *respondeat superior* and corporate criminal liability will make covered persons liable for the FCPA violations committed by their employees or agents.".

194 *O'Melveny & Myers LLP*, Foreign Corrupt Practices Act, S. 8; *Rübenstahl/Boerger*, NZWiSt 2013, 281 (283); *Letzien*, Internationale Korruption und Jurisdiktionskonflikte, S. 282; *Dann*, in: Hoven/Kubiciel, Das Verbot der Auslandsbestechung. Tagungen und Kolloquien, S. 240, der diese Doktrin mit „Dienst- oder Geschäftsherrenhaftung" übersetzt; *Breuer/Khuzami*, FCPA Resource Guide, S. 27; siehe zur Doktrin *Koehler*, The Foreign Corrupt Practices Act in a New Era, S. 47 ff. m.w.N.

Im umgekehrten Fall, wenn nämlich der US-Agent eines nicht-US-Emittenten dem Amtsträger im Ausland Bargeld übergibt und sich dadurch gemäß 15 U.S.C. § 78dd-1(g)(1) bzw. § 78dd-2(i) strafbar macht, wird das Unternehmen demnach wohl grundsätzlich straffrei ausgehen, da das zugerechnete Handeln nicht auf dem Gebiet der Vereinigten Staaten vorgenommen wurde und keine Mittel des zwischenstaatlichen Handels verwendet wurden, 15 U.S.C. § 78dd-1(a).[195]

Somit müsste sich das Unternehmen in den genannten Beispielfällen als „United States person" gemäß der *respondeat superior*-Doktrin ebenfalls nach dem FCPA verantworten, da es für sie nicht auf den Gebrauch der „means or instrumentality of interstate commerce" ankommt.[196] Wäre das Unternehmen jedoch keine US-Person, sondern nach ausländischem Recht gegründet, müsste es sich lediglich in der Variante des vorstehend geschilderten Ausgangsfalls nach dem FCPA verantworten, da nur dort die Mittel zwischenstaatlichen Handels gebraucht werden.[197]

4. *Verschwörung und Beihilfe*

Eine weitere Vorverlagerung erfährt die Strafbarkeit zudem durch das Recht der Verschwörung („conspiracy"). Demnach ist für eine Bestrafung wegen Verschwörung zu einer FCPA-Verletzung insbesondere keine tatsächliche Verletzung des FCPA notwendig. Erforderlich ist lediglich ein „Agreement", also eine Vereinbarung, diesen zu verletzen. Nach dem FCPA Resource Guide ist es dabei nicht einmal erforderlich, dass eine ausländische Person die korruptive Handlung vorgenommen hat während sie sich in den Vereinigten Staaten aufhielt („while in the territory of the United States"). In Verschwörungsfällen ist es vielmehr ausreichend, dass zumindest ein Verschwörer Emittent oder US-Person ist, oder eine vernünftigerweise voraussehbare offenkundige Handlung

---

195 So heißt es bei *Dann*, in: Hoven/Kubiciel, Das Verbot der Auslandsbestechung. Tagungen und Kolloquien, S. 240: „Ein Emittent, bei dem es sich nicht um eine US-Gesellschaft handelt, haftet gemäß § 78 dd-1 (a) 15 U.S.C. nur, wenn er oder die für ihn handelnden „Agents" eine Tathandlung im Sinne des FCPA in den USA oder unter Ausnutzung von Mitteln des „US-Interstate Commerce" (zwischenstaatlicher Handel) vornehmen"; *O'Melveny & Myers LLP*, Foreign Corrupt Practices Act, S. 8; *Rübenstahl/Boerger*, NZWiSt 2013, 281 (283).

196 15 U.S.C. § 78dd-1(g), § 78dd-2(i).

197 15 U.S.C. § 78dd-1(a).

(„reasonably foreseeable overt act") in den Vereinigten Staaten vornimmt. Dies begründet die Anwendbarkeit des FCPA auf alle beteiligten Verschwörer.[198]

Eine ähnlich weite Anwendbarkeit ergibt sich auch aus den US-amerikanischen Beihilferegelungen („aiding and abetting"), wo ebenfalls eine solche Zurechnung stattfindet. Allerdings muss in diesen Fällen eine tatsächliche Verletzung des FCPA nachgewiesen werden.[199]

Eingeschränkt wurde die weite Anwendbarkeit dieser beiden Grundsätze jedoch in *United States v. Hoskins*[200]. Dort entschied das Gericht, dass eine US-Gerichtsbarkeit nach FCPA nicht allein durch Regelungen der Verschwörung und „aiding and abetting" begründet werden kann. Eine ausländische Person kann demnach nicht vor einem US-Gericht wegen Verschwörung zu einem Verstoß gegen den FCPA oder einer Teilnahme hierzu angeklagt werden, solange die Verfolgungsbehörden nicht nachweisen können, dass er als Agent einer Inlandsperson oder auf dem Gebiet der Vereinigten Staaten tätig gewesen ist. Gegen dieses Urteil hat das DOJ Rechtsmittel eingelegt (appeal)[201], was jedoch weitgehend erfolglos blieb.[202]

D. Überschneidungen

Wie gezeigt liegt die größte Gefahr der Überschneidung von mehreren Jurisdiktionen bei einer Bestechung von ausländischen Amtsträgern. Die Korruption im öffentlichen Sektor wird von allen drei untersuchten Rechtsordnungen mittels der dargestellten Normen umfassend unter Strafe gestellt.[203] Dieser gebührt daher im Folgenden verstärkte Aufmerksamkeit.

Ein Beispielsfall, der sowohl vom deutschen als auch vom US-amerikanischen Recht sowie vom Recht des Vereinigten Königreichs erfasst wäre, wäre demnach folgender:

---

198 *Breuer/Khuzami*, FCPA Resource Guide, S. 34 m.w.N.; dazu auch *O'Melveny & Myers LLP*, Foreign Corrupt Practices Act, S. 14 f. m.w.N.; *Rübenstahl/Boerger*, NZWiSt 2013, 281 (284, 286).

199 *Breuer/Khuzami*, FCPA Resource Guide, S. 34 m.w.N.

200 http://www.fcpablog.com/blog/2016/4/22/no-fcpa-jurisdiction-based-solely-on-conspiracy-and-accompli.html (Stand: 22.4.2016, zuletzt aufgerufen am 12.8.2019).

201 Informationen von der genannten Webseite des FCPAblog; dort wird auch explizit der Widerspruch des Urteils zur Guidance erwähnt.

202 http://www.fcpablog.com/blog/2018/8/27/second-circuit-affirms-most-of-hoskins-dismissal.html (Stand: 27.8.2018, zuletzt aufgerufen am 12.8.2019).

203 Zu den Hintergründen siehe sogleich unter Kap. 1 E.

Der deutsche Staatsbürger X, der im Vereinigten Königreich wohnt und Angestellter eines an der US-Börse gelisteten Unternehmens ist, welches auch im Vereinigten Königreich Geschäfte macht, bietet auf einer Geschäftsreise in Nigeria einem nigerianischen Amtsträger per E-Mail, die auf einem US-Server gespeichert ist, eine Bestechungszahlung für eine Dienstpflichtverletzung an, um seinem Arbeitgeber ein lukratives Geschäft zu sichern.

Da es sich bei diesem Fall um einen deutschen Staatsbürger handelt, ist deutsches Strafrecht nach § 5 Nr. 15 a) StGB anwendbar.

Auch unterfällt dieser Sachverhalt dem Recht des Vereinigten Königreichs, da der X im Vereinigten Königreich wohnt und sich somit für gewöhnlich dort aufhält, vgl. Sec. 12 Para. 4 g) UKBA.

Schließlich begründet die Listung des Arbeitsgebers an einer US-Börse sowie das Speichern der E-Mail auf einem US-Server die Anwendbarkeit des FCPA, 15 U.S.C. § 78dd-1(a).

Neben den Anknüpfungspunkten für die dargestellten Jurisdiktionen ist zudem natürlich das lokale Recht zu beachten. So ergibt sich im Beispielsfall bei entsprechendem lokalen Recht die Konstellation, dass der Täter von vier Jurisdiktionen gleichzeitig strafrechtlich verfolgt werden kann.

Das Problem einer Mehrfachverfolgung stellt sich für Unternehmen sowie natürliche Personen gleichermaßen. Zwar ist im deutschen Recht im Gegensatz zum Recht der Vereinigten Staaten oder des Vereinigten Königreichs keine Strafbarkeit von Unternehmen in Form einer Kriminalstrafe vorgesehen. Jedoch können diese über das Ordnungswidrigkeitenrecht ebenfalls empfindlich sanktioniert werden.

E. Gründe für die Gefahr der Mehrfachverfolgung im internationalen Korruptionsstrafrecht

Als ersichtlichsten Grund dafür, dass sich ein Individuum der Gefahr der Doppelverfolgung und -bestrafung im internationalen Korruptionsstrafrecht ausgesetzt sieht, scheint zunächst die eben dargestellte ausufernde extraterritoriale Reichweite der Anti-Korruptionsgesetze der untersuchten Staaten.

Diese Gesetze kamen jedoch nicht aus dem Nichts. Ihr Erlass geht auf bestimmte Erwägungen und Vorgänge zurück, die im Folgenden thematisiert werden. Dieser historische Exkurs ist vor allem relevant, um die Untersuchung nicht lediglich auf Symptome zu beschränken, sondern zugleich am Ursprung der Gefahr ansetzen zu können. Da diese Gefahr – wie soeben aufgezeigt[204] – vor allem im

204 Siehe dazu oben unter Kap. 1 D.

Zusammenhang mit der Bestechung von ausländischen Amtsträgern besteht, widmet sich die Untersuchung im Folgenden vor allem der Korruption im öffentlichen Sektor.

I. Der Ursprung der internationalen Dimension der Anti-Korruptionsgesetzgebung

In den 70er und 80er Jahren waren die Normen zur Korruptionsbekämpfung hauptsächlich national geprägt. Dies änderte sich jedoch gegen Ende der 1990er Jahre. Im Zuge der zunehmenden Globalisierung und einer geänderten Wahrnehmung von Korruption verlagerte sich die Korruptionsbekämpfung zunehmend auf die internationale Ebene.[205]

Die Untersuchung widmet sich im Folgenden der Frage, weshalb die untersuchten Staaten ihre Gerichtsbarkeit bezüglich Amtsträgerbestechung in den dargestellten Normen derart weit ausgedehnt haben.

1. FCPA

Der FCPA trat im Jahre 1977 als Folge des Watergate-Skandals[206] in Kraft.[207] Bereits zu dieser Zeit war es das Ziel des FCPA, Bestechungszahlungen an ausländische Amtsträger zu unterbinden. Der FCPA kann damit wohl als „Pionier“ der extraterritorialen Ausweitung nationaler Anti-Korruptionsgesetzgebung gesehen werden.[208] Nach dem globalen Bestechungsskandal sollte damit das Vertrauen in die Integrität der Vereinigten Staaten und deren Unternehmen wiederhergestellt werden.[209]

---

205 Ausführlich zu dieser Entwicklung *Androulakis*, Die Globalisierung der Korruptionsbekämpfung, S. 118 ff.; *Ashe*, Fordham L. Rev. 2005, 2897 (2907 ff.); *Borner/Schwyzer*, in: Pieth/Eigen, Korruption im internationalen Geschäftsverkehr. Bestandsaufnahme. Bekämpfung. Prävention, S. 17 ff.; *Kubiciel*, in: Hoven/Kubiciel, Das Verbot der Auslandsbestechung. Tagungen und Kolloquien, S. 13; *Horrer*, Bestechung durch deutsche Unternehmen im Ausland, S. 96 ff.

206 Siehe zum Watergate-Skandal *Small*, The Presidency of Richard Nixon, S. 269 ff.

207 Im Zuge des Watergate-Skandals führte die SEC weitere Ermittlungen zu dubiosen Zahlungen US-amerikanischer Unternehmen an ausländische Amtsträger durch. Im Gegenzug zu zugesagter Immunität gaben über 400 US-amerikanische Unternehmen zu, ausländische Amtsträger bestochen zu haben, vgl. *Hall*, Tulane J. of Int'l. & Comp. Law 1994, 289 (293 f.); *Partsch*, The Foreign Corrupt Practices Act (FCPA) der USA, S. 2; vgl. auch S. Rep. No. 95-114 („Need for Legislation“).

208 Vgl. *Hall*, Tulane J. of Int'l. & Comp. Law 1994, 289 (292): „The United States is the only nation in the world with such a law.“.

209 S. Rep. No. 95-114 („Need for Legislation“); weitere Erwägungen s. bei *Nagel*, Entwicklung und Effektivität, S. 75 ff.

Nachdem der FCPA 1988 dadurch „aufgeweicht“ wurde, dass unter anderem zwei „defenses“ eingeführt wurden[210], wurde der Anwendungsbereich des FCPA im Jahre 1998 wieder erweitert, um die Anforderungen des OECD-Übereinkommens[211] zu erfüllen.[212]

Dieses OECD-Übereinkommen wurde insbesondere auf Druck der Vereinigten Staaten aufgesetzt, die im FCPA einen Nachteil im globalen Geschäftsverkehr gegenüber Wettbewerbern aus Staaten sahen, deren Gesetze die Bestechung ausländischer Amtsträger nicht verboten[213].[214]

2. *Deutsches Korruptionsstrafrecht*

Begonnen hat die extraterritoriale Ausdehnung des deutschen Korruptionsstrafrechts mit dem Gesetz zu dem Protokoll vom 27. September 1996 zum Übereinkommen über den Schutz der finanziellen Interessen der Europäischen Gemeinschaften (EU-Bestechungsgesetz - EUBestG) vom 10. September 1998[215] und dem Gesetz zu dem Übereinkommen vom 17. Dezember 1997 über die Bekämpfung der Bestechung ausländischer Amtsträger im internationalen Geschäftsverkehr (Gesetz zur Bekämpfung internationaler Bestechung - IntBestG) vom 10. September 1998[216].[217]

210 Dies waren die „local law defense“ und die „reasonable and bona fide promotional expense defense“, vgl. *Breuer/Khuzami*, FCPA Resource Guide, S. 3; dazu ausführlich *Brennan*, N.C.J. Int'l L. & Com. Reg. 1990, 229 (235 ff.); *Hall*, Tulane J. of Int'l. & Comp. Law 1994, 289 (297 ff.); *Salbu*, Wash. & Lee Law Rev. 1997, 229 (243 ff.); *Nagel*, Entwicklung und Effektivität, S. 98 ff.

211 OECD-Übereinkommen über die Bekämpfung der Bestechung ausländischer Amtsträger im internationalen Geschäftsverkehr vom 17.12.1997; zum Vertragstext siehe BT-Drs. 13/10428, S. 9 ff.

212 S. Rep. No. 105-277 („Introduction“); *Partsch*, The Foreign Corrupt Practices Act (FCPA) der USA, S. 25 ff.; zur Implementierung des OECD-Übereinkommens in den USA s. *Androulakis*, Die Globalisierung der Korruptionsbekämpfung, S. 414 ff.; zum Ganzen *Breuer/Khuzami*, FCPA Resource Guide, S. 3 f.

213 Zu diesem Argument *Hall*, Tulane J. of Int'l. & Comp. Law 1994, 289 (303 ff.) m.w.N.; *Salbu*, Wash. & Lee Law Rev. 1997, 229 (261 ff.) m.w.N.

214 *Korte*, wistra 1999, 81 (82); *Schünemann*, GA 2003, 299 (308); *Weigend*, in: Pawlik/Zaczyk, FS Jakobs, S. 750.

215 Gesetz vom 10.9.1998, BGBl. II S. 2340; zur Entstehungsgeschichte des EuBestG s. *Münkel*, Bestechung und Bestechlichkeit ausländischer Amtsträger, S. 197 ff.

216 Gesetz vom 10.9.1998, BGBl. II S. 2327.

217 *Beckemper*, in: Rotsch, Criminal Compliance. Handbuch, § 12 Rn. 8 f., 52 ff.; *Dixon u. a.*, NZWiSt 2013, 361 (362).

Da das EUBestG – wie der Name schon andeutet – auf die Europäischen Gemeinschaften beschränkt war, soll der Fokus auf das IntBestG gerichtet werden. Das IntBestG unterlag keiner derartigen lokalen Beschränkung. Dieses Gesetz war die direkte Folge des OECD-Übereinkommens.[218]

Das am 26.11.2015 in Deutschland in Kraft getretene Gesetz zur Bekämpfung von Korruption[219] diente der Umsetzung der Vorgaben des Strafrechtsübereinkommens des Europarats vom 27.1.1999 über Korruption[220], dem Zusatzprotokoll vom 15.5.2003 zum Strafrechtsübereinkommen des Europarats über Korruption[221] und dem Rahmenbeschluss 2003/568/JI des Rates vom 22. Juli 2003 zur Bekämpfung der Bestechung im privaten Sektor[222].[223]

In der Gesetzesbegründung heißt es: „Eine Ausdehnung des Geltungsbereichs des deutschen Strafrechts (§ 5 StGB) erfordert Artikel 17 Absatz 1 Buchstabe b und c des Europarat-Übereinkommens. Danach müssen auch Auslandstaten der Vorteilsgewährung an Amtsträger erfasst werden."[224] Insofern ist also das Europarat-Übereinkommen als Ursprung des weiten Geltungsbereichs in der neuesten Gesetzesfassung auszumachen.[225]

Gleichzeitig wurden durch dieses Gesetz das EUBestG und das IntBestG in das StGB überführt.[226]

3. *UKBA*

Mit Inkrafttreten des UK Bribery Act am 1.7.2011 hat das Vereinigte Königreich die bereits im Jahre 2002 begonnene Implementierung des OECD-Übereinkommens in das nationale Recht abgeschlossen.[227] Das Vereinigte Königreich reagierte damit auch auf die Kritik, sich nicht an das OECD-Übereinkommen

218 Zur Entstehungsgeschichte des IntBestG s. *Münkel*, Bestechung und Bestechlichkeit ausländischer Amtsträger, S. 24 ff.

219 Gesetz vom 20.11.2015, BGBl. I S. 2025.

220 ETS Nr. 173; zur deutschen Fassung siehe Sammlung Europäischer Verträge Nr. 173.

221 ETS Nr. 191.

222 ABl. Nr. L 192 vom 31.7.2003, S. 54.

223 BT-Drs. 18/4350, S. 12.

224 BT-Drs. 18/4350, S. 12.

225 Siehe zum Europarat-Übereinkommen *Münkel*, Bestechung und Bestechlichkeit ausländischer Amtsträger, S. 239 ff.; *Androulakis*, Die Globalisierung der Korruptionsbekämpfung, S. 319 ff.

226 BT-Drs. 18/4350, S. 13.

227 *Dixon u. a.*, ICLR 2013, 54 (54); *Dixon u. a.*, NZWiSt 2013, 361 (361 f.).

als völkerrechtliche Vereinbarung zu halten.[228] So ist insbesondere Sec. 6 UKBA in Erfüllung des OECD-Übereinkommens entstanden.[229] Einige weitere Regelungen etwa zu Sec. 7 UKBA („failure of commercial organisations to prevent bribery") gehen dagegen über das OECD-Übereinkommen hinaus.[230]

4. *Fazit*

Von den internationalen Übereinkommen, die die Bekämpfung von Korruption zum Ziel haben, zeichnet sich das OECD-Übereinkommen als das prägendste Abkommen ab. Auf dieses Abkommen gehen die in den Anti-Korruptionsgesetzen vorgenommenen globalen Anwendungsmöglichkeiten zurück. Waren Vorgaben zur Korruptionsbekämpfung auf europäischer Ebene zwar auch in einer Vielzahl vorhanden, so hatten diese keinen Einfluss auf den FCPA der Vereinigten Staaten. Insoweit ist festzustellen, dass das OECD-Übereinkommen zunächst als „Katalysator"[231] für die extraterritoriale Bekämpfung von Amtsträgerbestechung diente und später als „gemeinsamer Nenner" sowohl im FCPA als auch im deutschen Korruptionsstrafrecht und im UKBA aufgegangen ist. Da das OECD-Übereinkommen somit unmittelbaren Einfluss auf den Erlass der untersuchten Normen der Vereinigten Staaten, des Vereinigten Königreichs und der Bundesrepublik Deutschland hatte, ist diesem im Folgenden eine besondere Berücksichtigung zuzugestehen.

Aber auch das UN-Übereinkommen und das Europarat-Übereinkommen nehmen bei der globalen Korruptionsbekämpfung eine zentrale Rolle ein. Das UN-Übereinkommen ist im Folgenden vor allem wegen seiner außerordentlichen Mitgliederzahl relevant. Das Europarat-Übereinkommen setzte mit der Reichweite seiner Regelungen neue Maßstäbe. Beide sollen im Folgenden ebenfalls näher untersucht werden.

---

228 *Ministry of Justice*, Impact Assessment of bill on reform of the law on bribery, S. 6; *Carr*, in: Horder/Alldridge, Modern Bribery Law. Comparative Perspectives, S. 148 f.; *Bray*, The World Today 07/2010, 26 (27); *Deister/Geier*, CCZ 2011, 12 (12 f.); *Deister u. a.*, CCZ 2011, 81 (82).

229 *Deister/Geier*, CCZ 2011, 12 (14).

230 *Kappel/Lagodny*, StV 2012, 695 (700 f.); *Sullivan*, in: Horder/Alldridge, Modern Bribery Law. Comparative Perspectives, S. 31 f., ist der Meinung, diese Norm sollte den Anforderungen der OECD genügen.

231 *Androulakis*, Die Globalisierung der Korruptionsbekämpfung, S. 261; ebenso *Walther*, Bestechlichkeit und Bestechung im geschäftlichen Verkehr, S. 25.

II. Das OECD-Übereinkommen gegen die Bestechung ausländischer Amtsträger im internationalen Geschäftsverkehr vom 17.12.1997

Die Konvention wurde am 17.12.1997 zur Unterzeichnung aufgelegt. Sie umfasst mittlerweile 43 Mitgliedsstaaten.[232]

Das Übereinkommen verlangt von den Mitgliedsstaaten in Art. 1, einen Straftatbestand für die Bestechung ausländischer Amtsträger[233] zu schaffen.[234]

Erwähnenswert ist dabei, dass das OECD-Übereinkommen die Kriminalisierung auf Fälle der Bestechung (aktive Korruption) beschränkt. Gegen die Bestechlichkeit ausländischer Amtsträger (passive Korruption) soll mit diesem Abkommen nicht vorgegangen werden.

Ebenfalls ist zu beachten, dass das OECD-Übereinkommen für eine Strafbarkeit beschränkend einen Bezug zum internationalen Geschäftsverkehr fordert. Eine Kriminalisierung der Korruption im privaten Sektor fordert das Abkommen nicht.

Die Gerichtsbarkeit richtet sich gemäß Art. 4 Abs. 1 des OECD-Übereinkommens nach dem Territorialitätsprinzip. Dafür soll die teilweise Begehung der Tat im jeweiligen Hoheitsgebiet genügen. Dieser territoriale Anknüpfungspunkt ist weit auszulegen.[235]

Art. 4 Abs. 2 des OECD-Übereinkommens sieht die Gerichtsbarkeit des Vertragsstaats auf Basis des aktiven Personalitätsprinzips vor.[236]

---

232 Vgl. http://www.oecd.org/daf/anti-bribery/WGBRatificationStatus.pdf (Stand: Mai 2017, zuletzt aufgerufen am 12.8.2019); s. zum OECD-Übereinkommen *Nagel*, Entwicklung und Effektivität, S. 110 ff.; *Androulakis*, Die Globalisierung der Korruptionsbekämpfung, S. 264 ff.; *Letzien*, Internationale Korruption und Jurisdiktionskonflikte, S. 48 ff.

233 Zum Begriff des ausländischen Amtsträgers i.S.d. OECD-Übereinkommens *Münkel*, Bestechung und Bestechlichkeit ausländischer Amtsträger, S. 56 ff.

234 Art. 1 Abs. 1 des OECD-Übereinkommens lautet:
„Jede Vertragspartei trifft die erforderlichen Maßnahmen, um nach ihrem Recht jede Person mit Strafe zu bedrohen, die unmittelbar oder über Mittelspersonen einem ausländischen Amtsträger vorsätzlich, um im internationalen Geschäftsverkehr einen Auftrag oder einen sonstigen unbilligen Vorteil zu erlangen oder zu behalten, einen ungerechtfertigten geldwerten oder sonstigen Vorteil für diesen Amtsträger oder einen Dritten anbietet, verspricht oder gewährt, damit der Amtsträger in Zusammenhang mit der Ausübung von Dienstpflichten eine Handlung vornimmt oder unterläßt."

235 *OECD*, Convention on Combating Bribery of Foreign Public Officials in International Business Transactions and Related Documents, S. 16 (Commentaries).

236 Art. 4 Abs. 2 des OECD-Übereinkommens lautet:
„Jede Vertragspartei, die für die Verfolgung ihrer Staatsangehörigen wegen im Ausland begangener Straftaten Gerichtsbarkeit hat, trifft die erforderlichen Maßnahmen, um

Ist die Gerichtsbarkeit also zunächst auf das Territorialitätsprinzip beschränkt (Abs. 1), wird diese neben der Berücksichtigung der teilweisen Begehung im Hoheitsgebiet zudem in Abs. 2 durch die Anwendbarkeit des aktiven Personalitätsprinzips wiederum erheblich ausgedehnt. Letzteres jedoch nur, sofern der Vertragsstaat die für die Verfolgung seiner Staatsangehörigen wegen im Ausland begangener Straftaten Gerichtsbarkeit hat, Art. 4 Abs. 2. Somit richtet sich diese Norm nach der Rechtsordnung der jeweiligen Vertragspartei.[237] Wird der Geltungsbereich der Normen nicht auf die eigenen Staatsangehörigen ausgedehnt, so findet sich in Art. 10 Abs. 3 des OECD-Übereinkommens eine „aut dedere aut iudicare"-Klausel, derzufolge zumindest die Auslieferung des eigenen Staatsangehörigen möglich sein muss.[238]

III. Das Übereinkommen der Vereinten Nationen vom 31.10.2003 gegen Korruption

Auch das UN-Übereinkommen soll untersucht werden.[239] Diesem Abkommen kommt allein schon aufgrund seiner hohen Mitgliederzahl eine große Bedeutung zu.[240] Es handelt sich dabei jedoch nicht um ein bloßes kriminalisierendes Abkommen. Vielmehr wird darin ein Gesamtkonzept gegen Korruption vorgestellt.[241]

So werden in Art. 5 ff. der Konvention präventive Maßnahmen gegen Korruption vorgestellt, wie beispielsweise die Etablierung von Verhaltenskodizes für

---

nach denselben Grundsätzen ihre Gerichtsbarkeit auch für die Verfolgung wegen Bestechung eines ausländischen Amtsträgers zu begründen."

237 *OECD*, Convention on Combating Bribery of Foreign Public Officials in International Business Transactions and Related Documents, S. 16 f. (Commentaries); dazu auch *Pieth*, in: Pieth/Low/Bonucci, The OECD Convention on Bribery, S. 339.

238 Dazu auch *Nagel*, Entwicklung und Effektivität, S. 125.

239 Das UN-Übereinkommen wurde bereits vollständig durch die Erweiterung der Strafbarkeit der Bestechlichkeit und Bestechung von Mandatsträgern gem. § 108e StGB ins deutsche Recht umgesetzt (BGBl. I S. 410), vgl. BT-Drs. 18/4350, S. 11 f.; zum Vertragstext siehe BGBl. 2014 II S. 763 ff.; ausführlich zum Übereinkommen *Nagel*, Entwicklung und Effektivität, S. 203 ff.; weiterführend zu den strafrechtlich relevanten Regelungen des Übereinkommens *Kubiciel*, Int. Crim. Law Rev. 2009, 139.

240 Das Übereinkommen wurde von 140 Staaten unterzeichnet und von 186 Parteien ratifiziert, vgl. http://www.unodc.org/unodc/en/corruption/ratification-status.html (Stand: 26.6.2018, zuletzt aufgerufen am 12.8.2019).

241 *Nagel*, Entwicklung und Effektivität, S. 203 f.; *Münkel*, Bestechung und Bestechlichkeit ausländischer Amtsträger, S. 251.

Amtsträger (Art. 8) oder die Sensibilisierung der Gesellschaft durch Öffentlichkeitsarbeit und Transparenz (Art. 13).

An dieser Stelle soll der Fokus jedoch auf die strafrechtlich relevanten Vorschriften gerichtet werden.

In dieser Hinsicht fordert das UN-Übereinkommen von den Mitgliedern neben der Kriminalisierung der Bestechlichkeit und Bestechung inländischer Amtsträger (Art. 15) auch die Kriminalisierung der Bestechung von ausländischen Amtsträgern[242] und Amtsträgern internationaler Organisationen (Art. 16 Abs. 1).[243] Die Kriminalisierung der Bestechlichkeit ausländischer Amtsträger ist lediglich optional „in Erwägung" zu ziehen, Art. 16 Abs. 2. Bestechung und Bestechlichkeit im privaten Sektor unter Strafe zu stellen, ist ebenfalls nur „in Erwägung" zu ziehen, Art. 21.

Beachtlich ist damit, dass neben der Bestechlichkeit und Bestechung inländischer Amtsträger nur die Bestechung ausländischer Amtsträger verpflichtend unter Strafe gestellt werden soll. Auch ist nur bei der aktiven Korruption ein Bezug zum internationalen Geschäftsverkehr notwendig. Bei der optionalen Kriminalisierung der Bestechlichkeit ausländischer Amtsträger (passive Korruption) wurde auf den Bezug zum internationalen Geschäftsverkehr verzichtet.[244]

Insoweit ist das UN-Übereinkommen dem OECD-Übereinkommen sehr ähnlich, indem es bzgl. ausländischer Amtsträger nur die aktive Korruption zwingend unter Strafe stellt. Der Bezug zum internationalen Geschäftsverkehr ist den beiden Abkommen dabei ebenfalls gemeinsam.[245]

Die Gerichtsbarkeit ist auf Basis des Territorialitätsprinzips verpflichtend zu begründen, wenn die Tat im Hoheitsgebiet des Vertragsstaats begangen wurde,

---

242 Zum Begriff des ausländischen Amtsträgers i.S.d. UN-Übereinkommens *Münkel*, Bestechung und Bestechlichkeit ausländischer Amtsträger, S. 255 ff.

243 Art. 16 Abs. 1 des UN-Übereinkommens lautet:
„Jeder Vertragsstaat trifft die erforderlichen gesetzgeberischen und sonstigen Maßnahmen, um folgende Handlungen, wenn vorsätzlich begangen, als Straftat zu umschreiben: das unmittelbare oder mittelbare Versprechen, Anbieten oder Gewähren eines ungerechtfertigten Vorteils an einen ausländischen Amtsträger oder einen Amtsträger einer internationalen Organisation für diesen selbst oder für eine andere Person oder Stelle als Gegenleistung dafür, dass der Amtsträger in Ausübung seiner Dienstpflichten eine Handlung vornimmt oder unterlässt, um im Zusammenhang mit Tätigkeiten im internationalen Geschäftsverkehr einen Auftrag oder einen sonstigen ungerechtfertigten Vorteil zu erlangen oder zu behalten."

244 So bereits ebenfalls *Androulakis*, Die Globalisierung der Korruptionsbekämpfung, S. 349.

245 *Kubiciel*, Int. Crim. Law Rev. 2009, 139 (153).

Art. 42 Abs. 1 a).[246] Die Begründung der Zuständigkeit des Mitgliedsstaates über das aktive und passive Personalitätsprinzip sowie das Staatsschutzprinzip ist lediglich fakultativ vorgesehen, Art. 42 Abs. 2.

Gemäß Art. 44 Abs. 11 des UN-Übereinkommens sind Staaten, die die Auslieferung eigener Staatsangehöriger verweigern, verpflichtet, den Fall unverzüglich seinen zuständigen Behörden zum Zweck der Strafverfolgung zu unterbreiten.

IV. Das Strafrechtsübereinkommen des Europarats vom 27.1.1999 über Korruption

Auch das Europarat-Übereinkommen soll näher beleuchtet werden. Dies zum einen, da die Gesetzesänderung in der Bundesrepublik Deutschland aufgrund dieses Übereinkommens mittels des Gesetzes zur Bekämpfung der Korruption eine weite Ausdehnung des Geltungsbereichs des deutschen Strafrechts nach sich zog[247], was auf eine ambitionierte Gestaltung des Abkommens schließen lässt, welcher nachgegangen werden soll.

Zum anderen hat das Europarat-Übereinkommen ebenfalls viele Mitglieder, was dem Abkommen umso mehr Gewicht verleiht.[248] Dieser Aspekt könnte möglicherweise für die zukünftige Entwicklung des internationalen Korruptionsstrafrechts relevant sein.[249]

Gemäß Art. 5 des Europarat-Übereinkommens sind die Bestechung und die Bestechlichkeit ausländischer Amtsträger[250] genauso zu bestrafen wie die Bestechung und Bestechlichkeit inländischer Amtsträger, deren Kriminalisierung ebenfalls gefordert wird (Art. 2 und Art. 3).[251] Damit legt das

---

246 Dabei soll es den Mitgliedsstaaten überlassen sein, wie weit sie dieses Erfordernis interpretieren. So ist es ihnen überlassen bspw. die bloß teilweise Begehnung im Hoheitsgebiet ausreichen zu lassen oder auch das Ubiquitätsprinzip zu wählen, vgl. *United Nations Office on Drugs and Crime*, Technical Guide to the United Nations Convention Against Corruption, S. 133 f.

247 Siehe dazu oben unter Kap. 1 E.I.2.

248 Das Europarat-Übereinkommen wurde bislang von 50 Staaten unterschrieben und von 48 ratifiziert. Die beiden Staaten, die unterschrieben aber nicht ratifiziert haben, sind Mexiko und die Vereinigten Staaten, vgl. https://www.coe.int/en/web/conventions/full-list/-/conventions/treaty/173/signatures (Stand: 12.8.2019, zuletzt aufgerufen am 12.8.2019).

249 Vor allem eine Ratifizierung des Übereinkommens durch die Vereinigten Staaten dürfte sich dabei auf die globale Verfolgung von Korruptionsstraftaten auswirken.

250 Zum Begriff des ausländischen Amtsträgers i.S.d. Europarat-Übereinkommens *Münkel*, Bestechung und Bestechlichkeit ausländischer Amtsträger, S. 245 ff.

251 Ebenso *Weigend*, in: Pawlik/Zaczyk, FS Jakobs, S. 750.

Europarat-Übereinkommen die Kriminalisierung sowohl der aktiven als auch der passiven Korruption im Gegensatz zum OECD-Übereinkommen[252] und zum UN-Übereinkommen verbindlich fest.[253]

Auch verlangt das Europarat-Übereinkommen im Gegensatz zum OECD-Übereinkommen[254] und zum UN-Übereinkommen im Rahmen der aktiven Korruption keinen Bezug zum internationalen Geschäftsverkehr mehr.[255] Zudem werden ausländische Mitglieder öffentlich-rechtlicher Vertretungskörperschaften (Art. 6), internationale Beamte (Art. 9), Mitglieder einer parlamentarischen Versammlung einer internationalen oder supranationalen Organisation, der die Vertragspartei angehört (Art. 10) ebenso wie Richter und Bedienstete internationaler Gerichtshöfe (Art. 11) in den Anwendungsbereich der Korruptionsdelikte einbezogen.

Auch die Bestechung und Bestechlichkeit im privaten Sektor soll, wenn sie in Zusammenhang mit einer Pflichtverletzung steht[256], unter Strafe gestellt werden, Art. 7 und Art. 8.[257]

Das Europarat-Übereinkommen verlangt weiter, dass die Unterzeichnerstaaten ihre Gerichtsbarkeit sowohl an das Territorialitätsprinzip als auch an das aktive Personalitätsprinzip sowie den Schutz nationaler Belange[258] anknüpfen, Art. 17 Abs. 1.[259] Dabei soll wie beim OECD-Übereinkommen die teilweise

---

252 ETS Nr. 173, Explanatory Report to the Criminal Law Convention on Corruption 1999, S. 10 Rn. 49.

253 Für die Strafbarkeit der Bestechlichkeit ausländischer Amtsträger ist jedoch ein Vorbehalt möglich, vgl. Art. 37 Abs. 1 Europarat-Übereinkommen.

254 ETS Nr. 173, Explanatory Report to the Criminal Law Convention on Corruption 1999, S. 10 Rn. 49.

255 *Kubiciel*, Int. Crim. Law Rev. 2009, 139 (153); i.R.d. passiven Korruption ähnelt das Europarat-Übereinkommen durch den Verzicht auf den Bezug zum internationalen Geschäftsverkehr wiederum dem UN-Übereinkommen, vgl. *Münkel*, Bestechung und Bestechlichkeit ausländischer Amtsträger, S. 253; *Androulakis*, Die Globalisierung der Korruptionsbekämpfung, S. 349.

256 Ebenso Art. 2 des Rahmenbeschlusses 2003/568/JI des Rates vom 22. Juli 2003 zur Bekämpfung der Bestechung im privaten Sektor. In diesem auf den privaten Sektor beschränkten Rahmenbeschluss ist nach Art. 7 Abs. 1 die Gerichtsbarkeit nach dem Territotialitätsprinzip und nach dem aktiven Personalitätsprinzip zu begründen.

257 Zu beachten sind jedoch die Vorbehaltsmöglichkeiten in Art. 37 Abs. 1 des Europarat-Übereinkommens, bestimmte Handlungen nicht unter Strafe zu stellen. Darunter fällt vor allem die Korruption im privaten Sektor.

258 Dazu *Androulakis*, Die Globalisierung der Korruptionsbekämpfung, S. 330.

259 Art. 17 Abs. 1 des Europarat-Übereinkommens lautet:

Begehung der Tat auf dem jeweiligen Hoheitsgebiet ausreichend sein. Dementsprechend ist auch hier von einem weiten Verständnis auszugehen.[260] Bezüglich der Regelungen in Art. 17 Abs. 1 b) und c) kann ein „aut dedere aut iudicare"-Vorbehalt erklärt werden, Art. 17 Abs. 2 und Abs. 3.[261]

V. Fazit

Zusammenfassend lässt sich feststellen, dass das OECD-Übereinkommen im Vergleich zum UN-Übereinkommen und zum Europarat-Übereinkommen recht knapp gehalten ist. Es fordert lediglich die Kriminalisierung der Bestechung ausländischer Amtsträger (aktive Korruption).[262] Zur Bestechlichkeit (passive Korruption) oder zur Korruption im privaten Sektor äußert sich das Abkommen nicht. Weiterhin ist nach dem OECD-Übereinkommen ein Bezug zum internationalen Geschäftsverkehr notwendig, was wiederum eine einschränkende Wirkung bezüglich der Strafbarkeiten hat.[263]

Die Erstreckung der Gerichtsbarkeit auf Basis des Territorialitätsprinzips und der Mindestregelung eines „aut dedere aut iudicare", runden das OECD-Übereinkommen ab. Seine sehr weite Geltung auf Grundlage des aktiven

---

„Jede Vertragspartei trifft die erforderlichen gesetzgeberischen und anderen Maßnahmen, um ihre Gerichtsbarkeit über eine aufgrund der Artikel 2 bis 14 umschriebene Straftat zu begründen,
a) *wenn die Straftat ganz oder teilweise in ihrem Hoheitsgebiet begangen wird;*
b) *wenn der Straftäter Staatsangehöriger, Amtsträger oder Mitglied einer inländischen öffentlich-rechtlichen Vertretungskörperschaft der betreffenden Vertragspartei ist;*
c) *wenn an der Straftat ein Amtsträger oder ein Mitglied einer inländischen öffentlich-rechtlichen Vertretungskörperschaft der betreffenden Vertragspartei oder eine in den Artikeln 9 bis 11 genannte Person, die zugleich Staatsangehörige dieser Vertragspartei ist, beteiligt ist."*

260 ETS Nr. 173, Explanatory Report to the Criminal Law Convention on Corruption 1999, S. 16 Rn. 79.

261 Dazu ETS Nr. 173, Explanatory Report to the Criminal Law Convention on Corruption 1999, S. 17 Rn. 82.

262 Wobei sich diese Regelung auch auf Staaten ersteckt, die keine Vertragspartei sind, worauf *Pieth*, in: Pieth/Eigen, Korruption im internationalen Geschäftsverkehr. Bestandsaufnahme. Bekämpfung. Prävention, S. 346 hinweist.

263 Das OECD-Übereinkommen ist zudem das einzige Abkommen, welches sich ausschließlich mit der transnationalen Korruption befasst, *van Aaken*, in: Hofmann/Pfaff, Die Konvention der Vereinten Nationen zur Bekämpfung der Korruption. Betrachtungen aus Wissenschaft und Praxis, S. 33.

Personalitätsprinzips erhält das Abkommen nur in Fällen, in denen eine entsprechende Erstreckung der Strafgewalt bereits im Recht des Vertragsstaats vorgesehen ist.

Das UN-Übereinkommen möchte neben der Kriminalisierung innerstaatlicher Amtsträgerkorruption ebenfalls nur die Bestechung ausländischer Amtsträger mit Bezug zum internationalen Geschäftsverkehr verpflichtend unter Strafe stellen. Zwar können die Mitglieder auch eine Kriminalisierung der passiven Korruption ohne Bezug zum internationalen Geschäftsverkehr in Erwägung ziehen, verpflichtend ist dies jedoch nicht. Ebenso verhält es sich mit der Korruption im privaten Sektor. Die Begründung von Strafbarkeiten soll dort auch lediglich angedacht werden.

Die Erstreckung der Jurisdiktion auf Grundlage des Territorialitätsprinzips entspricht im Grundsatz den Regelungen aller Abkommen. Lediglich die explizite Erwähnung der teilweisen Begehung der Tat auf dem Hoheitsgebiet wird im UN-Übereinkommen ausgespart.[264] Die Begründung der Zuständigkeit des Mitgliedsstaates über das aktive und passive Personalitätsprinzip sowie das Staatsschutzprinzip könnten die Anwendbarkeit des Abkommens zwar erheblich ausdehnen, sind jedoch nur fakultativ.

Am weitesten geht das Europarat-Übereinkommen.[265] Es fordert die Kriminalisierung der Bestechung und die Bestechlichkeit inländischer sowie ausländischer Amtsträger. Es erfasst damit sowohl Fälle der aktiven als auch der passiven[266] Korruption und dies ohne Bezug zum internationalen Geschäftsverkehr. Auch soll demnach einzig in diesem Abkommen – sofern man von den Vorbehaltsmöglichkeiten absieht[267] – die Korruption im privaten Sektor unter Strafe gestellt werden.

Die Erstreckung der Gerichtsbarkeiten ist auf Basis des Territorialitätsprinzips vorgesehen. Bezüglich des aktiven Personalitätsprinzips kann ein „aut dedere aut iudicare"-Vorbehalt erklärt werden.

---

264 Dazu auch *Pieth*, in: Pieth/Eigen, Korruption im internationalen Geschäftsverkehr. Bestandsaufnahme. Bekämpfung. Prävention, S. 350.

265 So auch *van Aaken*, in: Hofmann/Pfaff, Die Konvention der Vereinten Nationen zur Bekämpfung der Korruption. Betrachtungen aus Wissenschaft und Praxis, S. 28 ff.; *Androulakis*, Die Globalisierung der Korruptionsbekämpfung, S. 319.

266 Vgl. dazu die aber die Vorbehaltsmöglichkeit in Art. 37 Abs. 1 Europarat-Übereinkommen.

267 Zu den Vorbehalten im Einzelnen *Androulakis*, Die Globalisierung der Korruptionsbekämpfung, S. 334.

Gemeinsam ist damit allen Abkommen, dass die Strafverfolgung eigener Staatsangehöriger sichergestellt werden muss, sofern eine Auslieferung dieser ausgeschlossen ist. Weigert sich ein Mitgliedsstaat demnach, seine eigenen Staatsangehörigen auszuliefern, muss er deren Strafbarkeit für Auslandstaten unabhängig vom Recht des Tatorts festlegen.[268]

Insoweit hat das OECD-Übereinkommen zwar den Kampf gegen die internationale Korruption eingeläutet. Zum finalen Schlag scheint jedoch das Europarat-Übereinkommen ausholen zu wollen.[269]

Da das Europarat-Übereinkommen jedoch noch nicht von den Vereinigten Staaten ratifiziert worden ist, beschränkt sich die von allen untersuchten Staaten praktizierte umfassende globale Korruptionsbekämpfung gegenwärtig auf den öffentlichen Sektor.[270]

Die Gefahr einer Mehrfachverfolgung und die daraus möglicherweise resultierende Mehrfachbestrafung ist ein Problem, das in seinen Grundzügen im internationalen Strafrecht bereits erkannt wurde und wofür auch bereits Lösungsansätze existieren. Die folgende Untersuchung möglicher Lösungsansätze erfolgt in dieser Arbeit jedoch stets aus dem Blickwinkel des internationalen Korruptionsstrafrechts.

Es geht nicht darum, sich um einen weiteren allgemeinen Lösungsansatz für das gesamte Strafrecht zu bemühen. Die Arbeit konzentriert sich vielmehr auf die Besonderheiten des Korruptionsstrafrechts, wo sich die Problematik der möglichen Doppelbestrafung in besonderer Weise auftut.

---

268 *Weigend*, in: Pawlik/Zaczyk, FS Jakobs, S. 751 f.; *Pieth*, in: Pieth/Eigen, Korruption im internationalen Geschäftsverkehr. Bestandsaufnahme. Bekämpfung. Prävention, S. 351; *Androulakis*, Die Globalisierung der Korruptionsbekämpfung, S. 330.

269 Einen weitergehenden Vergleich der verschiedenen Übereinkommen siehe bei *van Aaken*, in: Hofmann/Pfaff, Die Konvention der Vereinten Nationen zur Bekämpfung der Korruption. Betrachtungen aus Wissenschaft und Praxis, S. 33 ff.

270 Das Vereinigte Königreich und die Bundesrepublik Deutschland verfolgen freilich bereits bei der Korruption im privaten Sektor einen extraterritorialen Ansatz, siehe dazu oben unter Kap. 1 A.II.3.a) (BRD) und Kap. 1 B.III. (UK).

Kapitel 2 Transnationales ne bis in idem?

Der beschriebene Beispielsfall[271] hat aufgezeigt, dass es im internationalen Korruptionsstrafrecht durchaus Konstellationen geben kann, in denen mehrere Jurisdiktionen miteinander konkurrieren. Der Täter im Beispielsfall könnte von den Strafverfolgungsbehörden aller in dieser Arbeit untersuchten Jurisdiktionen verfolgt werden. Zudem unterliegt der Täter noch dem lokalen Recht des Tatortstaates. So wären in dem Beispielsfall gleichzeitig vier Jurisdiktionen zur Strafverfolgung befugt.

Ob der Täter nun tatsächlich von den Strafverfolgungsbehörden dieser vier Jurisdiktionen verfolgt werden kann, oder ob dieser Problematik bereits durch transnational geltende ne bis in idem Regelungen im nationalen Recht oder im Völkerrecht begegnet wird, wird im Folgenden untersucht.

A. Ne bis in idem im nationalen Recht

Eine Lösung der Problematik könnte ein transnational geltender Grundsatz des ne bis in idem darstellen. Der Grundsatz ne bis in idem ist bereits im nationalen Recht der Bundesrepublik Deutschland, des Vereinigten Königreichs und der Vereinigten Staaten vorgesehen.

Fraglich ist nun, ob dieser im jeweiligen nationalen Recht anerkannte Grundsatz auch auf internationale Sachverhalte anzuwenden ist.

I. Ne bis in idem im deutschen Recht

Im deutschen Recht ist das Doppelbestrafungsverbot in Art. 103 Abs. 3 GG normiert. Gemäß dieser Regel darf niemand wegen derselben Tat aufgrund der allgemeinen Strafgesetze mehrfach bestraft werden. Dabei erfasst das Verbot der mehrfachen „Bestrafung" nicht nur die wiederholte Verurteilung und Vollstreckung. Bereits die Einleitung eines neuen Verfahrens wird durch diese Norm ausgeschlossen.[272]

---

271 Siehe oben unter Kap. 1 D.

272 BGH, 29.9.1987 - 4 StR 376/87 = BGHSt 35, 60 = NJW 1988, 1742; *Pieroth*, in: Jarass/Pieroth, GG, Art. 103 Rn. 107; *Schmidt-Aßmann*, in: Maunz/Dürig, GG, Art. 103 Rn. 301; *Kunig*, in: von Münch/Kunig, GG, Art. 103 Rn. 36; dazu auch *Thomas*, Das Recht auf Einmaligkeit der Strafverfolgung, S. 177 f. m.w.N.

Auf nationaler Ebene schützt diese Regelung somit umfassend. Eingeschränkt wird dieser Schutz jedoch dadurch, dass lediglich Erstentscheidungen deutscher Gerichte einen Strafklageverbrauch gemäß dieser Norm nach sich ziehen.[273] Entscheidungen ausländischer Gerichte haben damit keinen derart umfassenden Schutz zur Folge. Da die Strafklage in diesen Fällen somit noch nicht verbraucht ist, ist eine erneute Verfolgung des bereits durch ein ausländisches Gericht Verurteilten trotz Art. 103 Abs. 3 GG möglich.

II. Ne bis in idem im amerikanischen Recht

Für das Prinzip des ne bis in idem wird in den Vereinigten Staaten der Terminus „double jeopardy" gebraucht. Dieses wird dort aus dem fünften Zusatzartikel der Verfassung, dem „Fifth Amendment", abgeleitet.[274] Dort heißt es: „[…] nor shall any person be subject for the same offense to be twice put in jeopardy of life or limb"[275]. Ausgeschlossen wird damit eine zweite Strafverfolgung derselben Tat, nachdem ein Freispruch oder ein Urteil ergangen ist, sowie die Mehrfachbestrafung derselben Tat.[276] Jedoch findet dieser Grundsatz nicht einmal innerhalb der Vereinigten Staaten im Verhältnis von Bund und Einzelstaaten sowie zwischen den einzelnen Staaten Anwendung.[277] Bevor eine transnationale Anwendung dieser Vorschrift über die Landesgrenzen hinaus erfolgen kann, müsste zunächst eine Anwendung innerhalb der Vereinigten Staaten erfolgen.

---

273 BVerfG, 17.1.1961 - 2 BvL 17/60 = BVerfGE 12, 62 (66) = NJW 1961, 867 (868): „Das verfassungsrechtliche Verbot der erneuten Strafklage nach rechtskräftigem richterlichen Sachentscheid kann aber nur gelten, wenn ein Gericht der Bundesrepublik Deutschland entschieden hat."; *Pieroth*, in: Jarass/Pieroth, GG, Art. 103 Rn. 106; *Schmidt-Aßmann*, in: Maunz/Dürig, GG, Art. 103 Rn. 303; *Kunig*, in: von Münch/Kunig, GG, Art. 103 Rn. 44; a.A. *Voulgaris*, Transnationales „ne bis in idem", S. 40, 28 ff. m.w.N.; *Specht*, Die zwischenstaatliche Geltung des Grundsatzes *ne bis in idem*, S. 208, 182 ff.

274 *LaFave u. a.*, Criminal Procedure, S. 1201; historische Nachweise bei *Stuckenberg*, Double Jeopardy, S. 1 ff.

275 Amendment V der Verfassung der Vereinigten Staaten.

276 North Carolina v. Pearce, 395 U.S. 711, at 717 (1969).

277 *LaFave u. a.*, Criminal Procedure, S. 1231 ff.; *Adler*, Yale Law J. 2014, 448 (450 f.); *Nolte/Aust*, in: v. Mangoldt/Klein/Starck, GG, Art. 103 Abs. 3 Rn. 198; *Stuckenberg*, Double Jeopardy, S. 37 ff.; *Geisler*, Die Ausgestaltung des Anklageprinzips, S. 178 ff.; ebenso umfassend wie kritisch zu dieser sog. „dual sovereignty"-Ausnahme *Cranman*, Emory Int'l L. Rev. 2000, 1641 (1653 ff.).

III. Ne bis in idem im englischen Recht

Im englischen Recht ist das Prinzip unter „autrefois acquit" bzw. „autrefois convict" bekannt. Erstgenannter Terminus bezieht sich auf einen vorausgehenden Freispruch, zweitgenannter wird für ein vorausgehendes Urteil gebraucht.[278] Diese beiden Ausprägungen des ne bis in idem stellen Richterrecht dar.[279] Ist die „autrefois"-Regelung zwar kein Verfassungsrecht, so ist nach diesem Prinzip die Entscheidung eines ausländischen Gerichts für die Geltung des ne bis in idem Grundsatzes ausreichend.[280] Insofern kann von einer Anerkennung eines transnationalen ne bis in idem im Vereinigten Königreich gesprochen werden.[281]

Eingeschränkt wurde die umfassende Geltung des Prinzips jedoch durch den Criminal Justice Act 2003. Seit dieser Reform ist ein wiederholtes Verfahren im Falle ausländischer Freisprüche möglich, wenn neue zwingende Beweismittel auftauchen („new and compelling evidence") und ein dringendes Justizinteresse[282] dafürspricht („interests of justice test"[283]).[284]

IV. Fazit

Anhand dieser knappen Übersicht zur geltenden Rechtslage lässt sich erkennen, dass eine transnationale Geltung des Grundsatzes ne bis in idem in den nationalen Regelungen der untersuchten Staaten nicht durchwegs einheitlich anerkannt ist. Eine strafklageverbrauchende Wirkung aufgrund der untersuchten nationalen Normen wird ausländischen Urteilen weder in der Bundesrepublik Deutschland, noch in den Vereinigten Staaten zugesprochen. Lediglich das englische

278 *Thomas*, Das Recht auf Einmaligkeit der Strafverfolgung, S. 53.

279 Die wichtigste Entscheidung zu diesem Prinzip stellt House of Lords, Connelly v. Director of Public Prosecutions (1964) AC, 1254, dar, vgl. dazu eingehend *Thomas*, Das Recht auf Einmaligkeit der Strafverfolgung, S. 56, 192 ff.; ebenfalls *Emmins u. a.*, in: Murphy/Stockdale, Blackstone's Criminal Practice, D11.39; *Cranman*, Emory Int'l L. Rev. 2000, 1641 (1649 f.); darüber hinaus zu den ergänzenden kodifizierten Rechtsnormen *Thomas*, Das Recht auf Einmaligkeit der Strafverfolgung, S. 54 ff., die „in ihrer Bedeutung jedoch stark hinter jener des Richterrechts zurückbleiben", S. 54.

280 House of Lords, Treacy v. Director of Public Prosecutions (1971) AC, 537, at 562D.

281 *Thomas*, Das Recht auf Einmaligkeit der Strafverfolgung, S. 58 f. m.w.N.

282 Übersetzung nach *Huber*, in: Sinn, Jurisdiktionskonflikte bei grenzüberschreitender Kriminalität, S. 268.

283 *Ashworth/Redmayne*, The Criminal Process, S. 397.

284 *Ashworth/Redmayne*, The Criminal Process, S. 397 f.; *Huber*, in: Sinn, Jurisdiktionskonflikte bei grenzüberschreitender Kriminalität, S. 268.

Recht ist in dieser Hinsicht einen Schritt weiter. Dort kommt auch ausländischen Ersturteilen eine strafklageverbrauchende Wirkung zu.

Da im englischen Recht jedoch eine Entscheidung eines (ausländischen) Gerichts ergangen sein muss, bevor der Schutz des ne bis in idem greift, kann auch diese Rechtslage den Täter im Beispielsfall nicht vor einer parallelen Strafverfolgung in den vier Staaten bewahren.[285]

B. Völkerrechtliches transnationales ne bis in idem?

Möglicherweise wird bereits ein transnational wirkendes Prinzip des ne bis in idem auf völkerrechtlicher Ebene anerkannt. Rechtsquellen des Völkerrechts sind die in Art. 38 Abs. 1 a) bis c) IGH-Statut[286] genannten.[287] Dies ist unabhängig davon, dass diese Regelung einen Teil der Verfahrensordnung des IGH darstellt, allgemein anerkannt.[288] Die in Art. 38 Abs. 1 d) IGH-Statut genannten richterlichen Entscheidungen und Lehrmeinungen stellen dagegen keine unmittelbaren Rechtsquellen dar. Sie sind vielmehr Hilfsmittel, sogenannte „Rechtserkenntnisquellen".[289]

Somit könnte sich ein transnationales ne bis in idem aus internationalen Übereinkünften, also völkerrechtlichen Verträgen, aus internationalem Gewohnheitsrecht oder aus anerkannten allgemeinen Rechtssätzen ergeben.

---

285 Siehe dazu auch unter Kap. 3 D. und Kap. 4 A.IV.

286 Art. 38 Abs. 1 IGH-Statut lautet:

„(1) *Der Gerichtshof, dessen Aufgabe es ist, die ihm unterbreiteten Streitigkeiten nach dem Völkerrecht zu entscheiden, wendet an*

a) *internationale Übereinkünfte allgemeiner oder besonderer Natur, in denen von den streitenden Staaten ausdrücklich anerkannte Regeln festgelegt sind;*

b) *das internationale Gewohnheitsrecht als Ausdruck einer allgemeinen, als Recht anerkannten Übung;*

c) *die von den Kulturvölkern anerkannten allgemeinen Rechtsgrundsätze;*

d) *vorbehaltlich des Artikels 59 richterliche Entscheidungen und die Lehrmeinung der fähigsten Völkerrechtler der verschiedenen Nationen als Hilfsmittel zur Feststellung von Rechtsnormen.*"

287 *Heintschel von Heinegg*, in: Ipsen, Völkerrecht, 3. Kap. Rn. 2; *Geiger*, Staatsrecht III, S. 73 f.; *Stein u. a.*, Völkerrecht, Rn. 23; *Herdegen*, Völkerrecht, § 14 Rn. 2.

288 *Heintschel von Heinegg*, in: Ipsen, Völkerrecht, 3. Kap. Rn. 3; *Stein u. a.*, Völkerrecht, Rn. 23; *Geiger*, Staatsrecht III, S. 73 f.

289 *Heintschel von Heinegg*, in: Ipsen, Völkerrecht, 3. Kap. Rn. 2; *Stein u. a.*, Völkerrecht, Rn. 24.

I. Transnationales ne bis in idem und völkerrechtliche Verträge

Völkerrechtliche Verträge stellen die wichtigste Rechtsquelle des Völkerrechts dar.[290] Inwieweit sich aus ihnen ein transnational geltendes ne bis in idem ergeben kann, soll nun untersucht werden.

1. Lösungsangebote innerhalb der Anti-Korruptionsübereinkommen

Da die extraterritoriale Reichweite der Anti-Korruptionsgesetze – wie dargestellt[291] – auf die jeweiligen Anti-Korruptionsübereinkommen zurückgeht, besteht die Möglichkeit, dass dieser extraterritorialen Reichweite bereits bei ihrer Entstehung einschränkend entgegengetreten wurde. Insoweit werden zunächst diese Übereinkommen nach Lösungsangeboten zur Vermeidung von Mehrfachverfolgung und -bestrafung untersucht.

a) OECD-Übereinkommen

Wurde mit dem OECD-Übereinkommen gegen die Bestechung ausländischer Amtsträger im internationalen Geschäftsverkehr der Grundstein gelegt für eine weite Anwendbarkeit nationaler Anti-Korruptionsgesetze, so liegt die Vermutung nahe, dass damit auch gleichzeitig Lösungen für die daraus unweigerlich entstehenden Problematiken – wie bspw. die zentrale Gefahr der Doppelverfolgung und -bestrafung – implementiert wurden. Daher soll nun untersucht werden, ob im OECD-Übereinkommen solche Lösungsmechanismen vorgesehen sind. Sollte dies der Fall sein, werden diese Vorschläge anschließend auf ihre Tauglichkeit untersucht.

In Art. 4 Abs. 3 des OECD-Übereinkommens heißt es:

„Haben bei Verdacht einer in diesem Übereinkommen beschriebenen Straftat mehrere Vertragsparteien Gerichtsbarkeit, so führen die beteiligten Vertragsparteien auf Ersuchen einer dieser Vertragsparteien Konsultationen mit dem Ziel, die zur Verfolgung am besten geeignete Gerichtsbarkeit zu bestimmen.“

Das Übereinkommen schneidet das Problem zwar an und verweist auf Konsultationen. Zum konkreten Ablauf dieser Konsultationen und darüber, welche

290 *Stein u. a.*, Völkerrecht, Rn. 26; *Heintschel von Heinegg*, in: Ipsen, Völkerrecht, 3. Kap. Rn. 4; dazu weiterführend *Hobe*, Einführung in das Völkerrecht, S. 182 ff.

291 Siehe dazu oben unter Kap. 1 E.I.

konkreten Erwägungen dabei zu berücksichtigen sind, schweigt das Abkommen jedoch.[292]

In Art. 11 des OECD-Übereinkommen findet sich allerdings eine Regelung, die derartige Absprachen erleichtern kann. Demnach „notifiziert jede Vertragspartei dem Generalsekretär der OECD eine oder mehrere für die Stellung und Entgegennahme von Ersuchen zuständige Behörden, die unbeschadet anderer Vereinbarungen zwischen den Vertragsparteien in diesen Angelegenheiten als Verbindungsstelle für diese Vertragspartei dienen."

Auf diese Weise ist sichergestellt, dass sich die ersuchende Behörde zumindest jederzeit an den richtigen Ansprechpartner wenden kann.

Der im OECD-Übereinkommen vorgesehene Konsultationsmechanismus bleibt damit allerdings rudimentär. Er vermag bei der Lösung des Problems – mit Ausnahme des Aspekts der zuständigen Behörde – nicht weiterzuhelfen.[293]

Interessant ist zudem, dass bei einem Blick in die Kommentierung (Commentaries) des Abkommens Art. 4 Abs. 3 gar nicht erst auftaucht. Die einzige Norm, die eine Beschränkung der Reichweite des Abkommens zur Folge haben könnte, wird dort übergangen.[294]

b) UN-Übereinkommen

Möglicherweise bietet das Übereinkommen der Vereinten Nationen vom 31.10.2003 gegen Korruption eine taugliche Lösung an.

In Art. 42 Abs. 5 des UN-Übereinkommens heißt es:

---

292 *Holtmeier*, Fordham L. Rev. 2015, 493 (517 Fn. 152) kritisiert darüber hinaus das notwendige „Ersuchen". Bleibt ein solches aus, seien parallele Strafverfahren weiter möglich.

293 Mit dieser Erkenntnis bereits *Horrer*, Bestechung durch deutsche Unternehmen im Ausland, S. 65 f., der dem OECD-Übereinkommen abschließend bescheinigt, sich „nicht auf dem neuesten Stand der Rechtsentwicklung" zu befinden; *Hoven*, Auslandsbestechung, S. 117.

294 *OECD*, Convention on Combating Bribery of Foreign Public Officials in International Business Transactions and Related Documents, S. 16 f. (Commentaries); dies ebenfalls feststellend *Letzien*, Internationale Korruption und Jurisdiktionskonflikte, S. 292; auch bei *Pieth*, in: Pieth/Low/Bonucci, The OECD Convention on Bribery, S. 334 f. finden sich keine konkreten Hinweise zum Ablauf der Konsultationen. Es wird lediglich auf separate Abkommen verwiesen, die „certain benchmarks" darstellen können (aber bereits nicht verbindlich zwischen allen Mitgliedsstaaten des OECD-Übereinkommens gelten).

„Ist einem Vertragsstaat, der seine Gerichtsbarkeit nach Absatz 1 oder 2 ausübt, mitgeteilt worden oder hat er auf andere Weise Kenntnis davon erhalten, dass andere Vertragsstaaten in Bezug auf dasselbe Verhalten Ermittlungen, Strafverfolgungsmaßnahmen oder ein Gerichtsverfahren durchführen, so konsultieren die zuständigen Behörden dieser Vertragsstaaten einander gegebenenfalls, um ihre Maßnahmen abzustimmen."

Art. 42 Abs. 6 des UN-Übereinkommens stellt indes klar:

„Unbeschadet der Regeln des allgemeinen Völkerrechts schließt dieses Übereinkommen die Ausübung einer Strafgerichtsbarkeit, die von einem Vertragsstaat nach innerstaatlichem Recht begründet ist, nicht aus."

Insoweit wird im Übereinkommen der Vereinten Nationen vom 31.10.2003 gegen Korruption die Möglichkeit paralleler Strafverfolgung zwar erkannt. Die vorgeschlagenen Konsultationen sind jedoch weder verpflichtend, noch im Detail ausgearbeitet.[295]

In Art. 47 des UN-Übereinkommens findet sich weiterhin eine Regelung zur Übertragung von Strafverfahren. Demnach wird die Möglichkeit einer Verfahrensübertragung für Fälle geprüft, in denen „die Übertragung dem Interesse einer geordneten Rechtspflege dienlich erscheint, insbesondere in Fällen, in denen mehrere Gerichtsbarkeiten betroffen sind, mit dem Ziel, die Strafverfolgung zu konzentrieren."

Was unter einer „geordneten Rechtspflege" in diesem Sinne zu verstehen ist, ob dies die möglichst lückenlose globale Ermittlung durch Bündelung parallel stattfindender Strafverfahren meint, oder doch eher die Berücksichtigung von Individualbelangen, die durch mehrere parallele Strafverfahren beeinträchtigt werden können[296], bleibt unklar. Der *Legislative Guide* äußert sich lediglich vage dazu. Demnach ist eine Verfahrensübertragung für alle Beteiligten – auch Täter und Opfer – praktischer, fairer und effizienter.[297] Auch wird im Rahmen

295 Auch *United Nations Office on Drugs and Crime*, Legislative Guide for the Implementation of the United Nations Convention Against Corruption, S. 158 Rn. 511 f. lässt erkennen, dass diese Regelung keine klare Linie vorgibt; in *United Nations Office on Drugs and Crime*, Technical Guide to the United Nations Convention Against Corruption, S. 133 findet sich lediglich eine Auflistung einiger berücksichtigungsfähiger Kriterien; kritisch *Low*, in: Pieth/Low/Bonucci, The OECD Convention on Bribery, S. 681.

296 Siehe dazu unter Kap. 3 B.I.

297 *United Nations Office on Drugs and Crime*, Legislative Guide for the Implementation of the United Nations Convention Against Corruption, S. 213 Rn. 640: „In such instances, it is more practical, efficient and fairer to all parties concerned (including offenders and victims) to consolidate the case in one place.".

der Möglichkeit eines Verfahrenstransfers auf die Ziele des Übereinkommens (Art. 1 UN-Übereinkommen) verwiesen.[298] Dort wird die Korruptionsbekämpfung auf die Fahnen geschrieben. Individuelle Belange werden dort nicht explizit erwähnt.

Aufschlussreicher in dieser Hinsicht ist der *Technical Guide*. Dort finden sich Hinweise, wann ein Verfahrenstransfer angebracht sein könnte[299], sowie Kriterien, die dabei berücksichtigt werden sollten.[300]

Wie ggf. mit den bereits eröffneten Strafverfahren in den beteiligten Staaten zu verfahren ist, wird darin jedoch ebenso wenig erklärt wie das Verfahren zur Durchführung der Verfahrensübertragung selbst.[301]

Auch Art. 48 und Art. 49 des UN-Übereinkommens, die Regelungen zur Zusammenarbeit auf dem Gebiet der Strafverfolgung und zu gemeinsamen Ermittlungen treffen, können nicht zur Lösung des Problems beitragen. Art. 49 sieht lediglich die Option vor, gemeinsame Ermittlungen zu vereinbaren. Art. 48 listet Maßnahmen auf, die „die Wirksamkeit der Maßnahmen der Strafrechtspflege" zur Korruptionsbekämpfung „verstärken" sollen. Da auch dort keine Rede von Individualinteressen ist, ist davon auszugehen, dass die vorstehenden

---

298 *United Nations Office on Drugs and Crime*, Legislative Guide for the Implementation of the United Nations Convention Against Corruption, S. 213 Rn. 641.

299 Dort heißt es: „This would be an appropriate solution in cases where the latter State appears to be in a better position to conduct the proceedings or the defendant has closer ties to it because, for example, the defendant is a citizen or resident of this State. It may also be used as an appropriate procedural tool to increase the efficiency and effectiveness of domestic prosecutions initiated and conducted in lieu of extradition", *United Nations Office on Drugs and Crime*, Technical Guide to the United Nations Convention Against Corruption, S. 172.

300 *United Nations Office on Drugs and Crime*, Technical Guide to the United Nations Convention Against Corruption, S. 174, wobei dem Territorialitätsprinzip die gewichtigste Rolle zukommen soll, S. 173.

301 Insoweit sollen die Vertragsstaaten den konkreten Ablauf sowie die Kriterien für einen möglichen Verfahrenstransfer wohl untereinander anhand der Handlungsempfehlungen regeln, vgl. *United Nations Office on Drugs and Crime*, Technical Guide to the United Nations Convention Against Corruption, S. 173, wo es heißt: „The Convention undoubtedly encourages States Parties to enter into agreements or arrangements which may allow the transfer of criminal proceedings and also provide solutions where, for example, a corruption offence has affected more than one jurisdictions and the States involved may wish to determine which is the most convenient forum for an investigation and trial.".

Maßnahmen wohl eher einer möglichst effizienten und lückenlosen Strafverfolgung dienen sollen anstatt parallele Strafverfahren zu verhindern.[302]

Das UN-Übereinkommen kann somit bei der Suche nach einem Lösungsmechanismus nicht unmittelbar weiterhelfen.

c) Europarat-Übereinkommen

Möglicherweise wurde innerhalb des weitreichenden Europarat-Übereinkommens das Problem einer möglichen Doppelverfolgung und -bestrafung erkannt und gelöst.

Mangels entsprechend ausgearbeiteten Mechanismus bietet jedoch auch das Strafrechtsübereinkommen des Europarats vom 27.1.1999 über Korruption sowie dessen Zusatzprotokoll vom 15.5.2003 keine unmittelbare Lösung an.

Ein Lichtblick findet sich jedoch möglicherweise in Art. 25 Abs. 1 des Europarat-Übereinkommens. Dort ist geregelt, dass die Vertragsparteien „untereinander nach Maßgabe der einschlägigen völkerrechtlichen Übereinkünfte über internationale Zusammenarbeit in Strafsachen [...] für Zwecke der Ermittlungen und Verfahren in Bezug auf die aufgrund dieses Übereinkommens umschriebenen Straftaten im größtmöglichen Umfang zusammen" arbeiten.

Unter diese einschlägigen völkerrechtlichen Übereinkünfte soll auch das Europäische Übereinkommen über die internationale Geltung von Strafurteilen vom 28.5.1970[303] fallen.[304] Dieses Übereinkommen enthält in den Art. 53 bis Art. 55 den Grundsatz ne bis in idem. Das dort geregelte ne bis in idem verbietet zwar auch eine erneute Verfolgung, greift jedoch erst ein, wenn ein „Europäisches Strafurteil" ergangen ist, Art. 53 Abs. 1.[305] Ein solches ist nach Art. 1 a) dieses Übereinkommens jede rechtskräftige, von einem für Strafsachen zuständigen Gericht eines Vertragsstaats aufgrund eines Strafverfahrens ergangene Entscheidung.

302 Diese These wird auch durch den 30 Absätze umfassenden Artikel zur Rechtshilfe (Art. 46 des UN-Übereinkommens) gestützt sowie durch *United Nations Office on Drugs and Crime*, Legislative Guide for the Implementation of the United Nations Convention Against Corruption, S. 197 Rn. 584, wo es zu Art. 46 heißt: „In the context of globalization, national authorities increasingly need the assistance of other States for the successful investigation, prosecution and punishment of offenders, in particular those who have committed offences with transnational aspects.".

303 ETS Nr. 70.

304 ETS Nr. 173, Explanatory Report to the Criminal Law Convention on Corruption 1999, S. 24 Rn. 120.

305 Siehe zu diesen sog. „res iudicata"-Lösungsvorschlägen unten unter Kap. 4 A.

Darüber hinaus sieht Art. 54 dieses Übereinkommens als Minimallösung das Anrechnungsprinzip[306] vor.

Zudem ist ein Vertragsstaat nicht verpflichtet, sich an den ne bis in idem Grundsatz zu halten, wenn die der Entscheidung zugrunde liegende Handlung von oder gegen einen Amtsträger begangen wurde, Art. 53 Abs. 2. Auch der Tatortstaat ist nicht an das Prinzip gebunden, Art. 53 Abs. 3.

Da es vorliegend vor allem um den – wie vorstehend aufgezeigt – weitreichend kriminalisierten Bereich der internationalen Amtsträgerbestechung geht, läuft das Prinzip praktisch leer, wenn Taten gegen Amtsträger vom Anwendungsbereich ausgenommen werden sollen.[307] Auch die zusätzliche Ausnahme des Tatortstaates weicht die Geltung des ne bis in idem Prinzips im Europäischen Übereinkommen über die internationale Geltung von Strafurteilen vom 28.5.1970 auf.

Weiterhin soll auch das Europäische Übereinkommen über die Übertragung der Strafverfolgung vom 15.5.1972[308] unter Art. 25 Abs. 1 des Europarat-Übereinkommens fallen.[309] Dieses Übereinkommen enthält in den Art. 35 bis 37 ebenfalls Regelungen zum ne bis in idem Grundsatz. Diese decken sich jedoch weitgehend mit den Regelungen des Europäischen Übereinkommens über die internationale Geltung von Strafurteilen vom 28.5.1970 und sind hinsichtlich Anwendungsbereich und Ausnahmen ebenfalls nicht für eine befriedigende Lösung des Problems geeignet. In Art. 30 ff. werden dort zur Vermeidung paralleler Strafverfahren ebenfalls Konsultationen vorgeschlagen.[310]

Zusammenfassend können die vorliegenden Lösungsmodelle als Minimallösungen angesehen werden, denen man zugutehalten kann, dass sie das Problem einer Mehrfachverfolgung zumindest (wenn auch nur durch eine Verweisung im *Explanatory Report*) berücksichtigen. Eine zustimmungswürdige Lösung der

---

306 Siehe dazu unten unter Kap. 4 A.I.

307 Ähnlich die Feststellung im Erläuternden Bericht zum Übereinkommen über die Bekämpfung der Bestechung, an der Beamte der Europäischen Gemeinschaften oder der Mitgliedstaaten der Europäischen Union beteiligt sind, Abl. Nr. C 391 vom 15.12.1998, S. 10. Siehe dazu sogleich.

308 ETS Nr. 073.

309 ETS Nr. 173, Explanatory Report to the Criminal Law Convention on Corruption 1999, S. 24 Rn. 120.

310 Siehe zu den Defiziten derartiger Lösungsmodelle unten unter Kap. 4 B.II.7.b)aa) sowie Kap. 4 B.II.7.b)dd)(1).

Gefahr der Mehrfachverfolgung und -bestrafung im internationalen Korruptionsstrafrecht stellen diese freilich noch nicht dar.[311]

d) Lösungsangebote weiterer Anti-Korruptionsübereinkommen

In der Hoffnung, dass in weiteren wichtigen internationalen Übereinkommen gegen Korruption über die bloße Pönalisierung hinaus gedacht wurde, schließt sich die folgende Untersuchung weiterer Abkommen an.

aa) Das Übereinkommen über die Bekämpfung der Bestechung, an der Beamte der Europäischen Gemeinschaften oder der Mitgliedstaaten der Europäischen Union beteiligt sind, vom 26.5.1997

Das Übereinkommen aufgrund von Art. K.3 Absatz 2 Buchstabe c) des Vertrags über die Europäische Union über die Bekämpfung der Bestechung, an der Beamte der Europäischen Gemeinschaften oder der Mitgliedstaaten der Europäischen Union beteiligt sind, vom 26.5.1997[312] scheint zunächst wie für die vorliegende Problemstellung geschaffen.

Dies insbesondere, da in Art. 9 des Übereinkommens zunächst eine Zusammenarbeit der Mitgliedsstaaten zur Konzentration des Strafverfahrens in einem Staat festgeschrieben ist.[313] Auch das in Art. 10 des Übereinkommens explizit geregelte ne bis in idem gibt zunächst Grund zur Hoffnung. Gemäß Art. 10 Abs. 1 des Übereinkommens ist eine rechtskräftige Aburteilung sowie ein Vollstreckungselement Voraussetzung für das Verbot der Mehrfachverfolgung.[314] Dieser eingeschränkte Schutzbereich wird zudem durch in Art. 10 Abs. 2 des Übereinkommens vorgesehene Ausnahmeregelungen zum ne bis in idem weiter verkürzt. Insbesondere die Ausnahme des Grundsatzes für Fälle, in denen die Tat von einem Amtsträger

311 Siehe zu den Anforderungen an eine zustimmungswürdige Lösung unter Kap. 4 C.

312 ABl. Nr. C 195 vom 26.6.1997, S. 2 ff.

313 Zur Lösung von Zuständigkeitskonflikten sollen folgende Aspekte berücksichtigt werden: „Umfang des in ihrem jeweiligen Hoheitsgebiet begangenen Korruptionsdelikts, Ort der Vorteilsgewährung, Ort der Festnahme der Beschuldigten, deren Staatsangehörigkeit, zeitlicher Vorrang der Strafverfolgung usw.", vgl. Erläuternder Bericht, Abl. Nr. C 391 vom 15.12.1998, S. 10. Genauere Erläuterungen zum Ablauf der Zusammenarbeit finden sich jedoch nicht.

314 Art. 10 Abs. 1 des Übereinkommens entspricht damit in seinem Schutzbereich Art. 54 SDÜ. Siehe dazu weitergehend unten unter Kap. 2 B.I.2.

unter Verletzung seiner Amtspflichten begangen wurde, lässt das Prinzip wohl in einer Vielzahl von Fällen ins Leere laufen.[315]

In Art. 10 Abs. 3 des Übereinkommens wird weiter eine Anrechnungsverpflichtung normiert.

Im Ergebnis kann somit auch dieses Abkommen keinen umfassenden Schutz vor Doppelverfolgung und -bestrafung im internationalen Korruptionsstrafrecht bieten. Erfreulich ist jedoch der Versuch, das Verfahren auf eine Jurisdiktion zu konzentrieren. Da dafür jedoch keine Mechanismen angeboten werden und dies zudem auf freiwilliger Basis beruht, ist die Effektivität dieser Regelung fraglich. Zuletzt wird bereits de nomine ersichtlich, dass dieses Übereinkommen beispielsweise für die Vereinigten Staaten keine Wirkung entfalten kann. Aufgrund dieses begrenzten Geltungsbereichs kann es die vorliegende Problematik nicht gänzlich entschärfen, deutet jedoch ein gewisses Problembewusstsein gerade auch im Bereich des Korruptionsstrafrechts an.

bb) OAS-Konvention und AU-Konvention

Weiterhin ist festzustellen, dass in der Inter-Amerikanischen Konvention gegen Korruption[316] („OAS-Konvention") ebenfalls kein entsprechender Lösungsmechanismus vorgesehen ist.

Selbiges gilt für die African Union Convention on Preventing and Combating Corruption and Related Offences[317] („AU-Konvention"), die in Art. 14 lediglich auf den „fair trial"-Grundsatz verweist.[318]

e) Fazit

Zusammenfassend lässt sich damit ernüchternd feststellen, dass bei den internationalen Übereinkommen zur Korruptionsbekämpfung der Fokus scheinbar ausschließlich auf eine immer weitergehende Kriminalisierung gerichtet ist. Das UN-Übereinkommen legt den Blick zwar auch auf umfassende

---

315 Der Erläuternde Bericht, Abl. Nr. C 391 vom 15.12.1998, S. 10 formuliert dies etwas optimistischer, indem er feststellt, dass diese Ausnahme „für das vorliegende Übereinkommen, das ausschließlich Korruptionsdelikte zum Gegenstand hat, ganz besonders relevant sein [dürfte]".

316 Organization of American States: Inter-American Convention against Corruption, I.L.M. 1996, 724.

317 I.L.M. 2004, 5.

318 Siehe zu diesen beiden Abkommen *van Aaken*, in: Hofmann/Pfaff, Die Konvention der Vereinten Nationen zur Bekämpfung der Korruption. Betrachtungen aus Wissenschaft und Praxis, S. 17 ff. (OAS-Konvention), 23 ff. (AU-Konvention); *Nagel*, Entwicklung und Effektivität, S. 67 ff. m.w.N.

Präventionsmaßnahmen[319], versäumt dabei jedoch ebenfalls einen klaren Blick auf das Verfahrenssubjekt zu werfen.

Da auch nach Untersuchung der maßgeblichen Anti-Korruptionsübereinkommen keine befriedigende Lösung der Problematik der Mehrfachverfolgung und -bestrafung im internationalen Korruptionsstrafrecht ersichtlich ist, wird im Folgenden die Suche nach einem transnational wirkenden ne bis in idem auf völkerrechtlicher Ebene ausgeweitet. Dazu werden nun auch Regelungen berücksichtigt, die nicht unmittelbar mit dem Korruptionsstrafrecht in Zusammenhang stehen.

2. Art. 54 SDÜ und Art. 50 GrCh

a) Regelungsgehalt

Eine weitere Möglichkeit, Mehrfachverfolgungen und -bestrafungen mittels völkerrechtlichen Verträgen zu vermeiden, stellen die Regelungen in Art. 54 SDÜ und Art. 50 GrCh dar.[320]

So heißt es in Art. 54 SDÜ:

„Wer durch eine Vertragspartei rechtskräftig abgeurteilt worden ist, darf durch eine andere Vertragspartei wegen derselben Tat nicht verfolgt werden, vorausgesetzt, dass im Fall einer Verurteilung die Sanktion bereits vollstreckt worden ist, gerade vollstreckt wird oder nach dem Recht des Urteilsstaats nicht mehr vollstreckt werden kann."

Art. 50 GrCh normiert:

„Niemand darf wegen einer Straftat, derentwegen er bereits in der Union nach dem Gesetz rechtskräftig verurteilt oder freigesprochen worden ist, in einem Strafverfahren erneut verfolgt oder bestraft werden."

Damit verbieten diese Normen nicht nur eine wiederholte Verurteilung des Täters, sondern ausdrücklich auch eine wiederholte Verfolgung. Auf den ersten

---

319 Dass auf eine umfassende Kriminalisierung verzichtet wurde könnte allerdings auch darin begründet sein, dass für diese globale Konvention lediglich ein „materiell-rechtlicher Minimalstandard" durchsetzbar war, *van Aaken*, in: Hofmann/Pfaff, Die Konvention der Vereinten Nationen zur Bekämpfung der Korruption. Betrachtungen aus Wissenschaft und Praxis, S. 37.

320 Zum Verhältnis dieser Normen zueinander *Satzger*, Internationales Strafrecht, § 10 Rn. 57 ff. m.w.N.; *Eckstein*, ZStW 124 (2012), 490 (495, 514 ff.); *Kudlich/Hoven*, in: Spinellis/Theodorakis/Billis/Papadimitrakopulos, FS Courakis, S. 594 ff; *Thorhauer*, Jurisdiktionskonflikte im Rahmen transnationaler Kriminalität, S. 355 ff., 384 ff. m.w.N.

Blick scheinen diese Regelungen, die zudem bereits geltendes Recht darstellen, also das vorliegend untersuchte Problem einer möglichen Mehrfachverfolgung und -bestrafung für transnationale Korruptionsstraftaten lösen zu können.

Zwar sieht Art. 55 Abs. 1 SDÜ Ausnahmemöglichkeiten zu Art. 54 SDÜ zugunsten gewichtiger staatlicher Interessen vor, jedoch legt Art. 56 SDÜ eine zwingende Anrechnung bereits erlittener Freiheitsentziehung und sonstiger bereits vollstreckter Sanktionen fest, sofern das nationale Recht dies erlaubt. In Art. 57 SDÜ wird zudem ein Informationsaustausch zwischen den jeweiligen Behörden angeregt, sofern Grund zur Annahme besteht, dass der Beschuldigte wegen derselben Tat bereits rechtskräftig abgeurteilt wurde.

Art. 50 GrCh wird nicht durch derartige konkretisierende Normen ergänzt.

b) Stellungnahme

Auf den zweiten Blick wird jedoch evident, warum diese Normen die Mehrfachverfolgung und -bestrafung im hier untersuchten internationalen Korruptionsstrafrecht nicht zu verhindern vermögen.

aa) Geltungsbereich

Zunächst spricht Art. 54 SDÜ von der Aburteilung durch eine „Vertragspartei". Damit diese Norm ihre Wirkung entfalten kann, müsste es sich bei den Beteiligten also um Vertragsparteien des Übereinkommens zur Durchführung des Übereinkommens von Schengen vom 14. Juni 1985, welches am 19. Juni 1990 unterzeichnet wurde, handeln. Diese Schengen-Staaten sind aktuell 26 Staaten der Europäischen Union sowie Island, Liechtenstein, Schweiz und Norwegen.[321] Somit kann diese Norm bereits keine bindende Wirkung für die Vereinigten Staaten entfalten. Auch das Vereinigte Königreich ist nicht an dieses Abkommen gebunden[322], zumal in Zeiten des Brexit wohl auch nicht von einem Beitritt zum Abkommen in nächster Zukunft ausgegangen werden kann.[323]

Ebenso verhält es sich mit Art. 50 GrCh. Zwar ist der Geltungsbereich dort nicht auf die Schengen-Staaten beschränkt, doch gilt die Charta der Grundrechte der Europäischen Union lediglich für die Mitgliedsstaaten der Europäischen Union.[324]

---

321 *Ambos*, Internationales Strafrecht, § 10 Rn. 168, § 9 Rn. 34.

322 *Ambos*, Internationales Strafrecht, § 9 Rn. 34; *Letzien*, Internationale Korruption und Jurisdiktionskonflikte, S. 321.

323 Vgl. zur Sonderstellung Großbritanniens und Irlands *Weiß/Satzger*, in: Streinz, EUV/AEUV, Art. 67 AEUV Rn. 49 ff.; *Ambos*, Internationales Strafrecht, § 9 Rn. 34 Fn. 239.

324 *Eser*, in: Sieber/Satzger/v. Heintschel-Heinegg, Europäisches Strafrecht, § 36 Rn. 76; zur Sonderstellung Polens und des Vereinigten Königreichs vgl. das Protokoll über die Anwendung der Charta der Grundrechte der Europäischen Union auf Polen und das Vereinigte Königreich (Abl. Nr. C 306 vom 17.12.2007, S. 156), dazu *Ambos*,

Zudem gilt die Charta gemäß Art. 51 Abs. 1 GrCh für die Mitgliedsstaaten ausschließlich bei der Durchführung des Rechts der Union. Die Charta der Grundrechte der Europäischen Union hat damit ebenfalls keine bindende Wirkung für die Vereinigten Staaten. Auch die exakte Geltung der Norm für das Vereinigte Königreich nach erfolgtem Brexit ist derzeit ungewiss. Zudem ist fraglich, ob die Anti-Korruptionsvorschriften solch ein „Recht der Union" darstellen. Da FCPA, UKBA und §§ 331 ff. StGB jedoch jeweils vom nationalen Gesetzgeber erlassen wurden, kann bereits davon nicht ausgegangen werden. Andererseits wird argumentiert, dass jedes nationale Gericht bereits bei Anwendung des Prinzips gegenseitiger Anerkennung (Art. 82 Abs. 1 AEUV) Recht der Union durchführt.[325]

bb) Praktische Schwierigkeiten

Zudem tun sich bei der Anwendung der Normen eine Vielzahl praktischer Schwierigkeiten auf. Dies vor allem im Rahmen des Art. 54 SDÜ.[326]

(1) Tatbegriff

Es ist bereits fraglich, was unter dem Begriff „derselben Tat" zu verstehen ist. Aufgrund verschiedener nationaler Ausprägungen des Tatbegriffs bereitet eine einheitliche Auslegung dieses Merkmals Schwierigkeiten.[327] Nach anfänglichen Unklarheiten legte sich der EuGH auf einen europäischen Tatbegriff fest, der sich inhaltlich weitgehend mit dem deutschen Tatbegriff der StPO deckt.[328] Demnach ist unter der „Identität der materiellen Tat" das „Vorhandensein eines Komplexes konkreter, unlösbar miteinander verbundener Umstände"[329] zu verstehen.[330]

Internationales Strafrecht, § 10 Rn. 168 sowie § 10 Rn. 156 Fn. 855; dazu auch *Letzien*, Internationale Korruption und Jurisdiktionskonflikte, S. 324, derzufolge „die Tragweite der Vorbehalte überwiegend als eher beschränkt bewertet wird".

325 *Satzger*, Internationales Strafrecht, § 10 Rn. 56.

326 Hierzu umfassend *Ambos*, Internationales Strafrecht, § 10 Rn. 169 ff.; *Rekate*, Die Vermeidung von Jurisdiktionskonflikten, S. 156 ff.; *Hoven*, Auslandsbestechung, S. 120 ff.; *Thorhauer*, Jurisdiktionskonflikte im Rahmen transnationaler Kriminalität, S. 360 ff.

327 *Satzger*, Internationales Strafrecht, § 10 Rn. 68.

328 *Satzger*, Internationales Strafrecht, § 10 Rn. 68 m.w.N.

329 EuGH, 9.3.2006 - C-436/04 („Van Esbroeck") = NJW 2006, 1781 (1782).

330 EuGH, 9.3.2006 - C-436/04 („Van Esbroeck") = NJW 2006, 1781; kritisch *Ambos*, Internationales Strafrecht, § 10 Rn. 185 f.; die Rechtsprechung auf den Bereich der Auslandskorruption übertragend *Hoven*, Auslandsbestechung, S. 122; dazu ebenfalls für den Bereich der Auslandsbestechung *Kudlich/Hoven*, in: Spinellis/Theodorakis/Billis/Papadimitrakopulos, FS Courakis, S. 603 ff., 611.

(2) „Rechtskräftige Aburteilung“

Sehr umstritten ist, was unter einer „rechtskräftigen Aburteilung“ zu verstehen ist.[331] Auch hier urteilte der EuGH und sprach sich für eine weite Auslegung des Merkmals aus, indem er auch die Einstellung des Verfahrens durch die Staatsanwaltschaft ohne richterliche Beteiligung unter dieses Merkmal subsumierte.[332]

Da die ausschließliche „Zuständigkeit“ für das gesamte Strafverfahren bezüglich der einzelnen Tat erst nach dieser Aburteilung auf den jeweiligen Vertragsstaat übergeht, wird kritisiert, dass diese Regelung zu einem Wettlauf der Jurisdiktionen führen kann.[333]

(3) Vollstreckungselement

Darüber hinaus greift Art. 54 SDÜ lediglich nach erfolgter Vollstreckung.[334] Vor der Mehrfachbelastung durch parallele Strafverfahren kann diese Regelung nicht bewahren.[335] Art. 50 GrCh sieht ein solches Vollstreckungselement dagegen nicht vor. Damit stellt sich gleichzeitig die Frage nach dem Verhältnis dieser beiden Normen zueinander.[336] Auch diesen Streit hat der EuGH entschieden. Dem EuGH zufolge sind die beiden Normen nebeneinander anzuwenden, sodass das Vollstreckungselement weiterhin beachtet werden muss.[337]

Diese Entscheidung hat den Kritikpunkt verfestigt, dass die angebotenen Rechtsinstrumente zur Sicherung eines ne bis in idem zu spät eingreifen.

(4) Fazit

Somit lässt sich feststellen, dass sich mittels Art. 54 SDÜ und Art. 50 GrCh eine Mehrfachverfolgung und -bestrafung im internationalen Korruptionsstrafrecht nicht verhindern lässt. Eine Lösung dieser Problematik müsste global anwendbar sein – oder zumindest auf die Länder, deren Gesetze gegen Korruption einen erheblichen extraterritorialen Anwendungsbereich haben – und darf nicht nur auf die Europäische Union beschränkt sein. Schutz vermögen die beiden

---

331 Dazu ausführlich *Ambos*, Internationales Strafrecht, § 10 Rn. 174 ff. m.w.N.; *Safferling*, Internationales Strafrecht, § 12 Rn. 87 ff. m.w.N; im Zusammenhang mit der Siemens-Affäre *Kudlich/Hoven*, in: Spinellis/Theodorakis/Billis/Papadimitrakopulos, FS Courakis, S. 611 ff.

332 EuGH, 11.2.2003 - C-187/01 u. C-385/01 („Gözütok/Brügge“) = NJW 2003, 1173.

333 Dazu *Zimmermann*, Strafgewaltkonflikte in der Europäischen Union, S. 281 ff. Siehe dazu auch unten unter Kap. 4 A.IV.

334 Zum Vollstreckungselement s. *Satzger*, Internationales Strafrecht, § 10 Rn. 69 ff.

335 *Ambos*, Internationales Strafrecht, § 10 Rn. 171; *Thorhauer*, Jurisdiktionskonflikte im Rahmen transnationaler Kriminalität, S. 458 f.

336 Dazu ausführlich *Rekate*, Die Vermeidung von Jurisdiktionskonflikten, S. 164 ff.

337 EuGH, 27.5.2014 - C-129/14 PPU („Spasic“) = NJW 2014, 3007; ebenso *Satzger*, Internationales Strafrecht, § 10 Rn. 57 ff.; a.A. *Heger*, ZIS 2009, 406 (408); *Schomburg/Suominen-Picht*, NJW 2012, 1190 (1191).

untersuchten Regelungen daher lediglich innerhalb der beteiligten Staaten zu bieten. Doch selbst dort greift dieser Schutz erst nach ergangenem Ersturteil ein.

Ferner hat sich herausgestellt, dass eine gute Lösung - obgleich Art. 54 SDÜ und Art. 50 GrCh bereits anwendbares Recht darstellen - auch einige praktische Schwierigkeiten zu überwinden hat. Es müssen insbesondere die einzelnen Bestandteile des ne bis in idem klar definiert sein. Dazu zählt neben den an das „Ersturteil" zu stellenden Anforderungen (bis) auch die eindeutige Bestimmung der Tat (idem). Auch ist der Beschuldigte bereits vor paralleler Strafverfolgung zu schützen. Dies bereits vor erfolgter Vollstreckung.[338]

3. Weitere Übereinkommen

Neben den bereits dargestellten existieren noch eine Vielzahl weiterer Abkommen, die in der hiesigen Problematik weiterhelfen könnten.

Diese sind jedoch entweder auf einen speziellen Teilbereich begrenzt, oder schlicht nicht auf die hier untersuchten Jurisdiktionen anwendbar. Nicht alle Staaten, die sich eine extensive Verfolgung von Auslandskorruption auf die Fahnen geschrieben haben, sind zugleich Mitglieder dieser weiteren Abkommen.

Zudem ist bereits fraglich, ob in diesen Übereinkommen überhaupt ein transnational geltendes ne bis in idem festgeschrieben ist.

a) Der Internationale Pakt über bürgerliche und politische Rechte vom 19.12.1966

Aus Art. 14 Abs. 7 IPbpR[339], der eine erneute Verfolgung lediglich im „jeweiligen Land" verbietet, kann keine Pflicht zur Anerkennung ausländischer Verfahrensabschlüsse abgeleitet werden. Diese Norm beschränkt sich vielmehr auf das Verbot einer erneuten Verfolgung in dem Nationalstaat, in dem bereits das Ersturteil ergangen ist.[340]

---

338 So bereits *Kommission der Europäischen Gemeinschaften*, KOM (2005) 696 endgültig, S. 3. Siehe dazu das Fazit zu den sog. „res iudicata"-Lösungsvorschlägen unter Kap. 4 A.IV.

339 Art. 14 Abs. 7 IPbpR lautet:
„Niemand darf wegen einer strafbaren Handlung, wegen der er bereits nach dem Gesetz und dem Strafverfahrensrecht des jeweiligen Landes rechtskräftig verurteilt oder freigesprochen worden ist, erneut verfolgt oder bestraft werden."

340 *Kniebühler*, Transnationales ‚ne bis in idem', S. 340 f.; *Specht*, Die zwischenstaatliche Geltung des Grundsatzes *ne bis in idem*, S. 44 ff.; *Hecker*, StV 2001, 306 (306); *Dannecker*, in: Hirsch/Wolter/Brauns, FS Kohlmann, S. 595 f.; kritisch *Mayer*, Ne-bis-in-idem-Wirkung europäischer Strafentscheidungen, S. 45 f.; a.A. *Voulgaris*, Transnationales „ne bis in idem", S. 164 ff.

b) EMRK und das 7. Zusatzprotokoll zur EMRK vom 22.11.1984

Eine Ableitung des zwischenstaatlichen ne bis in idem aus dem in Art. 6 EMRK geregelten „fair trial"-Prinzip oder aus dem in Art. 3 EMRK geregelten Verbot erniedrigender Behandlung, ist spätestens seit der Einführung der speziellen Regelung des Art. 4 Abs. 1 des 7. Zusatzprotokolls zur EMRK[341] nicht mehr möglich.

Auch diese Regelung entfaltet jedoch keine transnationale Wirkung, da sie ausdrücklich von erneuten „Strafverfahren desselben Staates" spricht und folglich lediglich diese verbietet.[342]

c) Der Rahmenbeschluss 2009/948/JI

Der Rahmenbeschluss 2009/948/JI des Rates vom 30.11.2009 zur Vermeidung und Beilegung von Kompetenzkonflikten in Strafverfahren[343] dient lediglich als praktischer Leitfaden zur effektiven Durchsetzung des Art. 54 SDÜ. Er soll zur Vermeidung von Verstößen gegen das in Art. 54 SDÜ zum Ausdruck kommende Prinzip ne bis in idem beitragen (Abs. 3 der Erwägungen zum Rahmenbeschluss).

Bereits in Art. 1 Abs. 1 des Rahmenbeschlusses 2009/948/JI wird als Ziel ausgewiesen, „die Zusammenarbeit zwischen den zuständigen Behörden zweier oder mehrerer Mitgliedstaaten, die Strafverfahren führen, enger zu gestalten, um eine effizientere und ordnungsgemäße Rechtspflege zu fördern." Dies soll der Wahrung des ne bis in idem Grundsatzes dienen und effiziente Lösungen hervorbringen, Art. 1 Abs. 2 des Rahmenbeschlusses 2009/948/JI.

Hat eine zuständige Behörde eines Mitgliedsstaats hinreichenden Grund zu der Annahme, dass in einem anderen Mitgliedsstaat wegen derselben Tat ein paralleles Verfahren geführt wird, so regelt Art. 5 des Rahmenbeschlusses 2009/948/JI eine Pflicht zur Kontaktaufnahme. Sind tatsächlich parallele Verfahren anhängig, so nehmen die jeweiligen Behörden nach Art. 10 des Rahmenbeschlusses 2009/948/JI direkte Konsultationen auf, um zu einer Übereinkunft über eine „effiziente

---

341 Art. 4 Abs. 1 des 7. Zusatzprotokolls zur EMRK lautet:
„Niemand darf wegen einer Straftat, wegen der er bereits nach dem Gesetz und dem Strafverfahrensrecht eines Staates rechtskräftig verurteilt oder freigesprochen worden ist, in einem Strafverfahren desselben Staates erneut verfolgt oder bestraft werden."

342 *Thomas*, Das Recht auf Einmaligkeit der Strafverfolgung, S. 102 f.; *Hein*, Zuständigkeitskonflikte, S. 55; *Dannecker*, in: Hirsch/Wolter/Brauns, FS Kohlmann, S. 595 f.; *Mayer*, Ne-bis-in-idem-Wirkung europäischer Strafentscheidungen, S. 47 f.; *Specht*, Die zwischenstaatliche Geltung des Grundsatzes *ne bis in idem*, S. 47 ff.; a.A. *Voulgaris*, Transnationales „ne bis in idem", S. 157 ff. (zu Art. 6 EMRK), 161 ff. (zu Art. 3 EMRK); dazu umfassend *Mansdörfer*, Das Prinzip des ne bis in idem im europäischen Strafrecht, S. 99 ff., 103 ff.

343 ABl. Nr. L 328 vom 15.12.2009, S. 42 ff.; dazu ausführlich *Rekate*, Die Vermeidung von Jurisdiktionskonflikten, S. 205 ff.; *Eckstein*, ZStW 124 (2012), 490 (505 ff.).

Lösung" zu gelangen. Gemäß Art. 11 des Rahmenbeschlusses 2009/948/JI ist dazu die gesamte Sach- und Rechtslage des Falls sowie alle als sachdienlich betrachteten Faktoren zu prüfen. Dazu wird in Abs. 9 der Erwägungen zum Rahmenbeschluss ein Kriterienkatalog vorgeschlagen, der in die umfassende Abwägung im Einzelfall zur Ermittlung des Verfolgungsstaates einbezogen werden soll. Die Möglichkeit einer Zusammenarbeit mit Eurojust im Falle von Meinungsverschiedenheiten findet sich in Art. 12 des Rahmenbeschlusses 2009/948/JI.

Ein konkret geregeltes, selbstständiges transnational geltendes Verbot der Mehrfachverfolgung und -bestrafung ist auch im Rahmenbeschluss 2009/948/JI des Rates vom 30.11.2009 zur Vermeidung und Beilegung von Kompetenzkonflikten in Strafverfahren nicht geregelt.[344]

d) Das NATO-Truppenstatut

Das Abkommen zwischen den Parteien des Nordatlantikvertrags vom 19.6.1951 über die Rechtsstellung ihrer Truppen („NATO-Truppenstatut") wählt in Art. VII Abs. 3 zur Auflösung von Jurisdiktionskonflikten eine Vorranglösung. Für verschiedene Deliktstypen ist festgelegt, welcher Jurisdiktion vorrangig die Gerichtsbarkeit zukommen soll.[345]

In Art. VII Abs. 8 S. 1 NATO-Truppenstatut[346] ist zwar festgelegt, dass das erneute vor Gericht stellen wegen derselben Handlung nicht möglich ist, wenn der Angeklagte verurteilt oder freigesprochen wurde. Jedoch bezieht sich auch diese Regelung nur auf ein vor Gericht stellen „innerhalb desselben Hoheitsgebietes". Zudem ist auch der Anwendungsbereich dieses Abkommens begrenzt und nicht zuletzt wegen des militärischen Charakters[347] nicht zur Lösung der Problematik im Rahmen des Korruptionsstrafrechts geeignet.[348]

---

344 *Rekate*, Die Vermeidung von Jurisdiktionskonflikten, S. 246 ff., mit umfassender Bewertung auf S. 222 ff.; kritisch *Thorhauer*, Jurisdiktionskonflikte im Rahmen transnationaler Kriminalität, S. 472 ff.

345 Dazu ausführlich *Lagodny*, Gutachten für das BMJ, S. 88 ff.; *Kniebühler*, Transnationales ‚ne bis in idem', S. 330 ff.

346 Art. VII Abs. 8 S. 1 NATO-Truppenstatut lautet:
„Wenn ein Angeklagter in einem Strafverfahren, das nach diesem Artikel von den Behörden einer Vertragspartei gegen ihn durchgeführt wurde, freigesprochen worden ist oder wenn er in einem solchen Verfahren verurteilt worden ist und seine Strafe verbüßt oder verbüßt hat oder begnadigt worden ist, kann er nicht wegen derselben Handlung innerhalb desselben Hoheitsgebietes von den Behörden einer anderen Vertragspartei erneut vor Gericht gestellt werden."

347 Vgl. *Lagodny*, Gutachten für das BMJ, S. 97.

348 *Lagodny*, Gutachten für das BMJ, S. 94 verweist auf das im Statut geregelte „bipolare Rechtsverhältnis zwischen Aufnahme- und Entsendestaat".

e) *Sonstige Abkommen*

Auch sonstige Abkommen wie das Rechtshilfeübereinkommen der Benelux-Staaten vom 29.4.1969[349], die Amerikanische Erklärung der Rechte und Pflichten des Menschen von 1948, die Afrikanische Charta der Menschenrechte und der Rechte der Völker aus dem Jahre 1981, die Amerikanische Menschenrechtskonvention von 1969 sowie Statuten des IGH und des IStGH[350] bieten keine Möglichkeit, ein weltweit geltendes ne bis in idem für das internationale Korruptionsstrafrecht abzuleiten.

4. *Fazit*

Aus den untersuchten völkerrechtlichen Verträgen kann somit kein global geltendes transnationales ne bis in idem abgeleitet werden, welches die Gefahr der Mehrfachbestrafung und -verfolgung im internationalen Korruptionsstrafrecht umfassend ausschließen würde.

II. Transnationales ne bis in idem und Völkergewohnheitsrecht

Denkbar wäre auch, dass sich ein transnationales ne bis in idem aus Völkergewohnheitsrecht ergäbe. Dazu wäre eine allgemeine, als Recht anerkannte Übung erforderlich, Art. 38 Abs. 1 b) IGH-Statut. Die Begründung von Völkergewohnheitsrecht setzt damit zwei Elemente voraus: Einerseits die allgemeine Übung und andererseits die Anerkennung dieser Übung als Recht.[351]

Sogar das Bundesverfassungsgericht hat festgestellt, dass *„derzeit noch keine allgemeine Regel des Völkerrechts des Inhalts [besteht], daß eine Person wegen desselben Lebenssachverhalts, dessentwegen sie bereits in einem dritten Staat zu einer Freiheitsentziehung verurteilt wurde und diese Strafe auch verbüßt hat, in einem anderen Staat nicht neuerlich angeklagt oder verurteilt werden darf, oder jedenfalls die Zeit der im dritten Staat erlittenen Freiheitsentziehung im Falle einer neuerlichen Verurteilung angerechnet oder berücksichtigt werden muß.“*[352]

---

349 Siehe dazu *Kniebühler*, Transnationales ‚ne bis in idem', S. 342 ff.

350 Zu diesen Abkommen siehe *Thomas*, Das Recht auf Einmaligkeit der Strafverfolgung, S. 102 ff. m.w.N.

351 *Heintschel von Heinegg*, in: Ipsen, Völkerrecht, 4. Kap. § 17 Rn. 2; *Herdegen*, Völkerrecht, § 16 Rn. 1 m.w.N.; *Stein u. a.*, Völkerrecht, Rn. 124, die zudem darauf hinweisen, dass eine Formulierung als Rechtssatz möglich sein muss.

352 BVerfG, 31.3.1987 - 2 BvM 2/86 = BVerfGE 75, 1 (18).

Insofern ist nicht davon auszugehen, dass bereits ein umfassendes transnationales ne bis in idem im Sinne des Erledigungsprinzips[353] völkergewohnheitsrechtlich anerkannt ist.[354]

III. Transnationales ne bis in idem und allgemeine Rechtsgrundsätze

Möglicherweise stellt ein transnationales ne bis in idem einen von den Kulturvölkern anerkannten allgemeinen Rechtsgrundsatz gemäß Art. 38 Abs. 1 c) IGH-Statut dar.

Allgemeine Rechtsgrundsätze sind „anerkannte Rechtsprinzipien, die allen oder doch den meisten nationalen Rechtsordnungen gemeinsam sind, also ihrem Ursprung nach völkerrechtsfremde Normen, die nicht in einem völkerrechtlichen Rechtserzeugungsverfahren entstanden sind“[355]. Nicht zu verwechseln sind diese mit den *allgemeinen Grundsätzen des Völkerrechts*, die dem Völkergewohnheitsrecht zuzuordnen sind, da sie unmittelbar den internationalen Beziehungen entspringen.[356]

Fraglich ist damit, ob der Grundsatz ne bis in idem ein anerkanntes Rechtsprinzip darstellt, das allen oder doch den meisten nationalen Rechtsordnungen gemeinsam ist.

---

353 Das Erledigungsprinzip mit dem ne bis in idem Grundsatz gleichsetzend bspw. *Rekate*, Die Vermeidung von Jurisdiktionskonflikten, S. 149.

354 *Hein*, Zuständigkeitskonflikte, S. 69 f., der zudem untersucht, ob sich diese Bewertung seit der Entscheidung des BVerfG geändert hat, S. 57 ff.; *Esser*, Europäisches und Internationales Strafrecht, § 7 Rn. 10; *Thorhauer*, Jurisdiktionskonflikte im Rahmen transnationaler Kriminalität, S. 351; *Kniebühler*, Transnationales ‚ne bis in idem‘, S. 355, der jedoch eine völkergewohnheitsrechtlich anerkannte Anrechnungsverpflichtung für möglich hält, S. 356 m.w.N.; ebenso *Landau*, in: Köbler/Heinze/Hromadka, FS Söllner, S. 636, der anmerkt, dass das Prinzip ne bis in idem i.R.d. Anerkennungsprinzips einen „wesentlich breiteren internationalen Anwendungsbereich“ gefunden habe als die Lösung als Prozesshindernis; eine Auflistung einiger Länder, in denen das Anrechnungsprinzip praktiziert wird siehe bei *Sinn*, in: Sinn, Jurisdiktionskonflikte bei grenzüberschreitender Kriminalität, S. 510; gegen eine völkerrechtliche Anrechnungspflicht *Ambos*, in: Joecks/Miebach, Münchener Kommentar zum StGB, Vor § 3 Rn. 73; *Voulgaris*, Transnationales „ne bis in idem“, S. 167 ff., der andererseits zu dem Schluss kommt, dass auch keine völkergewohnheitsrechtliche Regel besteht, die eine erneute Verfolgung nach ausländischer Aburteilung rechtfertigen kann, S. 170.

355 *Heintschel von Heinegg*, in: Ipsen, Völkerrecht, 4. Kap. § 18 Rn. 1.

356 *Heintschel von Heinegg*, in: Ipsen, Völkerrecht, 4. Kap. § 18 Rn. 1; *Stein u. a.*, Völkerrecht, Rn. 161.

Die übersichtsartige Darstellung der ne bis in idem Regelungen in der Bundesrepublik Deutschland, den Vereinigten Staaten sowie dem Vereinigten Königreich[357] ließ jedoch bereits nicht auf eine einheitliche und umfassende transnationale Anerkennung des Grundsatzes ne bis in idem im Sinne des Erledigungsprinzips schließen.

Somit kann ein umfassend geltendes transnationales ne bis in idem auch nicht als allgemeiner Rechtsgrundsatz angesehen werden.[358]

IV. Fazit

In den nationalen Rechtsordnungen der untersuchten Staaten werden ausländische Urteile im Rahmen des ne bis in idem Prinzips überwiegend nicht anerkannt. Lediglich im englischen Recht findet eine ausländische gerichtliche Erstentscheidung Berücksichtigung. Dies ist einerseits positiv zu bewerten, da damit eine wiederholte Verurteilung ausgeschlossen wird. Andererseits bleiben jedoch parallele Strafverfahren möglich.

Nach gegenwärtiger Rechtslage gibt es auch kein völkerrechtlich anerkanntes, universell geltendes Prinzip ne bis in idem. Ein solches Prinzip kann weder aus völkerrechtlichen Verträgen, noch aus Völkergewohnheitsrecht abgeleitet werden, noch stellt es einen allgemeinen Rechtsgrundsatz dar.

Somit existiert kein derartiger Grundsatz, der den Täter vor einer Mehrfachverfolgung und -bestrafung in internationalen Korruptionsstrafrecht bewahren kann.

Weshalb diese Situation nicht hinnehmbar ist und einer Lösung bedarf, wird im nächsten Kapitel aufgezeigt.

---

357 Siehe oben unter Kap. 2 A.

358 *Kniebühler*, Transnationales ‚ne bis in idem', S. 353; *Hein*, Zuständigkeitskonflikte, S. 70 ff.; *Esser*, Europäisches und Internationales Strafrecht, § 7 Rn. 10; demgegenüber sieht *Voulgaris*, Transnationales „ne bis in idem", S. 174 f., das Recht „in Ruhe gelassen zu werden" als allgemeinen Rechtsgrundsatz an.

Kapitel 3 Lösungsnotwendigkeit

In den vorgehenden Kapiteln wurde zunächst die praktische Gefahr der Mehrfachverfolgung und -bestrafung im internationalen Korruptionsstrafrecht anhand der gesetzlichen Regelungen der Bundesrepublik Deutschland, dem Vereinigten Königreich und den Vereinigten Staaten dargestellt. Anschließend wurde festgestellt, dass diese Problematik nicht durch transnational geltende ne bis in idem Regelungen im nationalen Recht oder im Völkerrecht abgefangen wird.

In diesem Kapitel wird nun in gebotener Kürze aufgezeigt, weshalb diese Kombination aus weitreichenden Strafvorschriften und fehlenden transnational geltenden ne bis in idem Regelungen einer Lösung bedarf.

Der status quo der Rechtslage bedarf nur einer Änderung, sofern sich dafür bestimmte Gründe anführen lassen. Daher wird im Folgenden untersucht, ob sich derartige Gründe für eine Vermeidung von Doppelverfolgung und -bestrafung aus dem Völkerrecht ergeben können und ob individualrechtliche und/oder staatliche Interessen für oder gegen eine Anpassung der gegenwärtigen Rechtslage sprechen.[359]

A. Völkerrechtliche Gründe

Aus dem Völkerrecht lässt sich zunächst keine zwingende Notwendigkeit ableiten, positive Kompetenzkonflikte und damit die Gefahr der Mehrfachverfolgung und -bestrafung im internationalen Korruptionsstrafrecht zu lösen. Vielmehr stellen diese eine Folge der völkerrechtlich anerkannten Anknüpfungsprinzipien dar.[360]

B. Interessen, die für ein transnationales ne bis in idem sprechen

Es existieren jedoch verschiedene individualrechtliche und auch staatliche Interessen, die für eine Anerkennung eines transnationalen ne bis in idem sprechen.

---

359 Vgl. dazu umfassend *Thomas*, Das Recht auf Einmaligkeit der Strafverfolgung, S. 120 ff.

360 *Lagodny*, Gutachten für das BMJ, S. 33; *Schönberger*, Positive transnationale Jurisdiktionskonflikte, S. 113 f.

I. Individualrechtliche Interessen

Auf Seiten des Individuums können vielerlei Interessen vorgebracht werden, die für eine Anerkennung eines transnationalen ne bis in idem sprechen. Einige davon bilden auch die Interessenlage auf nationaler Ebene ab, andere wiederum werden erst durch die transnationale Dimension begründet.

1. Entsprechend dem nationalen ne bis in idem

Vorab ist anzumerken, dass für die Frage nach den Interessen des Individuums, die für ein transnational geltendes ne bis in idem sprechen, weitgehend dieselben Interessen angeführt werden können, die für die Anerkennung des Prinzips auf nationaler Ebene sprechen.

Insoweit gilt auch hier der Grundsatz „nemo debet bis vexari pro una et eadem causa".[361]

Der Einzelne sieht sich auch in transnationalen Konstellationen einer wiederholten Verfolgung einer staatlichen Gewalt ausgesetzt. Welchem Staat diese im Einzelnen zuzuordnen ist, spielt für das Individuum zunächst eine untergeordnete Rolle.[362]

2. Zusätzliche Belastungen

Sofern der wiederholt verfolgende Staat jedoch ein für den Beschuldigten fremder ist, kommen regelmäßig für ihn nachteilige Aspekte wie die Unkenntnis der Sprache und des ausländischen Rechts hinzu.

Auch die Strafverteidigung wird schwieriger und ihre Kosten steigen.[363]

---

361 Dazu *van den Wyngaert/Stessens*, Int'l. & Comp. Law Q. 1999, 779 (780 f.).

362 Zum Prinzip der transnationalen Verfahrenseinheit und dem der international arbeitsteiligen Strafverfolgung siehe *Schönberger*, Positive transnationale Jurisdiktionskonflikte, S. 119 ff.; dazu auch *Thomas*, Das Recht auf Einmaligkeit der Strafverfolgung, S. 139 ff.; grundlegend *Schomburg u. a.*, Internationale Rechtshilfe in Strafsachen, Einleitung Rn. 112 ff.

363 *Fuchs*, ZStW 116 (2004), 368 (370); *Kommission der Europäischen Gemeinschaften*, KOM (2005) 696 endgültig, S. 3; *Hecker*, ZIS 2011, 60 (60); dazu auch *Rekate*, Die Vermeidung von Jurisdiktionskonflikten, S. 132 f.; *Zimmermann*, Strafgewaltkonflikte in der Europäischen Union, S. 178 f.; *Nestler*, in: Schünemann, Ein Gesamtkonzept für die Europäische Strafrechtspflege, S. 169; *Beukelmann*, NJW 2010, 2081 (2086); *Thorhauer*, Jurisdiktionskonflikte im Rahmen transnationaler Kriminalität, S. 154; *Holtmeier*, Fordham L. Rev. 2015, 493 (516) geht zudem auf hohe Kosten für Compliance-Maßnahmen ein.

Zudem wird eine wiederholte Strafverfolgung regelmäßig mit einer wiederholten Befragung der Zeugen und des Opfers einhergehen. Auch diese Mehrfachbelastungen sind zu berücksichtigen und sprechen für eine einmalige Durchführung des Strafverfahrens.[364]

3. *Allgemeines Persönlichkeitsrecht*

Weiter ist das allgemeine Persönlichkeitsrecht des Beschuldigten in diesem Zusammenhang zu beachten. Es soll ihn insbesondere vor der Belastung multipler Strafverfahren bewahren.[365] Insbesondere durch mehrfache Inkulpation wird mehrfach in die Rechte des betroffenen Individuums eingegriffen.[366] In diesem Zusammenhang wird auch angemerkt, dass ein Staat im Falle eines Freispruchs nicht unendlich viele Versuche haben könne, doch noch zu einer Verurteilung im nächsten Verfahren zu gelangen.[367] Dies gilt in besonderer Weise auf transnationaler Ebene bei Beteiligung mehrerer Staaten.

4. *Menschenrecht*

Auch wird angeführt, es sei ein Menschenrecht, nicht mehrfach wegen derselben Tat verfolgt zu werden. Dies solle nicht nur innerstaatlich, sondern auch transnational anerkannt werden.[368] Folglich soll auch diese Erwägung zur Begründung eines transnationalen ne bis in idem beitragen können.

---

364 *Kommission der Europäischen Gemeinschaften*, KOM (2005) 696 endgültig, S. 3; *Eisele*, ZStW 125 (2013), 1 (10); *Schönberger*, Positive transnationale Jurisdiktionskonflikte, S. 237, 166 ff.; *Thorhauer*, Jurisdiktionskonflikte im Rahmen transnationaler Kriminalität, S. 154; dieser Aspekt ließe sich auch unter die staatliche Schutzpflicht fassen, vgl. *Eser*, in: Sinn, Jurisdiktionskonflikte bei grenzüberschreitender Kriminalität, S. 563.

365 *Lagodny*, Gutachten für das BMJ, S. 64, 34 ff.; *Rekate*, Die Vermeidung von Jurisdiktionskonflikten, S. 129 ff.; *Voulgaris*, Transnationales „ne bis in idem", S. 93 ff. m.w.N.; nach *Gropp*, in: Sinn, Jurisdiktionskonflikte bei grenzüberschreitender Kriminalität, S. 49 bedeutet eine Mehrfachverfolgung mehrfache Belastung und Unsicherheit; nach *Radtke/Mahler*, in: Steinberg, FS Rüping, S. 69 kann die ständige Furcht vor erneuter Strafverfolgung auch einen Eingriff in die Menschenwürde darstellen.

366 *Lagodny*, in: Donatsch/Forster/Schwarzenegger, FS Trechsel, S. 257; *Lagodny*, Gutachten für das BMJ, S. 34; *Rekate*, Die Vermeidung von Jurisdiktionskonflikten, S. 129 f.; *Voulgaris*, Transnationales „ne bis in idem", S. 96 ff. Diesen zufolge stellt der Inkulpationsakt einen Eingriff in das allgemeine Persönlichkeitsrecht dar.

367 *Ashworth/Redmayne*, The Criminal Process, S. 398.

368 *Schomburg*, NJW 2000, 1833 (1840); zurückhaltend *Vogel*, in: Hoyer/Müller/Pawlik/Wolter, FS Schroeder, S. 886 f.

5. *Strafzwecke*

Weiterhin können auch die Strafzwecke bei wiederholter Bestrafung nicht der Legitimation der (wiederholten) Strafe dienen.[369] Erneute Strafen „haben weniger eingliedernde (resozialisierende) als ausgliedernde (asozialisierende) Wirkung“[370]. Auch eine zusätzliche abschreckende Wirkung durch die Androhung der wiederholten Bestrafung derselben Tat im Sinne der negativen Generalprävention ist fraglich.[371]

6. *Schuldprinzip*

Ebenso bestehen Konflikte mit dem Schuldprinzip.[372] Eine gerechte Strafe hat sich an der Schuld zu orientieren.[373] Dem steht es entgegen, erneut zu strafen, wenn bereits eine schuldangemessene Strafe verhängt wurde.[374] Daher kann auch das Schuldprinzip als Argument für die Etablierung eines transnationalen ne bis in idem vorgebracht werden.

7. *Rechtssicherheit*

Zudem spricht das Argument der Rechtssicherheit im Sinne eines endgültigen Verfahrensabschlusses für eine Lösung der Problematik.[375] Ein einmal wegen eines Korruptionsdelikts in einem der genannten Länder verurteilter Täter muss in ständiger Ungewissheit leben, ob sich nicht doch noch ein weiterer Staat für

---

369 *Thomas*, Das Recht auf Einmaligkeit der Strafverfolgung, S. 128 ff.; dazu umfassend *Schönberger*, Positive transnationale Jurisdiktionskonflikte, S. 175 ff. m.w.N.; ebenso *Mayer*, Ne-bis-in-idem-Wirkung europäischer Strafentscheidungen, S. 76 ff., 109 f. m.w.N. für Fälle „vergleichbarer Auslandsverurteilungen“.

370 *Thomas*, Das Recht auf Einmaligkeit der Strafverfolgung, S. 128.

371 *Thomas*, Das Recht auf Einmaligkeit der Strafverfolgung, S. 129 f.; *Lagodny*, Gutachten für das BMJ, S. 64; s. auch *Schönberger*, Positive transnationale Jurisdiktionskonflikte, S. 213; kritisch ob der jeweils verfolgten, möglicherweise unterschiedlichen Strafzwecke *Mansdörfer*, Das Prinzip des ne bis in idem im europäischen Strafrecht, S. 136.

372 *Lagodny*, Gutachten für das BMJ, S. 65; *Eser*, in: Sinn, Jurisdiktionskonflikte bei grenzüberschreitender Kriminalität, S. 566.

373 *Fischer*, StGB, § 46 Rn. 19 m.w.N.: Im deutschen Recht ist die Schuld der gewichtigste Faktor bei der Strafzumessung. Die Strafe muss stets gerechter Schuldausgleich sein.

374 *Thomas*, Das Recht auf Einmaligkeit der Strafverfolgung, S. 132 ff. m.w.N., mit Ausführungen zu England und den Vereinigten Staaten.

375 *Lagodny*, Gutachten für das BMJ, S. 65; *Lelieur*, U. Law Rev. 2013, 198 (210).

eine Verfolgung seiner Tat entscheiden wird.[376] Die erforderliche Gewissheit kann daher nur durch einen endgültigen, universellen Verfahrensabschluss im Sinne eines transnational wirkenden Grundsatz ne bis in idem erreicht werden.

II. Staatliche Interessen

Auch auf staatlicher Seite existieren Interessen, denen die Anerkennung eines transnationalen ne bis in idem dienen würde. Diese sind vielschichtig und betreffen neben der zwischenstaatlichen Ebene auch das Verhältnis des Staats zum Bürger sowie den Staat selbst.

1. Öffentliche Meinung

In Fällen, in denen die Jurisdiktion, die das zweite Urteil fällt, anders entscheidet als die erste Jurisdiktion[377], besteht das Risiko, dass – vor allem, wenn eine der beiden zu einem Freispruch gelangt – eine öffentliche Diskussion um die vermeintliche Torpedierung der jeweils anderen Entscheidung entfacht wird.[378] Dies kann auch das Verhältnis der beteiligten Nationen zueinander belasten.[379]

2. Kooperationsbereitschaft

Auch könnte die Bereitschaft des Beschuldigten zur Kooperation mit den Ermittlungsbehörden steigen, wenn eine mehrfache Strafverfolgung ausgeschlossen ist. Dies würde die Ermittlungsarbeit erleichtern und hätte eine

---

376 Vgl. dazu die eingangs zitierte Entscheidung Green v. United States, 355 U.S. 184, at 187 (1957); *Schermers*, in: Capotorti/Ehlermann/Frowein/Jacobs/Joliet/Koopmans/Kovar, Liber Amicorum Pierre Pescatore, S. 604; *Thomas*, Das Recht auf Einmaligkeit der Strafverfolgung, S. 144; *Dannecker*, in: Hirsch/Wolter/Brauns, FS Kohlmann, S. 601; *Kniebühler*, Transnationales ‚ne bis in idem', S. 90; *Mansdörfer*, Das Prinzip des ne bis in idem im europäischen Strafrecht, S. 17 f.; *Cranman*, Emory Int'l L. Rev. 2000, 1641 (1667 f.); *Holtmeier*, Fordham L. Rev. 2015, 493 (515); s. auch *Schönberger*, Positive transnationale Jurisdiktionskonflikte, S. 146 ff.

377 Dazu eingehend *Lelieur*, U. Law Rev. 2013, 198 (203 ff.).

378 *Schermers*, in: Capotorti/Ehlermann/Frowein/Jacobs/Joliet/Koopmans/Kovar, Liber Amicorum Pierre Pescatore, S. 605 f.; *Thomas*, Das Recht auf Einmaligkeit der Strafverfolgung, S. 125; dazu auch *Zimmermann*, Strafgewaltkonflikte in der Europäischen Union, S. 196 f.

379 Das Verhältnis von Erst- und Zweitverfolgerstaat ist ebenfalls in den Blick zu nehmen, vgl. *Mansdörfer*, Das Prinzip des ne bis in idem im europäischen Strafrecht, S. 135; dazu auch *Thorhauer*, Jurisdiktionskonflikte im Rahmen transnationaler Kriminalität, S. 159 f.

bessere Aufklärungsquote zur Folge. Müssen (vor allem) Unternehmen jedoch mehrfache Strafverfolgung und damit einhergehend mehrfache Bestrafung für dieselbe Tat in verschiedenen Jurisdiktionen befürchten, könnte dies negative Auswirkungen auf eine mögliche Selbstanzeige sowie die Kooperationsbereitschaft haben.[380]

3. *Ressourcen*

Weiter lassen sich die vorhandenen Kapazitäten anführen. Die Durchführung von Strafverfahren bindet personelle Ressourcen, welche an anderer Stelle für die Strafverfolgung von noch nicht abgeurteilten Tätern benötigt würden.[381] Auch die mit einer Mehrfachverfolgung verbundenen Kosten ließen sich einsparen.[382] Unterstellt man den beteiligten Staaten eine rege Kooperation bei der Verfolgung von transnationalen Straftaten, so ließe sich bei der Konzentration auf einen Verfolgungsstaat möglicherweise auch die Effektivität der Strafverfolgung erhöhen.[383]

4. *Gerechtigkeit*

Weiterhin wird bemängelt, dass eine erneute Strafverfolgung eines abgeurteilten Täters nicht gerecht sei. Es gehe dabei nicht um den Ausgleich widerstreitender Interessen, sondern allein um das egoistische Motiv des Staates, seine Strafverfolgungsinteressen ohne Rücksicht auf die Belange des Beschuldigten durchzusetzen.[384]

---

380 *Holtmeier*, Fordham L. Rev. 2015, 493 (516 f.).

381 *Gropp*, in: Sinn, Jurisdiktionskonflikte bei grenzüberschreitender Kriminalität, S. 49; *Vogel*, in: Hoyer/Müller/Pawlik/Wolter, FS Schroeder, S. 884; *Schomburg/Suominen-Picht*, NJW 2012, 1190 (1190); *Kniebühler*, Transnationales ‚ne bis in idem', S. 88 f.; *Holtmeier*, Fordham L. Rev. 2015, 493 (516); mit Verweis auf eine mögliche Scheu vor Fällen mit Auslandsbezug *Thorhauer*, Jurisdiktionskonflikte im Rahmen transnationaler Kriminalität, S. 131.

382 *Lagodny*, Gutachten für das BMJ, S. 61; *Vander Beken u. a.*, NStZ 2002, 624 (625); *Rekate*, Die Vermeidung von Jurisdiktionskonflikten, S. 133.

383 So *Lagodny*, Gutachten für das BMJ, S. 62; *Schermers*, in: Capotorti/Ehlermann/Frowein/Jacobs/Joliet/Koopmans/Kovar, Liber Amicorum Pierre Pescatore, S. 604; ebenso *Thomas*, Das Recht auf Einmaligkeit der Strafverfolgung, S. 141.

384 *Radtke/Mahler*, in: Steinberg, FS Rüping, S. 69 f.; *Schönberger*, Positive transnationale Jurisdiktionskonflikte, S. 227 f.

5. *Schutzpflicht*

Ein Staat hat die Pflicht, die eigenen Bürger zu schützen. Dies gelte vor allem in einem demokratischen Staat, der seine Legitimation direkt vom Volk ableitet und dort vor allem in dem höchst grundrechtsintensiven Bereich des Strafrechts.[385] Darunter muss auch der Schutz der Bürger vor erneuter Aburteilung wegen derselben Tat im Ausland fallen.[386] Um dies gewährleisten zu können, müsse der Staat mit gutem Beispiel vorangehen und ausländische verfahrensbeendende Maßnahmen umfassend im Sinne des Erledigungsprinzips anerkennen. Nur auf diese Weise könne erreicht werden, dass andere Staaten dasselbe tun werden (Reziprozität[387]).[388]

C. Interessen, die gegen ein transnationales ne bis in idem sprechen

Demgegenüber existieren jedoch auch individualrechtliche sowie staatliche Interessen, die gegen ein transnationales ne bis in idem sprechen können.

I. Individualrechtliche Interessen

Für den Einzelnen besteht das theoretische Risiko, dass die Strafverfolgungsbehörden geneigt sein könnten, das eine mögliche Strafverfahren in derjenigen Jurisdiktion durchzuführen, in der der Täter den geringsten rechtlichen Schutz beziehungsweise die höchste Strafe zu erwarten hat. Eine derartige Auswahl könnte beispielsweise im Rahmen gemeinsamer Ermittlungen bei der Wahl des Zugriffsorts erfolgen.[389] Diese Erwägungen lassen ein transnationales ne bis in idem nachteilig erscheinen.

---

385 *Thomas*, Das Recht auf Einmaligkeit der Strafverfolgung, S. 121.

386 *Eser*, in: Sinn, Jurisdiktionskonflikte bei grenzüberschreitender Kriminalität, S. 563.

387 Zu diesem Prinzip der Gegenseitigkeit s. *Hobe*, Einführung in das Völkerrecht, S. 300 f.

388 *Thomas*, Das Recht auf Einmaligkeit der Strafverfolgung, S. 121 ff.; dazu auch *Schönberger*, Positive transnationale Jurisdiktionskonflikte, S. 154 ff. m.w.N.

389 *Thomas*, Das Recht auf Einmaligkeit der Strafverfolgung, S. 163 f.; *Vander Beken u. a.*, NStZ 2002, 624 (624 f.); *Lagodny*, Gutachten für das BMJ, S. 67 f., der zudem die rechtsstaatliche Bedenklichkeit dieser Praxis untersucht und dabei einen Konflikt mit dem Grundsatz der Gewaltenteilung feststellt, S. 68 ff., 72; *Eisele*, ZStW 125 (2013), 1 (9); *Fuchs*, ZStW 116 (2004), 368 (369); *Böse*, in: Zöller/Hilger/Küper/Roxin, FS Wolter, S. 1314; *Thorhauer*, Jurisdiktionskonflikte im Rahmen transnationaler Kriminalität, S. 152; einschränkend *Kniebühler*, Transnationales ‚ne bis in idem', S. 130.

II. Staatliche Interessen

Weiterhin können die folgenden staatlichen Interessen gegen die Anerkennung eines transnationalen ne bis in idem geltend gemacht werden. Diese bestehen hauptsächlich im Interesse an der Effektivität der Strafverfolgung in unterschiedlicher Ausprägung, wobei die Strafverfolgung möglichst in eigener Souveränität durchgeführt werden soll.

1. Brüchiges Strafrechtsnetz

Gegen die Lösungsnotwendigkeit der Problematik kann angeführt werden, dass durch ein universelles ne bis in idem das geschaffene „Strafrechtsnetz" brüchig werden könnte. Der Täter müsste nicht mehr an jedweden Aufenthaltsort eine Strafverfolgung fürchten.[390] Dies könnte dazu führen, dass eine flächendeckende Strafverfolgung nicht mehr möglich ist bzw. nicht mehr jede Straftat aufgeklärt werden kann.

2. Forum Shopping

Weiter kann das „forum shopping" auch auf staatlicher Seite vorgebracht werden. So wird bemängelt, der Täter könne sich bei Anerkennung eines transnational geltenden Doppelverfolgungs- und -bestrafungsverbot diejenige Jurisdiktion für die Aburteilung seiner Taten aussuchen, die für ihn die geringste Straferwartung bereithält. Diese Wahl könnte er dadurch treffen, dass er sich im favorisierten Forum freiwillig stellt[391], oder – sofern er sich die Chance wahren will, nicht bestraft zu werden – seinen Lebensmittelpunkt dorthin verlagert.[392]

3. Wettrennen

Wird verfahrensbeendenden Maßnahmen eine transnational geltende, strafklageverbrauchende Wirkung zuteil, bestünde weiter die Gefahr, dass sich die ermittelnden Behörden ein Wettrennen um diese erste verfahrensbeendende Maßnahme liefern. Dadurch könnte sich die Gefahr, dass die Behörden nicht

---

390 In diesem Sinne auch *Schermers*, in: Capotorti/Ehlermann/Frowein/Jacobs/Joliet/Koopmans/Kovar, Liber Amicorum Pierre Pescatore, S. 603 f.

391 *Eisele*, ZStW 125 (2013), 1 (9).

392 *Thomas*, Das Recht auf Einmaligkeit der Strafverfolgung, S. 163; einschränkend *Kniebühler*, Transnationales ‚ne bis in idem', S. 131 f.; dazu auch *Lagodny*, Gutachten für das BMJ, S. 66 f.; dazu ebenfalls *Thorhauer*, Jurisdiktionskonflikte im Rahmen transnationaler Kriminalität, S. 136.

mehr gründlich arbeiten und rechtsstaatlich zweifelhafte Urteile produzieren, erhöhen[393], weshalb auch dies als ein Aspekt gesehen werden kann, der gegen die Anerkennung eines transnationalen ne bis in idem spricht.

4. *Misstrauen*

Auch das vorhandene Misstrauen gegenüber anderen Rechtsordnungen wird als Argument gegen eine mögliche umfassende Lösung vorgebracht. Unterschiedliche Gesellschaften haben verschiedene Wertevorstellungen und Ansichten. Diese äußern sich im Strafrecht beispielsweise in unterschiedlichen Strafrahmen für dasselbe Delikt oder daran, was überhaupt unter Strafe gestellt wird. Dass die eigenen Wertevorstellungen und Ansichten bei einer Strafverfolgung durch einen fremden Staat angemessen berücksichtigt werden können, wird daher bezweifelt.[394]

5. *Schutzinteresse des Staates*

Ergeht ein Ersturteil einer fremden Jurisdiktion, kann dies insbesondere bei staatsgefährdenden Delikten dazu führen, dass der gefährdete Staat nicht – seiner Meinung nach – angemessen aburteilen kann, weil in einer anderen Jurisdiktion bereits eine mildere Strafe verhängt wurde.[395] Insoweit könnte der „zweite" Staat daran gehindert sein, seine zentralen Interessen vollständig wahren zu können.[396] Diese möglicherweise unzureichende Realisierung des eigenen Schutzinteresses kann daher auch als staatliches Interesse gegen ein umfassendes transnationales ne bis in idem vorgebracht werden.

---

393 *Thomas*, Das Recht auf Einmaligkeit der Strafverfolgung, S. 164 ff.; *Hecker*, ZIS 2011, 60 (60); *Vander Beken u. a.*, NStZ 2002, 624 (624); dazu auch *Kniebühler*, Transnationales ‚ne bis in idem', S. 126 f.

394 *Thomas*, Das Recht auf Einmaligkeit der Strafverfolgung, S. 145 ff.; *Fuchs*, ZStW 116 (2004), 368 (368); *Oehler*, Internationales Strafrecht, Rn. 960; *Voulgaris*, Transnationales „ne bis in idem", S. 188 f.; *Cranman*, Emory Int'l L. Rev. 2000, 1641 (1667); *Kniebühler*, Transnationales ‚ne bis in idem', S. 128 ff., der auf die Gefahr von Scheinverfahren eingeht; vgl. auch *Vogel*, in: Hoyer/Müller/Pawlik/Wolter, FS Schroeder, S. 882, der auf die damit verbundene Missbrauchsgefahr eingeht; umfassend zum Vertrauen auf zwischenstaatlicher Ebene *Schönberger*, Positive transnationale Jurisdiktionskonflikte, S. 185 ff. m.w.N.

395 *Kniebühler*, Transnationales ‚ne bis in idem', S. 93 f.; *Kudlich/Hoven*, in: Spinellis/Theodorakis/Billis/Papadimitrakopulos, FS Courakis, S. 619.

396 Auch dessen Interessen sind zu berücksichtigen, vgl. *Mansdörfer*, Das Prinzip des ne bis in idem im europäischen Strafrecht, S. 135.

6. *Souveränität*

Der wohl gewichtigste Einwand, der gegen eine Anerkennung eines transnational geltenden ne bis in idem Grundsatzes angeführt wird, liegt in der Souveränität der Staaten begründet. Kein Staat möchte auf ihm zustehende Kompetenzen verzichten. Dazu zählt auch das Verfolgen und Bestrafen von Straftaten, die auf dem eigenen Hoheitsgebiet begangen wurden. Dies gilt unabhängig davon, was andere Staaten in diesem Zusammenhang bereits zuvor unternommen haben.[397] Auch aus der nationalen Souveränität abgeleitete „legislatorische Handlungsspielräume“[398] in dem Sinne, ein entsprechendes Verhalten härter bestrafen zu können als ein anderer Staat, könnten ausgehöhlt werden, wenn der Beschuldigte bereits von einem das entsprechende Verhalten milde sanktionierenden Staat verurteilt wurde und ausländische Verfahrensabschlüsse von der Garantie des ne bis in idem erfasst wären.[399]

D. Fazit

Die Interessen, die bei der Frage nach einem transnational geltenden ne bis in idem tangiert werden, sind vielschichtig. Vor allem Individualinteressen können für eine globale Geltung des Prinzips vorgebracht werden. Aber auch einer Vielzahl staatlicher Interessen wäre durch die Anerkennung ausländischer Verfahrensabschlüsse Genüge getan.

Nach gegenwärtiger Rechtslage wird auf transnationaler Ebene allein den staatlichen Interessen entsprochen, die gegen ein globales ne bis in idem vorgebracht werden können. Die übrigen Interessen werden nach gegenwärtiger Rechtslage übergangen.

Dies ist nicht hinnehmbar. Vielmehr besteht mit den Worten *Lagodnys* die „verfassungsrechtliche kriminalpolitische Obliegenheit, diese Interessenlage im Rahmen transnationaler Kriminalpolitik zur Geltung zu bringen”[400].

---

397 *Schermers*, in: Capotorti/Ehlermann/Frowein/Jacobs/Joliet/Koopmans/Kovar, Liber Amicorum Pierre Pescatore, S. 604 f.; *Thomas*, Das Recht auf Einmaligkeit der Strafverfolgung, S. 155 ff.; *Oehler*, Internationales Strafrecht, Rn. 960; dazu ebenfalls *Schönberger*, Positive transnationale Jurisdiktionskonflikte, S. 616.

398 *Nolte/Aust*, in: v. Mangoldt/Klein/Starck, GG, Art. 103 Abs. 3 Rn. 200.

399 *Nolte/Aust*, in: v. Mangoldt/Klein/Starck, GG, Art. 103 Abs. 3 Rn. 200; ähnlich *Eckstein*, ZStW 124 (2012), 490 (499).

400 *Lagodny*, Gutachten für das BMJ, S. 73.

Dies gilt im Bereich des internationalen Korruptionsstrafrechts umso mehr. In diesem Kontext scheinen die eben aufgezeigten Interessen, die für die Anerkennung eines transnationalen ne bis in idem sprechen, gravierend an Gewicht zu gewinnen.

Dies geht nicht zuletzt auf die in diesem Bereich gesteigerte Gefahr zurück, Beschuldigter in mehreren parallelen Strafverfahren zu werden. Dieser Umstand ist durch die Vielzahl an Staaten bedingt, die sich die effektive Bekämpfung der Auslandskorruption auf die Fahnen geschrieben haben.[401] Aufgrund der aus der Umsetzung der Anti-Korruptionsübereinkommen folgenden extraterritorialen Anwendbarkeit der nationalen Strafnormen steigt gerade in diesem Bereich die Gefahr, Subjekt der Strafverfolgung in einem anderen Staat zu werden, signifikant an.

Diese Gefahr wird sich mit zunehmender Umsetzung der Abkommen durch die übrigen Mitgliedsstaaten noch intensivieren. Damit werden sich noch mehr Staaten auf das internationale Parkett der Korruptionsbekämpfung und -verfolgung begeben.

Darüber hinaus tragen auch teilweise noch unklare Rechtslagen[402] ihren Teil dazu bei, dass das Rechtssubjekt gegenwärtig starken Unklarheiten und Rechtsunsicherheiten ausgesetzt ist. Vor allem die Gefahr infolge „vager" Anknüpfungspunkte unter die Jurisdiktion eines Staates zu fallen, ist im Bereich des Korruptionsstrafrechts wohl sehr groß. Dies erst recht im digitalen Geschäftsverkehr, wenn beispielsweise bereits die Speicherung einer E-Mail auf einem ausländischen Server dem ausländischen Staat eine Strafverfolgung ermöglichen soll.[403]

Weiterhin lässt es nicht zuletzt der Trend zur Pönalisierung, der das Verfahrenssubjekt regelmäßig außen vor lässt, notwendig erscheinen, dieses wieder etwas mehr in den Fokus zu rücken[404] und ein transnational geltendes ne bis in idem zu etablieren. Wenn sich ein Staat auf der einen Seite durch Unterzeichnung und Ratifizierung verschiedener Abkommen immer mehr in Richtung umfassende Kriminalisierung bewegt, könnte man auf der anderen Seite von einer besonderen Schutzpflicht des Staates ausgehen, die dadurch entstehenden

401 Siehe dazu oben unter Kap. 1 E.II–IV.

402 Wie bspw. das Ausmaß der erforderlichen Geschäftskontakte für eine Anwendbarkeit des UKBA, s. dazu oben unter Kap. 1 B.III.

403 Vgl. dazu die Ausführungen zum FCPA unter Kap. 1 C.III.1.

404 Für eine Änderung des Betrachtungswinkels vom Staat hin zum Individuum *Thorhauer*, Jurisdiktionskonflikte im Rahmen transnationaler Kriminalität, S. 510.

Belastungen für die Bürger, die bereits „ins Netz gegangen“ sind, gering zu halten und sie nicht weiter paralleler Strafverfolgung auszusetzen.

Auch die im Rahmen der staatlichen Interessen angesprochene öffentliche Meinung[405] wird besonders von großen Verfahren geprägt, die hohe Sanktionen erwarten lassen und von hoher krimineller Energie gezeichnet sind. Gerade derartige Verfahren finden sich häufig im Bereich der Auslandsbestechung.[406] Damit ist auch in diesem Bereich ein besonderes staatliches Interesse an einem einheitlichen Verfahrensabschluss gegeben, um kontradiktorische Urteile und damit nach der öffentlichen Wahrnehmung eine Torpedierung der Entscheidung eines anderen Staates zu vermeiden.

Insbesondere bei Ermittlungen in Unternehmen, die im Bereich der Auslandsbestechung wohl überdurchschnittlich oft vorkommen, sind die Strafverfolgungsbehörden zudem auf ein gewisses Maß an Mitwirkung durch die Unternehmen angewiesen, um die Ermittlungen effektiv vorantreiben zu können. Dies allein schon aufgrund der damit regelmäßig verbundenen Datenmengen. Durch kooperative Unternehmen würden auch gerade an dieser Stelle Ressourcen der Strafverfolgungsbehörden entlastet. Diese Bereitschaft zur Mitwirkung könnte jedoch in der Tat sinken, wenn sich das Unternehmen mehreren parallelen Strafverfahren ausgesetzt sieht. Dies wohl bereits wegen der für die Kooperation auf Seiten des Unternehmens sodann mehrfach gebundenen Personalien bzw. Räumlichkeiten. Aber auch die Aussicht auf mehrmalige Sanktionierung derselben Tat könnte die kooperative Haltung wahrlich verstärkt in eine unkooperative Abwehrhaltung treiben lassen.[407]

Bestehende Bedenken, die ein allgemeines Misstrauen gegenüber anderen Rechtsordnungen und den Verlust von Souveränität betreffen, können im Bereich des internationalen Korruptionsstrafrechts nicht überzeugen.[408] Weitergehenden Vorbehalten kann durch eine entsprechende Ausgestaltung des Prinzips begegnet werden.[409]

405 Vgl. dazu oben unter Kap. 3 B.II.1.
406 Vgl. dazu bspw. die Nachweise in der Einleitung.
407 Vgl. dazu oben unter Kap. 3 B.II.2.
408 Siehe dazu unten unter Kap. 5 C.VII und XIII.
409 Siehe dazu unten unter Kap. 5 C.

Daher ist vor allem im Bereich der Auslandskorruption bereits ein Schutz vor parallelen Strafverfahren interessengerecht und notwendig.[410]
Dies ist nur durch eine Anpassung der bisherigen Rechtslage möglich.

Im Folgenden soll deshalb untersucht werden, ob bereits ein Lösungsvorschlag unterbreitet wurde, der diese notwendige Anpassung zufriedenstellend leisten kann.

410 Siehe zu einer weitergehenden Begründung in Bezug auf das in dieser Arbeit entwickelte Lösungsmodell unten unter Kap. 5 D.IV.2.

Kapitel 4 Vorhandene Lösungsvorschläge

Zur Frage, wie sich positive transnationale Jurisdiktionskonflikte[411] beziehungsweise Jurisdiktionskonflikte bei grenzüberschreitender Kriminalität[412], die die Ursache für die Gefahr der Mehrfachverfolgung im internationalen Korruptionsstrafrecht darstellen, am besten auflösen lassen, wurden bereits einige Vorschläge gemacht.[413] Diese – zumeist für das gesamte Strafrecht geltenden – vorhandenen Lösungsvorschläge werden zunächst dargestellt und anschließend daraufhin untersucht, ob sie auch im Bereich des internationalen Korruptionsstrafrechts eine zufriedenstellende Lösung für die Gefahr der Doppelbestrafung anbieten können. Im Rahmen der Diskussion der jeweiligen Lösungsvorschläge soll zugleich versucht werden, Anforderungen zu formulieren, denen eine zustimmungswürdige Lösung genügen muss. Dabei wird im Folgenden danach unterschieden, wann die jeweiligen Vorschläge eingreifen, ob dies erst nach einem Ersturteil der Fall ist oder bereits zuvor.[414]

A. Vorschläge, die nach ergangenem Ersturteil eingreifen

Zunächst werden die Lösungen dargestellt, die eine rechtskräftige Erstentscheidung erfordern. Im Rahmen dieser sog. „res iudicata"-Lösungsvorschläge[415] bleiben parallel geführte Strafverfahren möglich. Die ne bis in idem Wirkung greift erst, wenn ein Verfahren zum Abschluss gelangt ist.

---

411 Diesen Terminus im ersten Teil des Titels verwendend *Schönberger*, Positive transnationale Jurisdiktionskonflikte.

412 So der erste Teil des Titels bei *Sinn*, in: Sinn, Jurisdiktionskonflikte bei grenzüberschreitender Kriminalität.

413 Siehe dazu bspw. *Lagodny*, Gutachten für das BMJ, S. 42 ff.; *Zimmermann*, Strafgewaltkonflikte in der Europäischen Union, S. 320 ff.; *Schönberger*, Positive transnationale Jurisdiktionskonflikte, S. 253 ff.

414 Einteilung nach *Schönberger*, Positive transnationale Jurisdiktionskonflikte, S. 243 f.

415 Zum Begriff *Schönberger*, Positive transnationale Jurisdiktionskonflikte, S. 243; dazu auch *Vogel*, in: Hoyer/Müller/Pawlik/Wolter, FS Schroeder, S. 886.

I. Anrechnungsprinzip

1. Theoretischer Ansatz

Eine Lösungsmöglichkeit, die erst nach ergangenem Ersturteil eingreifen kann, stellt das sogenannte Anrechnungsprinzip dar. Demnach werden in einem Staat bereits vollstreckte Strafen bei erneuter Verurteilung wegen derselben Tat in einem anderen Staat angerechnet. Die zweite Strafe wird dadurch reduziert.[416]

Dieses Prinzip wurde in § 51 Abs. 3 StGB auch ins deutsche Recht übernommen. Dort heißt es in Satz 1: *„Ist der Verurteilte wegen derselben Tat im Ausland bestraft worden, so wird auf die neue Strafe die ausländische angerechnet, soweit sie vollstreckt ist.“* Insoweit kommt in dieser Lösung das Prinzip ne bis in idem in abgeschwächter Form zum Ausdruck.[417]

2. Stellungnahme

Gegen diesen Vorschlag wird argumentiert, dass diese Lösung keine doppelte Strafverfolgung oder eine doppelte Verurteilung verhindere, sondern nur deren „bedenklichste Konsequenz, nämlich die Kumulierung des Strafvollzuges“[418].

Zudem sehe das Anrechnungsprinzip keine Berücksichtigung alternativer Erledigungsformen wie Einstellung oder Freispruch vor. Da daraus keine Strafe hervorgehe, die angerechnet werden könne, laufe das Prinzip in solch einem Fall leer.[419]

Weiterhin folge aus der bloßen Existenz des Anrechnungsprinzips, dass eine weitere Strafverfolgung und Bestrafung im jeweiligen Staat möglich sei.[420]

Das Anrechnungsprinzip stelle ein Billigkeitsprinzip dar.[421] Es spricht einem ausländischen Urteil gerade keine verbindliche Wirkung zu, sondern verhindert lediglich eine Schlechterstellung des Täters durch eine erneute Verurteilung.[422]

---

416 *Eser*, in: Sieber/Satzger/v. Heintschel-Heinegg, Europäisches Strafrecht, § 36 Rn. 33.

417 *Jung*, in: Albrecht/Ehlers/Lamott/Pfeiffer/Schwind/Walter, FS Schüler-Springorum, S. 495; a.A. *Landau*, in: Köbler/Heinze/Hromadka, FS Söllner, S. 637; zum Anrechnungsprinzip in den Vereinigten Staaten und im Vereinigten Königreich siehe *Letzien*, Internationale Korruption und Jurisdiktionskonflikte, S. 385 ff., 394 f.

418 *Linke*, in: Oehler/Pötz, FS Grützner, S. 87.

419 *Vogel*, in: Hoyer/Müller/Pawlik/Wolter, FS Schroeder, S. 880; *Eser*, in: Sieber/Satzger/v. Heintschel-Heinegg, Europäisches Strafrecht, § 36 Rn. 34; *Eckstein*, ZStW 124 (2012), 490 (501); *Schönberger*, Positive transnationale Jurisdiktionskonflikte, S. 258 m.w.N.

420 *Vogel*, in: Hoyer/Müller/Pawlik/Wolter, FS Schroeder, S. 879 f.; *Lagodny*, Gutachten für das BMJ, S. 103; *Zieher*, Das sog. Internationale Strafrecht nach der Reform, S. 74.

421 *Landau*, in: Köbler/Heinze/Hromadka, FS Söllner, S. 637.

422 *Landau*, in: Köbler/Heinze/Hromadka, FS Söllner, S. 637.

Auf internationaler Ebene wird dabei außerdem ein Transparenzproblem erkannt. Es sei vielmals nicht klar, wie die Strafe bemessen wird, die letztendlich anerkannt wird und welche Umstände bei einer Anrechnung als relevant angesehen werden.[423]

Auf den ersten Blick scheint dieses Prinzip für die Vermeidung einer Doppelbestrafung eine befriedigende Lösung anbieten zu können. Eine einmal verbüßte Strafe muss nicht mehrfach „abgesessen" werden. Dies allein scheint jedoch nicht zufriedenstellend. Es reicht nicht aus, lediglich Doppelbestrafungen zu verhindern. Auch den Belastungen des Beschuldigten sowie des Opfers und der Zeugen, die mit mehrfach durchgeführten Strafverfahren einhergehen, sind zu beachten. Ebenfalls werden durch diese Lösung weder staatliche Ressourcen geschont, noch wird einem Wettlauf der Strafverfolgungsbehörden vorgebeugt.[424]

Positiv hervorzuheben ist jedoch, dass die gesetzliche Regelung im deutschen Recht in § 51 Abs. 3 S. 1 StGB eine Anrechnungspflicht formuliert und diese nicht einer Ermessensentscheidung unterstellt. Dadurch könnte der Anrechnungslösung zumindest eine starke Rechtssicherheit zugesagt werden. Dieser lobenswerte Aspekt wird durch die Regelung des § 51 Abs. 4 S. 2 StGB allerdings torpediert, indem dort der Maßstab der Anrechnung der ausländischen Strafe oder Freiheitsentziehung schlussendlich doch wieder dem Ermessen des Gerichts unterstellt wird.[425]

Festzuhalten bleibt letztendlich, dass eine gut vertretbare Lösung die betroffene Person nicht mehreren Strafverfahren aussetzen darf.[426] Eine gute Lösung muss bereits vorher eingreifen und den Betroffenen vor den mit mehreren Strafverfahren verbundenen Belastungen schützen.[427]

---

423 *Holtmeier*, Fordham L. Rev. 2015, 493 (503).

424 Siehe dazu oben unter Kap. 3 B.

425 Diese fehlende Anrechnungsgarantie auch auf internationaler Ebene bemängelnd *Holtmeier*, Fordham L. Rev. 2015, 493 (507).

426 Siehe dazu oben unter Kap. 3 D.

427 So ebenfalls *Linke*, in: Oehler/Pötz, FS Grützner, S. 87; *Eckstein*, ZStW 124 (2012), 490 (501); *Schönberger*, Positive transnationale Jurisdiktionskonflikte, S. 257 f.; *Holtmeier*, Fordham L. Rev. 2015, 493 (507); *Kniebühler*, Transnationales ‚ne bis in idem', S. 83; *Lagodny*, Gutachten für das BMJ, S. 73; *Eser/Burchard*, in: Derra, FS Meyer, S. 518; *Zimmermann*, Strafgewaltkonflikte in der Europäischen Union, S. 280; *Eicker*, Transstaatliche Strafverfolgung, S. 255; *Rekate*, Die Vermeidung von Jurisdiktionskonflikten, S. 314 f.; *Greco*, Strafprozesstheorie und materielle Rechtskraft, S. 847 f.

II. Erledigungsprinzip

1. Theoretischer Ansatz

Nach dem Erledigungsprinzip ist in einem weiteren Verfahren nicht lediglich eine verhängte Strafe anzurechnen, sondern vielmehr bereits der Tatvorwurf für den Abgeurteilten als erledigt anzusehen.[428] Die ergangene Erstentscheidung stellt damit ein Verfahrenshindernis für das nachfolgende Verfahren dar.[429] Die Anerkennung des Grundsatzes ne bis in idem auf transnationaler Ebene wird teilweise mit der Anerkennung des Erledigungsprinzips gleichgesetzt.[430]

2. Stellungnahme

Am Erledigungsprinzip wird kritisiert, dass es sich stark auf den Täter konzentriere und für diesen das „volle Optimum“[431] darstelle. Genugtuungsinteressen des Opfers könnten möglicherweise verkürzt sein.[432]

Klassische Gegenargumente gegen das Erledigungsprinzip sind weiterhin der damit einhergehende Souveränitätsverzicht, das fehlende Vertrauen in die ausländische Justiz und Bedenken hinsichtlich des nationalen Rechtsgüterschutzes.[433] Auch der Umstand, dass bis zum Ergehen der Erstentscheidung parallele Strafverfahren möglich seien, wird dem Erledigungsprinzip zum Nachteil ausgelegt.[434] Ergehe schließlich ein Ersturteil, seien die für die übrigen Verfahren aufgewandten Ressourcen der parallel ermittelnden Jurisdiktionen umsonst aufgewendet worden. Diese Verfahren könnten aufgrund des Verfahrenshindernisses nicht mehr weitergeführt werden.[435] Die Erledigungswirkung dieser

---

428 *Eser*, in: Sieber/Satzger/v. Heintschel-Heinegg, Europäisches Strafrecht, § 36 Rn. 37; zum Erledigungsprinzip im Allgemeinen auch *Rekate*, Die Vermeidung von Jurisdiktionskonflikten, S. 150 ff.

429 *Kniebühler*, Transnationales ‚ne bis in idem', S. 87; *Schönberger*, Positive transnationale Jurisdiktionskonflikte, S. 260; nach *Eser*, in: Sieber/Satzger/v. Heintschel-Heinegg, Europäisches Strafrecht, § 36 Rn. 37 stellt dies für den Abgeurteilten das „volle Optimum“ dar.

430 *Landau*, in: Köbler/Heinze/Hromadka, FS Söllner, S. 630; *Rekate*, Die Vermeidung von Jurisdiktionskonflikten, S. 149; *Schönberger*, Positive transnationale Jurisdiktionskonflikte, S. 260 f. m.w.N.

431 *Eser*, in: Sieber/Satzger/v. Heintschel-Heinegg, Europäisches Strafrecht, § 36 Rn. 37.

432 *Eser*, in: Sieber/Satzger/v. Heintschel-Heinegg, Europäisches Strafrecht, § 36 Rn. 37 ff.

433 *Landau*, in: Köbler/Heinze/Hromadka, FS Söllner, S. 630; dazu auch *Oehler*, Internationales Strafrecht, Rn. 960.

434 *Rekate*, Die Vermeidung von Jurisdiktionskonflikten, S. 170 f.

435 *Rekate*, Die Vermeidung von Jurisdiktionskonflikten, S. 178 f.

Erstentscheidung motiviere die beteiligten Strafverfolgungsbehörden zudem zu einem Wettlauf um eben diese.[436] Zudem bestehe auch hier die Gefahr des „forum shoppings“[437] sowie die Gefahr der missbräuchlichen Verhängung zu milder „pro forma“-Urteile im Heimatstaat des Täters, welches ebenfalls eine erneute Aburteilung in einem anderen Staat ausschließen würde.[438]

Dem Argument, dass Opferinteressen verkürzt seien, kann entgegnet werden, dass in dem „klassischen Fall“ einer reinen Inlandstat auch nur ein Verfahren abgehalten wird, in dem das Opfer seine Genugtuungsinteressen befriedigen kann. Aus dem zufälligen Umstand, dass das Opfer von einer transnationalen Tat mit mehreren Anknüpfungspunkten unterschiedlicher Jurisdiktionen betroffen ist, lässt sich nicht ableiten, warum in diesem Fall mehrere Verfahren für eine Befriedigung der Opferinteressen notwendig sein sollten.

Für diese Lösung spricht, dass der Täter am effektivsten vor einer möglichen Doppelbestrafung geschützt ist, wenn bereits die Doppelverfolgung ausgeschlossen ist. Dadurch lassen sich für den Täter Mehrfachbelastungen vermeiden, denen er durch ein wiederholtes Ermittlungsverfahren ausgesetzt wäre. Zudem werden die Ressourcen der Strafverfolgungsbehörden und der Justiz (staatenübergreifend) nicht mehrfach belastet.[439] Insoweit ist es positiv zu bewerten, dass weitere Verfahren nach ergangener Erstentscheidung ausgeschlossen sind. Inwieweit die Einwände bzgl. Misstrauen und Souveränitätsverzicht auch im Bereich des internationalen Korruptionsstrafrechts durchgreifen können, kann an dieser Stelle dahingestellt bleiben.[440]

Der Vorwurf, dass dieses Prinzip durch das Erfordernis einer Erstentscheidung zu spät greife und dadurch bis zum Ergehen dieser Entscheidung parallele Strafverfahren möglich seien, ist jedenfalls berechtigt.

---

436 *Rekate*, Die Vermeidung von Jurisdiktionskonflikten, S. 171 ff., der zusätzlich anmerkt, dass dies immerhin im Grundsatz dem Beschleunigungsgebot entspreche.

437 *Rekate*, Die Vermeidung von Jurisdiktionskonflikten, S. 173 f.

438 *Zieher*, Das sog. Internationale Strafrecht nach der Reform, S. 73, der die Möglichkeit eines weltweit geltenden Erledigungsprinzips daran scheitern lässt.

439 Sich dafür ebenfalls aussprechend *Linke*, in: Oehler/Pötz, FS Grützner, S. 87; *Eckstein*, ZStW 124 (2012), 490 (501); *Schönberger*, Positive transnationale Jurisdiktionskonflikte, S. 263 f., 257 f.; *Kniebühler*, Transnationales ‚ne bis in idem', S. 83; *Lagodny*, Gutachten für das BMJ, S. 73; *Eicker*, Transstaatliche Strafverfolgung, S. 255; *Zimmermann*, Strafgewaltkonflikte in der Europäischen Union, S. 280; *Rekate*, Die Vermeidung von Jurisdiktionskonflikten, S. 314 f. Siehe dazu auch oben unter Kap. 3 B.

440 Siehe dazu unten unter Kap. 5 C.VII. und XIII.

Aus diesem Grund kann somit auch das Erledigungsprinzip nicht gänzlich überzeugen.

III. Opportunitätsprinzip

1. Theoretischer Ansatz

Um der großen Reichweite der eigenen Jurisdiktion entgegenwirken zu können, stellen Opportunitätsregelungen ein mögliches Mittel dar.[441] Diese räumen dem jeweiligen Strafverfolgungsorgan die Möglichkeit ein, unter bestimmten Voraussetzungen von der Verfolgung von Straftaten abzusehen.[442]

So steht in den Vereinigten Staaten und in England und Wales die Erhebung der Anklage grundsätzlich im pflichtgemäßen Ermessen der zuständigen Strafverfolgungsbehörde.[443]

Exemplarisch sollen die Regelungen des deutschen Rechts, als das „ausdifferenzierteste normierte Opportunitätssystem"[444], herausgestellt werden. Dort kann die Staatsanwaltschaft gemäß § 153c Abs. 1 S. 1 Nr. 1 StPO von der Verfolgung absehen, wenn die Straftat außerhalb des räumlichen Geltungsbereichs der Strafprozessordnung begangen wurde, also bei Auslandstaten.[445] Auch ist eine Einstellung möglich, wenn wegen der Tat im Ausland schon eine Strafe gegen den Beschuldigten vollstreckt worden ist und die im Inland zu erwartende Strafe nach Anrechnung der ausländischen nicht ins Gewicht fiele oder der Beschuldigte wegen der Tat im Ausland rechtskräftig freigesprochen worden ist, § 153c Abs. 2 StPO. Straftaten nach dem Völkerstrafgesetzbuch können nach § 153c Abs. 1 S. 2 StPO i.V.m. § 153f StPO eingestellt werden.

Weiterhin wird von einer Ansicht gefordert, im Einzelfall eine sog. politische Opportunität anzuerkennen. Dies soll im Bereich des Korruptionsstrafrechts dazu dienen, die weite materielle Reichweite der Tatbestände einzuschränken.[446]

---

441 *Sinn*, in: Sinn, Jurisdiktionskonflikte bei grenzüberschreitender Kriminalität, S. 513; für Deutschland *Werle/Jeßberger*, in: Laufhütte/Rissing-van Saan/Tiedemann, Leipziger Kommentar, Strafgesetzbuch, Vor § 3 Rn. 358.

442 *Schönberger*, Positive transnationale Jurisdiktionskonflikte, S. 264; zum Opportunitätsprinzip im Ganzen siehe bspw. *Weigend*, ZStW 109 (1997), 103.

443 *Sinn*, in: Sinn, Jurisdiktionskonflikte bei grenzüberschreitender Kriminalität, S. 513; siehe dort auf S. 513 f. auch Ausführungen zu den Opportunitätsregelungen anderer Länder.

444 *Sinn*, in: Sinn, Jurisdiktionskonflikte bei grenzüberschreitender Kriminalität, S. 514.

445 *Diemer*, in: Hannich, Karlsruher Kommentar zur Strafprozessordnung, § 153c Rn. 4 ff.

446 *Deiters*, in: Herzog/Schlothauer/Wohlers/Wolter, GS Weßlau, S. 64 f.

Eine solche dürfe jedoch nicht der Staatsanwaltschaft zustehen, zumal es nicht Aufgabe der Staatsanwaltschaft sei, Sachverhalte politisch zu bewerten und es problematisch sei, das Recht an dieser Stelle zuzugestehen, an anderer jedoch nicht.[447] Die Entscheidung müsse dann auch politisch verantwortet sein. Als Beispiel einer solchen Regelung wird auf § 129b Abs. 1 S. 3 StGB verwiesen, demnach eine Ermächtigung des Bundesministeriums der Justiz für die Verfolgung von kriminellen und terroristischen Vereinigungen im nicht-europäischen Ausland erforderlich ist.[448]

2. *Stellungnahme*

Vor allem in den Vereinigten Staaten wird an derartigen Einstellungen bemängelt, dass die hinter der Entscheidung stehenden Gründe nur sehr selten veröffentlicht werden. Diese fehlende Transparenz führt dazu, dass betroffene Personen nicht wissen können, ob die Voraussetzung für eine Einstellung des (zweiten) Strafverfahrens gegeben sind. Von Rechtssicherheit könne also nicht gesprochen werden.[449]

Weitere Kritik zielt in Bezug auf die deutschen Regelungen darauf ab, dass eine Einstellung in den genannten Fällen lediglich fakultativ sei. Es bestehe keine Pflicht der Staatsanwaltschaft, das Verfahren einzustellen, wenn im Ausland bereits eine Strafe gegen den Beschuldigten wegen derselben Tat vollstreckt wurde. Dies wird durch den Wortlaut der Norm „Die Staatsanwaltschaft kann von der Verfolgung […] absehen" klargestellt, § 153c Abs. 1, Abs. 2 StPO. Somit sei der Beschuldigte dem Ermessen der Staatsanwaltschaft ausgeliefert und erfahre keine Rechtssicherheit.[450] Ein Gericht ist dabei nicht beteiligt.[451] Die

447 *Deiters*, in: Herzog/Schlothauer/Wohlers/Wolter, GS Weßlau, S. 64; ein solches Ermessen offenbar zubilligend *Werle/Jeßberger*, in: Laufhütte/Rissing-van Saan/Tiedemann, Leipziger Kommentar, Strafgesetzbuch, Vor § 3 Rn. 357, mit Verweis auf Mayer-Goßner, § 153c Rn. 1, demnach die StA ohne Beteiligung des Gerichts entscheidet, weil vielfach politische Gesichtspunkte zu berücksichtigen sind.

448 *Deiters*, in: Herzog/Schlothauer/Wohlers/Wolter, GS Weßlau, S. 65.

449 *Holtmeier*, Fordham L. Rev. 2015, 493 (512); s. dazu dort auch die Ausführungen auf S. 520 ff.

450 *Schönberger*, Positive transnationale Jurisdiktionskonflikte, S. 266 f.; *Thorhauer*, Jurisdiktionskonflikte im Rahmen transnationaler Kriminalität, S. 345 m.w.N., 352; auf die Unberechenbarkeit hinweisend *Hein*, Zuständigkeitskonflikte, S. 147; für eine mögliche Ermessensreduzierung auf Null i.R.d. Abs. 2, *Landau*, in: Köbler/Heinze/Hromadka, FS Söllner, S. 644; ebenso *Weßlau/Deiters*, in: Wolter, SK-StPO, § 153c Rn. 21.

451 *Diemer*, in: Hannich, Karlsruher Kommentar zur Strafprozessordnung, § 153c Rn. 1.

Entscheidung ist grundsätzlich nicht anfechtbar.[452] Da der Wortlaut zudem nicht zwischen Vergehen und Verbrechen unterscheidet, sind beide Arten von Taten von der Norm erfasst.[453]

Aus deutscher Perspektive wird daher zur Steigerung der Transparenz ein verlässlicher Kriterienkatalog gefordert, in dem festgeschrieben ist, welche Kriterien vorliegen müssen, damit ein Verfahren eingestellt wird.[454]

Als weiterer problematischer Aspekt wird zudem angesehen, dass Opportunitätsregelungen nicht tatsächlich ein weiteres Verfahren gegen den Beschuldigten verhindern können. Damit eine Opportunitätsregelung überhaupt greifen kann, muss bereits ein Verfahren – und sei es bloß für eine juristische Sekunde – eingeleitet worden sein.[455]

Das Argument, dass ein weiteres Verfahren für eine juristische Sekunde eingeleitet werden muss, mag zwar zutreffen, doch scheint dieses Argument auch sehr formaljuristisch zu sein. Dem Betroffenen wird es nur recht sein, wenn ein weiteres Verfahren gegen ihn auch nach einer juristischen Sekunde eingestellt wird. Er selbst trägt dann nämlich keine spürbare Mehrfachbelastung durch ein weiteres Verfahren davon, sofern dieses lediglich für eine juristische Sekunde eingeleitet war.[456]

Den Bedenken, dass der Beschuldigte dem nicht überprüfbaren Ermessen der Strafverfolgungsbehörden ausgeliefert ist, ist allerdings zuzustimmen. Vor allem mangelnde Transparenz ist in diesem Zusammenhang problematisch. Diese beiden Aspekte zusammengenommen können den Anforderungen an Rechtssicherheit nicht gerecht werden. Missbrauch ist unter solchen Umständen schwer aufzudecken.

Zu beachten ist weiterhin, dass die Staatsanwaltschaft gemäß § 153c Abs. 4 StPO nach Klageerhebung die Klage in jeder Lage des Verfahrens zurücknehmen und das Verfahren einstellen kann. Scheint dies zunächst positiv, da der Angeklagte dadurch zumindest noch auf „späte Rettung“ hoffen kann, wird der Eindruck dadurch getrübt, dass diese Regelung zwar für Fälle des § 153c Abs. 1 S. 1 Nr. 1 StPO

---

452 BGH, 8.4.1987 - 3 StR 11/87 = BGHSt 34, 334 (341); *Werle/Jeßberger*, in: Laufhütte/Rissing-van Saan/Tiedemann, Leipziger Kommentar, Strafgesetzbuch, Vor § 3 Rn. 357 m.w.N.; kritisch *Lagodny*, Gutachten für das BMJ, S. 103 m.w.N.

453 *Diemer*, in: Hannich, Karlsruher Kommentar zur Strafprozessordnung, § 153c Rn. 1.

454 *Sinn*, in: Sinn, Jurisdiktionskonflikte bei grenzüberschreitender Kriminalität, S. 514.

455 *Sinn*, in: Sinn, Jurisdiktionskonflikte bei grenzüberschreitender Kriminalität, S. 514.

456 A.A. *Schönberger*, Positive transnationale Jurisdiktionskonflikte, S. 266; kritisch zur damit einhergehenden Ressourcenverschwendung *Eckstein*, ZStW 124 (2012), 490 (501).

gilt, nicht jedoch für Fälle des § 153c Abs. 2 StPO. Außerdem ist eine solche späte Einstellung nur möglich, wenn die Interessen der Bundesrepublik Deutschland oder sonstige öffentliche Interessen betroffen sind. Der Beschuldigte, der unter Umständen kurz davor ist, wegen derselben Tat mehrfach bestraft zu werden, wird keines Wortes gewürdigt. Dessen Interessen oder die Interessen des Verletzten stehen scheinbar hinter diesen öffentlichen Interessen zurück.[457]

Von einer guten Lösung ist daher zu fordern, dass sie Entscheidungen ermöglicht, die transparent und überprüfbar zustande kommen. Dies ist allein schon deshalb notwendig, um Missbrauch effektiv vorbeugen zu können.

Gegen den Vorschlag einer politischen Opportunität spricht, dass dies bereits praktisch nur sehr schwer umsetzbar sein dürfte, da Korruptionsdelikte mit Auslandsbezug wohl weitaus häufiger praktisch aufschlagen, als Tatbestände zur Bekämpfung des internationalen Terrorismus.[458] In diesen Fällen jedes Mal auf die Ermächtigung des Bundesministeriums der Justiz warten zu müssen, bindet nicht nur eine Menge Ressourcen, es geht dabei zudem eine Menge Zeit verloren, bis mit den Ermittlungen begonnen werden kann.

Andererseits würde das Strafrecht dadurch seiner Rolle als *ultima ratio* wieder näher getragen, da bei Auslandstaten stets eine politische Bewertung einer möglichen Strafverfolgung und der damit verbundenen Einmischung in fremde Hoheitsinteressen verbunden wäre.[459] Allerdings müsste man sich dann fragen, wieso der materielle Geltungsbereich der Anti-Korruptionsgesetze vom Gesetzgeber zunächst derart ausgedehnt wird, anschließend jedoch im Wege politischer Opportunität eingeschränkt werden sollte. Auch in der Gesetzesbegründung zum deutschen Gesetz zur Bekämpfung der Korruption vom 20.11.2015[460] wurde zwar darauf hingewiesen, dass die mögliche Weite der Tatbestände auch auf prozessualer Ebene eingeschränkt werden sollte.[461] Diese Aufgabe wurde jedoch

---

457 *Diemer*, in: Hannich, Karlsruher Kommentar zur Strafprozessordnung, § 153c Rn. 15: Dessen Interessen oder die Interessen des Verletzten müssen unter Umständen hinter diesen öffentlichen Interessen zurückstehen; zum selben Schluss kommend, jedoch mit anderer Begründung *Schönberger*, Positive transnationale Jurisdiktionskonflikte, S. 267.

458 Die effektive Bekämpfung des internationalen Terrorismus war der sachliche Grund für die Einführung des § 129b StGB, BT-Ds. 14/8893, S. 1; vgl. auch *Heger*, in: Lackner/Kühl, Strafgesetzbuch, § 129b Rn. 1.

459 *Deiters*, in: Herzog/Schlothauer/Wohlers/Wolter, GS Weßlau, S. 65.

460 Gesetz vom 20.11.2015, BGBl. I S. 2025.

461 So heißt es in BT-Ds. 18/4350, S. 24: „Extremsituationen, die durch diese sehr weitgehende Pönalisierung von Bestechungstaten im Ausland möglicherweise entstehen,

nach Willen des Gesetzgebers ausdrücklich der Staatsanwaltschaft überlassen, sodass es widersprüchlich wäre, diese nun wieder „zurückzuwälzen". Bei der Staatsanwaltschaft belassen werden kann diese politische Opportunität ebenfalls nicht, da die bereits bei Darstellung der Ansicht genannten Gründe gegen eine politische Opportunität in den Händen der Staatsanwaltschaft sprechen. Somit kann diese Lösung im Rahmen des § 153c StPO nicht vollständig überzeugen.

IV. Fazit

Vollends überzeugen kann letztlich keiner der „res iudicata"-Lösungsvorschläge. Dies liegt bereits in der Natur der Sache begründet. Dadurch, dass für das Eingreifen dieser Vorschläge eine rechtskräftige Erstentscheidung vorausgesetzt wird, sind bis zum Ergehen dieser Entscheidung parallele Strafverfahren gegen den Beschuldigten und möglicherweise sogar mehrfach Angeklagten möglich. Dadurch vermögen es diese „res iudicata"-Lösungsvorschläge weder individualrechtliche noch staatliche Interessen vollends zu wahren. Das Individuum wird nicht vor den Belastungen mehrfacher Strafverfahren geschützt. Dadurch, dass diese gar parallel möglich bleiben, besteht die Möglichkeit, dass sich der Angeklagte in mehreren Jurisdiktionen gleichzeitig vor Gericht verteidigen muss. Ergeht schließlich ein Ersturteil, waren die für die übrigen Verfahren aufgewandten Ressourcen umsonst. Dies birgt zudem die Gefahr eines Wettlaufs der Strafverfolgungsbehörden um diese Erstentscheidung in sich und scheint insbesondere im Bereich des internationalen Korruptionsstrafrechts aufgrund der gesteigerten Gefahr paralleler Strafverfolgung nicht interessengerecht.[462]

Insofern ist festzustellen, dass eine interessengerechte Lösung bereits vor dem Erlass einer Erstentscheidung eingreifen muss, um bereits parallele Strafverfahren zu verhindern.[463]

---

kann im Rahmen der Rechtswidrigkeit, Schuld und Strafzumessung sowie auf prozessualer Ebene (§ 153c Absatz 1 Nummer 1 der Strafprozessordnung) Rechnung getragen werden.".

462 Siehe dazu oben unter Kap. 3 D.

463 So ebenfalls *Linke*, in: Oehler/Pötz, FS Grützner, S. 87; *Eckstein*, ZStW 124 (2012), 490 (501); *Schönberger*, Positive transnationale Jurisdiktionskonflikte, S. 257 f.; *Kniebühler*, Transnationales ‚ne bis in idem', S. 83; *Lagodny*, Gutachten für das BMJ, S. 73; *Eser/Burchard*, in: Derra, FS Meyer, S. 518; *Zimmermann*, Strafgewaltkonflikte in der Europäischen Union, S. 280; *Eicker*, Transstaatliche Strafverfolgung, S. 255; *Rekate*, Die Vermeidung von Jurisdiktionskonflikten, S. 314 f.; *Thorhauer*, Jurisdiktionskonflikte im Rahmen transnationaler Kriminalität, S. 635 f.; *Greco*, Strafprozesstheorie und materielle Rechtskraft, S. 847 f.

B. Vorschläge, die vor dem Ersturteil eingreifen

Im Folgenden werden Lösungsvorschläge dargestellt, die bereits vor einer verfahrensbeendenden Maßnahme, also in einer sog. „lis pendens"-Situation[464], eingreifen. Das gesamte Strafverfahren soll auf eine Jurisdiktion konzentriert werden. Nach diesen Vorschlägen soll damit bereits eine parallele Strafverfolgung ausgeschlossen werden.

I. Rückbau nationaler Jurisdiktionsprinzipien

1. Theoretischer Ansatz

Eine weitere theoretische Möglichkeit zur Vermeidung von Mehrfachverfolgung im internationalen Korruptionsstrafrecht de lege ferenda könnte der Rückbau nationaler Jurisdiktionsprinzipien (sog. Restriktionsmodell[465]) darstellen. Diese Idee basiert auf dem Gedanken, dass die einzelnen Staaten sich nicht mehr uneingeschränkt auf alle gegenwärtig im internationalen Strafrecht anerkannten und geltenden Anknüpfungspunkte sollen berufen können. Vielmehr sollen diese Anknüpfungsprinzipien eingeschränkt werden und damit der Netzgedanke[466] im Rahmen des Strafanwendungsrechts überwunden werden.[467] Durch diesen Lösungsvorschlag soll das Problem an den Wurzeln gepackt und Situationen, in denen mehrere Strafgewalten verschiedener Staaten konkurrieren, zumindest deutlich reduziert werden.[468] Denn kann sich pro Tat nur noch ein Staat auf ein Anknüpfungsprinzip berufen, können Jurisdiktionskonflikte und die damit verbundene Gefahr der Mehrfachverfolgung gar nicht erst entstehen.

Dabei wird von einer Ansicht vorausgesetzt, dass sich das Individuum am Recht des Ortes orientiert, an dem es die Tathandlung begangen hat. Daher soll

---

464 Zum Begriff *Schönberger*, Positive transnationale Jurisdiktionskonflikte, S. 243; dazu auch *Vogel*, in: Hoyer/Müller/Pawlik/Wolter, FS Schroeder, S. 885.

465 Bezeichnung nach *Schönberger*, Positive transnationale Jurisdiktionskonflikte, S. 486.

466 Vgl. dazu *Lagodny*, Gutachten für das BMJ, S. 101 ff.; auch *Böse/Meyer*, ZIS 2011, 336 (337).

467 *Schönberger*, Positive transnationale Jurisdiktionskonflikte, S. 486, s. dort S. 488 ff. zu den „Schranken der Jurisdiktionsprinzipien".

468 *Schönberger*, Positive transnationale Jurisdiktionskonflikte, S. 486 f.; so grundsätzlich ebenfalls *Lagodny*, Gutachten für das BMJ, S. 101; als früher Ansatz in diese Richtung kann wohl auch die sog. Harvard Draft Convention von 1935, AJIL 1935, 439 ff. angesehen werden, vgl. dazu ausführlich *Zimmermann*, Strafgewaltkonflikte in der Europäischen Union, S. 320 ff.

dem Handlungsort eine zentrale Rolle zukommen.[469] Außerdem wird innerhalb dieser Auffassung vertreten, das aktive und passive Personalitätsprinzip sowie das durch das Ubiquitätsprinzip ausgeweitete Territorialitätsprinzip verstießen gegen die Grundfreiheiten der Europäischen Union und gegen das Verbot der Diskriminierung aufgrund der Staatsangehörigkeit und sollen deshalb bei Jurisdiktionskonflikten innerhalb der Europäischen Union keine Anwendung finden.[470] Eine andere Ansicht plädiert dafür, den Erfolgseintritt im Inland nicht mehr als Anknüpfung für die Ausübung eigener nationaler Strafgewalt ausreichen zu lassen.[471]

2. *Stellungnahme*

Begründet wird diese Idee vor allem mit dem Argument, der Einzelne müsse vorhersehen können, von welcher Strafrechtsordnung sein Handeln erfasst wird und auf welche Rechtsfolgen er sich einzustellen hat.[472] Werde der Täter plötzlich beispielsweise aufgrund des aktiven oder passiven Personalitätsprinzips einer anderen Rechtsordnung unterworfen als der des Handlungsortes, so konnte sich der Täter darauf nicht einstellen. Er unterliege folglich einer Rechtsordnung, die für ihn nicht vorhersehbar war.[473]

Weiterhin wird für diese Lösung angeführt, dass sie sicherstelle, dass der Einzelne nicht mehr verschiedenen Verhaltensanforderungen ausgesetzt sei, die

---

469 *Schönberger*, Positive transnationale Jurisdiktionskonflikte, S. 541, 545; vgl. auch *Klip*, ZStW 117 (2005), 889 (901); *Deiters*, ZIS 2006, 472 (478); *Böse/Meyer*, ZIS 2011, 336 (344); *Eisele*, ZStW 125 (2013), 1 (32); für eine Beschränkung auf das Territorialitätsprinzip *Luther*, NJW 1968, 1026 (1027).

470 *Schönberger*, Positive transnationale Jurisdiktionskonflikte, S. 545 f., vgl. dort zum passiven Personalitätsprinzip S. 523 ff., zum aktiven Personalitätsprinzip S. 530 ff. und zum Ubiquitätsprinzip S. 535; ebenso zum aktiven und passiven Personalitätsprinzip *Böse u. a.*, GA 2014, 572 (577 f.); ebenfalls kritisch *Vogel*, in: Hoyer/Müller/Pawlik/Wolter, FS Schroeder, S. 893; *Böse*, in: Zöller/Hilger/Küper/Roxin, FS Wolter, S. 1321 ff.; *Thorhauer*, Jurisdiktionskonflikte im Rahmen transnationaler Kriminalität, S. 706 ff., S. 718 ff.

471 *Vander Beken u. a.*, Finding the Best Place for Prosecution, S. 50.

472 Zur Voraussehbarkeit *Schönberger*, Positive transnationale Jurisdiktionskonflikte, S. 495 ff.

473 *Schönberger*, Positive transnationale Jurisdiktionskonflikte, S. 511, 514 spricht sich daher hinsichtlich der Vorhersehbarkeit für eine Abschaffung des aktiven und passiven Personalitätsprinzips aus; dazu auch *Böse*, in: Zöller/Hilger/Küper/Roxin, FS Wolter, S. 1318 f., 1327.

sich womöglich gar voneinander unterscheiden.[474] Zudem werde er grundsätzlich nur noch der Rechtsordnung unterworfen, für die er sich durch seinen tatsächlichen Aufenthaltsort aktiv entschieden hat.[475] Er könne sich über die jeweils geltenden Verhaltensanforderungen an seinem Aufenthaltsort informieren und werde ein eindeutiges Ergebnis erhalten, was für ihn ein hohes Maß an Rechtssicherheit zur Folge habe.[476]

Außerdem eigne sich die Jurisdiktion, in der die Tat begangen wurde bereits deshalb am besten zur Durchführung des Verfahrens, weil sich dort in der Regel die meisten Beweismittel befänden.[477]

Gegen das Restriktionsmodell wird zunächst vorgebracht, dass eine realpolitische Umsetzbarkeit dieses Lösungsvorschlags aufgrund seiner großen Reichweite zweifelhaft sei.[478]

Weiterhin wird argumentiert, dieser Vorschlag stoße an seine Grenzen, wenn der Täter in mehreren Staaten tätig wird.[479] In dieser Situation kollidierten die jeweils auf das Territorialitätsprinzip gestützten Strafgewalten der Handlungsstaaten. In solchen Konstellationen würde auch das Eliminieren aller sonstigen Anknüpfungsprinzipien nicht helfen, Kollisionsfälle zu verhindern, sofern nicht durch das Zurückdrängen des Territorialitätsprinzips rechtsfreien Räume geschaffen werden sollen.[480]

Dieser Lösungsvorschlag muss auch in Fällen, in denen sich mehrere Staaten auf das Territorialitätsprinzip berufen, eine Möglichkeit zur Auflösung dieses Konfliktes anbieten. Der bloße Rückbau der Prinzipien führt nicht zu einer vollständigen Beseitigung des Problems. Vor allem in transnationalen Korruptionssachverhalten sind Handlungen in verschiedenen Staaten keine Seltenheit,

474 *Eser/Burchard*, in: Derra, FS Meyer, S. 519; *Schönberger*, Positive transnationale Jurisdiktionskonflikte, S. 550; *Eckstein*, ZStW 124 (2012), 490 (525).

475 Vgl. *Klip*, ZStW 117 (2005), 889 (901).

476 *Schönberger*, Positive transnationale Jurisdiktionskonflikte, S. 550.

477 *Kniebühler*, Transnationales ‚ne bis in idem', S. 71.

478 So *Vogel*, in: Hoyer/Müller/Pawlik/Wolter, FS Schroeder, S. 893.

479 *Schomburg/Suominen-Picht*, NJW 2012, 1190 (1193); *Kniebühler*, Transnationales ‚ne bis in idem', S. 73.

480 Dazu *Eckstein*, ZStW 124 (2012), 490 (492): „Vorschläge, die nationale Strafgewalt zu beschränken [...] bergen die Gefahr, nicht nur vor mehrfacher, sondern vor jeder Strafverfolgung zu schützen"; dazu zum Problem der negativen transnationalen Jurisdiktionskonflikte *Schönberger*, Positive transnationale Jurisdiktionskonflikte, S. 552 f. m.w.N.

sodass dieses Konzept in dem in dieser Arbeit untersuchten Bereich bereits ungeeignet erscheint.

Zur Auflösung der Problematik, in der sich mehrere Staaten auf das Territorialitätsprinzip stützen können, muss dieser Vorschlag erweitert werden. So wird eine Ergänzung des Prinzips analog der „Zuständigkeitsmodelle"[481] vorgeschlagen, um schlussendlich zu einer einzigen ausschließlich zuständigen Jurisdiktion zu gelangen.[482]

Insoweit wird deutlich, dass dieser Ansatz über den Status einer möglicherweise sinnvollen Ergänzung nicht hinauszukommen vermag. Sofern Kollisionsfälle letztlich durch das Zuständigkeitsmodell gelöst werden, könnten damit auch alle anderen Fälle der Kollision aufgelöst werden. Daher könnte das Restriktionsmodell allenfalls zu einer weniger häufigen Anwendung eines Zuständigkeitsmodells beitragen.[483]

Der zentralen Rolle jedoch, die dem Bestimmtheitsgrundsatz im Rahmen dieses Vorschlags eingeräumt wird, ist sicherlich beizupflichten.[484] Nicht umsonst ist der Bestimmtheitsgrundsatz beispielsweise im deutschen Recht im Grundgesetz in Art. 103 Abs. 2 GG festgelegt. Auch und vor allem auf internationaler Ebene wird jedoch dessen Wichtigkeit betont. So finden sich Regelungen zum Gesetzlichkeitsprinzip in Art. 7 Abs. 1 EMRK, in Art. 49 Abs. 1 GrCh, in Art. 15 Abs. 1 IPbpR und in Art. 11 Abs. 2 AEMR.[485] Die Vorhersehbarkeit der Rechtsfolgen seiner Handlungen ist wichtig für das Individuum, womit dieser Lösung ein gewichtiges Argument zugetragen werden kann.

Abschließend ist damit festzustellen, dass eine zustimmungswürdige Lösung auch dem Gesetzlichkeitsprinzip entsprechen muss. Das Individuum muss wissen, wann es sich unter welchen Umständen und nach welcher Rechtsordnung strafbar macht.[486] Es muss erkennen können, wann sein Handeln von einer

---

481 Siehe dazu sogleich unter Kap. 4 B.II.

482 *Schönberger*, Positive transnationale Jurisdiktionskonflikte, S. 551.

483 Einen ähnlichen Ansatz verfolgen bspw. *Vander Beken u. a.*, Finding the Best Place for Prosecution, S. 50, 52, die auf einer ersten Stufe das Restriktionsmodell favorisieren und anschließend einem Konsultationsmodell folgen wollen; zur Widersprüchlichkeit dieser beiden Modelle vgl. *Schönberger*, Positive transnationale Jurisdiktionskonflikte, S. 553 f. Siehe zum Vorschlag von *Vander Beken u.a.* unter Kap. 4 B.II.7.a)cc).

484 Vgl. dazu auch *Eckstein*, ZStW 124 (2012), 490 (525); *Gropp*, in: Sinn, Jurisdiktionskonflikte bei grenzüberschreitender Kriminalität, S. 53.

485 *Schönberger*, Positive transnationale Jurisdiktionskonflikte, S. 495 ff. m.w.N.

486 Allerdings ist zu beachten, dass eine strikte Ausrichtung am Grundsatz der Vorhersehbarkeit dazu führt, dass andere Interessen möglicherweise zu kurz kommen,

(ausländischen) Strafrechtsordnung erfasst ist. Diese Vorhersehbarkeit muss gewährleistet sein. Es muss sichergestellt sein, dass der Beschuldigte nur dieser Rechtsordnung unterworfen sein kann, deren Strafbarkeitsrisiken und Rechtsfolgen ihm bekannt sind.[487]

II. Zuständigkeitsmodelle

Eine weitere Möglichkeit zur Vermeidung von Mehrfachverfolgungen im Korruptionsstrafrecht könnten die sog. Zuständigkeitsmodelle[488] anbieten. Diese teilen je nach Ansicht einer Jurisdiktion oder einem Gericht die Zuständigkeit über die Sache zu und stellen damit sicher, dass neben dieser final zuständigen Jurisdiktion bzw. dem final zuständigen Gericht keine weitere bzw. kein weiteres zuständig sein kann.

Die verschiedenen Modelle unterscheiden sich dabei vor allem in der Art und Weise, wie die Zuteilung erfolgen soll sowie bezüglich der Kriterien, die für eine Verteilung der Zuständigkeit maßgeblich sein sollen. Auch für die Lösung von daraus möglicherweise entstehenden Konflikten werden verschiedene Wege vorgeschlagen.

1. *Korruption als Verbrechen gegen die Menschlichkeit*

a) *Theoretischer Ansatz*

So wird angedacht, Korruptionsdelikte als Verbrechen gegen die Menschlichkeit einzustufen.[489] Durch eine entsprechende Einstufung soll zunächst das Weltrechtsprinzip auf Korruptionsstraftaten Anwendung finden.[490] Zudem solle dadurch eine Zuständigkeit des IStGH begründet werden können.[491] Wurde dieser Vorschlag zwar unterbreitet, um eine flächendeckende Verfolgung von Korruptionsstraftaten sicherzustellen[492], so enthält er auch die Möglichkeit, die

---

Schönberger, Positive transnationale Jurisdiktionskonflikte, S. 553; *Caeiro*, KritV 2010, 366 (376).

487 Einschränkend und zwischen anwendbarem materiellen Strafrecht und zuständiger Jurisdiktion differenzierend *Böse*, in: Zöller/Hilger/Küper/Roxin, FS Wolter, S. 1318 ff. m.w.N.

488 Bezeichnung nach *Schönberger*, Positive transnationale Jurisdiktionskonflikte, S. 323.

489 *Bantekas*, Journal of Int. Criminal Justice 2006, 466 (474 ff.).

490 *Bantekas*, Journal of Int. Criminal Justice 2006, 466 (475); dies für das deutsche Recht bereits prognostizierend *Isfen*, JZ 2016, 228 (235); dagegen *Kappel/Lagodny*, StV 2012, 695 (700 f.).

491 *Bantekas*, Journal of Int. Criminal Justice 2006, 466 (466).

492 *Bantekas*, Journal of Int. Criminal Justice 2006, 466 (466).

Strafverfolgung auf ein zentrales Gericht, den IStGH, zu zentrieren und dadurch eventuell eine Mehrfachverfolgung des Betroffenen zu verhindern.[493]

Durch die Begründung der Zuständigkeit des IStGH für Strafverfahren im Zusammenhang mit Korruptionsdelikten könnte eine Mehrfachverfolgung des Betroffenen verhindert werden. Wenn ein überstaatliches Gericht das Verfahren zum Abschluss bringt, besteht für die nationalen Jurisdiktionen kein Anlass mehr, die Tat erneut zu verfolgen.

b) Stellungnahme

Der Vorschlag, Korruption als ein Verbrechen gegen die Menschlichkeit zu sehen, wird damit begründet, dass im Rahmen der Definition in Art. 7 IStGH-Statut[494] kein Zusammenhang zwischen Verbrechen gegen die Menschlichkeit und bewaffneten Konflikten bestehen müsse.[495] Dies solle dazu führen, dass sich Korruption unter den Begriff der „Ausrottung" in Art. 7 Abs. 2 b) IStGH-Statut subsumieren lasse.[496] Dieser meint die vorsätzliche Auferlegung von Lebensbedingungen – unter anderem das Vorenthalten des Zugangs zu Nahrungsmitteln und Medikamenten –, die geeignet sind, die Vernichtung eines Teils der Bevölkerung herbeizuführen.[497] Würde nun eine korrupte Regierung infolge einer Bestechungszahlung beispielsweise Schürfrechte in einem bodenschatzhaltigen Gebiet an einen ausländischen Investor verkaufen, der daraufhin die dort lebende Bevölkerung mit Gewalt vertreibt oder tötet und es für diese infolge des Schürfvertrags für viele Jahre beinahe unmöglich ist, Zugang zu Nahrungsmitteln oder medizinischer Versorgung zu haben, soll der Tatbestand der Ausrottung erfüllt sein.[498]

Zur Erfüllung des subjektiven Tatbestandes genügt gemäß Art. 30 Abs. 2 b) IStGH-Statut dolus eventualis.[499]

Gegen diesen Vorschlag können jedoch einige Argumente angeführt werden. So lässt sich bereits bei der Formulierung des Ziels, ein zentral zuständiges

493 Den IStGH als mögliche überstaatliche Institution i.R.d. Internationalisierung von Jurisdiktionsgewalt (s.u.) andenkend *Schönberger*, Positive transnationale Jurisdiktionskonflikte, S. 324; den IStGH in seinem Lösungsmodell als Streitentscheidungsinstanz vorschlagend *Thomas*, Das Recht auf Einmaligkeit der Strafverfolgung, S. 340 ff.

494 Römisches Statut des Internationalen Strafgerichtshofs vom 17.7.1998.

495 *Bantekas*, Journal of Int. Criminal Justice 2006, 466 (474).

496 *Bantekas*, Journal of Int. Criminal Justice 2006, 466 (474).

497 Art. 7 Abs. 2b IStGH-Statut.

498 Beispiel bei *Bantekas*, Journal of Int. Criminal Justice 2006, 466 (474).

499 *Bantekas*, Journal of Int. Criminal Justice 2006, 466 (474 f.).

Gericht für Korruptionsstraftaten auf der ganzen Welt zu schaffen, erahnen, dass bei diesem Prozess wohl die Gefahr bestünde, dass er in einer Überlastung des IStGH mündet, sollte der Gerichtshof – neben seinen übrigen Aufgaben – zu einem allzuständigen globalen Korruptionsgericht erhoben werden.[500]

Dies ließe sich jedoch abfedern, indem man den Kern des Vorschlags beherzigt und der Zuständigkeit des IStGH lediglich die Art von Korruptionsstraftaten überträgt, die das Potential haben, in die Nähe von menschenrechtsverletzenden Delikten gestellt zu werden. Auf diese Weise würde einer Überlastung des Gerichts zumindest begegnet werden und damit gleichzeitig (in der Theorie) die Verfolgung der schwersten Korruptionsverbrechen sichergestellt.[501]

Mag Korruption auch große negative Effekte, vor allem in den ärmeren Regionen der Welt haben, so scheint es dennoch fraglich, ob sie sich unter eines der in Art. 5 IStGH-Statut aufgelisteten „schwersten Verbrechen [...], welche die internationale Gemeinschaft als Ganzes berühren" fassen lässt.

Ist die Subsumption von Korruption unter den Begriff der „Ausrottung" bereits zweifelhaft, so ist ebenfalls zu beachten, dass der IStGH dem Grundsatz der Komplementarität unterworfen ist (Art. 17 IStGH-Statut). Das bedeutet, das Gericht wird nur tätig, wenn die Verfolgung durch die nationalen Gerichte ungenügend ist.[502] Dies wird auch in Art. 1 IStGH-Statut deutlich, wo explizit festgeschrieben ist, dass der Gerichtshof die innerstaatliche Strafgerichtsbarkeit (lediglich) ergänzt.[503] Eine Funktion des IStGH als allzuständiges Gericht für (schwerste) Korruptionstaten ist damit nicht vorgesehen. Eine solche wäre allerdings notwendig, wollte man eine Lösung für die Gefahr der Mehrfachverfolgung im Korruptionsstrafrecht präsentieren. Ein weiterer potenziell zuständiger Gerichtshof neben den nationalen Gerichten hat höchstens ein weiteres Strafverfahren für den Betroffenen zur Folge und verhindert die Mehrfachverfolgung nicht. Insoweit kann dieser Vorschlag keinen Beitrag zur Lösung der Problematik leisten. Er ist besser geeignet, eine lückenlose Strafverfolgung von

---

500 *Eser*, in: Donatsch/Forster/Schwarzenegger, FS Trechsel, S. 226 äußert bereits Sorgen über die Kapazität des IStGH, sollte ihm die Verfolgung aller Völkerrechtsverbrechen überlassen werden.

501 Welche freilich definiert werden müssten; siehe dazu auch den Vorschlag von *Hoven* unter Kap. 4 B.II.2.a).

502 *Ambos*, in: Joecks/Miebach, Münchener Kommentar zum StGB, VStGB § 1 Rn. 22 m.w.N.; dazu weitergehend *Eser*, in: Donatsch/Forster/Schwarzenegger, FS Trechsel, S. 223 f.

503 Dazu auch *Schönberger*, Positive transnationale Jurisdiktionskonflikte, S. 325.

Korruptionsstraftaten zu garantieren, was auch das eigentliche Ziel des Vorschlags von *Bantekas* war.[504]

2. Internationalisierung von Kompetenzen

Eine weitere Möglichkeit zur Lösung der Problematik de lege ferenda wird in der Internationalisierung von Kompetenzen gesehen. Dazu gehört zum einen die Internationalisierung von Jurisdiktionsgewalt und zum anderen die Internationalisierung der Strafverfolgung.

a) Internationalisierung von Jurisdiktionsgewalt

aa) Theoretischer Ansatz

Eine Lösung, die im Rahmen der Zuständigkeitsmodelle vorgeschlagen wird, ist die Internationalisierung von Jurisdiktionsgewalt. Das bedeutet, dass ein supranationales Gericht geschaffen bzw. bestimmt werden soll, das für Strafverfahren mit transnationaler Dimension zuständig ist. Damit sollen Fälle gelöst werden, in denen mehr als eine Jurisdiktion einen völkerrechtlich anerkannten Anknüpfungspunkt für die Ausübung ihrer Strafgewalt geltend machen kann und keine Einigung zwischen den beteiligten Staaten zugunsten einer bestimmten Jurisdiktion erzielt werden kann.

Den Entscheidungen des supranationalen Gerichts soll eine Präklusionswirkung zukommen, sodass daran anschließende Verfahren wegen derselben Tat ausgeschlossen sein sollen.[505]

Speziell für den Bereich der Auslandskorruption schlägt *Hoven* die Errichtung eines internationalen Korruptionsgerichtshofs vor, der ausschließlich „zur Ahndung schwerwiegender transnationaler Bestechungstaten“[506] zuständig sein soll.[507]

---

504 *Bantekas*, Journal of Int. Criminal Justice 2006, 466 (466).

505 *Schönberger*, Positive transnationale Jurisdiktionskonflikte, S. 323 f.; *Thomas*, Das Recht auf Einmaligkeit der Strafverfolgung, S. 168 f. m.w.N.; nach *Li*, Die Prinzipien des internationalen Strafrechts, S. 220 stellt dies „die beste Form der Internationalisierung der staatlichen Strafgewalten“ dar. Eine nahe praktische Umsetzung wird jedoch nicht für möglich gehalten.

506 *Hoven*, Auslandsbestechung, S. 557.

507 *Hoven*, Auslandsbestechung, S. 552 ff.

bb) Stellungnahme

Für die Begründung einer supranationalen Entscheidungsinstanz wird angeführt, dass dieser eine überparteiliche Stellung gegenüber den Einzelstaaten zukomme.[508] Auf diese Weise werde die Akzeptanz gegenüber der Institution erhöht und zugleich die Souveränitätsinteressen der einzelnen Staaten geschont. Eine „Zuständigkeitsentscheidung [werde] dann nicht gegen einen zugunsten eines anderen Souveräns gefällt“[509]. Somit müsse kein Staat seine Souveränität gegenüber einem anderen Staat einseitig zurückstehen lassen.[510] Gleichzeitig entstünden keine souveränitätsrechtlichen Probleme, da die Beteiligung der betroffenen Staaten eine verfahrenstechnische Notwendigkeit darstelle, wenn die Rechtssprechungsgewalt einem supranationalen Spruchkörper übertragen wird.[511] Vor allem im häufig politisch sensiblen Bereich der Auslandskorruption vermöge es ein eigens dafür eingerichteter Gerichtshof, sich von den nationalen politischen Interessen loszulösen.[512] Insbesondere befinde sich ein solcher im Gegensatz zu den Nationalstaaten regelmäßig nicht in einer „Doppelrolle“, die es ihm einerseits abverlange, Korruption zu bekämpfen, er jedoch andererseits von ihr profitiert. Daher bestehe die Gefahr von „pro forma“-Verfahren gar nicht erst.[513] Auch würden sich dort mit der Zeit sämtliche Kompetenzen zur Verfolgung transnationaler Korruption vereinen, was effektivere Strafverfahren zur Folge hätte.[514]

Der Vorschlag zur Internationalisierung von Jurisdiktionsgewalt erfährt jedoch auch Kritik. Vermag dieser Ansatz zwar den Beschuldigten vor einer mehrfachen Verurteilung zu bewahren, so setze er ihn offenen Auges einer parallelen Strafverfolgung der beteiligten Jurisdiktionen aus.[515] Somit schütze dieser Vorschlag den Beschuldigten vor einer Doppelbestrafung, setze gleichzeitig allerdings eine (mindestens) doppelte Strafverfolgung voraus.

Als Argument gegen eine Internationalisierung von Jurisdiktionsgewalt wird weiterhin angeführt, dass ein internationaler Gerichtshof im Regelfall seinen

508 *Thomas*, Das Recht auf Einmaligkeit der Strafverfolgung, S. 169; *Schönberger*, Positive transnationale Jurisdiktionskonflikte, S. 324; *Hoven*, Auslandsbestechung, S. 552 f.

509 *Schönberger*, Positive transnationale Jurisdiktionskonflikte, S. 324.

510 *Schönberger*, Positive transnationale Jurisdiktionskonflikte, S. 324.

511 *Thomas*, Das Recht auf Einmaligkeit der Strafverfolgung, S. 169; *Schönberger*, Positive transnationale Jurisdiktionskonflikte, S. 324.

512 *Hoven*, Auslandsbestechung, S. 552 f.

513 *Hoven*, Auslandsbestechung, S. 553.

514 *Hoven*, Auslandsbestechung, S. 554.

515 *Schönberger*, Positive transnationale Jurisdiktionskonflikte, S. 324 f.

Sitz sehr weit vom Tatort entfernt haben werde und dieser somit auch Schwierigkeiten haben werde, die Beweismittel zu sichten, da diese Beweismittel sehr weit entfernt sein können.[516]

Zudem nehme eine solche Lösung nicht ausreichend Rücksicht auf die Belange der Beteiligten. Beschuldigter, Opfer sowie mögliche Zeugen müssten extrem weite Wege auf sich nehmen, um an der Verhandlung teilnehmen zu können.[517] Dies stünde auch in Konflikt mit dem Grundsatz effektiver Strafverfolgung.[518]

Weiterhin lässt sich das Problem der begrenzten Kapazitäten der supranationalen Instanz ins Feld führen. Die Kapazitätsgrenze eines überstaatlichen Gerichtshofs wird schnell erreicht sein, wenn dieser weltweit für sämtliche transnationalen Delikte zuständig sein soll.[519]

Zunächst ist festzustellen, dass diejenigen Lösungsansätze, die einen solchen supranationalen Gerichtshof auf europäischer Ebene etablieren wollen[520], in der vorliegenden Situation keine befriedigende Lösung anbieten können. Mag solch ein europäisches Gericht dabei helfen können, Konfliktsituationen innerhalb der Europäischen Union zu bereinigen, so könnte es vor allem bei Streitfragen im Zusammenhang mit dem FCPA der Vereinigten Staaten keine Abhilfe schaffen. Aufgrund seiner erheblichen extraterritorialen Reichweite[521] sind Jurisdiktionskonflikte mit dem FCPA bei internationalen Korruptionsstraftaten jedoch gerade sehr wahrscheinlich. Insoweit kann die Internationalisierung von Jurisdiktionsgewalt letztlich nur dann eine taugliche Option für die Lösung des Konflikts sein, wenn die Jurisdiktionsgewalt tatsächlich internationalisiert und nicht lediglich europäisiert wird.

---

516 *Schönberger*, Positive transnationale Jurisdiktionskonflikte, S. 326.

517 *Schönberger*, Positive transnationale Jurisdiktionskonflikte, S. 326.

518 *Schönberger*, Positive transnationale Jurisdiktionskonflikte, S. 326.

519 So auch *Thomas*, Das Recht auf Einmaligkeit der Strafverfolgung, S. 169; *Schönberger*, Positive transnationale Jurisdiktionskonflikte, S. 325; ebenfalls *Vander Beken u. a.*, Finding the Best Place for Prosecution, S. 24; vgl. auch *Eser*, in: Donatsch/Forster/Schwarzenegger, FS Trechsel, S. 226, der bereits Sorgen über die Kapazität des IStGH äußert, sollte ihm die Verfolgung aller Völkerrechtsverbrechen überlassen werden.

520 Beispielsweise eine Übertragung der Jurisdiktionsbefugnis auf den EuGH oder den EGMR andenkend *Schönberger*, Positive transnationale Jurisdiktionskonflikte, S. 324; auch die Errichtung eines Europäischen Strafgerichtshofs wird vorgeschlagen, vgl. *Lagodny*, Gutachten für das BMJ, S. 121; für die Errichtung eines ganzen europäischen Strafjustizsystems bestehend aus europäischem Strafgerichtshof, europäischer Staatsanwaltschaft und europäischer Polizei *Klip*, ZStW 117 (2005), 889 (901 ff.).

521 Siehe dazu bereits unter Kap. 1 C.III.

Mag das Problem der weit entfernten Beweismittel auch bei nationalen Gerichten zeitweilen auftreten, so dürfte dies bei einem Gerichtshof, der ausschließlich bei Fällen mit transnationaler Dimension zuständig sein soll, wohl weitaus häufiger der Fall sein. Insofern ist diesem Einwand beizupflichten.

Das Problem der Kapazitätsgrenzen der supranationalen Instanz greift hier ebenso wie im Rahmen des vorausgegangenen Vorschlags bzgl. des IStGH.[522] Sofern die Zuständigkeit eines internationalen Korruptionsgerichtshofs jedoch auf Fälle schwerer Korruptionstaten beschränkt sein soll, mag sich dieses Argument entkräften lassen. Dabei ist jedoch das Folgeproblem der Bestimmung „schwerer" Korruption zu beachten. Ein internationaler Gerichtshof ist zwar überparteilich. Um von seiner Überparteilichkeit profitieren zu können, muss sich jedoch gerade seine Zuständigkeit klar bestimmmen lassen.[523] Andernfalls droht besonders in politisch sensiblen Bereichen ein Streit über die Zuständigkeit des Gerichtshofs mit den betroffenen Nationalstaaten. Daher müsste für diese Fälle eine verbindliche Lösung angeboten werden. Auch das Schicksal bereits auf nationaler Ebene eingeleiteter Strafverfahren bedürfte einer Regelung.

Berechtigt ist ferner der Einwand, dass eine Internationalisierung von Jurisdiktionsgewalt grundsätzlich eine parallele Strafverfolgung gegen den Beschuldigten voraussetze. Dem könnte jedoch zumindest im Rahmen der Zuständigkeit eines internationalen Korruptionsgerichtshofs dadurch begegnet werden, dass von dort „eine zentrale Koordination der Ermittlungen in allen beteiligten Staaten" vorgenommen wird.[524] Inwieweit die nationalen Strafverfolgungsbehörden in diesem Zusammenhang sodann tatsächlich Souveränität abgeben und auf eigene Ermittlungsmaßnahmen verzichten und der Beschuldigte somit de facto nicht doch parallelen Strafverfahren ausgesetzt ist, bleibt jedoch fraglich.

Zuzustimmen ist jedoch dem Aspekt, dass die Belange der Beteiligten strenger in den Blick genommen werden müssen.

Eine zustimmungswürdige Lösung muss daher auch die Belange der Beteiligten berücksichtigen. Ihnen kann nicht regelmäßig zugemutet werden, für die Hauptverhandlung um die halbe Welt zu reisen. Dies hätte neben einem

---

522 Siehe dazu oben unter Kap. 4 B.II.1.b).

523 Die Trennschärfe der von *Hoven*, Auslandsbestechung, S. 555, angebotenen Kriterien „Schäden", „Rang der bestochenen Amtsträger" bzw. „Auftragsvolumen" scheint zumindest fraglich, da sich die eingetretenen Schäden wohl regelmäßig nur schwer quantifizieren lassen und eine vergleichbare Rangordnung der Amtsträger verschiedenster Länder vorausgesetzt wird.

524 *Hoven*, Auslandsbestechung, S. 554.

erheblichen Zeitaufwand auch physische und psychische Nachteile sowie finanzielle Einbußen zur Folge.

b) Internationalisierung der Strafverfolgung

aa) Theoretischer Ansatz

Um auch die Strafverfolgung zu internationalisieren, wird von amerikanischer Seite die Errichtung einer globalen SEC vorgeschlagen.[525] Dabei soll der Behörde zunächst die Befugnis zuteilwerden, einheitliche Standards zu setzen, woran sich die Befugnis zur Rechtsdurchsetzung anschließen soll.[526] Einheitliche Standards seien dabei wichtig, um einem weltweit geltenden System Glaubwürdigkeit verschaffen zu können.[527]

Zwar wurde auch dieser Gedanke nicht explizit geteilt, um eine Mehrfachverfolgung im internationalen Korruptionsstrafrecht zu verhindern[528], doch würde eine solche Behörde dabei helfen, bereits das Ermittlungsverfahren gegen den Beschuldigten zu kanalisieren und auf eine Strafverfolgungsbehörde zu beschränken. Bei entsprechender Präklusionswirkung wäre damit eine mehrfache Verfolgung und folglich auch eine Doppelbestrafung des Beschuldigten ausgeschlossen.

bb) Stellungnahme

Zunächst ist anzumerken, dass bei diesem nicht umfassend ausgearbeiteten Vorschlag einige Ungereimtheiten bestehen bleiben. Unklar bleibt dabei beispielsweise, was mit dieser Befugnis zur Rechtsdurchsetzung („enforcement jurisdiction") genau gemeint sein soll. Zudem ist unklar, ob diese SECI umfassend Zuständigkeiten bündeln soll oder ob daneben noch ein globales DOJ existieren soll.

Nichtsdestotrotz könnte für die Errichtung einer globalen SEC sprechen, dass die amerikanische SEC ohnehin bereits extraterritorial tätig wird. Die Errichtung

---

525 *Sporkin*, Nw. J. Int'l L. & Bus. 1998, 269 (280), der auch bereits einen passenden Namen anbietet: SECI (Securities and Exchange Commission International).

526 *Sporkin*, Nw. J. Int'l L. & Bus. 1998, 269 (280): „To start, it would have standard setting authority to be followed by enforcement jurisdiction".

527 *Sporkin*, Nw. J. Int'l L. & Bus. 1998, 269 (280).

528 Es ging bei dem Vorschlag wohl eher darum, die hohen amerikanischen Standards bei der Korruptionsbekämpfung global durchzusetzen, vgl. *Sporkin*, Nw. J. Int'l L. & Bus. 1998, 269 (280).

einer globalen Behörde würde also letztlich lediglich eine Ressourcensteigerung der bestehenden SEC erfordern und bedeuten.

Außerdem ist anzuerkennen, dass dieses Modell sicherstellen würde, dass der Beschuldigte nur einem Verfahren ausgesetzt wird. Die globale SEC würde die Strafverfolgung für die einzelnen verfolgungswilligen Staaten übernehmen und damit sicherstellen, dass diese nicht parallel gegen den Beschuldigten ermitteln und dieser anschließend nicht mehrfach angeklagt wird. Damit kann dieser Lösungsansatz zudem einer mehrfachen Bestrafung des Täters vorbeugen. Gelöst werden müsste von diesem Vorschlag allerdings zudem die Frage, bei welchem Gericht die globale SEC nach Abschluss der Ermittlungen Anklage erheben kann.

Weiterhin spricht gegen diese Lösung ebenfalls der räumliche Aspekt und die damit verbundene Belastung der beteiligten Personen. Es kann den Beschuldigten und den Zeugen nicht zugemutet werden, regelmäßig tausende von Kilometern zu reisen, um am Strafverfahren partizipieren zu können.

Auch die Frage der Kapazitätsgrenzen stellt sich im Zusammenhang mit einer international tätigen Verfolgungsbehörde, die jedwede Korruptionstat im öffentlichen Sektor auf dem gesamten Globus verfolgen soll. Dort ist möglicherweise eine Beschränkung auf schwerwiegende Korruptionsverbrechen in Erwägung zu ziehen, welche in der Regel auch eher transnationalen Charakter haben und damit Jurisdiktionskonflikte nach sich ziehen, als Fälle der sog. „Kleinkorruption“[529].

Dennoch müsste die globale SEC in der Folge auch weltweit ermitteln. Neben den dafür erforderlichen Ressourcen können dort auch sprachliche und kulturelle Unterschiede zwischen Ermittlungsbeamten und den Einheimischen am Ort der Ermittlungen Schwierigkeiten bereiten und eine effektive Strafverfolgung damit zumindest erschweren. Folglich ist auch die Effizienz dieses Vorschlags in Frage zu stellen, weshalb er sich nicht für die Lösung der Problematik eignet.

3. *Prinzipien des Strafanwendungsrechts als Kollisionsnormen?*

Eine Lösung des Problems der Doppelverfolgung und -bestrafung könnte nach bestehender Rechtslage darin bestehen, die international anerkannten Prinzipien

529 Wobei nach *Peters*, JZ 2016, 217 (218 f.) gerade bei dieser „Kleinkorruption“ eine deutlichere menschenrechtliche Implikation gegeben sein soll als bei Fällen der Auslandsbestechung.

des Strafanwendungsrechts – ähnlich wie die Regelungen des internationalen Privatrechts – als Kollisionsnormen anzusehen.

Dazu müssten diese Grundsätze jedoch klare Aussagen dazu treffen können, welche Jurisdiktion sich in einer Konfliktsituation durchsetzt. Da die Prinzipien allerdings lediglich einseitig festlegen, wann eine nationale Strafgewalt zur Anwendung kommen kann, führen sie lediglich zu Konfliktsituationen, treffen jedoch keine Aussage dazu, wie diese aufzulösen sind. Im Gegensatz zum internationalen Privatrecht gibt es im (deutschen) Strafrecht folglich keine Kollisionsnormen.[530]

4. *Rangfolge der Prinzipien*

a) *Theoretischer Ansatz*

Eine solche Aussage zur Lösung von Kollisionsfällen wird von einigen Stimmen versucht, in die bestehenden Prinzipien des Strafanwendungsrechts hineinzuinterpretieren. Dazu werden einige Prinzipien als gewichtiger angesehen als andere, was zu einer „Rangfolge" bzw. „Hierarchie" der Prinzipien führen soll. Kollidieren mehrere Jurisdiktionen, soll derjenigen Vorrang zukommen, die ihre Strafgewalt aus einem Anknüpfungsprinzip ableitet, das in dieser Rangliste am höchsten steht.[531]

---

530 *Safferling*, Internationales Strafrecht, § 3 Rn. 1; *Eser/Weißer*, in: Schönke/Schröder, Strafgesetzbuch, Vor §§ 3-9 Rn. 5; vgl. auch *Oehler*, Internationales Strafrecht, Rn. 955; *Werle/Jeßberger*, in: Laufhütte/Rissing-van Saan/Tiedemann, Leipziger Kommentar, Strafgesetzbuch, Vor § 3 Rn. 340; *Radtke/Mahler*, in: Steinberg, FS Rüping, S. 55; *Zieher*, Das sog. Internationale Strafrecht nach der Reform, S. 33 f., 73; *Pelz*, CCZ 2013, 234 (234); *Hecker*, StV 2001, 306 (306); im Gegensatz zum früheren schweizerischen Recht, vgl. *Satzger*, Internationales Strafrecht, § 3 Rn. 3 f.; *Schmitz*, in: Samson/Dencker/Frisch/Frister/Reiß, FS Grünwald, S. 619; diesen Terminus noch gebrauchend *Nuvolone*, ZStW 66 (1954), 545 (545 f.); ebenso *Heger*, in: Lackner/Kühl, Strafgesetzbuch, Vor §§ 3-7 Rn. 1, der von „einseitigen Kollisionsnormen" spricht; kritisch zum Begriff des „Kollisionsrechts" *Neumann*, in: Britz/Jung/Koriath/Müller, FS Müller-Dietz, S. 595 ff.; zum Ganzen *Schmidt-Kessel*, in: Sinn, Jurisdiktionskonflikte bei grenzüberschreitender Kriminalität, S. 66 ff.

531 *Ambos*, in: Joecks/Miebach, Münchener Kommentar zum StGB, Vor § 3 Rn. 63 ff. m.w.N.; *Eser*, in: Sieber/Satzger/v. Heintschel-Heinegg, Europäisches Strafrecht, § 36 Rn. 99.

Als das gewichtigste Prinzip des internationalen Strafrechts wird zumeist das Territorialitätsprinzip genannt.[532] Ihm soll der Platz an der Spitze der Rangfolge zuteilwerden.[533]

Als weitere gewichtige Prinzipien werden das dem Territorialitätsprinzip nahestehende Flaggenprinzip und das Auswirkungsprinzip genannt, gefolgt vom Staatsschutzprinzip, dem Personalitätsprinzip und ergänzend der stellvertretenden Strafrechtspflege.[534] Dazu parallel soll das Weltrechtsprinzip stehen.[535]

Eine modifizierte Ansicht besagt, dass – obgleich eine weitere Verfolgung grundsätzlich unzulässig sein soll – der zweitverfolgende Staat dennoch ein weiteres Strafverfahren einleiten darf, wenn dies nach einer Abwägung des durch die erneute Strafverfolgung tangierten allgemeinen Persönlichkeitsrechts des Beschuldigten und der Pflicht des Staates, Rechtsgüter durch die Realisierung des Strafrechts zu schützen, gerechtfertigt erscheint. Dies soll regelmäßig bei Anknüpfung der Strafgewalt an das Territorialitäts- und das Staatsschutzprinzip der Fall sein, womit diesen Prinzipien faktisch Vorrang vor den übrigen eingeräumt wird.[536]

---

532 *Wörner/Wörner*, in: Sinn, Jurisdiktionskonflikte bei grenzüberschreitender Kriminalität, S. 212; *Safferling*, Internationales Strafrecht, § 3 Rn. 6; *Pedrazzi*, in: Tiedemann, Multinationale Unternehmen und Strafrecht, S. 85; vgl. auch *Luther*, NJW 1968, 1026 (1027), der sich für die reine Geltung des Territorialitätsprinzips unter Aufgabe des Personalitätsprinzips ausspricht.

533 *Ambos*, in: Joecks/Miebach, Münchener Kommentar zum StGB, Vor § 3 Rn. 64; ebenso *Eisele*, ZStW 125 (2013), 1 (31), der zudem „bei Bestechungsdelikten von Vertretern juristischer Personen, die zugunsten der juristischen Person erfolgen" ein Abstellen auf den Sitz der Gesellschaft vorschlägt; a.A. *Eicker*, StV 2005, 631 (632 f.).

534 *Ambos*, in: Joecks/Miebach, Münchener Kommentar zum StGB, Vor § 3 Rn. 64 ff., 72; ähnlich *Hecker*, ZIS 2011, 60 (62), der zudem noch „qualitative" Kriterien heranziehen möchte, um den „Schwerpunkt der Tat" zu ermitteln; ähnlich ebenfalls *Bochmann*, Strafgewaltkonflikte und ihre Lösung, S. 149 f., der jedoch dem Staatsschutzprinzip Priorität einräumt.

535 *Ambos*, in: Joecks/Miebach, Münchener Kommentar zum StGB, Vor § 3 Rn. 69 f., 72; zum Ganzen auch *Gropp*, in: Sinn, Jurisdiktionskonflikte bei grenzüberschreitender Kriminalität, S. 49 ff.; *Hein*, Zuständigkeitskonflikte, S. 132 ff., 237 ff.; mit historischen Bezügen *Vander Beken u. a.*, Finding the Best Place for Prosecution, S. 21 ff. m.w.N.

536 *Voulgaris*, Transnationales „ne bis in idem", S. 267, 259 f., 73 ff.; *Feller*, Isr. L. Rev. 1981, 40 (69 f.); diesen beiden Prinzipien wird auch im Modell bei *Sinn*, Jurisdiktionskonflikte bei grenzüberschreitender Kriminalität, S. 588, 590 der höchste Stellenwert eingeräumt; ebenso der Vorschlag von *Rekate*, Die Vermeidung von Jurisdiktionskonflikten, S. 358 ff.; für einen Vorrang des Staatsschutzprinzips *Hein*,

b) Stellungnahme

Für diesen Ansatz, der versucht, die verschiedenen Anknüpfungsprinzipien in eine Rangfolge zu bringen, wird zunächst vorgebracht, dass diese Lösung eine einfache Möglichkeit darstelle, Zuständigkeitskonflikte aufzulösen.[537]

Für die Annahme, das Territorialitätsprinzip sei das gewichtigste aller völkerrechtlich anerkannten Anknüpfungsprinzipien, wird vorgetragen, im Rahmen dieses Prinzips hätten zum einen strafrechtliche Sanktionsnorm und Täter die stärkste Beziehung zueinander.[538] Zum anderen entspräche das Territorialitätsprinzip dem Grundsatz der staatlichen Souveränität und sei im internationalen Kontext in höchster Weise anerkannt.[539]

Als problematisch an diesem Lösungsversuch wird jedoch gesehen, dass versucht werde, aus den Anwendungsprinzipien des internationalen Strafrechts, welche – im Gegensatz zu den Normen des internationalen Privatrechts – ihrem Wesen nach dazu geschaffen sind, einseitige Anwendungsregeln zu definieren, wider ihrer Struktur Kollisionsnormen zu schaffen.[540] Denn auf nichts anderes würde die Konzeption einer Rangfolge der Prinzipien hinauslaufen.[541]

Weiterhin sei im Rahmen dieses Systems nicht klar, wie in Fällen verfahren werden soll, in denen sich mehrere Staaten auf dasselbe Anknüpfungsprinzip berufen. Da diese Prinzipien im Hierarchiemodell den identischen Rang einnehmen würden, würden die beiden Strafgewalten wieder nebeneinander stehen.[542]

Die modifizierte Ansicht würde zudem in Fällen, in denen sich mehrere Jurisdiktionen auf das Territorialitätsprinzip berufen können, eine unbegrenzte

---

Zuständigkeitskonflikte, S. 238 ff., der in den übrigen Fällen dem Beschuldigten die Entscheidung über den Gerichtsstand überlassen will, S. 252 ff., 256 ff.

537 *Zimmermann*, Strafgewaltkonflikte in der Europäischen Union, S. 346.

538 *Oehler*, in: Oehler/Pötz, FS Grützner, S. 117.

539 *Ambos*, in: Joecks/Miebach, Münchener Kommentar zum StGB, Vor § 3 Rn. 64 m.w.N.

540 Vgl. *Eser/Weißer*, in: Schönke/Schröder, Strafgesetzbuch, Vor §§ 3-9 Rn. 5; nach *Pappas*, Stellvertretende Strafrechtspflege, S. 87 f. verbietet bereits ihr Charakter als Prinzipien eine Hierarchisierung. Die Prinzipien seien zudem „nichts anderes als standardisierte Abwägungsergebnisse", weshalb „sie jeweils nur nebeneinander bestehen [können]", S. 87; so auch *Lagodny*, Gutachten für das BMJ, S. 44.

541 So wohl auch *Eisele*, ZStW 125 (2013), 1 (31), der dies jedoch befürwortet.

542 *Kniebühler*, Transnationales ‚ne bis in idem', S. 78; *Eicker*, Transstaatliche Strafverfolgung, S. 257 f.; *Hein*, Zuständigkeitskonflikte, S. 141 f.; *Zimmermann*, Strafgewaltkonflikte in der Europäischen Union, S. 347 f. m.w.N.; *Ambos*, in: Joecks/Miebach, Münchener Kommentar zum StGB, Vor § 3 Rn. 72 fordert daher die Schaffung einer weiteren Instanz, die diese Konflikte lösen soll.

Anzahl an Strafverfahren gegen den Täter zulassen. Dies stehe gerade im Widerspruch zum hier verfolgten Ziel, Mehrfachverfolgungen zu verhindern.[543]

Außerdem würden durch einen solchen Ansatz die Belange des Beschuldigten nicht ausreichend berücksichtigt. Sie stünden vollständig hinter den verfahrensökonomischen Interessen der Verfolgerstaaten zurück.[544]

Dem wird jedoch entgegnet, dass eine klare Hierarchieregelung gerade den Rechten des Beschuldigten hinsichtlich der Vorhersehbarkeit der Strafbarkeit und der zuständigen Jurisdiktion gerecht werde.[545]

Diese eindeutige Vorhersehbarkeit der zuständigen Jurisdiktion würde den Täter jedoch wiederum einladen, sich per „forum shopping" die Jurisdiktion mit der geringsten Strafdrohung auszusuchen, um seine Tat zu begehen.[546]

Zudem wird gegen das Hierarchisierungsmodell angeführt, dass eine solche, losgelöst vom Einzelfall festgelegte Reihenfolge nicht hinreichend Rücksicht auf die konkreten Anforderungen des Einzelfalls nehmen könne und diese daher nicht erfolgsversprechend erscheine.[547] Neben unvorhergesehenen gewichtigen Interessen eines anderen als des gemäß der Rangfolge zum Zuge kommenden Verfolgerstaates könnten auch pragmatische Gründe eine Rolle spielen, etwa wenn die zuständige Jurisdiktion keine Möglichkeit hat, das Strafverfahren selbst durchzuführen.[548]

---

543 *Hein*, Zuständigkeitskonflikte, S. 141 f.

544 Diesen allgemeinen Kritikpunkt im Zusammenhang mit dem Hierarchiemodell anführend *Gropp*, in: Sinn, Jurisdiktionskonflikte bei grenzüberschreitender Kriminalität, S. 51; kritisch hinsichtlich der Beschuldigtenrechte auch *Rekate*, Die Vermeidung von Jurisdiktionskonflikten, S. 254 f.

545 *Zimmermann*, Strafgewaltkonflikte in der Europäischen Union, S. 346 f.

546 *Eser*, in: Sinn, Jurisdiktionskonflikte bei grenzüberschreitender Kriminalität, S. 566 f.; *Eisele*, ZStW 125 (2013), 1 (32); wohl auch *Lagodny*, Gutachten für das BMJ, S. 66.

547 *Weißer*, GA 2012, 416 (430); *Linke*, in: Oehler/Pötz, FS Grützner, S. 88; *Lagodny*, Gutachten für das BMJ, S. 49; *Vander Beken u. a.*, Finding the Best Place for Prosecution, S. 23; *Eckstein*, ZStW 124 (2012), 490 (504); *Zimmermann*, Strafgewaltkonflikte in der Europäischen Union, S. 349; *Hein*, Zuständigkeitskonflikte, S. 139 ff.; auch *Thomas*, Das Recht auf Einmaligkeit der Strafverfolgung, S. 167; *Eicker*, StV 2005, 631 (633).

548 *Zimmermann*, Strafgewaltkonflikte in der Europäischen Union, S. 349 f.; bzgl. hinzutretender Interessen auch *Thomas*, Das Recht auf Einmaligkeit der Strafverfolgung, S. 167 f., der infolgedessen im Wege einer Gesamtschau auf den Ort abstellen möchte, an dem das „charakteristische Unrecht" eintrat; zur Unmöglichkeit der Durchführung auch *Eser*, in: Sinn, Jurisdiktionskonflikte bei grenzüberschreitender Kriminalität, S. 569; auf Gesichtspunkte der Resozialisierung abstellend *Linke*, in: Oehler/Pötz, FS Grützner, S. 88.

Auch die Gefahr negativer Kompetenzkonflikte[549] stünde im Raum, wenn sich der eigentlich zuständige Staat weigert, die Verfolgung durchzuführen[550], oder missbräuchlich ein zu mildes „pro forma"-Urteil verhängt.[551]

Abschließend wird konstatiert, dass durch eine solche Rangfolge lediglich festgelegt werden würde, welche Jurisdiktion vorrangig zuständig wäre. Nicht gelöst werde dadurch die Frage, ob eine weitere Verfolgung zulässig ist bzw. wie dieser vorgebeugt werden soll.[552] Auch ergebe sich daraus nicht, wie zu verfahren wäre, wenn ein Staat, dessen Anknüpfungsprinzip eine niedrigere Stellung hat als das eines anderen Staates, ein Verfahren einleitet.[553]

In der Tat scheint dieser Vorschlag auf den ersten Blick eine einfache Lösung zur Vermeidung positiver Kompetenzkonflikte anzubieten. Die in eine Rangfolge gebrachten Prinzipien sind im internationalen Strafrecht anerkannt und die Kollisionsnormen des internationalen Privatrechts haben gezeigt, dass sich durch entsprechende Normen Konflikte verschiedener Rechtsordnungen in der Praxis auflösen lassen.[554]

Jedoch kann man ebenfalls nicht davon ausgehen, dass die Prinzipien des Strafanwendungsrechts nach gegenwärtiger Rechtslage Kollisionsnormen

549 In solch einem Fall ist zu befürchten, dass überhaupt keine Strafverfolgung stattfindet, vgl. *Lagodny*, Gutachten für das BMJ, S. 24 ff.; *Linke*, in: Oehler/Pötz, FS Grützner, S. 85.

550 *Eser*, in: Sinn, Jurisdiktionskonflikte bei grenzüberschreitender Kriminalität, S. 569; sich in einem solchen Fall für die Zuständigkeit eines nachrangigen Staates aussprechend *Bochmann*, Strafgewaltkonflikte und ihre Lösung, S. 259.

551 *Zimmermann*, Strafgewaltkonflikte in der Europäischen Union, S. 350.

552 *Kniebühler*, Transnationales ‚ne bis in idem', S. 79; *Thomas*, Das Recht auf Einmaligkeit der Strafverfolgung, S. 166, demzufolge die nachrangigen „Strafgewaltsgründe" erlöschen sollen; aus diesem Grund werden Kombinationslösungen vorgeschlagen, die der Hierarchisierung eine vorgelagerte Rolle zusprechen, um auf einer ersten Ebene entscheiden zu können, welche Jurisdiktion zuständig sein soll, und sich der Problematik paralleler Strafverfahren auf der zweiten Ebene widmen, vgl. *Kniebühler*, Transnationales ‚ne bis in idem', S. 79 f.; *Schönberger*, Positive transnationale Jurisdiktionskonflikte, S. 331 f. Siehe dazu bspw. die Initiative der Hellenischen Republik im Hinblick auf die Annahme eines Rahmenbeschlusses des Rates über die Anwendung des „ne-bis-in-idem"-Prinzips unter Kap. 4 B.II.7.a)cc).

553 *Kniebühler*, Transnationales ‚ne bis in idem', S. 79.

554 Vgl. dazu auch *Hein*, Zuständigkeitskonflikte, S. 172 ff., 207 ff., der die Zuständigkeitsregelungen des internationalen Zivilprozessrechts auf ihre Verwertbarkeit im internationalen Strafrecht untersucht; ebenso *Rekate*, Die Vermeidung von Jurisdiktionskonflikten, S. 297 ff.

darstellen. Diese wären sie aber, wenn sie sich in eine allgemein gültige, feste Reihenfolge bringen ließen. Sie würden es dann möglich machen, eine eindeutige Aussage im Falle mehrerer miteinander kollidierender Strafgewalten darüber zu treffen, welcher Strafanspruch[555] tatsächlich verwirklicht werden kann und welcher zurückzustehen hat. Insofern ist es richtig, davon auszugehen, dass sich eine solche Rangfolge nicht aus dem nationalen Recht, sondern allenfalls aus dem Völkerrecht ergeben kann.[556]

Aus dem geltenden Völkerrecht lässt sich eine entsprechende Rangfolge jedoch gerade nicht entnehmen.[557]

Zwar ließe sich möglicherweise ein Konsens darüber erzielen, dass dem Territorialitätsprinzip eine führende Rolle zukommen soll[558] und das Prinzip der stellvertretenden Strafrechtspflege subsidiär gegenüber den übrigen Prinzipien sein soll[559], eine verbindliche Aussage zum „Mittelbau", also der Rangfolge der übrigen Prinzipien, lässt sich jedoch nicht treffen. Eine eindeutige und vollständige Hierarchie unter den Prinzipien wäre allerdings erforderlich, wollte man eine Lösung für jedweden sich aus diesen Prinzipien ergebenden Kompetenzkonflikt schaffen.[560]

Dies wäre auch der Vorhersehbarkeit der anwendbaren Rechtsordnung dienlich.

---

555 Darunter soll das „nach nationalen Vorschriften *gegenüber dem Individuum* bestehende Recht zu verstehen [sein], auf eine an einem bestimmten Ort geschehene Handlung mit seinem Strafrecht zu reagieren", *Lagodny*, ZStW 101 (1989), 987 (987 Fn. 2).

556 *Ambos*, in: Joecks/Miebach, Münchener Kommentar zum StGB, Vor § 3 Rn. 63; *Van der Beken u. a.*, NStZ 2002, 624 (625): Eine solche Rangfolge könnte allenfalls völkergewohnheitsrechtlich festgelegt werden, wovon allerdings nicht auszugehen ist.

557 *Böse*, in: Kindhäuser/Neumann/Paeffgen, Strafgesetzbuch, Vor §§ 3 ff Rn. 33; *Pappas*, Stellvertretende Strafrechtspflege, S. 87 Fn. 104 m.w.N.; *Lagodny*, Gutachten für das BMJ, S. 44; *Werle/Jeßberger*, in: Laufhütte/Rissing-van Saan/Tiedemann, Leipziger Kommentar, Strafgesetzbuch, Vor § 3 Rn. 47; dazu auch *Schönberger*, Positive transnationale Jurisdiktionskonflikte, S. 329 ff. m.w.N.

558 Kritisch *Thomas*, Das Recht auf Einmaligkeit der Strafverfolgung, S. 167, der darauf hinweist, dass das Territorialitätsprinzip in vielen Ländern durch weitere Prinzipien ergänzt wird, was die Umsetzung dieses Lösungsvorschlags erschweren würde und zudem entschieden werden müsste, ob der Tätigkeits- oder der Erfolgsort für die Bestimmung maßgeblich sein soll; vgl. dazu jedoch *Lagodny*, Gutachten für das BMJ, S. 46 f. sowie S. 48.

559 Siehe dazu unten unter Kap. 5 D.I.

560 A.A. *Bochmann*, Strafgewaltkonflikte und ihre Lösung, S. 151 f.

Die vermeintlich gute Vorhersehbarkeit dieses Modells ist zudem ins Gegenteil gekehrt, wenn sich mehrere Jurisdiktionen auf dasselbe Prinzip berufen können. Anstelle einfacher Klarheit tritt weitere Ungewissheit darüber ein, welche Jurisdiktion nunmehr Anwendung findet. Insofern müsste diese Lösung durchaus auch für solche Fälle einen Ausweg anbieten können.[561] Vor allem im Bereich der Auslandsbestechung sind bei komplexen Abläufen mehrere Handlungsorte denkbar, womit die Problematik in diesem Zusammenhang sogar noch intensiviert wird.[562] Darüber hinaus ist dem Argument beizupflichten, dass dieses Modell einer Klärung bedarf, wie mit bereits eingeleiteten bzw. unrechtmäßig eingeleiteten Strafverfahren umzugehen ist.

Der Einwand, dass eine eindeutige Vorhersehbarkeit der anwendbaren Rechtsnormen den Täter zu „forum shopping" verleiten würde, kann jedoch nicht überzeugen. Zum einen ist nicht ersichtlich, weshalb diese Praxis zum Nachteil des Einzelnen ausgelegt werden sollte, ist diese doch hinsichtlich Steueroasen heutzutage beinahe eine Selbstverständlichkeit. Diese „Schlupflöcher" zu schließen obliegt vielmehr dem jeweiligen Staat.[563]

Den Bedenken hinsichtlich mangelnder Flexibilität des Modells im Einzelfall ist beizupflichten. Allerdings wird man wohl zumindest in Fällen, in denen die zuständige Jurisdiktion keine Möglichkeit hat, das Strafverfahren selbst durchzuführen, auf die Möglichkeiten der Rechtshilfe verweisen können, wenn der zuständige Staat etwa keine Möglichkeit hat auf den Beschuldigten zuzugreifen.[564]

Weiterhin würde eine solche Lösung stete Kommunikation zwischen den ermittelnden Strafverfolgungsbehörden der jeweiligen Staaten voraussetzen.[565]

---

561 Nach *Eicker*, StV 2005, 631 (632) müsste in diesen Fällen ein Abstellen auf zusätzliche subsidiäre Kriterien wie z.B. den Ergreifungsort erfolgen. Dies würde jedoch den grundsätzlichen Anwendungsvorrang des Territorialitätsprinzips in Frage stellen.

562 *Hoven*, Auslandsbestechung, S. 135, die darüber hinaus noch auf die Zufälligkeit des Handlungsortes im Kontext der Auslandsbestechung hinweist, S. 136.

563 Etwa mittels Rechtshilfe, vgl. *Lagodny*, Gutachten für das BMJ, S. 66 f.; oder mittels Umgestaltung des Rechts, vgl. *Zimmermann*, Strafgewaltkonflikte in der Europäischen Union, S. 352.

564 So das Beispiel bei *Zimmermann*, Strafgewaltkonflikte in der Europäischen Union, S. 350.

565 Eine intensive Kommunikation ist allein deshalb nötig, um zu verhindern, dass der Täter zunächst von einem Staat abgeurteilt wird, der sich lediglich auf ein eigentlich subsidiäres Anknüpfungsprinzip berufen kann. Würde anschließend diejenige Jurisdiktion, die sich auf das vorrangige Territorialitätsprinzip stützen kann, ein Verfahren einleiten, kann eine Doppelverfolgung nicht verhindert werden. In dieser Situation kann dem wiederholt Beschuldigten nur noch die Anrechnung der bereits verhängten

Dies ist zwar kein schlagkräftiges Gegenargument gegen diesen Lösungsvorschlag, bedarf jedoch der Einrichtung und der gewillten Nutzung eines entsprechenden Kommunikationskanals.

Zudem ist Missbrauch durch zu milde „pro forma"-Urteile natürlich generell vorzubeugen. Dabei ist jedoch zu beachten, dass die jeweilige Jurisdiktion, die ein solches missbräuchliches Urteil erlassen will, zunächst nach diesem Modell zuständig sein müsste, um überhaupt tätig werden zu können. Wird die Missbrauchsgefahr dadurch zwar eingeschränkt, ist zuzugestehen, dass vor allem Taten von Amtsträgern oder ranghohen Politikern oder Unternehmern, bei denen aufgrund ihres gesellschaftlichen und politischen Einflusses die Gefahr eines missbräuchlichen Urteils am höchsten ist, regelmäßig innerhalb des jeweils „eigenen" Staates begangen werden. Somit könnte sich dieser auf das in der vorgeschlagenen Hierarchie am höchsten stehende Territorialitätsprinzip berufen und wäre somit für diesen Fall zuständig. Eine zustimmungswürdige Lösung muss daher auch eine Möglichkeit anbieten, derartigem Missbrauch entgegentreten zu können.[566]

5. *Möglichkeit einer lex specialis-Regelung?*

Fraglich ist, ob sich das Problem mehrerer gleichzeitig anwendbarer Anti-Korruptionsgesetze nicht damit lösen lässt, dass im Sinne einer lex specialis-Regelung nur das im konkreten Einzelfall speziellste Gesetz zur Anwendung kommen soll, während die übrigen möglicherweise ebenfalls anwendbaren Anti-Korruptionsgesetze im konkreten Fall als leges generales zurücktreten müssen.[567] Dadurch wäre pro Korruptionsdelikt nur ein Anti-Korruptionsgesetz anwendbar. Der Beschuldigte müsste folglich keine Mehrfachverfolgung und -bestrafung fürchten.

Mag diese Lösung auf den ersten Blick einfach und sinnvoll erscheinen, so ist zu beachten, dass „das Spezielle" der Norm, die sich letztendlich durchsetzen soll, an einem (Tatbestands-)Merkmal festzumachen ist. Vertritt man beispielsweise die Auffassung, für Taten im Vereinigten Königreich sei der UKBA,

---

Sanktion helfen, vgl. *Hein*, Zuständigkeitskonflikte, S. 135 m.w.N.; ebenso *Eicker*, StV 2005, 631 (632 f.).

566 So auch *Eser*, in: Sinn, Jurisdiktionskonflikte bei grenzüberschreitender Kriminalität, S. 565; *Zimmermann*, Strafgewaltkonflikte in der Europäischen Union, S. 350; ebenso *Kniebühler*, Transnationales ‚ne bis in idem', S. 128 ff.; dazu auch *Thomas*, Das Recht auf Einmaligkeit der Strafverfolgung, S. 147 ff.

567 Zur Spezialität im Allgemeinen s. *Roxin*, Strafrecht AT II, § 33 Rn. 177 ff.

für Taten in den Vereinigten Staaten der FCPA und für Taten in Deutschland die §§ 331 ff. StGB vorrangig anzuwenden, bedeutet das nichts anderes, als dem Territorialitätsprinzip Vorrang gegenüber allen anderen völkerrechtlich anerkannten Anknüpfungsprinzipien einzuräumen. Da sich diese Anknüpfung am vermeintlich „Speziellen" der jeweiligen gesetzlichen Regelung auf jedes Anknüpfungsprinzip erweitern lässt, stellt diese Lösungsmöglichkeit faktisch nichts anderes als eine Hierarchisierung bzw. Priorisierung der Anknüpfungspunkte dar. Weshalb diese das Problem der Mehrfachverfolgung und -bestrafung im internationalen Korruptionsstrafrecht nicht befriedigend zu lösen vermag, wurde bereits dargestellt.[568]

6. *Völkerrechtliches Quantitätsmodell*

a) *Theoretischer Ansatz*

Nach dem völkerrechtlichen Quantitätsmodell[569] soll derjenige Staat seine Strafgewalt ausüben können, der am meisten völkerrechtlich legitimierende Anknüpfungspunkte im konkreten Fall geltend machen kann. Diesem Staat soll sodann die alleinige und ausschließliche Strafgewalt zukommen. Im Gegensatz zum Hierarchisierungsmodell werden die einzelnen Prinzipien des Strafanwendungsrechts gleichrangig behandelt. Auch soll keinerlei Restriktion vorgenommen werden.[570]

b) *Stellungnahme*

Für diesen Lösungsansatz wird vor allem seine einfache praktische Handhabbarkeit angeführt. Es bräuchten lediglich die Anknüpfungspunkte gezählt und verglichen werden und schon sei eine eindeutige Festlegung der Strafgewalt zugunsten eines Staates möglich.[571]

Dieser Ansatz komme allerdings an seine Grenzen, wenn sich die Anzahl der geltend gemachten Anknüpfungspunkte nicht unterscheidet, sondern identisch

---

568 Siehe oben unter Kap. 4 B.II.4.b).

569 Bezeichnung nach *Schönberger*, Positive transnationale Jurisdiktionskonflikte, S. 332.

570 *Radtke/Mahler*, in: Steinberg, FS Rüping, S. 56; *Hein*, Zuständigkeitskonflikte, S. 244 ff., der auch auf den „Lebensschwerpunkt" abstellt; dazu auch *Schönberger*, Positive transnationale Jurisdiktionskonflikte, S. 332 ff.

571 *Radtke/Mahler*, in: Steinberg, FS Rüping, S. 56; *Schönberger*, Positive transnationale Jurisdiktionskonflikte, S. 333.

ist. Wie in diesem Fall entschieden werden soll bleibe unklar, da insbesondere keine Hierarchisierung vorgenommen werden soll.[572]

Zudem wird bemängelt, dass nicht ersichtlich sei, warum die bloße Kumulation von Anknüpfungsprinzipien die tatsächliche Ausübung der Strafgewalt rechtfertigen soll.[573] Zum einen ignoriere ein derartiges Vorgehen im Einzelfall möglicherweise weitergehende Strafverfolgungs- und Individualinteressen[574], zum anderen treffe die Berufung auf ein völkerrechtlich anerkanntes Anknüpfungsprinzip lediglich eine Aussage darüber, ob die Ausübung von Strafgewalt eines Staates in Einklang mit dem Völkerrecht steht. Sobald sich eine Jurisdiktion auf ein solches Prinzip stützen könne, stehe sie im Einklang mit dem Völkerrecht. Eine Abstufung in dem Sinne, dass diese Völkerrechtskonformität zunimmt, je mehr Anknüpfungsprinzipien im Einzelfall einschlägig sind, finde gerade nicht statt.[575]

Zwar mag auch dieser Ansatz eine leicht handhabbare Lösung versprechen. Den Bedenken, die gegen diese Lösung vorgebracht werden, ist jedoch zuzustimmen.

Unklar bleibt im Rahmen dieses Vorschlags zudem, wie zu verfahren ist, wenn ein Staat den Täter abgeurteilt hat und sich nachträglich herausstellt, dass ein anderer Staat einen Anknüpfungspunkt mehr hätte geltend machen können. Dann wäre der Täter zum einen von einem Staat ohne Strafgewalt verurteilt worden und sähe sich zum anderen möglicherweise einem weiteren Verfahren in der neu auftretenden, tatsächlich zuständigen Jurisdiktion ausgesetzt. Da derartige Situationen jedoch gerade verhindert werden sollen, müsste dieser Vorschlag dafür einen Ausweg anbieten können.[576]

572 *Hein*, Zuständigkeitskonflikte, S. 246; *Schönberger*, Positive transnationale Jurisdiktionskonflikte, S. 333.

573 *Radtke/Mahler*, in: Steinberg, FS Rüping, S. 56; *Schönberger*, Positive transnationale Jurisdiktionskonflikte, S. 333.

574 In diesem Sinne *Hein*, Zuständigkeitskonflikte, S. 246 f.

575 *Schönberger*, Positive transnationale Jurisdiktionskonflikte, S. 333 f.

576 Dazu auch *Zimmermann*, Strafgewaltkonflikte in der Europäischen Union, S. 352 f.

7. *Konsultationsmodell nach der Tat bzw. abstrakt-statutarisches Zuordnungsmodell vor der Tat*

a) Theoretischer Ansatz

Eine weitere Option, Mehrfachverfolgungen de lege ferenda vorzubeugen, bieten das Konsultationsmodell[577] nach der Tat und das abstrakt-statutarische Zuordnungsmodell[578] vor der Tat. Diese beiden Modelle wollen anhand bestimmter Kriterien die Strafverfolgung einer bestimmten Jurisdiktion zuweisen, die diese sodann ausschließlich übernehmen soll. Die anzuwendenden maßgeblichen Kriterien sollen dabei sicherstellen, dass letztendlich der am besten dafür geeignete Staat die Verfolgungszuständigkeit erhält. Da diese Entscheidung für alle beteiligten Staaten bindend sein soll, ist sichergestellt, dass nicht noch weitere Staaten parallele Strafverfahren durchführen.[579] Zudem soll der verfahrensbeendenden Maßnahme eine transnationale ne bis in idem Wirkung zuteilwerden, sodass eine wiederholte Strafverfolgung ausgeschlossen ist.[580]

Im Unterschied zum Hierarchisierungsmodell und zum Quantitätsmodell geht es nicht darum, die völkerrechtlich anerkannten Anknüpfungsprinzipien in eine abgestufte Rangfolge zu bringen oder möglichst viele von ihnen auf sich zu vereinen.[581] Vielmehr wird eine „Reduktion der Jurisdiktionen durch eine ausschließliche Kompetenzzuteilung"[582] vorgenommen. Bei der Zuteilung kann insbesondere auch auf Kriterien abgestellt werden, die über die völkerrechtlichen Anknüpfungsprinzipien hinausgehen.

Dabei wird davon ausgegangen, dass im Falle der Übernahme der Strafverfolgung gleichzeitig die Anwendung des materiellen Rechts des übernehmenden Staates einhergeht.[583]

Das Konsultationsmodell und das abstrakt-statutarische Zuordnungsmodell unterscheiden sich dabei neben dem bei ersterem erforderlichen

---

577 Terminus nach *Zimmermann*, Strafgewaltkonflikte in der Europäischen Union, S. 332; bei *Sinn*, Jurisdiktionskonflikte bei grenzüberschreitender Kriminalität, S. 579, wird der Titel „Modell der vereinbarten Gerichtsbarkeit" gebraucht.

578 Bezeichnung nach *Schönberger*, Positive transnationale Jurisdiktionskonflikte, S. 361.

579 *Schönberger*, Positive transnationale Jurisdiktionskonflikte, S. 334 f., 336.

580 So bspw. im Konventionsentwurf von *Vander Beken u. a.*, Finding the Best Place for Prosecution, S. 50; s. auch bei *Biehler u. a.*, Freiburg Proposal, S. 17 ff.

581 *Schönberger*, Positive transnationale Jurisdiktionskonflikte, S. 334 f.

582 *Schönberger*, Positive transnationale Jurisdiktionskonflikte, S. 335.

583 *Schönberger*, Positive transnationale Jurisdiktionskonflikte, S. 335 f., 361 m.w.N.

Abstimmungsprozess[584] vor allem bezüglich der Frage, wann diese Zuständigkeitszuteilung vorgenommen werden soll.[585]

aa) Zuteilung vor der Tat (abstrakt-statutarisches Zuordnungsmodell)

So wird vertreten, die maßgeblichen Kriterien für die Ermittlung der letztendlich zuständigen Jurisdiktion bereits vor der Tat ex ante festzulegen.[586] Dabei sollen verbindliche Vorgaben gemacht werden, die die Zuständigkeit zur Strafverfolgung einer bestimmten Jurisdiktion schematisch zuteilen. Eine flexible Anpassung an den Einzelfall ist dabei gerade nicht vorgesehen.[587]

Dafür ist die Festlegung abstrakter Kriterien notwendig, unter die nach bekannt werden der Tat zu subsumieren ist. Die zuständige Jurisdiktion und das anzuwendende Recht sind im Rahmen dieses Modells damit „schon bei der Tatbegehung gesetzlich vorausbestimmt"[588].[589]

Nach dem „Modell der gesetzlich bestimmten Gerichtsbarkeit" soll dem Territorialitätsprinzip und dem Staatsschutzprinzip Vorrang eingeräumt werden.[590] Im Unterschied zu den Hierarchisierungsmodellen soll neben der angestrebten Reduktion der (möglicherweise zuständigen) Jurisdiktionen bei diesem Modell nicht nur auf die völkerrechtlich anerkannten Anknüpfungsprinzipien abgestellt werden, sondern es soll daneben (subsidiär) auch eine Rolle spielen, wo „sich die meisten wichtigen Beweismittel befinden"[591]. Daneben sollen bei Distanzdelikten

---

584 *Eser*, in: Sinn, Jurisdiktionskonflikte bei grenzüberschreitender Kriminalität, S. 568.

585 Diese beiden Modelle daher aufgrund der Gemeinsamkeiten ebenfalls zusammen untersuchend *Schönberger*, Positive transnationale Jurisdiktionskonflikte, S. 334 ff.

586 Siehe dazu beispielsweise das „Modell der gesetzlich bestimmten Gerichtsbarkeit" bei *Sinn*, Jurisdiktionskonflikte bei grenzüberschreitender Kriminalität, S. 585 ff.

587 *Schönberger*, Positive transnationale Jurisdiktionskonflikte, S. 361.

588 So *Eser*, in: Sinn, Jurisdiktionskonflikte bei grenzüberschreitender Kriminalität, S. 568.

589 *Eser*, in: Sinn, Jurisdiktionskonflikte bei grenzüberschreitender Kriminalität, S. 568 ff.; vgl. dazu auch *Schönberger*, Positive transnationale Jurisdiktionskonflikte, S. 361 ff. m.w.N., der auch den Konventionsentwurf des Europarats von 1965 über Jurisdiktionskonflikte in Strafsachen (Recommendation 420 [1965]) unter dieses Modell fasst; in diese Richtung auch *Bundesrechtsanwaltskammer*, BRAK-Stellungnahme-Nr. 07/2006, S. 2 ff.; ebenso *Kommission der Europäischen Gemeinschaften*, KOM (2000) 495 endgültig, S. 21 f.

590 *Sinn*, Jurisdiktionskonflikte bei grenzüberschreitender Kriminalität, S. 588, 590.

591 *Sinn*, Jurisdiktionskonflikte bei grenzüberschreitender Kriminalität, S. 589 f.

auch der Erfolgsort und der Wohnsitz des Beschuldigten maßgeblich sein.[592] Die Zuständigkeitsentscheidung ist dabei von Eurojust zu treffen.[593]

Einen ähnlichen Vorschlag unterbreitet auch *Rekate.*[594] Dieser stellt vorrangig ebenfalls auf das Staatsschutz- und Territorialitätsprinzip ab. Sofern diese Kriterien keine eindeutige Zuordnung ermöglichen, soll zunächst auf den Ort der „Verhaltensauswirkung" und anschließend auf den Hauptwohnsitz des Beschuldigten abgestellt werden.[595] Sollte dies immer noch keine eindeutige Zuordnung ermöglichen, soll subsidiär Eurojust die zuständige Jurisdiktion nach dem „Schwerpunkt des Verhaltens" bestimmen.[596] Sofern „begründete Anhaltspunkte" bestehen, dass mehrere Staaten aufgrund der festgelegten „self-executing" Zuständigkeitsregelungen zuständig sein können, sind die jeweiligen Staaten sowie Eurojust zu informieren. Eurojust soll dann innerhalb von zwei Wochen nach Kenntniserlangung eine verbindliche Entscheidung treffen.[597] Auch eine Missbrauchsklausel ist vorgesehen.[598]

bb) Zuteilung nach der Tat (Konsultationsmodell)

Auch wird vertreten, die Zuständigkeit einer bestimmten Jurisdiktion ex post, also erst nach der Tat festzulegen.[599] So soll diejenige Jurisdiktion ermittelt

592 *Sinn*, Jurisdiktionskonflikte bei grenzüberschreitender Kriminalität, S. 588; die für diesen Vorschlag maßgeblichen Kriterien entsprechen damit dem Vorschlag bei *Schünemann*, Ein Gesamtkonzept für die Europäische Strafrechtspflege, S. 5 ff., jedoch um die Variante erweitert, dass in mehreren Staaten gehandelt wurde, der Erfolgsort jedoch in keinem dieser Staaten liegt, vgl. *Sinn*, Jurisdiktionskonflikte bei grenzüberschreitender Kriminalität, S. 588. Nach dem Vorschlag bei *Schünemann* ist jedoch zusätzlich ein Einvernehmen zwischen den beteiligten Staaten im Benehmen mit Eurojust und Eurodefensor notwendig, S. 5, weshalb dieser Vorschlag unter die Konsultationslösungen zu fassen ist.

593 *Sinn*, Jurisdiktionskonflikte bei grenzüberschreitender Kriminalität, S. 592.

594 *Rekate*, Die Vermeidung von Jurisdiktionskonflikten, S. 348 ff.

595 *Rekate*, Die Vermeidung von Jurisdiktionskonflikten, S. 358 ff.; statt des Wohnsitzes ein Abstellen auf den Beschäftigungsort für Fälle der Auslandsbestechung andenkend *Hoven*, Auslandsbestechung, S. 138 f., die den Gedanken anschließend jedoch wieder verwirft.

596 *Rekate*, Die Vermeidung von Jurisdiktionskonflikten, S. 360.

597 *Rekate*, Die Vermeidung von Jurisdiktionskonflikten, S. 353.

598 *Rekate*, Die Vermeidung von Jurisdiktionskonflikten, S. 357.

599 So beispielsweise *Kommission der Europäischen Gemeinschaften*, KOM (2005) 696 endgültig, S. 4, zur Bestimmung des „am besten geeigneten Strafgerichts"; *Weißer*, GA 2012, 416 (430 f.), die dazu auf die „Verfahrensdienlichkeit" abstellen möchte; ferner

werden, die für die Durchführung des Strafverfahrens vermeintlich am besten geeignet ist.[600] Komplettiert werden diese Vorschläge durch prozessuale Regelungen, nach denen die übrigen Staaten bereits eingeleitete Verfahren einzustellen haben bzw. auf die Einleitung von Ermittlungsverfahren verzichten.[601] Dadurch soll sichergestellt werden, dass die ermittelte „am besten zur Durchführung des Strafverfahrens geeignete" Jurisdiktion das Verfahren auch in ausschließlicher Zuständigkeit durchführen kann.[602]

Darunter fällt nach einer Ansicht grundsätzlich wohl auch das sog. Kompetenzverteilungsprinzip[603], welches nach dieser Ansicht „einen vertraglichen Rahmen für Ersuchen um die Übernahme der Strafverfolgung schafft"[604].[605] Zwar

---

Eicker, StV 2005, 631 (633 ff.); *Vander Beken u. a.*, NStZ 2002, 624 (624 ff.); *Linke*, in: Oehler/Pötz, FS Grützner, S. 88 ff.

600 I.R.d. Konsultationsmodelle ist erst ein Abstimmungsverfahren notwendig. Darin liegt der Unterschied zu den abstrakt-statutarischen Zuordnungsmodellen, vgl. *Eser*, in: Sinn, Jurisdiktionskonflikte bei grenzüberschreitender Kriminalität, S. 568.

601 So bspw. *Kommission der Europäischen Gemeinschaften*, KOM (2005) 696 endgültig, S. 5; Initiative der Hellenischen Republik im Hinblick auf die Annahme eines Rahmenbeschlusses des Rates über die Anwendung des „ne-bis-in-idem"-Prinzips (Art. 3), vgl. *Rat der Europäischen Union*, ABl. Nr. C 100 vom 26.4.2003, S. 24 ff.

602 *Schönberger*, Positive transnationale Jurisdiktionskonflikte, S. 335; beispielhaft für ein solches Konsultationsmodell ist das Konzept der *Kommission der Europäischen Gemeinschaften*, KOM (2005) 696 endgültig, S. 4 ff.: Demnach ist zunächst eine gegenseitige Information der an einer Strafverfolgung interessierten Behörden vorgesehen. Sofern mehrere Jurisdiktionen an einer Strafverfolgung interessiert sind, sollen diese in Konsultationen eintreten und sich auf das am besten geeignete Gericht verständigen. Ist dies nicht möglich, soll ein Mediationsverfahren Abhilfe schaffen, S. 6. Als möglicherweise zu berücksichtigende Kriterien werden das Territorialitätsprinzip sowie Individual- und Staatsinteressen vorgeschlagen, S. 8 f. Ist eine Einigung erzielt, sollen die übrigen Strafverfahren freiwillig eingestellt oder ausgesetzt werden, S. 5. Eine verbindliche Entscheidung durch eine EU-Institution ist nach diesem Vorschlag jedoch erst langfristig geplant, S. 6; kritisch ggü. diesem Vorschlag *Schünemann*, in: Schünemann, Ein Gesamtkonzept für die Europäische Strafrechtspflege, S. 99, der die Abhängigkeit vom „guten Willen der Strafverfolgungsbehörden" sowie die unzureichende Berücksichtigung der Beschuldigtenrechte kritisiert.

603 Dazu grundlegend *Oehler*, Internationales Strafrecht, Rn. 134 ff., 682 ff.; dazu auch *Jescheck/Weigend*, Strafrecht AT, S. 171.

604 *Böse*, in: Kindhäuser/Neumann/Paeffgen, Strafgesetzbuch, Vor §§ 3 ff Rn. 30.

605 Für eine Lösung mittels konsensualem Verfahrenstransfer, der einzelfallbezogen zwischen den jeweiligen Staaten vereinbart werden soll und für den keine weitere Rechtsgrundlage notwendig sein soll *Schomburg/Suominen-Picht*, NJW 2012, 1190 (1193).

steht bei Eingreifen dieses „Prinzips“ bereits eine auf Basis der völkerrechtlich legitimierenden Anknüpfungspunkte zuständige Jurisdiktion fest, diese ist jedoch tatsächlich nicht in der Lage, das Strafverfahren vollständig durchzuführen. Aus diesem Grund sieht das Kompetenzverteilungsprinzip die Möglichkeit vor, die „Kompetenz“ zur Durchführung des Strafverfahrens auf einen anderen Staat zu übertragen, der die Straftat besser verfolgen kann.[606]

Innerhalb dieser Ansichten besteht Einigkeit darüber, dass die Entscheidung zugunsten einer zuständigen Jurisdiktion möglichst früh fallen soll.[607]

Dabei wird beispielsweise auf das Stadium vor Einleitung des Strafverfahrens abgestellt.[608] Nach dem „Freiburg Proposal“ sollen Strafverfolgungsbehörden verpflichtet sein, andere ausländische Behörden zu informieren, sofern sie den Verdacht haben, dass ausländische Behörden wegen derselben Sache ebenfalls ein Strafverfahren einleiten möchten oder bereits eingeleitet haben.[609] Sodann soll der kontaktierte Staat innerhalb von drei Monaten erklären, ob er ebenfalls an einer Verfolgung interessiert ist. Ist dies der Fall, sollen die beteiligten Jurisdiktionen weitere drei Monate Zeit haben, sich auf ein zuständiges Forum zur Strafverfolgung zu verständigen.[610]

---

606 *Zimmermann*, Strafgewaltkonflikte in der Europäischen Union, S. 88 f.; *Böse*, in: Kindhäuser/Neumann/Paeffgen, Strafgesetzbuch, Vor §§ 3 ff Rn. 30; nach *Oehler*, Internationales Strafrecht, Rn. 134 ff., 138a, 682 ff. begründet das Prinzip originäre Strafgewalt; nach *Satzger*, Internationales Strafrecht, § 4 Rn. 17, stellt das Prinzip „eine völkerrechtliche Kompetenzregelung zur Vermeidung von Jurisdiktionskonflikten“ dar; kritisch auch *Ambos*, Internationales Strafrecht, § 3 Rn. 130.

607 *Vogel*, in: Hoyer/Müller/Pawlik/Wolter, FS Schroeder, S. 892; *Lagodny*, Gutachten für das BMJ, S. 129; *Eisele*, ZStW 125 (2013), 1 (26); *Caeiro*, KritV 2010, 366 (374); *Zimmermann*, Strafgewaltkonflikte in der Europäischen Union, S. 191 f. (aus Beschuldigtensicht; einschränkend auf S. 405 ff., 436); dazu bereits umfassend *Schönberger*, Positive transnationale Jurisdiktionskonflikte, S. 336 ff. m.w.N.; a.A. *Kommission der Europäischen Gemeinschaften*, KOM (2005) 696 endgültig, S. 8, wo der Moment vor Anklageerhebung vorgeschlagen wird, da zu diesem Zeitpunkt die für die Entscheidung relevanten Informationen bereits ermittelt seien; auf die Erlangung der Beschuldigteneigenschaft (Inkulpation) abstellend *Eicker*, StV 2005, 631 (636).

608 *Biehler u. a.*, Freiburg Proposal, S. 12 f., wo von einer Entscheidung in der „pre-trial stage“ gesprochen wird; zur „Pre-trial Phase“ ebenfalls *Vander Beken u. a.*, Finding the Best Place for Prosecution, S. 31 ff.; kritisch *Eisele*, ZStW 125 (2013), 1 (26).

609 Dieser Verdacht eines positiven Kompetenzkonfliktes soll sich aus einer Berücksichtigung der klassischen völkerrechtlich anerkannten Anknüpfungsprinzipien ergeben, *Biehler u. a.*, Freiburg Proposal, S. 13.

610 *Biehler u. a.*, Freiburg Proposal, S. 13 f.

(1) Maßgebliche Kriterien

Final zuständig soll am Ende diejenige Jurisdiktion sein, welcher das Attribut „am besten" zuteil ist. Besteht darüber noch weitgehend Einigkeit, so scheiden sich die Geister an der Frage, wie die „beste" Jurisdiktion konkret zu ermitteln sein soll.

So wird beispielsweise ein festgelegter Kriterienkatalog vorgeschlagen.[611] Dabei soll der Tatort, die Verfügbarkeit von Beweismitteln, der Aufenthaltsort sowie die Sprachkenntnisse des Beschuldigten ebenso eine Rolle spielen wie die Frage, ob eine Auslieferung möglich wäre, wo das „charakteristische Unrecht" der Tat[612] liegt oder ob der Beschuldigte im jeweiligen Staat noch anderer Straftaten verdächtigt wird.[613] Diese Kriterien sind nicht an eine Rangfolge gebunden. Die letztlich zuständige Jurisdiktion soll vielmehr in einer „je mehr – desto eher" Relation ermittelt werden.[614]

Ein anderer Vorschlag schlägt neben dem Tat- und Erfolgsort, die Nationalität oder den Wohnort des Täters, auch die Nationalität des Opfers, den Ort der Beweismittel, das passende Forum für die Vollstreckung und den Ergreifungsort als maßgebliche Kriterien vor. Daneben soll über eine Öffnungsklausel in Ausnahmefällen[615] erlaubt sein, auch sonstige wesentliche Interessen eines beteiligten Staates zu berücksichtigen.[616] Auch diesen Merkmalen soll keine Hierarchie innewohnen. Sie seien vielmehr in ihrer Gesamtheit gleichgestellt gegeneinander abzuwägen.[617]

Auch *Eicker* schlägt vor, vorrangig eine Lösung mittels Konsultationen unter Berücksichtigung individueller und überindividueller Kriterien, die im Wesentlichen den bereits dargestellten entsprechen, zu erzielen. Sofern auf diesem Weg kein Konsens möglich ist, soll das final entscheidende Kriterium des „deliktischen

---

611 *Lagodny*, Gutachten für das BMJ, S. 106 ff., 109.

612 Dazu bereits *Thomas*, Das Recht auf Einmaligkeit der Strafverfolgung, S. 168; ähnlich *Caeiro*, KritV 2010, 366 (374).

613 *Lagodny*, Gutachten für das BMJ, S. 109; zu möglichen Kriterien s. auch *Böse*, in: Zöller/Hilger/Küper/Roxin, FS Wolter, S. 1325 f.; die Belegenheit von Beweismitteln, Aufenthaltsort oder Staatsangehörigkeit des Beschuldigten sowie der Ort der wirtschaftlichen Auswirkungen sind Kritierien, die vom *Corpus Juris 2000* in Art. 26 Abs. 2 vorgeschlagen werden.

614 *Lagodny*, Gutachten für das BMJ, S. 108 f.; kritisch zur Legitimation dieser Kriterien *Voulgaris*, Transnationales „ne bis in idem", S. 260.

615 *Biehler u. a.*, Freiburg Proposal, S. 14 f.

616 *Biehler u. a.*, Freiburg Proposal, S. 13. Auf diese Weise soll festgestellt werden, welche Jurisdiktion „the proper administration of justice" am besten sicherstellen kann.

617 *Biehler u. a.*, Freiburg Proposal, S. 14.

Schwerpunkts“ maßgeblich sein. Dieser Schwerpunkt liegt demnach regelmäßig am Tatort. Der Tatort soll nach dieser Ansicht durch den Ort der persönlichen Anwesenheit des Täters konkretisiert werden.[618]

Die Kriterien, die für das Kompetenzverteilungsprinzip als weiteres Lösungsmodell im Rahmen der Konsultationsmodelle maßgeblich sein sollen, werden nicht einheitlich formuliert. So wird auf den Katalog *Lagodnys* verwiesen[619] oder auf den Täterwohnsitz[620] oder ganz auf die Darstellung eines Kriterienkatalogs verzichtet und stattdessen auf Übereinkommen verwiesen[621]. Diesen zufolge können auch der gewöhnliche Aufenthaltsort des Täters, der Ort der Anhängigkeit des Strafverfahrens und die Lage der Beweismittel[622], sowie die Staatsangehörigkeit und Aussicht auf Resozialisierung berücksichtigt werden.[623]

Zudem wird eine Erweiterung der in Abs. 9 der Erwägungen zum Rahmenbeschluss 2009/948/JI des Rates vom 30.11.2009 zur Vermeidung und Beilegung von Kompetenzkonflikten in Strafverfahren[624] festgelegten Kriterien und deren Aufnahme in den Rahmenbeschluss vertreten.[625] Zuständig sein soll die Jurisdiktion, in der der „Schwerpunkt der Tat“[626] liegt. Vorgeschlagen wird daher eine Regelvermutung zugunsten des Territorialitätsprinzips. Die übrigen Kriterien entsprechen, bis auf die Berücksichtigung des Ortes, an dem der größte Schaden eingetreten ist und den Aspekt des Schutzes gefährdeter Kronzeugen, weitgehend den bereits genannten. Auch eine Missbrauchsklausel zur Verhinderung einer sachfremden Zuständigkeitsentscheidung soll ergänzt werden.[627]

---

618 *Eicker*, StV 2005, 631 (634 ff.); *Eicker*, Transstaatliche Strafverfolgung, S. 267 ff.

619 *Böse*, in: Kindhäuser/Neumann/Paeffgen, Strafgesetzbuch, Vor §§ 3 ff Rn. 30 Fn. 274.

620 *Fuchs*, ZStW 116 (2004), 368 (370); *Werle/Jeßberger*, in: Laufhütte/Rissing-van Saan/Tiedemann, Leipziger Kommentar, Strafgesetzbuch, Vor § 3 Rn. 256; kritisch *Zimmermann*, Strafgewaltkonflikte in der Europäischen Union, S. 90; ebenfalls kritisch *Hoven*, Auslandsbestechung, S. 137.

621 *Jescheck/Weigend*, Strafrecht AT, S. 171, dafür jedoch mit Verweis auf das Übereinkommen über die Bestrafung von Straßenverkehrsdelikten vom 30.11.1964 sowie das Übereinkommen über die Übertragung von Strafverfahren vom 15.5.1972.

622 *Zimmermann*, Strafgewaltkonflikte in der Europäischen Union, S. 90 m.w.N.

623 *Vogel*, in: Hoyer/Müller/Pawlik/Wolter, FS Schroeder, S. 892 m.w.N.

624 Siehe dazu oben unter Kap. 2 B.I.3.c).

625 *Sinn*, Jurisdiktionskonflikte bei grenzüberschreitender Kriminalität, S. 579 ff.

626 *Sinn*, Jurisdiktionskonflikte bei grenzüberschreitender Kriminalität, S. 582.

627 *Sinn*, Jurisdiktionskonflikte bei grenzüberschreitender Kriminalität, S. 583; kritisch zu diesem Vorschlag *Rekate*, Die Vermeidung von Jurisdiktionskonflikten, S. 275 ff.

Ein derartiges Konsultationsmodell schlägt auch *Letzien* speziell für das Korruptionsstrafrecht vor[628], indem sie das in Art. 4 Abs. 3 OECD-Übereinkommen[629] vorgesehene Konsultationsverfahren konkretisiert. Es werden eigens auf die Sanktionierung von Unternehmen ausgerichtete Kriterien vorgeschlagen, die in „unternehmensbezogene Kriterien", „tat- und tatfolgenbezogene Kriterien", „verfahrensökonomische und verfahrensbezogene Kriterien" und „Kriterien im Hinblick auf die Effektivität der Korruptionsbekämpfung" eingeteilt werden.[630] Der Ablauf des Verfahrens soll sich am Rahmenbeschluss 2009/948/JI des Rates vom 30.11.2009 zur Vermeidung und Beilegung von Kompetenzkonflikten in Strafverfahren orientieren.[631]

Die Konsultationen sollen dabei zu einem „frühestmöglichen Zeitpunkt stattfinden"[632]. Die übrigen nationalen Strafverfahren jedoch erst nach Abschluss der Ermittlungen eingestellt werden.[633]

Auch eine Aufteilung der Strafverfolgung nach Tatkomplexen wird für möglich gehalten.[634]

(2) Maßnahmen zur Konfliktlösung

Teilweise werden auch Instanzen zur Konfliktlösung vorgeschlagen, sofern nach der Tat keine Einigung über die zuständige Jurisdiktion erzielt werden kann. So wird beispielsweise Eurojust als „ideale justizielle Vorstufe zu einem Strafgewaltsgerichtshof"[635] genannt. Als übergeordneter Spruchkörper soll der EuGH als Strafgewaltsgerichtshof fungieren.[636]

Auch das „Freiburg Proposal" spricht sich für den EuGH als Entscheidungsinstanz aus, sofern sich die beteiligten Staaten nicht rechtzeitig auf ein zuständiges

628 *Letzien*, Internationale Korruption und Jurisdiktionskonflikte, S. 397 ff.

629 Siehe dazu oben unter Kap. 2 B.I.1.a).

630 *Letzien*, Internationale Korruption und Jurisdiktionskonflikte, S. 416 f.

631 *Letzien*, Internationale Korruption und Jurisdiktionskonflikte, S. 419; siehe dazu oben unter Kap. 2 B.I.3.c).

632 *Letzien*, Internationale Korruption und Jurisdiktionskonflikte, S. 419.

633 *Letzien*, Internationale Korruption und Jurisdiktionskonflikte, S. 421.

634 *Letzien*, Internationale Korruption und Jurisdiktionskonflikte, S. 428 ff.

635 *Lagodny*, Gutachten für das BMJ, S. 126.

636 *Lagodny*, Gutachten für das BMJ, S. 127 ff.; ebenfalls *Schomburg/Suominen-Picht*, NJW 2012, 1190 (1191, 1194); *Hecker*, ZIS 2011, 60 (62 f.); *Schünemann*, Ein Gesamtkonzept für die Europäische Strafrechtspflege, S. 9 f.; ebenso der Modellentwurf zur Erweiterung des Rahmenbeschlusses 2009/948/JI und der Entwurf des abstrakt-statutarischen Zuordnungsmodells, *Sinn*, Jurisdiktionskonflikte bei grenzüberschreitender Kriminalität, S. 584, 592 f.; vgl. auch Art. 28 Nr. 1 d) *Corpus Juris 2000*.

Forum einigen können oder der Beschuldigte eine Überprüfung der getroffenen Entscheidung hinsichtlich der Berücksichtigung seiner Interessen fordert.[637]

Vander Beken, *Vermeulen*, *Steverlynck* und *Thomaes* sprechen sich für eine unterstützende Rolle von Eurojust im Rahmen des Entscheidungsprozesses aus.[638] Zudem regen sie an, das schlussendlich zuständige nationale Gericht solle die Entscheidung, die zu seiner Zuständigkeit geführt hat, überprüfen und gegebenenfalls – nachdem es den EuGH im Rahmen eines Vorabentscheidungsverfahrens angerufen hat – seine Zuständigkeit verneinen können.[639] Nach Abschluss des Verfahrens soll nach dieser Ansicht zudem der Rechtsweg zum EGMR, dem IGH und dem EuGH offenstehen.[640]

cc) Kombinationsmodelle

Auch eine Kombination des Konsultationsmodells und des abstrakt-statutarischen Zuordnungsmodells wird vorgeschlagen. Nach der „Initiative der Hellenischen Republik im Hinblick auf die Annahme eines Rahmenbeschlusses des Rates über die Anwendung des „ne-bis-in-idem"-Prinzips" soll für die Frage, welche Jurisdiktion am besten „in der Lage ist, eine geordnete Rechtspflege zu gewährleisten", zunächst die Einschlägigkeit von Territorialitätsprinzip, aktivem und passivem Personalitätsprinzip sowie der Ergreifungsort maßgeblich für die Zuständigkeitsbegründung sein. Sofern danach noch immer mehrere Jurisdiktionen zuständig sind, sollen Konsultationen durchgeführt werden. Bereits in anderen Staaten eingeleitete Verfahren sind einzustellen.[641]

---

637 *Biehler u. a.*, Freiburg Proposal, S. 15 f.; für ein Überprüfungsrecht des Betroffenen bei einem Verfahrenstransfer *Schomburg/Suominen-Picht*, NJW 2012, 1190 (1194); ebenso der Modellentwurf des abstrakt-statutarischen Zuordnungsmodells bei *Sinn*, Jurisdiktionskonflikte bei grenzüberschreitender Kriminalität, S. 593; *Rekate*, Die Vermeidung von Jurisdiktionskonflikten, S. 354 f., will ebenfalls den beteiligten Staaten den Rechtsweg eröffnen; a.A. *Hecker*, ZIS 2011, 60 (63); *Hecker*, in: Sinn, Jurisdiktionskonflikte bei grenzüberschreitender Kriminalität, S. 100 f.

638 *Vander Beken u. a.*, Finding the Best Place for Prosecution, S. 42, 52; ebenfalls *Vander Beken u. a.*, NStZ 2002, 624 (627 f.); *Kommission der Europäischen Gemeinschaften*, KOM (2005) 696 endgültig, S. 5 f.; *Rekate*, Die Vermeidung von Jurisdiktionskonflikten, S. 354 ff., 360 f.; die Working Group on Bribery als Konfliktlösungsinstanz andenkend *Hoven*, Auslandsbestechung, S. 132.

639 *Vander Beken u. a.*, Finding the Best Place for Prosecution, S. 43, 52.

640 *Vander Beken u. a.*, Finding the Best Place for Prosecution, S. 43 ff., wobei eine Realisierung der letztgenannten Option (EuGH) für unwahrscheinlich gehalten wird, S. 45 f.

641 *Rat der Europäischen Union*, ABl. Nr. C 100 vom 26.4.2003, S. 24 ff.

Eine Kombination des Konsultationsmodells mit dem Restriktionsmodell[642] schlagen *Vander Beken*, *Vermeulen*, *Steverlynck* und *Thomaes* im Rahmen ihres Lösungsvorschlags vor. Ihr Ansatz hat eine Konvention zur Vermeidung und Auflösung von Jurisdiktionskonflikten zum Ziel. Er folgt in einem ersten Schritt dem Restriktionsmodell (Vermeidung).[643] Auf der zweiten Ebene sollen die verbleibenden Konflikte gelöst werden (Auflösung).[644] Dazu sollen im Rahmen einer auf komplexe Fälle beschränkten und damit subsidiären[645] Beratung vor allem Kriterien berücksichtigt werden, die bereits in verschiedensten internationalen Abkommen festgelegt wurden.[646] Diese entsprechen weitgehend den vorstehend genannten Belangen. Neben Tat- und Erfolgsort, Nationalität und Wohnort des Beschuldigten sowie Lage der wichtigsten Beweismittel sollen auch Opferinteressen wie Nationalität und Wohnort des Opfers berücksichtigt werden. Zudem soll dasjenige Forum ausgewählt werden, wo die Anwesenheit des Beschuldigten/Angeklagten sichergestellt werden kann. Aber auch Vollstreckungs- und Resozialisierungsgesichtspunkte sollen beachtet werden. So soll ebenfalls maßgeblich sein, wo eine mögliche Strafe vollstreckt werden kann, wo der Beschuldigte bereits freiheitsentziehenden Maßnahmen ausgesetzt ist, wo bereits gegen ihn ermittelt wird und wo eine bestmögliche Resozialisierung denkbar erscheint.[647]

Erwähnenswert ist dabei, dass dieser Vorschlag negativ formuliert ist. Sofern keiner dieser Belange vorliegt, ist davon auszugehen, dass eine Strafverfolgung in dem jeweiligen Staat offensichtlich „unreasonable" wäre.[648] Ihnen soll ebenfalls keine Hierarchie innewohnen.[649]

642 Siehe dazu oben unter Kap. 4 B.I.1.

643 *Vander Beken u. a.*, Finding the Best Place for Prosecution, S. 17, 45, 50.

644 *Vander Beken u. a.*, Finding the Best Place for Prosecution, S. 52.

645 *Vander Beken u. a.*, Finding the Best Place for Prosecution, S. 24.

646 Musterhaft herausgestellt werden dabei vor allem die in Art. 8 des Europäischen Übereinkommens über die Übertragung der Strafverfolgung vom 15.5.1972 aufgezählten Belange, *Vander Beken u. a.*, Finding the Best Place for Prosecution, S. 25 ff., 51. Durch diese Beratung soll diejenige Jurisdiktion ermittelt werden, die „reasonable" erscheint und eine „proper administration of justice" erzielen kann, S. 25, 30, 51; ähnlich *Luchtman*, U. Law. Rev. 2013, 11 (31).

647 *Vander Beken u. a.*, Finding the Best Place for Prosecution, S. 51.

648 *Vander Beken u. a.*, Finding the Best Place for Prosecution, S. 51.

649 *Vander Beken u. a.*, Finding the Best Place for Prosecution, S. 61.

Ein Kombinationsmodell schlägt weiterhin *Zimmermann* vor.[650] Sofern sich Anhaltspunkte für eine Zuständigkeit mehrerer Jurisdiktionen ergeben, sollen die Strafverfolgungsbehörden der möglicherweise zuständigen Jurisdiktion von den ermittelnden Behörden informiert werden.[651] Innerhalb dieses Modells wird zur Lösung des Konflikts zunächst eine Rangfolge der Jurisdiktionsprinzipien vorgeschlagen. Berufen sich mehrere Staaten auf ein Prinzip des gleichen Rangs, soll im Sinne des völkerrechtlichen Quantitätsmodells[652] entscheidend sein, welche Jurisdiktion sich auf ein weiteres, ranghöheres Prinzip berufen kann. Sofern danach die eine zuständige Jurisdiktion noch immer nicht feststeht, sollen die beteiligten Staaten (subsidiär) Konsultationen aufnehmen.[653] In diesen Konsultationen sollen sich die beteiligten Behörden unter der Leitung von Eurojust einvernehmlich auf eine zuständige Jurisdiktion einigen. Diese Entscheidung soll im Wege einer Abwägung getroffen werden, wobei die konkrete Vorhersehbarkeit der Geltung des Strafrechts für den Beschuldigten besonders berücksichtigt werden soll. Sofern keine Einigung möglich ist, soll Eurojust spätestens dann, wenn einer der beteiligten Staaten das Ermittlungsverfahren abgeschlossen hat, eine finale Entscheidung treffen.[654] Auch enthält der Vorschlag die Möglichkeit, verschiedene Taten einer Person sowie im Zusammenhang stehende Taten mehrerer Personen unter der Zuständigkeit einer Jurisdiktion zu bündeln.[655]

Daneben ist eine Öffnungsklausel vorgesehen. Sofern ein Staat ein besonderes Interesse an der Verfolgung der Tat geltend machen kann, kann dieser in die Konsultationen eintreten.[656] Um Missbrauch vorzubeugen, ist der zuständige Staat verpflichtet das Ermittlungsverfahren „ernsthaft zu betreiben“ und darf dieses nur mit Zustimmung der ebenfalls zuständigen aber zurücktretenden Jurisdiktion einstellen.[657]

Außerdem darf nach diesem Vorschlag eine Tat grundsätzlich nur dann bestraft werden, wenn deren Sanktionierung für das Individuum vorhersehbar war.[658]

---

650 *Zimmermann*, Strafgewaltkonflikte in der Europäischen Union, S. 469 ff., der seinen Vorschlag als Verordnung gem. Art. 82 Abs. 1 Unterabs. 2 b) AEUV umsetzen möchte, vgl. S. 369.

651 *Zimmermann*, Strafgewaltkonflikte in der Europäischen Union, S. 472.

652 Siehe dazu oben unter Kap. 4 B.II.6.

653 *Zimmermann*, Strafgewaltkonflikte in der Europäischen Union, S. 470.

654 *Zimmermann*, Strafgewaltkonflikte in der Europäischen Union, S. 473 f.

655 *Zimmermann*, Strafgewaltkonflikte in der Europäischen Union, S. 471 f.

656 *Zimmermann*, Strafgewaltkonflikte in der Europäischen Union, S. 470 f.

657 *Zimmermann*, Strafgewaltkonflikte in der Europäischen Union, S. 474.

658 *Zimmermann*, Strafgewaltkonflikte in der Europäischen Union, S. 469.

Die Zuständigkeitsentscheidung darf vor Anklageerhebung einmal geändert werden. Danach soll dies nur noch mit Zustimmung des betroffenen Bürgers zulässig sein.[659]

Abschließend enthält das Modell ein auf diesen Vorschlag abgestimmtes Verbot, wegen derselben Tat ein erneutes Strafverfahren einzuleiten.[660]

Einen ähnlichen Ansatz verfolgt jüngst auch *Thorhauer*, die für den Bereich der Europäischen Union einen Verordnungsvorschlag für ein „Drei-Stufen-Modell" erarbeitet hat.[661] Zunächst sollen dabei die Anknüpfungspunkte im Sinne des Restriktionsmodells reduziert werden, sodass auf einer 1. Stufe die zuständige Jurisdiktion abstrakt anhand des verbleibenden Territorialitätsprinzips und Staatsschutzprinzips ermittelt werden soll.[662] Auf einer 2. Stufe sollen verbleibende Unklarheiten mittels Konsultationen ausgeräumt werden, die sich an bestimmten Kriterien, nämlich Belegenheitsort der wichtigsten Beweismittel, Schwerpunkt der Rechtsgutverletzung und Beschuldigtenrechte, zu orientieren haben.[663] Auch ein Verfahrenstransfer soll dabei möglich sein.[664] Abschließend soll auf einer 3. Stufe eine gerichtliche Kontrolle der Forumswahl möglich sein.[665] Zur Wahrung der Beschuldigteninteressen während der

---

659 *Zimmermann*, Strafgewaltkonflikte in der Europäischen Union, S. 475.

660 *Zimmermann*, Strafgewaltkonflikte in der Europäischen Union, S. 475; ein ähnliches Modell schlägt auch *Kniebühler*, Transnationales ‚ne bis in idem', S. 370 ff. vor: Zunächst soll durch ein transnationales Informationssystem eine mehrfache Strafverfolgung verhindert werden. Als Ergänzung wird ein 3-Stufen-Modell vorgeschlagen. Auf der 1. Stufe soll eine Kompetenzabstimmung und Koordination der Strafverfolgung erfolgen. Eine Hierarchie der unterschiedlichen „Kompetenzgrundlagen" wird gefordert, welche anschließend durch Konsultationen der Behörden ergänzt werden sollen. Auch eine gerichtliche Überprüfbarkeit ist vorgesehen. Parallele Strafverfahren sollen danach eingestellt werden. Auf der 2. Stufe soll ein transnationales ne bis in idem gelten, wenn die erste Stufe bspw. aus Unkenntnis übergangen wurde. Als Minimalgarantie soll auf der 3. Stufe das Anrechnungsprinzip zur Anwendung kommen.

661 *Thorhauer*, Jurisdiktionskonflikte im Rahmen transnationaler Kriminalität, S. 782 ff., 661 ff.

662 *Thorhauer*, Jurisdiktionskonflikte im Rahmen transnationaler Kriminalität, S. 784 f., 668, 673 ff.

663 *Thorhauer*, Jurisdiktionskonflikte im Rahmen transnationaler Kriminalität, S. 785, 725 ff.

664 *Thorhauer*, Jurisdiktionskonflikte im Rahmen transnationaler Kriminalität, S. 786 f., 729 ff.

665 *Thorhauer*, Jurisdiktionskonflikte im Rahmen transnationaler Kriminalität, S. 790 f., 758 ff.

Zuständigkeitsbestimmung wird die Errichtung einer eigenen Instituition vorgeschlagen.[666] Sobald die Wahl der zuständigen Jurisdiktion getroffen wurde, sind parallele Strafverfahren einzustellen.[667] Auch ist in diesem Modell – wie im Vorschlag von *Zimmermann* – eine „Pflicht zur Kontaktaufnahme“ vorgesehen[668], das Verfahren soll „ernstlich“ betrieben werden[669] und ein Wechsel der zuständigen Jurisdiktion soll bis zur Anklageerhebung einmal möglich sein und ansonsten der Zustimmung des Beschuldigten bedürfen.[670]

b) Stellungnahme

Im Folgenden werden zunächst die verschiedenen Argumente vorgetragen, die im Zusammenhang mit diesen Lösungsvorschlägen vorgebracht werden. Aufgrund des Umfangs und der besseren Übersichtlichkeit wegen werden diese erst anschließend in einer eigenen Stellungnahme gewürdigt.

aa) Zeitpunkt – Festlegung abstrakt vor der Tat oder einzelfallbezogen nach der Tat?

Für das Modell, welches das zuständige Forum bereits abstrakt vor der Tat festlegen will, spreche, dass es ein Optimum an Vorhersehbarkeit ermögliche. Der Täter könne sich bereits vor Begehung der Tat ausrechnen, welcher Jurisdiktion er unterworfen werden wird. Dies sei bei den Konsultationsmodellen gerade nicht der Fall. Dort könne sich der Täter niemals sicher sein, ob nicht doch noch irgendwelche Interessen hinzutreten, die die Wahl der letztendlich zuständigen Jurisdiktion entscheidend beeinflussen.[671]

---

666 *Thorhauer*, Jurisdiktionskonflikte im Rahmen transnationaler Kriminalität, S. 790, 751 ff. („EUROPRO“).

667 *Thorhauer*, Jurisdiktionskonflikte im Rahmen transnationaler Kriminalität, S. 792, 774.

668 *Thorhauer*, Jurisdiktionskonflikte im Rahmen transnationaler Kriminalität, S. 788, 763 ff.

669 *Thorhauer*, Jurisdiktionskonflikte im Rahmen transnationaler Kriminalität, S. 787, 767 ff.

670 *Thorhauer*, Jurisdiktionskonflikte im Rahmen transnationaler Kriminalität, S. 791 f., 772 ff.

671 *Zimmermann*, Strafgewaltkonflikte in der Europäischen Union, S. 338, 346 f.; *Eser*, in: Sinn, Jurisdiktionskonflikte bei grenzüberschreitender Kriminalität, S. 569; *Rekate*, Die Vermeidung von Jurisdiktionskonflikten, S. 280; zu diesem Wechselspiel zwischen Flexibilität und Vorhersehbarkeit bereits ausführlich *Schönberger*, Positive transnationale Jurisdiktionskonflikte, S. 469 ff., 476 ff. m.w.N.

Außerdem verhindere eine abstrakte Zuweisung der zuständigen Jurisdiktion vor der Tat parallele Ermittlungsverfahren und werde damit dem staatlichen Interesse der Ressourceneinsparung gerecht.[672]

Als Nachteil einer abstrakten Zuordnung vor der Tat wird neben dem damit einhergehenden Mangel an Einzelfallgerechtigkeit[673] gesehen, dass eine abstrakte Zuordnung bei Distanzdelikten oft nicht möglich sei. In diesen Fällen müsste die Zuständigkeit „umständebedingt" abgeklärt werden. Dies ginge wiederum zulasten der Vorhersehbarkeit.[674]

Auch auf die Gefahr negativer Kompetenzkonflikte in Fällen, in denen der eigentlich zuständige Staat nicht verfolgen will bzw. kann, wird hingewiesen.[675]

Den Bedenken hinsichtlich Distanzdelikten und negativer Kompetenzkonflikte begegnet der Modellentwurf eines abstrakt-statutarischen Zuordnungsmodells mit einer detaillierten Erfassung verschiedener Szenarien. So soll hilfsweise auf den Erfolgsort oder auf den Wohnsitz des Beschuldigten abgestellt werden.[676] Negativen Kompetenzkonflikten wird damit begegnet, dass im Falle einer Weigerung, ein Ermittlungsverfahren durchzuführen, die Zuständigkeit erneut ermittelt wird, wobei der sich weigernde Staat unberücksichtigt bleiben soll.[677]

Für eine einzelfallbezogene Konsultationslösung nach der Tat spreche demgegenüber die enorme Flexibilität, die es diesem Modell ermögliche, in jedem Einzelfall eine angemessene und sachgerechte Zuständigkeitsentscheidung zu treffen.[678] Der erforderliche Abstimmungsprozess wirke sich jedoch negativ auf die Vorhersehbarkeit für den Beschuldigten aus.[679] Darüber hinaus werde durch derartige Zuständigkeitsabsprachen der Schutz eigener Staatsangehöriger vor

672 *Eser*, in: Sinn, Jurisdiktionskonflikte bei grenzüberschreitender Kriminalität, S. 569.

673 *Linke*, in: Oehler/Pötz, FS Grützner, S. 88; *Schönberger*, Positive transnationale Jurisdiktionskonflikte, S. 476 f.; *Zimmermann*, Strafgewaltkonflikte in der Europäischen Union, S. 349 m.w.N.

674 *Eser*, in: Sinn, Jurisdiktionskonflikte bei grenzüberschreitender Kriminalität, S. 569.

675 *Eser*, in: Sinn, Jurisdiktionskonflikte bei grenzüberschreitender Kriminalität, S. 569.

676 *Sinn*, Jurisdiktionskonflikte bei grenzüberschreitender Kriminalität, S. 588.

677 *Sinn*, Jurisdiktionskonflikte bei grenzüberschreitender Kriminalität, S. 591.

678 *Schönberger*, Positive transnationale Jurisdiktionskonflikte, S. 469, hinsichtlich der Interessenlage nach gegenwärtiger Rechtslage.

679 *Eser*, in: Sinn, Jurisdiktionskonflikte bei grenzüberschreitender Kriminalität, S. 570; *Zimmermann*, Strafgewaltkonflikte in der Europäischen Union, S. 338; *Schönberger*, Positive transnationale Jurisdiktionskonflikte, S. 472; ebenso *Rekate*, Die Vermeidung von Jurisdiktionskonflikten, S. 258 f.

Auslieferung gefährdet.[680] Außerdem verzögere sich dadurch das Strafverfahren regelmäßig.[681]

Jedoch wird auch angeführt, dass das letztendlich von der zuständigen Jurisdiktion gefällte Urteil wohl auf höhere Akzeptanz bei den übrigen Staaten stoße, wenn diese am Auswahlprozess beteiligt waren. Wäre in diesen Staaten jeweils ein eigenes Verfahren anhängig, würde dieses im Rahmen der Konsultationen wohl gegenüber den anderen Strafverfahren bevorzugt.[682]

Dagegen wird jedoch argumentiert, dass derartige Beratungen anfällig für „forum shopping" seitens der Strafverfolgungsbehörden sein könnten. So bestünde die Gefahr, dass die konsultierenden Strafverfolgungsbehörden kolludieren und die zuständige Jurisdiktion unter Berücksichtigung nicht sachgerechter Motive auswählen.[683]

Demgegenüber wird wiederum positiv hervorgehoben, dass durch eine Abstimmung der betroffenen Jurisdiktionen verhindert würde, dass diese in einen Wettlauf um die erste abschließende verfahrensbeendende Maßnahme treten und gegebenenfalls voreilige Entscheidungen treffen. Eine Konsultationslösung trage somit auch dazu bei, dass die jeweilige Tat umfassend aufgeklärt werden kann.[684] Dies könne jedoch auch eine abstrakte Zuständigkeitszuordnung ex ante sicherstellen.[685]

Zuletzt wird die praktische Umsetzbarkeit des Konsultationsmodells angezweifelt.[686]

Für eine Festlegung des zuständigen Staates bereits auf der „pre-trail stage" wird angeführt, dass sich dadurch die Rechte des Beschuldigten am besten wahren ließen und zudem die Kosten für überflüssige Parallelverfahren eingespart werden könnten.[687]

---

680 Dies unter Hinweis auf § 83b Abs. 1 Nr. 1 IRG und Art. 16 Abs. 2 GG anführend *Eckstein*, ZStW 124 (2012), 490 (499).

681 *Bundesrechtsanwaltskammer*, BRAK-Stellungnahme-Nr. 07/2006, S. 3.

682 *Vander Beken u. a.*, Finding the Best Place for Prosecution, S. 61; bzgl. der Akzeptanz auch *Schönberger*, Positive transnationale Jurisdiktionskonflikte, S. 473 m.w.N.

683 *Kniebühler*, Transnationales ‚ne bis in idem', S. 76; *Zimmermann*, Strafgewaltkonflikte in der Europäischen Union, S. 339; *Bundesrechtsanwaltskammer*, BRAK-Stellungnahme-Nr. 07/2006, S. 3; *Schönberger*, Positive transnationale Jurisdiktionskonflikte, S. 472 f.

684 *Schomburg/Suominen-Picht*, NJW 2012, 1190 (1191).

685 *Schönberger*, Positive transnationale Jurisdiktionskonflikte, S. 482.

686 *Zöller*, in: Leipold/Tsambikakis/Zöller, AnwaltKommentar StGB, Vor § 3 Rn. 12, demzufolge dies „im politischen Alltagsgeschäft wohl Wunschdenken" bleibt.

687 *Biehler u. a.*, Freiburg Proposal, S. 12.

bb) Entscheidungserhebliche Kriterien

Bezüglich der entscheidungserheblichen Kriterien wird angeführt, der Vorschlag von *Vander Beken, Vermeulen, Steverlynck* und *Thomaes* bringe noch am meisten Rechtssicherheit, da die zu berücksichtigenden Kriterien dort abschließend aufgelistet sind.[688]

Da bei diesem Vorschlag im Gegensatz zum „Freiburg Proposal" keine Öffnungsklausel existiere[689], könnten Staatsschutzdelikte dort beispielsweise nicht besonders berücksichtigt werden. Es stelle jedoch ein Hindernis für die praktische Umsetzbarkeit des Modells dar, wenn die beteiligten Staaten nicht einmal für Taten, die ihre zentralen Interessen betreffen, die Gewissheit haben, selbst ein Strafverfahren durchführen zu können.[690]

Problematisch sei auch, wie verfahren werden soll, wenn weitere, für die Auswahl der Jurisdiktion relevante Umstände bekannt werden, nachdem die Zuständigkeitsentscheidung bereits getroffen wurde.[691]

Auch generell werden die für die Auswahlentscheidung maßgeblichen Kriterien der Tat kritisiert. Diese Aspekte würden in Wahrheit bestimmte Interessen widerspiegeln, die nicht klar benannt werden. Sie seien daher intransparent. Folglich sollten die dahinterstehenden Interessen klar benannt werden, anstatt diese hinter abstrakten Überbegriffen zu verstecken.[692]

Außerdem wird argumentiert, dass Staaten, die das jeweilige Verhalten nicht unter Strafe stellen, von der Konsultation ausgeschlossen werden. Es gehe

---

688 *Zimmermann*, Strafgewaltkonflikte in der Europäischen Union, S. 338.

689 Eine Öffnungsklausel findet sich auch bei *Schünemann*, Ein Gesamtkonzept für die Europäische Strafrechtspflege, S. 6, 7 f., und soll sich nach dem „Schwerpunkt der vorgeworfenen Tat" richten.

690 *Zimmermann*, Strafgewaltkonflikte in der Europäischen Union, S. 339; eine entsprechende Ausnahme sehen die abstrakt-statutarischen Zuordnungsmodelle ausdrücklich vor, vgl. *Sinn*, Jurisdiktionskonflikte bei grenzüberschreitender Kriminalität, S. 590; *Rekate*, Die Vermeidung von Jurisdiktionskonflikten, S. 358 f.

691 *Zimmermann*, Strafgewaltkonflikte in der Europäischen Union, S. 352 f.; der Vorschlag bei *Schünemann*, Ein Gesamtkonzept für die Europäische Strafrechtspflege, S. 6, sieht vor, dass in einem solchen Fall die Zuständigkeit bis zum Abschluss der Ermittlungen einmal geändert werden kann. Nach Erhebung der Anklage soll dies nicht mehr möglich sein, S. 9; ebenfalls mit dieser Möglichkeit der Vorschlag von *Zimmermann*, Strafgewaltkonflikte in der Europäischen Union, S. 475, der einen weiteren Wechsel und einen Wechsel nach Anklageerhebung zulassen will, sofern der „betroffene Bürger" zustimmt.

692 *Luchtman*, U. Law. Rev. 2013, 11 (31); diesem folgend *Schönberger*, Positive transnationale Jurisdiktionskonflikte, S. 354 f.

folglich nicht um die Berücksichtigung liberaler legislativer Entscheidungen, sondern lediglich um die Durchsetzung punitiver Interessen.[693]

cc) Maßnahmen zur Konfliktlösung

Zu den Konfliktlösungsmechanismen wird angeführt, eine unabhängige Instanz könne helfen, „forum shopping" sowohl auf Seiten der Strafverfolgungsbehörden als auch auf Seiten des Beschuldigten zu verhindern.[694] Außerdem soll sie eine höhere Akzeptanz der Zuständigkeitsentscheidung garantieren.[695] Auch sorge ein letztinstanzlich zuständiges Organ dafür, dass am Ende eine verbindliche Entscheidung zugunsten einer Jurisdiktion getroffen wird und verhindert damit eine Verfahrensblockade.[696] Eurojust sei deshalb die ideale Entscheidungsinstanz, da sie bereits gegenwärtig dabei hilft, parallele Strafverfahren zu koordinieren[697] und als zwischenstaatliche Instanz hohe Akzeptanz erfahre.[698]

Ein Nachteil verschiedener Kontrollinstanzen wird jedoch im damit verbundenen Zeitaufwand gesehen. So wird mit diesem Argument vor allem die Möglichkeit des nationalen Gerichts kritisiert, sich selbst für unzuständig erklären zu können.[699]

dd) Eigene Stellungnahme

(1) Zeitpunkt

Bezüglich des Zeitpunkts der Zuständigkeitsentscheidung (also abstrakt vor oder einzelfallabhängig nach der Tat) ist festzuhalten, dass die einzelfallbezogenen Konsultationslösungen durchaus über ein Höchstmaß an Flexibilität verfügen. Sie erlauben es, jeden Fall nach der tatsächlich individuell gegebenen Interessenlage zu beurteilen.[700] Im Gegensatz dazu scheint das Modell, das das zuständige

---

693 *Rekate*, Die Vermeidung von Jurisdiktionskonflikten, S. 259, 271.

694 *Vander Beken u. a.*, Finding the Best Place for Prosecution, S. 61; *Vander Beken u. a.*, NStZ 2002, 624 (627); sich ebenfalls für ein „unabhängiges Organ" aussprechend *Thomas*, Das Recht auf Einmaligkeit der Strafverfolgung, S. 168.

695 *Vander Beken u. a.*, NStZ 2002, 624 (627).

696 *Zimmermann*, Strafgewaltkonflikte in der Europäischen Union, S. 340.

697 *Sinn*, Jurisdiktionskonflikte bei grenzüberschreitender Kriminalität, S. 593.

698 *Vander Beken u. a.*, NStZ 2002, 624 (627), denen zufolge diese Aufgabe auch von einer europäischen Staatsanwaltschaft übernommen werden könne; *Eicker*, StV 2005, 631 (635); kritisch *Thorhauer*, Jurisdiktionskonflikte im Rahmen transnationaler Kriminalität, S. 742.

699 *Zimmermann*, Strafgewaltkonflikte in der Europäischen Union, S. 340.

700 Umfassend zu den verschiedenen Interessenlagen *Schönberger*, Positive transnationale Jurisdiktionskonflikte, S. 369–469 m.w.N.

Forum bereits abstrakt vor der Tat festlegen will, geradezu starr.[701] Zuzugestehen ist dem Modell, welches bereits vor der Tat klare Zuweisungskriterien aufstellt, jedoch die klare Vorhersehbarkeit der anwendbaren Rechtsordnung. Jedermann kann sich vor Begehung der Tat darüber informieren, welcher Rechtsordnung er unterliegen wird.[702] Insbesondere ist das Individuum damit auch vor möglicher Willkür der Strafverfolgungsbehörden geschützt. Beraten sich diese in wenig transparenten Konsultationen über das zuständige Forum, kann eine Berücksichtigung sachfremder Interessen in der Tat nicht ausgeschlossen werden. Dies ist zugleich ein Einwand, der allen Konsultationsmodellen entgegengehalten werden kann. Sie können nicht vor der Gefahr schützen, dass missbräuchliche Erwägungen Einfluss in die Konsultationen erhalten.[703]

Diese Gefahr wird auch nicht dadurch ausgeschlossen, dass man dem Beschuldigten ein Recht zur Kontrolle der Zuständigkeitsentscheidung durch eine unabhängige Instanz gewährt, wie im Rahmen des „Freiburg Proposal" vorgeschlagen.[704]

Wird die zuständige Jurisdiktion erst nach der Tat festgelegt, so erfordert dies eine rege Kommunikation zwischen den beteiligten Strafverfolgungsbehörden. Mag die Bereitschaft dazu den Beamten unterstellt werden, so ist damit doch zumindest eine zeitintensive Recherche verbunden, diejenige Staatsanwaltschaft in einem möglicherweise auch an einer Strafverfolgung interessierten Land ausfindig zu machen, die tatsächlich auch für die Verfolgung der ausschlaggebenden Tat zuständig ist. Im Zweifel werden beispielsweise US-amerikanische Beamte

701 Für *Schönberger*, Positive transnationale Jurisdiktionskonflikte, S. 476 f. ist eine abstrakte Festlegung der zuständigen Jurisdiktion vor der Tat nach gegenwärtiger Rechtslage nicht realisierbar, da es nicht möglich sei, die vielschichtigen Interessenlagen abstrakt in einen Ausgleich zu bringen. Als Lösungsmöglichkeit de lege ferenda spricht sich dieser für eine ex ante Festlegung auf den „Heimatstaat" des Beschuldigten aus und damit auch für ein Restriktionsmodell, s. dort S. 477 ff.

702 Dazu auch *Eser*, in: Sinn, Jurisdiktionskonflikte bei grenzüberschreitender Kriminalität, S. 569, der der Möglichkeit des „forum shopping" für den Täter nicht per se negativ gegenübersteht.

703 *Kniebühler*, Transnationales ‚ne bis in idem', S. 76; *Zimmermann*, Strafgewaltkonflikte in der Europäischen Union, S. 368; dazu auch *Thorhauer*, Jurisdiktionskonflikte im Rahmen transnationaler Kriminalität, S. 637 f.

704 Dies stellt aufgrund seiner Impraktikabilität kein taugliches Verfahren dar, s.u. unter Kap. 4 B.II.7.b)dd)(3); nach *Schönberger*, Positive transnationale Jurisdiktionskonflikte, S. 473 wird dieser Gefahr „durch die Reglementierungsdichte der Auswahlentscheidung" vorgebeugt.

des DOJ nicht zuerst die Staatsanwaltschaft in der bayerischen Stadt Hof im Hinterkopf haben, wenn sie Kenntnis von einer transnationalen Korruptionstat mit Bezug zu Deutschland erhalten.[705]

Daran knüpft auch der zweite Kritikpunkt an. Oftmals lässt sich zu Beginn des Ermittlungsverfahrens (und vor allem davor) die komplette Dimension einer Tat noch nicht genau abschätzen, sodass im Nachhinein möglicherweise weitere Jurisdiktionen bekannt werden, die möglicherweise auch ein Strafverfolgungsinteresse gehabt hätten. In einer solchen Situation muss dann auf der zusammen mit den bekannten Staaten getroffenen Entscheidung beharrt werden. Dies schränkt die propagierte Einzelfallgerechtigkeit dieses Konsultationsmodells wiederum ein und kann auch im Rahmen des abstrakt-statutarischen Zuordnungsmodells dazu führen, dass die vorab mittels Gewichtung der einzelnen Kriterien getroffenen Interessensentscheidungen beeinträchtigt werden.[706]

Zudem ist nicht ersichtlich, wie die von einer Ansicht vorgeschlagene Pflicht zur Kommunikation durchgesetzt werden soll. Sofern die ermittelnde Behörde kein Interesse an drei Monate andauernde Konsultationen hat (mit Behörden, die zudem eine andere Sprache sprechen), besteht die Gefahr, dass die Beratung einfach übergangen wird. In diesen Fällen könnte jedoch eine erneute Zuteilung unter Ausschluss des blockierenden Staates – wie von einem abstrakt-statutarischen Zuordnungsmodell vorgesehen[707] – eine tragfähige Lösung sein.

Das speziell für Jurisdiktionskonflikte im internationalen Korruptionsstrafrecht vorgeschlagene Modell kann vorliegend ebenfalls nicht überzeugen. Dies liegt zum einen in der Beschränkung auf die Sanktionierung von Unternehmen begründet. Zum anderen sind auch dort Beratungen vorgesehen, womit die eben geäußerten Bedenken gegen Konsultationsmodelle auch hier nicht überwunden werden können. Außerdem ist es auch nach diesem Vorschlag notwendig, sich auf einen verbindlichen Kriterienkatalog zu einigen.[708] Weiterhin vermag es dieses Modell nicht, den Beschuldigten vor parallelen Ermittlungsverfahren zu bewahren. Diese sind gerade weiterhin vorgesehen.

705 Mit Hinweis auf „arbeitsaufwändigen Abklärungsbedarf" auch *Eser*, in: Sinn, Jurisdiktionskonflikte bei grenzüberschreitender Kriminalität, S. 570.

706 *Zimmermann*, Strafgewaltkonflikte in der Europäischen Union, S. 353, spricht sich daher für die Aufnahme einer Regelung zum nachträglichen Verfahrenstransfer an die eigentlich zuständige Jurisdiktion aus.

707 *Sinn*, Jurisdiktionskonflikte bei grenzüberschreitender Kriminalität, S. 591.

708 Siehe dazu sogleich.

Außerdem ist dieser Ansatz nur auf Mitgliedsstaaten des OECD-Übereinkommens[709] beschränkt.[710]

(2) Kriterien

Zunächst ist das Kompetenzverteilungsprinzip im hier vorgestellten Sinne zu kritisieren. Dadurch, dass bei diesem Lösungsansatz keine eindeutigen Kriterien zur Ermittlung der „besten" Jurisdiktion festgelegt werden, ist es zwar sehr flexibel anzuwenden, liefert jedoch so gut wie keine Rechtssicherheit für den Beschuldigten. Dieser ist vielmehr der Willkür der Verfolgungsbehörden ausgesetzt.

Dies lässt darüber hinaus zugleich Zweifel aufkommen, ob es praktisch überhaupt realistisch ist, einen Konsens bezüglich eines Kriterienkatalogs zu erzielen.[711]

Dieser Einwand lässt sich vor allem hinsichtlich der Modelle erweitern, die zudem eine Hierarchie der Kriterien vorschlagen. Diese Replik entspricht dem bereits im Rahmen der vorgeschlagenen Rangfolge der Prinzipien vorgetragenen Argument. Mag möglicherweise eine Einigung bezüglich eines vorrangigen Abstellens auf das Territorialitätsprinzip realisierbar sein, so müsste sich auf zwischenstaatlicher Ebene auch auf eine Rangfolge der übrigen Kriterien festgelegt werden. Dies gelingt gegenwärtig noch nicht einmal bezüglich der völkerrechtlich anerkannten Anknüpfungsprinzipien. Wie dies sodann hinsichtlich noch weitgehenderer Kriterien, die keine Verankerung im Völkerrecht vorweisen können, realisiert werden soll, ist unklar.

Verständlich ist jedoch die Kritik, die darauf abzielt, dass eine Möglichkeit vorgesehen sein muss, die es den Staaten grundsätzlich ermöglicht, bei Taten, die ihre zentralen Interessen betreffen, das Verfahren selbst durchzuführen.

(3) Konfliktlösung

Für die Bewertung der vorgeschlagenen Maßnahmen zur Konfliktlösung ist zu beachten, dass sich diese im hier behandelten internationalen Korruptionsstrafrecht nicht nur auf europäischer Ebene abspielen dürfen. Allein schon um sich dem Vorwurf der Parteilichkeit zu entziehen, müsste es sich vielmehr um eine global anerkannte beziehungsweise gänzlich unabhängige Instanz handeln.

---

709 Siehe dazu auch unten unter Kap. 5 A.IV.

710 Jedoch soll im jeweiligen Fall auch eine Mitteilung an Drittstaaten erfolgen, die sodann an den Konsultationen teilnehmen können, vgl. *Letzien*, Internationale Korruption und Jurisdiktionskonflikte, S. 420.

711 Optimistischer *Kommission der Europäischen Gemeinschaften*, KOM (2000) 495 endgültig, S. 22, wo befürchtet wird, dass „längere Verhandlungen notwendig sein könnten".

Die Idee, auch dem Beschuldigten das Recht zu gewähren, die Entscheidung zugunsten einer Jurisdiktion überprüfen zu lassen, entspricht sicherlich dem Gerechtigkeitsgefühl. Dies bereits deshalb, um zu verhindern, dass der Beschuldigte gänzlich zum Spielball der selbstständig über die Zuständigkeitsfragen konsultierenden Staaten wird.[712] Allein der Vorschlag, dass dieser den EuGH bereits mit der Behauptung anrufen können soll, seine Interessen seien verletzt worden, lässt diese Lösung etwas impraktikabel erscheinen. Der Beschuldigte wird diese Behauptung wohl jedes Mal vorbringen, wenn die Entscheidung nicht seinen Vorstellungen entspricht.[713] Dies allein schon, um das Verfahren zu verzögern und sich eine weitere „Chance" zu sichern, das von ihm favorisierte Forum durchsetzen zu können.

(4) Fazit

Festzuhalten bleibt, dass es Staaten bei Taten, die ihre zentralen Interessen betreffen, grundsätzlich möglich sein muss, das Verfahren diesbezüglich selbst durchzuführen.

Zudem sollte ein Lösungsvorschlag auch praktisch umsetzbar sein. Einen Konsens bezüglich eines universell verbindlichen Kriterienkataloges erzielen zu können, scheint fraglich. Auch die effektive praktische Durchführbarkeit von Konsultationen bei jeglicher transnationalen Korruptionsstraftat scheint schwierig.

Darüber hinaus muss ein guter Lösungsmechanismus sicherstellen, dass die Entscheidung bezüglich der zuständigen Jurisdiktion möglichst endgültig erfolgt und nicht regelmäßig durch nachträglich auftretende Umstände in Frage gestellt wird.

III. Trennungsmodelle

1. Theoretischer Ansatz

Vorgeschlagen wird weiterhin die Trennung von zuständiger Jurisdiktion und anwendbarem Strafrecht.[714] Dies bedeutet, dass das letztendlich zuständige Gericht nicht unbedingt das Recht des Staates anzuwenden hat, in dem es seinen

712 *Biehler u. a.*, Freiburg Proposal, S. 15.

713 Weil sich die Verteidigung von einer anderen Jurisdiktion beispielsweise ein milderes Urteil erhofft oder der Beschuldigte kein Interesse an einem Strafverfahren in einem „fremden" Land hat, in das er reisen müsste und dessen Sprache er ggf. nicht versteht.

714 Die Bezeichnung „Trennungsmodell" erfolgt nach *Schönberger*, Positive transnationale Jurisdiktionskonflikte, S. 554.

Sitz hat, sondern möglicherweise nach ausländischem Strafrecht zu entscheiden hat.

Dieser Ansatz trennt diese beiden Ebenen und fragt unabhängig voneinander nach zuständiger Jurisdiktion und anzuwendendem materiellen Recht.[715]

Die Festlegung des materiellen Rechts soll dabei nach einer Ansicht gemäß dem Restriktionsmodell[716] erfolgen.[717] Die zuständige Jurisdiktion soll dabei de lege lata anhand eines Zuständigkeitsmodells[718] ermittelt werden.[719] De lege ferenda wird ein Abstellen auf den „Heimatstaat" befürwortet.[720] Die Entscheidungen, welches nationale materielle Recht im Einzelfall anwendbar sein soll und welche Jurisdiktion für die Durchführung des Strafverfahrens zuständig sein soll, soll ein „unionales strafrechtliches Fachgericht"[721] ohne vorherige Konsultationen der Staaten untereinander treffen.[722] Dieser Zuständigkeitsentscheidung soll Präklusionswirkung zukommen. Bereits eingeleitete Strafverfahren sind einzustellen.[723]

Auch nach dem Entwurf von *Böse/Meyer/Schneider* ist zwischen anwendbarem materiellen Recht und Strafverfahrensrecht zu trennen.[724] Dabei wird

715 So *Schönberger*, Positive transnationale Jurisdiktionskonflikte, S. 555 f.; *Eser/Burchard*, in: Derra, FS Meyer, S. 524; *Deiters*, ZIS 2006, 472 (477); *Böse u. a.*, GA 2014, 572 (573); *Bochmann*, Strafgewaltkonflikte und ihre Lösung, S. 363 ff.; *Spence*, Yale Law J. 2005, 1185 (1186 ff.) spricht sich dafür aus, Korruptionsstraftaten von hochrangigen ausländischen Beamten subsidiär (S. 1191) vor US-amerikanischen Gerichten nach ausländischem materiellen Recht zu verhandeln, was als „democracy promotion strategy" (S. 1189) der Stärkung der Rechtsstaatlichkeit in Entwicklungsländern dienen soll (S. 1187 f.); s. ferner *Böse/Meyer*, ZIS 2011, 336 (337, 344); *Schmidt-Kessel*, in: Sinn, Jurisdiktionskonflikte bei grenzüberschreitender Kriminalität, S. 75, 82; *Fuchs* bei *Hauer*, ZIS 2007, 12 (14); *Zimmermann*, Strafgewaltkonflikte in der Europäischen Union, S. 323 ff. m.w.N.; ähnlich *Böse*, in: Zöller/Hilger/Küper/Roxin, FS Wolter, S. 1320 ff.

716 Siehe oben unter Kap. 4 B.I.

717 Dazu *Schönberger*, Positive transnationale Jurisdiktionskonflikte, S. 555 f., 557 ff.

718 Siehe oben unter Kap. 4 B.II.

719 *Schönberger*, Positive transnationale Jurisdiktionskonflikte, S. 555 f., 582 ff., wobei wohl das abstrakt-statutarische Zuordnungsmodell vor der Tat und das Konsultationsmodell favorisiert werden. Siehe dazu oben unter Kap. 4 B.II.7.

720 *Schönberger*, Positive transnationale Jurisdiktionskonflikte, S. 614, 477, 480.

721 *Schönberger*, Positive transnationale Jurisdiktionskonflikte, S. 661 ff., 666.

722 *Schönberger*, Positive transnationale Jurisdiktionskonflikte, S. 589 f., 591 f., 596 ff., 609.

723 *Schönberger*, Positive transnationale Jurisdiktionskonflikte, S. 598.

724 *Böse u. a.*, GA 2014, 572 (573), die den Entwurf als Verordnung gem. Art. 82 Abs. 1 Unterabs. 2 b) AEUV konzipiert haben.

bereits einleitend festgesetzt, dass eine strafrechtliche Verantwortlichkeit nach dem Recht eines Mitgliedsstaats voraussetzt, dass der Täter die Umstände, die zur Anwendbarkeit des Strafrechts führen, kannte oder kennen musste. Diese Umstände müssen gerichtlich nachgewiesen werden, sofern der Täter verurteilt werden soll (Art. 1).[725]

Die extraterritoriale Anwendbarkeit des nationalen materiellen Strafrechts soll zunächst ebenfalls im Wege eines Restriktionsmodells reduziert werden, um Jurisdiktionskonflikten möglichst vorzubeugen. Dieses soll vorrangig auf Basis des Territorialitätsprinzips, des Staatsschutzprinzips und des Weltrechtsprinzips zur Anwendung kommen. Auf das aktive sowie passive Personalitätsprinzip soll verzichtet werden.[726] Die zuständige Jurisdiktion soll sodann im Stile eines abstrakt-statutarischen Zuordnungsmodells vorrangig auf Basis des Territorialitätsprinzips ermittelt werden. Subsidiär ist auf den Wohnsitz des Täters und des Opfers sowie auf den Ergreifungsort abzustellen (Art. 7).[727] Ergibt sich, dass ein anderer Mitgliedsstaat als der nach diesen Regelungen zuständige „im Licht einer Gesamtwürdigung der […] genannten Kriterien und anderer legitimer Faktoren für die Durchführung des Strafverfahrens besser geeignet ist“[728], so kann diesem das Strafverfahren im Wege eines konsensualen Verfahrenstransfers übertragen werden.[729] Darüber hinaus sind neben Verfahrenstransfers in Staatsschutzsachen (Art. 9) auch Verfahrenstransfers auf Antrag des Beschuldigten bzw. des Opfers an deren Wohnsitz- bzw. Aufenthaltsstaat (Art. 8) vorgesehen sowie die Möglichkeit, die Verfolgung mehrerer zusammenhängender Straftaten eines Beschuldigten (Art. 10) bzw. die Verfolgung der Taten mehrerer Straftäter (Art. 11) in einem Mitgliedsstaat zu konzentrieren.[730] Erhält die zuständige Strafverfolgungsbehörde Kenntnis von einem parallelen Strafverfahren eines anderen Mitgliedsstaats bzgl. derselben Tat, so ist im Wege von Konsultationen der am besten für die Durchführung des Strafverfahrens geeignete Mitgliedsstaat zu ermitteln. Maßgeblich sollen dafür die genannten Kriterien sein (Art. 12 Abs. 1). Auch Beschuldigter und Opfer sind an diesem Verfahren zu beteiligen (Art. 12 Abs. 2 bis Abs. 4).[731]

---

725 *Böse u. a.*, GA 2014, 572 (574).
726 Art. 1 bis Art. 7 des Entwurfs, vgl. *Böse u. a.*, GA 2014, 572 (574 ff.).
727 *Böse u. a.*, GA 2014, 572 (578 ff.).
728 Art. 7 Abs. 4 des Entwurfs, vgl. *Böse u. a.*, GA 2014, 572 (579).
729 Art. 7 Abs. 4 des Entwurfs, vgl. *Böse u. a.*, GA 2014, 572 (579).
730 *Böse u. a.*, GA 2014, 572 (580 ff.).
731 *Böse u. a.*, GA 2014, 572 (584 f.).

Ist die Anklage in einem Mitgliedsstaat zugelassen oder hat ein Mitgliedsstaat die Strafverfolgung auf einen anderen Mitgliedsstaat übertragen, ist eine weitere Strafverfolgung wegen derselben Tat in einem anderen Mitgliedsstaat unzulässig (Art. 14). Es entsteht ein grenzüberschreitendes Verfolgungshindernis.[732]

Maßgeblich soll grundsätzlich innerstaatliches Strafprozessrecht sein.[733] Ist nach den Art. 2 bis Art. 6 des Entwurfs (den i.R.d. Restriktionsmodells maßgeblichen Prinzipien) zudem innerstaatliches materielles Strafrecht des Verfolgerstaates anwendbar, wendet die zuständige Strafverfolgungsbehörde auch dieses an (Art. 15 Abs. 1). Ist innerstaatliches materielles Strafrecht des Verfolgerstaates nicht nach den Art. 2 bis Art. 6 anwendbar, werden zwei Varianten vorgeschlagen.

Nach der ersten Variante soll das materielle Strafrecht desjenigen Staates anwendbar sein, der um die Durchführung des Strafverfahrens ersucht hat (Art. 15 Abs. 2 – „Fremdrechtsanwendung"). Nach der zweiten Variante soll der verfolgende Staat dennoch innerstaatliches materielles Strafrecht anwenden, jedoch mit der Maßgabe, „dass der Sachverhalt sinngemäß umzustellen ist"[734] (Art. 15 Abs. 2 – „Transformationslösung"). Dies soll einer stellvertretenden Strafrechtspflege entsprechen.[735]

Die Regelungen zur Ermittlung der zuständigen Jurisidiktion sollen zudem im Verhältnis zu Drittstaaten berücksichtigt werden (Art. 16).[736]

Eine weitere Ansicht schlägt die Anwendung der Normen des interlokalen Strafrechts vor.[737] Dieses innerstaatliche Kollisionsrecht[738] dient bislang der

---

732 *Böse u. a.*, GA 2014, 572 (586).

733 *Böse u. a.*, GA 2014, 572 (587).

734 *Böse u. a.*, GA 2014, 572 (586); nach *Rekate*, Die Vermeidung von Jurisdiktionskonflikten, S. 291 ist das innerstaatliche materielle Strafrecht nach dieser Variante so anzuwenden, „als ob die Tat auf eigenem Territorium begangen worden wäre".

735 *Böse u. a.*, GA 2014, 572 (587).

736 *Böse u. a.*, GA 2014, 572 (587); einen vergleichbaren Ansatz, jedoch unter Verzicht auf Konsultationen und ohne Beschränkung auf die EU, verfolgt auch *Bochmann*, Strafgewaltkonflikte und ihre Lösung, S. 363 ff.: Ausgangspunkt ist dabei die Differenzierung zwischen Urteils- und Regelungsgewalt. Nach diesem Vorschlag soll das anwendbare Strafrecht das Recht des Handlungsortes bzw. bei staatsgefährdenden Delikten das Recht des geschützten Staates sein, wobei Ausnahmen im Rahmen eines „ordre public"-Vorbehalts möglich sein sollen. Das Verfahrensrecht soll sich nach der lex fori richten. Dem Beschuldigten soll dabei das Recht zustehen, einer Verhandlung am vorrangig zuständigen Tatortgericht zu widersprechen und auf Antrag in seinem Wohnsitzstaat abgeurteilt zu werden.

737 *Eser/Burchard*, in: Derra, FS Meyer, S. 521 ff.

738 *Ambos*, in: Joecks/Miebach, Münchener Kommentar zum StGB, Vor § 3 Rn. 96.

Auflösung von Konflikten zwischen mehreren im konkreten Fall anwendbaren Teilrechtsordnungen innerhalb eines Staates.[739]

Demnach soll generell das Strafrecht des Tatorts Anwendung finden. Bei grenzüberschreitenden Taten soll zudem das strengste Gesetz angewandt werden.[740] Kriterien zur Auswahl des anzuwendenden Prozessrechts werden nicht gestellt[741], sodass dies grundsätzlich das Recht des Ergreifungsstaats sein wird.[742]

2. *Stellungnahme*

Durch das Trennungsmodell sollen nach einer Ansicht die Nachteile von Restriktions- und Zuständigkeitsmodellen aufgelöst werden und diese beiden Ansätze in Einklang gebracht werden.[743] Gemäß dem nach der Tat greifenden Konsultationsmodell beispielsweise folgt das anzuwendende materielle Recht der letztendlich zuständigen Jurisdiktion. Dieses Modell ermögliche somit zwar ein Höchstmaß an Flexibilität, jedoch auf Kosten der Vorhersehbarkeit und damit der Rechtssicherheit für den Beschuldigten. Der Beschuldigte wisse nicht, welchem materiellen Recht er schlussendlich unterworfen wird. Durch die Loslösung der Frage nach dem materiellen Recht mittels des Trennungsmodells soll diese Vorhersehbarkeit für den Täter geschaffen werden.[744]

Ein Argument, welches für eine Umsetzung dieses Vorschlags innerhalb der Europäischen Union vorgebracht wird, ist, dass dieses Modell der Schaffung eines einheitlichen Rechtsraums dienen könne und von wechselseitigem Vertrauen zwischen den Mitgliedsstaaten zeugen würde.[745]

Gegen dieses Modell werden jedoch Bedenken hinsichtlich des Bestimmtheitsgebots angemeldet.[746]

---

739 *Eser/Burchard*, in: Derra, FS Meyer, S. 522; *Ambos*, in: Joecks/Miebach, Münchener Kommentar zum StGB, Vor § 3 Rn. 92; für Deutschland siehe *Zimmermann*, Strafgewaltkonflikte in der Europäischen Union, S. 324 f.

740 *Eser/Burchard*, in: Derra, FS Meyer, S. 524.

741 Vgl. *Eser/Burchard*, in: Derra, FS Meyer, S. 521 ff.; *Zimmermann*, Strafgewaltkonflikte in der Europäischen Union, S. 325.

742 *Rekate*, Die Vermeidung von Jurisdiktionskonflikten, S. 268.

743 *Schönberger*, Positive transnationale Jurisdiktionskonflikte, S. 554 f.

744 *Schönberger*, Positive transnationale Jurisdiktionskonflikte, S. 610 f.; ebenso *Böse u. a.*, GA 2014, 572 (573).

745 *Zimmermann*, Strafgewaltkonflikte in der Europäischen Union, S. 329, anschließend jedoch ebenfalls kritisch.

746 *Schmidt-Kessel*, in: Sinn, Jurisdiktionskonflikte bei grenzüberschreitender Kriminalität, S. 77 f., 82, vor allem bzgl. akzessorischer Straftatbestände; vgl. auch *Zimmermann*, Strafgewaltkonflikte in der Europäischen Union, S. 329; einschränkend *Thorhauer*,

Zusätzlich wird gegen diese Lösung angeführt, dass die Anwendung ausländischer Strafnormen in Konflikt mit dem Demokratieprinzip und dabei vor allem dem Parlamentsvorbehalt stehe.[747]

Auch seien das materielle Recht und das Verfahrensrecht miteinander verbunden. Sie könnten schon aufgrund der vielfachen Verweise nicht losgelöst voneinander bestehen.[748] Die Kriminalstrafe als sozial-ethisches Unwertsurteil könne außerdem nicht überzeugend von einem Gericht einer fremden Rechtsordnung verhängt werden, welche die dahinterstehenden Wertungen nicht teile.[749]

Zudem werden Bedenken bezüglich der nationalstaatlichen Souveränität angemeldet, sofern ein Staat gezwungen wird, die Normen einer fremden Rechtsordnung anzuwenden.[750]

Jurisdiktionskonflikte im Rahmen transnationaler Kriminalität, S. 651; a.A. *Bochmann*, Strafgewaltkonflikte und ihre Lösung, S. 287 ff.; a.A. im europäischen Kontext *Deiters*, ZIS 2006, 472 (478 f.); vgl. bzgl. der Europäischen Union auch *Böse/Meyer*, ZIS 2011, 336 (344): „Die verfochtene Entkoppelung von materiellem Recht und Prozessrecht gestattet in dieser Hinsicht einen klareren Blick auf die materiellen Kriterien, welche die Zuordnung eines strafrechtlich relevanten Verhaltens zu einem Rechtskreis tragen und einen Ausgleich zwischen kollidierenden Regelungsansprüchen verbürgen können.".

747 *Schmidt-Kessel*, in: Sinn, Jurisdiktionskonflikte bei grenzüberschreitender Kriminalität, S. 78 f. m.w.N.; vgl. auch *Zimmermann*, Strafgewaltkonflikte in der Europäischen Union, S. 329; a.A. *Deiters*, ZIS 2006, 472 (479); *Bochmann*, Strafgewaltkonflikte und ihre Lösung, S. 281 ff.; *Thorhauer*, Jurisdiktionskonflikte im Rahmen transnationaler Kriminalität, S. 651; *Schönberger*, Positive transnationale Jurisdiktionskonflikte, S. 577 ff. m.w.N. führt an, dass „das Verlangen nach Einhaltung des formellen demokratischen Gesetzlichkeitselements bei der Umsetzung fremder Strafverfolgungsinteressen als zu weitführend einzustufen" sei. Die Folge wären „nicht hinnehmbare[r] Konsequenzen für die zwischenstaatliche justizielle Zusammenarbeit", S. 579.

748 *Zimmermann*, Strafgewaltkonflikte in der Europäischen Union, S. 331 f. mit Beispielen zum deutschen Recht; ebenso *Rekate*, Die Vermeidung von Jurisdiktionskonflikten, S. 261; *Böse*, in: Zöller/Hilger/Küper/Roxin, FS Wolter, S. 1327 f.; a.A. *Schönberger*, Positive transnationale Jurisdiktionskonflikte, S. 569 f.; *Thorhauer*, Jurisdiktionskonflikte im Rahmen transnationaler Kriminalität, S. 652.

749 *Zimmermann*, Strafgewaltkonflikte in der Europäischen Union, S. 331; *Thorhauer*, Jurisdiktionskonflikte im Rahmen transnationaler Kriminalität, S. 653; ähnlich *Eckstein*, ZStW 124 (2012), 490 (503); dazu kritisch *Schönberger*, Positive transnationale Jurisdiktionskonflikte, S. 573 ff. m.w.N.; a.A. *Deiters*, ZIS 2006, 472 (478).

750 *Schünemann*, ZStW 116 (2004), 376 (396 f.); a.A. *Schönberger*, Positive transnationale Jurisdiktionskonflikte, S. 571 ff., der darauf verweist, dass die Legislative die Möglichkeit einer Fremdrechtsanwendung gerade freiwillig beschließen würde.

Auch die Anwendung ausländischen Rechts stelle für die Richter in der Praxis regelmäßig eine besondere Herausforderung dar.[751] Dies sei neben den sprachlichen Barrieren auch auf eine unterschiedliche hinter den Normen stehende Rechtskultur zurückzuführen.[752]

Zudem wird vor allem gegen das Modell des interlokalen Strafrechts angeführt, dass nicht ersichtlich sei, weshalb bei grenzüberschreitenden Delikten das strengste Strafgesetz Anwendung finden sollte.[753]

Weiterhin wird kritisiert, ein Trennungsmodell würde die Strafverteidigung für den Beschuldigten erheblich erschweren. Er müsste sich möglicherweise in einem Staat verantworten, dessen Sprache er nicht versteht und dessen Rechtsordnung ihm unbekannt ist.[754]

Es erscheine zudem fraglich, ob die Interessen eines Staates, der die Tat ursprünglich aburteilen wollte, bereits dadurch gewahrt werden, dass dessen materielles Strafrecht bei der Aburteilung durch ein ausländisches Gericht angewendet wird.[755]

Dem wird jedoch entgegengehalten, dass sich ein Staat in diesem Fall zumindest sicher sein könne, dass seine Wertentscheidungen bezüglich straflosem bzw. strafbarem Verhalten auch vor einem ausländischen Gericht Bestand haben.[756]

---

751 *Deiters*, ZIS 2006, 472 (479); *Ambos*, Internationales Strafrecht, § 3 Rn. 128; *Fuchs* bei *Hauer*, ZIS 2007, 12 (14), der das Trennungsmodell daran scheitern lässt.

752 *Oehler*, Internationales Strafrecht, Rn. 144, 744; bzgl. der Europäischen Union *Zimmermann*, Strafgewaltkonflikte in der Europäischen Union, S. 331; dies und die damit verbundenen erheblichen Mehrkosten erkennend *Schönberger*, Positive transnationale Jurisdiktionskonflikte, S. 563, der jedoch die Einhaltung der „materiellen und strafrechtlichen Garantien" überwiegen lässt, S. 564, da die praktischen Hürden überwindbar seien, S. 565 ff. m.w.N; dies ebenfalls erkennend *Bochmann*, Strafgewaltkonflikte und ihre Lösung, S. 327 ff., der jedoch auf die technischen Errungenschaften verweist und durch entsprechende Juristenausbildung die Probleme einer Fremdrechtsanwendung reduzieren will, S. 329 f.

753 *Zimmermann*, Strafgewaltkonflikte in der Europäischen Union, S. 330 m.w.N.

754 *Oehler*, Internationales Strafrecht, Rn. 744; *Deiters*, ZIS 2006, 472 (474); *Fuchs*, ZStW 116 (2004), 368 (370); auf damit verbundene Unsicherheiten des Beschuldigten vor einer falschen Rechtsanwendung hinweisend *Schönberger*, Positive transnationale Jurisdiktionskonflikte, S. 564 f.

755 *Zimmermann*, Strafgewaltkonflikte in der Europäischen Union, S. 330.

756 *Schönberger*, Positive transnationale Jurisdiktionskonflikte, S. 613; *Eser/Burchard*, in: Derra, FS Meyer, S. 523; differenzierend *Bochmann*, Strafgewaltkonflikte und ihre Lösung, S. 338 ff.

Dem wird jedoch wiederum speziell am Modell von *Böse/Meyer/Schneider* widersprochen. Durch diesen Entwurf werde eine nationalstaatliche Entscheidung, ein bestimmtes Verhalten nicht kriminalisieren zu wollen, nicht respektiert. Vielmehr werde die Zuständigkeit in solchen Fällen einfach einem Staat übertragen, der das entsprechende Verhalten sanktioniert.[757]

In der Tat ist nicht davon auszugehen, dass sich ein Staat, der ursprünglich das Strafverfahren selbst durchführen wollte, damit zufriedengeben wird, dass sein materielles Recht Anwendung findet. Vor allem bei transnationalen Korruptionsstraftaten unter Beteiligung großer Unternehmen sind bei erfolgreichem Nachweis rechtswidriger Verhaltensweisen regelmäßig sehr hohe Beträge an die Staatskasse des verfolgenden Staates zu entrichten. Angesichts dessen wird das Interesse praktisch wohl verstärkt darauf liegen, die eigene Staatskasse mit hohen Millionenbeträgen zu füllen[758], als die eigene Werteordnung durchgesetzt zu sehen.

Das Argument, dass dieser Vorschlag der Schaffung eines einheitlichen Rechtsraums dienen könne und von wechselseitigem Vertrauen zwischen den Mitgliedsstaaten zeugen würde, kann hier jedoch bereits nicht greifen, da eine Lösung für die Gefahr einer Mehrfachverfolgung auf globaler Ebene angestrebt wird. Die Schaffung eines weltweit einheitlichen Rechtsraums und wechselseitiges Vertrauen zwischen allen Staaten der Welt entsprechen der Utopie. Daher geht dieses (im Rahmen der Europäischen Union möglicherweise legitime) Argument hier fehl.[759]

Das Ziel, dem Beschuldigten eine optimale Vorhersehbarkeit zu ermöglichen, kann dieser Ansatz zudem nicht gänzlich gewährleisten. Ist das anzuwendende materielle Recht festgelegt, muss nämlich noch immer die zuständige Jurisdiktion ermittelt werden. Bis diese Entscheidung gefallen ist, sieht sich der Beschuldigte letztendlich doch wieder Unsicherheiten ausgesetzt.[760]

---

757 *Rekate*, Die Vermeidung von Jurisdiktionskonflikten, S. 292 mit Verweis auf Art. 7 Abs. 2 S. 2, Abs. 3 S. 2 des Entwurfs; ebenso *Thorhauer*, Jurisdiktionskonflikte im Rahmen transnationaler Kriminalität, S. 647.

758 Vgl. dazu auch *Hoven*, Auslandsbestechung, S. 116; *Thorhauer*, Jurisdiktionskonflikte im Rahmen transnationaler Kriminalität, S. 128 ff.

759 Vgl. dazu *Schönberger*, Positive transnationale Jurisdiktionskonflikte, S. 616 ff., der seinen Lösungsvorschlag letztendlich auf den europäischen Raum begrenzt.

760 Dies zumindest im de lege lata gemachten Vorschlag; de lege ferenda soll sich der Beschuldigte in seinem „Heimatstaat" verantworten müssen, *Schönberger*, Positive transnationale Jurisdiktionskonflikte, S. 614; ähnlich *Rekate*, Die Vermeidung von Jurisdiktionskonflikten, S. 292 f. m.w.N.

Hingegen würde diese Lösung eine Strafverteidigung immens erschweren. Der Angeklagte müsste sich bei Auseinanderfallen von anzuwendendem materiellen Strafrecht und Strafprozessrecht nach Strafverteidigern aus beiden im konkreten Verfahren anwendbaren Rechtsordnungen umsehen. Dies ist neben einem beträchtlichen Aufwand vor allem mit hohen Kosten verbunden, da ein doppeltes Honorar sowie regelmäßig Unterbringungskosten für mindestens einen auswärtigen Strafverteidiger anfallen werden.[761]

Auf der anderen Seite würde es wohl auch für die Strafverfolgungsbehörden und für die Richter einen Drahtseilakt darstellen, ein Strafverfahren, in dem verschiedene Rechtsordnungen maßgeblich sind, korrekt durchzuführen.[762]

Aufgrund der damit verbundenen Schwierigkeiten sollten zuständige Jurisdiktion und anzuwendendes materielles Recht nicht voneinander getrennt werden.

C. Fazit – Anforderungen an eine zustimmungswürdige Lösung

Von den dargestellten Lösungsvorschlägen vermag es keine, die Gefahr einer Mehrfachverfolgung und -bestrafung im internationalen Korruptionsstrafrecht überzeugend zu lösen.

Anhand der Diskussion der verschiedenen Lösungsvorschläge zur Vermeidung von Doppelverfolgung und Doppelbestrafung haben sich jedoch einige Maßstäbe herauskristallisiert, an denen sich eine zustimmungswürdige Lösung messen lassen muss:

- *Eine gut vertretbare Lösung darf die betroffene Person nicht mehreren Strafverfahren aussetzen. Eine gute Lösung muss bereits vorher eingreifen und den Betroffenen vor den mit mehreren Strafverfahren verbundenen Belastungen schützen.*

- *Ein guter Vorschlag zur Vermeidung von Doppelverfolgungen im Korruptionsstrafrecht muss zudem eine globale Lösung anbieten können – oder zumindest eine Lösung für Länder, deren Gesetze gegen Korruption einen erheblichen*

761 Mit Verweis auf die Kosten ebenfalls *Fuchs*, ZStW 116 (2004), 368 (370); *Hecker*, ZIS 2011, 60 (60); dazu auch *Rekate*, Die Vermeidung von Jurisdiktionskonflikten, S. 132 f.; *Nestler*, in: Schünemann, Ein Gesamtkonzept für die Europäische Strafrechtspflege, S. 169.

762 In diese Richtung auch *Ambos*, Internationales Strafrecht, § 3 Rn. 128; *Thorhauer*, Jurisdiktionskonflikte im Rahmen transnationaler Kriminalität, S. 655.

extraterritorialen Anwendungsbereich haben – und darf nicht nur auf die Europäische Union beschränkt sein.

- *Von einer guten Lösung ist weiter zu fordern, dass sie Entscheidungen ermöglicht, die transparent und überprüfbar zustande kommen. Dies ist allein schon deshalb notwendig, um Missbrauch effektiv vorbeugen zu können.*

- *Eine zustimmungswürdige Lösung muss auch dem Gesetzlichkeitsprinzip entsprechen. Das Individuum muss wissen, wann es sich unter welchen Umständen und nach welcher Rechtsordnung strafbar macht.*

- *Darüber hinaus müssen auch die Belange der Beteiligten berücksichtigt werden. Ihnen kann nicht regelmäßig zugemutet werden, für die Hauptverhandlung um die ganze Welt zu reisen, was neben einem erheblichen Zeitaufwand auch physische und psychische Nachteile sowie finanzielle Einbußen zur Folge hätte.*

- *Eine gute Lösung muss auch eine Möglichkeit anbieten, weitergehendem Missbrauch (etwa durch „pro forma"-Urteile) entgegentreten zu können.*

- *Ebenfalls muss ein Ausweg für Fälle angeboten werden, in denen sich ein Staat nicht an das vereinbarte Procedere hält und rechtswidrig ein paralleles Strafverfahren einleitet.*

- *Auch muss es Staaten bei Taten, die ihre zentralen Interessen betreffen, grundsätzlich möglich sein, das Verfahren diesbezüglich selbst durchzuführen.*

- *Der Lösungsvorschlag muss auch praktisch umsetzbar sein. Ein Lösungsmodell sollte daher vor allem auf transnationaler Ebene konsensfähig sein.*

- *Auch muss ein guter Lösungsmechanismus sicherstellen, dass die Entscheidung bezüglich der zuständigen Jurisdiktion möglichst endgültig erfolgt und nicht regelmäßig durch nachträglich auftretende Umstände in Frage gestellt wird.*

- *Zudem sollten zuständige Jurisdiktion und anzuwendendes materielles Recht nicht voneinander getrennt werden.*

- *Als „klassisches" Problem dieser Thematik sind weiter die einzelnen Bestandteile des ne bis in idem zu bestimmen. Es ist festzulegen, was unter „Tat" („idem") zu*

> *verstehen ist, welche Qualität die Erstentscheidung aufweisen muss („bis“) und welchen Gehalt die daraus folgende Sperrwirkung („ne“) haben soll.*[763]

Daneben sind freilich die weiteren im Rahmen der Lösungsnotwendigkeit genannten Interessen des Individuums sowie des Staates zu beachten und in einen Ausgleich zu bringen.

763 *Greco*, Strafprozesstheorie und materielle Rechtskraft, S. 33 f.

Kapitel 5 Entwicklung eines eigenen Lösungsvorschlags

Ziel der vorliegenden Arbeit ist es, einen tauglichen Lösungsvorschlag zu unterbreiten, um die dargelegte Gefahr der Mehrfachverfolgung bzw. -bestrafung im internationalen Korruptionsstrafrecht zu verhindern. An welchen Anforderungen sich diese Lösung messen lassen muss, wurde vorgehend beschrieben.

Das hier favorisierte Modell soll zunächst seiner Idee nach dargestellt werden. Anschließend muss sich dieses Modell an den in dieser Arbeit aufgestellten Maßstäben messen lassen, bevor eine Diskussion möglicher Kritikpunkte erfolgt. Vermag es das vorgeschlagene Lösungsmodell, sich diesen zu erwehren, soll der Versuch unternommen werden, die Idee auf eine dogmatische Grundlage zu stellen. Ist diese Grundlegung geglückt, folgen zuletzt Überlegungen zur Implementierung.

A. Theoretischer Ansatz

Wie gesehen entstehen positive Kompetenzkonflikte durch die weite extraterritoriale Anwendbarkeit nationaler Strafgesetze. Die in dieser Arbeit untersuchten Normen tragen dabei alle die gleiche „DNA" des OECD-Übereinkommens in sich. Auf diese Verpflichtungen, die die Vereinigten Staaten, das Vereinigte Königreich und die Bundesrepublik Deutschland in diesem Übereinkommen – und später noch in anderen Abkommen – eingegangen sind, geht der weite Geltungsbereich der jeweiligen nationalen Anti-Korruptionsgesetze zurück.[764]

Im Endeffekt könnte also davon auszugehen sein, dass alle Staaten, die die entsprechenden Anti-Korruptionsübereinkommen unterzeichnet und ratifiziert haben, dies mit dem Ziel getan haben, dass der Korruptionsstraftäter (möglichst überall) verfolgt und bestraft werden kann.

Können nun mehrere Staaten einen völkerrechtlich legitimierenden Anknüpfungspunkt in derselben Sache geltend machen, so stellt sich die Frage, warum nicht einer dieser Staaten, der das Strafverfahren letztendlich durchführt, die übrigen Jurisdiktionen bei der Durchführung des Strafverfahrens vertreten kann.

---

764 Siehe dazu oben unter Kap. 1 E.

Der Beschuldigte wäre als Folge dieser Idee nur einem Strafverfahren ausgesetzt. Dem Interesse der beteiligten Jurisdiktionen wäre insoweit gedient, als der Korruptionsstraftäter letztendlich einem Strafverfahren ausgesetzt wird.[765]

Damit diese Überlegung jedoch greifen kann, sind zunächst die hinter den Anti-Korruptionsübereinkommen stehenden Erwägungen zu prüfen. Geht es bei den Anti-Korruptionsübereinkommen in erster Linie darum, dass der Korruptionsstraftäter überhaupt verfolgt wird, können die geäußerten Überlegungen weitergeführt werden. Geht es jedoch vielmehr darum, den Täter möglichst oft unterschiedlichen Strafverfahren auszusetzen, würde die Überlegung von vornherein fehlgehen.

I. Anti-Korruptionsübereinkommen und die erforderliche Anzahl an Strafverfahren

1. OECD-Übereinkommen

Dafür, dass möglichst viele Strafverfahren gegen den Beschuldigten geführt werden sollen, könnten zunächst die Formulierungen in Art. 1 Abs. 1 und Art. 4 Abs. 1 OECD-Übereinkommen sprechen. Dort heißt es: „Jede Vertragspartei trifft die erforderlichen Maßnahmen, um nach ihrem Recht jede Person mit Strafe zu

765 Eine solche Überlegung bereits andeutend *Letzien*, Internationale Korruption und Jurisdiktionskonflikte, S. 405: „Wenn es das Ziel der gesamten Verfolgungsaktivitäten ist, das Unternehmen für eine Auslandsbestechungstat durch einen seiner Mitarbeiter zu sanktionieren, kann dies auch durch die Entscheidung eines anderen Staates erreicht werden."; ebenso *Thorhauer*, Jurisdiktionskonflikte im Rahmen transnationaler Kriminalität, S. 135 und S. 462, die formuliert, dass „der Forumstaat auch fremde Strafansprüche stellvertretend mit durchsetzen kann.", S. 462; nach *Bochmann*, Strafgewaltkonflikte und ihre Lösung, S. 161 „ist fraglich, ob der Staat ein besonderes Interesse daran hat bzw. haben darf, dass die eigene Rechtsordnung durch *eigene* Gerichte durchgesetzt wird", denn das „Interesse des Staates wird sich in aller Regel vielmehr darauf richten, dass überhaupt abgeurteilt [...] wird", S. 161; in diese Richtung auch *Münkel*, Bestechung und Bestechlichkeit ausländischer Amtsträger, S. 292 ff. Demnach soll im Falle der Auslandsbestechung eine Strafverfolgung im Inland nur i.R.d. stellvertretenden Strafrechtspflege stattfinden. Neben der Tatortstrafbarkeit soll zudem ein Strafverlangen der ausländischen Regierung Voraussetzung für eine Strafverfolgung sein. Das mit der stellvertretenden Strafrechtspflege einhergehende Erledigungsprinzip soll zwar anschließend vor der Gefahr einer Doppelbestrafung schützen. Jedoch soll dieser Vorschlag vorrangig dazu dienen, sich des Vorwurfs des Paternalismus zu erwehren. Zur dogmatischen Einordnung des hiesigen Lösungsmodells siehe unten unter Kap. 5 D.

bedrohen, die […]", Art. 1 Abs. 1, und „Jede Vertragspartei trifft die erforderlichen Maßnahmen, um ihre Gerichtsbarkeit über die Bestechung eines ausländischen Amtsträgers zu begründen […]", Art. 4 Abs. 1. Insoweit wird dort nur die Ausdehnung des Rechts des jeweiligen Nationalstaats gefordert. Auf eine mögliche Kooperation der einzelnen Strafrechtssysteme wird (zunächst) nicht eingegangen. Auch in der Regelung zur „Durchsetzung" in Art. 5 OECD-Übereinkommen werden lediglich Erwägungen aufgelistet, die bei der Durchführung des Strafverfahrens nicht berücksichtigt werden dürfen, weil sie sich möglicherweise einschränkend auf dieses auswirken könnten. Zuletzt könnten die Formulierungen in der Präambel des OECD-Übereinkommens, dass „alle Staaten für die Bekämpfung der Bestechung im internationalen Geschäftsverkehr gemeinsam Verantwortung tragen" sowie der Bezug auf „Abschreckung" vor der Bestechung ausländischer Amtsträger Hinweise auf die erwünschte Durchführung der maximalen Anzahl an Strafverfahren sein.

Diese Indizien sind jedoch sehr schwach.
Vielmehr wird in der Präambel gefordert, „diese Bestechung […] in aufeinander abgestimmter Weise […] unter Strafe zu stellen". Auch wird festgestellt, dass „die Gleichwertigkeit der von den Vertragsparteien zu ergreifenden Maßnahmen wesentliches Ziel und wesentlicher Zweck des Übereinkommens ist". Zudem zeigt man sich „erfreut über andere Entwicklungen der jüngsten Zeit, welche die internationale Verständigung und Zusammenarbeit bei der Bekämpfung der Bestechung von Amtsträgern weiter voranbringen". Der Bezug auf die Abstimmung der Maßnahmen sowie insbesondere auf die erstrebte Gleichwertigkeit der Maßnahmen, lässt den Schluss zu, dass ein Strafverfahren ausreichend sein soll. Wenn die Strafverfahren der Vertragsstaaten gleichwertig sind, weshalb sollten mehrere wegen derselben Sache durchgeführt werden?

Zudem wird in der Präambel des OECD-Übereinkommens festgestellt, dass die Bestechung im internationalen Geschäftsverkehr „in moralischer und politischer Hinsicht zu ernster Besorgnis Anlaß gibt, gute Regierungsführung und wirtschaftliche Entwicklung untergräbt und internationale Wettbewerbsbedingungen verzerrt". Dieser Entwicklung kann auch durch die einmalige Verfolgung und Verurteilung des Korruptionsstraftäters gleichsam effektiv begegnet werden. Dies vor allem deshalb, da das OECD-Übereinkommen in Art. 3 wirksame, angemessene und abschreckende Sanktionen festlegt. Diese sollen bereits bei der ersten Verurteilung wirksam, angemessen und abschreckend sein. Weitere Strafverfahren sind nach der Formulierung des OECD-Übereinkommens dazu nicht mehr nötig.

Auch die in Art. 4 Abs. 3 OECD-Übereinkommen vorgesehenen Konsultationen im Falle konkurrierender Gerichtsbarkeiten sprechen dafür, dass nach dem OECD-Übereinkommen die vollständige Durchführung eines Strafverfahrens (ggf. unter Beanspruchung von Rechtshilfe) ausreichend sein soll.[766]

2. UN- und Europarat-Übereinkommen

Eine entsprechende Feststellung lässt sich auch für das UN- und das Europarat-Übereinkommen treffen.

Vor allem das in Art. 47 UN-Übereinkommen geäußerte Ziel, die Strafverfolgung zu konzentrieren, spricht gegen die Überlegung, dass die Vertragsstaaten mehrere Strafverfahren parallel führen sollen.

---

766 *Letzien*, Internationale Korruption und Jurisdiktionskonflikte, S. 402, folgert aus dieser Vorschrift, dass die Einleitung mehrerer Stafverfahren zum Zwecke umfassender Beweiserhebung gewünscht ist; in diese Richtung auch *OECD*, Typology on Mutual Legal Assistance in Foreign Bribery Cases, S. 47 ff., die Vorschläge zur „Co-ordination of investigative efforts between multiple jurisdictions" macht. Diese zielen darauf ab, doppelte Ermittlungsmaßnahmen zu vermeiden („avoid needless duplication of investigative efforts", S. 47), indem entweder parallele Strafverfahren geführt werden, die jedoch koordiniert werden („to maintain separate but parallel investigations of crimes committed in multiple jurisdictions on the basis of the same course of conduct, with varying levels of cooperation", S. 47) oder indem das Strafverfahren auf eine Jurisdiktion konzentriert wird, jedoch verschiedene Behörden an den Ermittlungen beteiligt sind („to conduct a single multijurisdictional investigation during which evidence may be freely shared between the members of the team and the actions of the members of the team are thoroughly coordinated", S. 47). In der Tat zielen diese Erwägungen somit auf eine umfassende Beweiserhebung ab. Sind diese jedoch erhoben, finden sich keine Hinweise darauf, dass es darüber hinaus Ziel des OECD-Übereinkommens wäre, dass sich der mutmaßliche Täter in der Folge auch mehrmals vor Gericht verantworten sollte. Insofern kann es als Ziel dieser Regelung ausgemacht werden, dass sich der (mutmaßliche) Täter letztenendes vor einem Gericht in einem Prozess verantworten muss, für den alle vorhandenen Beweismittel (auch im Wege der Rechtshilfe) umfassend ermittelt wurden. Ist dieses Ziel (umfassende Beweisermittlung) erreicht, spricht nichts mehr für die Beibehaltung parallerer Strafverfahren. Diese sind somit mitnichten zwingend vom OECD-Übereinkommen vorgesehen; dieser Ansicht ist auch *Holtmeier*, Fordham L. Rev. 2015, 493 (517 Fn. 152), der konstatiert, dass das OECD-Übereinkommen wohl ein einziges Strafverfahren als ausreichend ansieht; so auch *Low*, in: Pieth/Low/Bonucci, The OECD Convention on Bribery, S. 680, derzufolge „the OECD Convention's provisions strongly suggest that, where there are multiple concurrent parties having jurisdiction, only one of them should prosecute".

Auch die vorgeschlagene Abstimmung der zu treffenden Maßnahmen im Falle paralleler Strafverfahren in Art. 42 Abs. 5 des UN-Übereinkommens bestätigt diese Annahme.[767]

Zwar könnte die umfassende Kriminalisierung im Europarat-Übereinkommen zunächst für eine umfassende Strafverfolgung „von allen Seiten" sprechen. Der Verweis in Art. 25 Abs. 1 des Europarat-Übereinkommens auf weitere völkerrechtliche Übereinkünfte, worunter auch das Europäische Übereinkommen über die internationale Geltung von Strafurteilen vom 28.5.1970 zu fassen ist[768], spricht jedoch dafür, dass eine einmalige Verurteilung für die Zwecke des Übereinkommens ausreichend sein soll.

3. *Fazit*

Zusammenfassend lässt sich damit feststellen, dass zur effektiven Bekämpfung von Korruption nicht mehrere Strafverfahren in derselben Sache notwendig sind. Die weitreichende Kriminalisierung und die extraterritoriale Ausdehnung des Geltungsbereichs sollen vielmehr dazu beitragen, dass sich der Täter an keinem Ort der Welt einer Strafverfolgung entziehen kann.[769] Es geht damit vor allem darum, dass gegen den Beschuldigten überhaupt ein Strafverfahren durchgeführt werden kann. Somit ist es also ausreichend, wenn ein Strafverfahren durchgeführt wird und zum Abschluss gebracht wird.[770]

Damit wäre es mit den Regelungen in den Anti-Korruptionsabkommen vereinbar, lediglich ein Strafverfahren durchzuführen. Maßnahmen in diese Richtung sind in einigen Abkommen sogar bereits angelegt. Die vorgeschlagene Idee kann also weitergeführt werden.

II. Festlegung des Verfolgerstaates

Eine zentrale Frage dieses Lösungsansatzes ist, welcher Staat letztendlich die übrigen bei der Durchführung des Strafverfahrens vertreten soll.

---

767 Siehe dazu oben unter Kap. 2 B.I.1.b).

768 Siehe dazu oben unter Kap. 2 B.I.1.c).

769 *Feller*, Isr. L. Rev. 1981, 40 (42 ff.).

770 Diesen Gedanken äußert auch *Lagodny*, in: Arnold/Burkhardt/Gropp/Heine/Koch/Lagodny/Perron/Walther, FS Eser, S. 790, 792, indem er feststellt, dass das dichte Netz an nationalen Strafgewalten nicht mehr erforderlich ist, wenn der Täter einmal „ins Netz" gegangen ist; ebenso *Lagodny*, ZStW 101 (1989), 987 (1009 f.).

Es wird vorgeschlagen, dass der Staat, in dem das Strafverfahren zuerst rechtshängig wird, ausschließlich für die Strafverfolgung zuständig[771] sein soll.[772]

Diese Idee findet sich bereits im deutschen Strafprozessrecht. Dort regelt § 12 Abs. 1 StPO, dass unter mehreren zuständigen Gerichten dem Gericht der Vorzug gebührt, das die Untersuchung zuerst eröffnet hat (Prioritätsprinzip). Die Eröffnung der Untersuchung meint dabei die Eröffnung des Hauptverfahrens nach §§ 203, 207 StPO.[773]

1. *Zeitpunkt der Rechtshängigkeit*

Fraglich ist dabei der Zeitpunkt, in dem die Rechtshängigkeit eintreten soll.

Im deutschen Recht ist dies mit dem Eröffnungsbeschluss des Gerichts der Fall.[774] Dies wird damit begründet, dass die Staatsanwaltschaft die Klage ab diesem Zeitpunkt nicht mehr zurücknehmen kann, vgl. § 156 StPO.[775]

Soll allerdings der ausschließlich für die Verfolgung der Korruptionsstraftat zuständige Staat erst mit dem Eröffnungsbeschluss des Gerichts feststehen, heißt dies im Umkehrschluss, dass bis zu diesem Zeitpunkt parallele Strafverfahren anderer Jurisdiktionen möglich bleiben. Der Eröffnungsbeschluss ergeht erst nach Durchführung des kompletten Ermittlungsverfahrens und des Zwischenverfahrens.

---

771 Unter „ausschließlicher Zuständigkeit" eines Staates ist dabei die ausschließliche Befugnis des Staates, für die jeweilige Tat tatsächlich Strafgewalt auszuüben, zu verstehen.

772 Mit dieser Idee bereits *Thomas*, Das Recht auf Einmaligkeit der Strafverfolgung, S. 291 f.; ebenso *Böse u. a.*, GA 2014, 572 (586); kritisch *Vogel*, in: Hoyer/Müller/Pawlik/Wolter, FS Schroeder, S. 886.

773 *Scheuten*, in: Hannich, Karlsruher Kommentar zur Strafprozessordnung, § 12 Rn. 2; s. auch *Roxin/Schünemann*, Strafverfahrensrecht, § 7 Rn. 4. Mit Verweis auf § 12 Abs. 1 StPO in diesem Zusammenhang zuerst *Thomas*, Das Recht auf Einmaligkeit der Strafverfolgung, S. 291.

774 BGH, 6.11.1959 - 4 StR 376/59 = NJW 1960, 542 (544).

775 *Schmitt*, in: Meyer-Goßner/Schmitt, StPO, § 207 Rn. 13, § 156 Rn. 1; *Heger/Pohlreich*, Strafprozessrecht, Rn. 199; *Diemer*, in: Hannich, Karlsruher Kommentar zur Strafprozessordnung, § 156 Rn. 4; nach a.A. soll die Rechtshängigkeit bereits mit der Klageerhebung eintreten, vgl. *Roxin/Schünemann*, Strafverfahrensrecht, § 40 Rn. 10; auf den Moment der Klageerhebung für eine ausschließliche Zuständigkeitszuteilung abstellend *Kommission der Europäischen Gemeinschaften*, KOM (2005) 696 endgültig, S. 8, da zu diesem Zeitpunkt alle relevanten Informationen vorlägen und die Belastung im Hauptverfahren ohnehin am größten sei; *Böse u. a.*, GA 2014, 572 (586) stellen dagegen auf die „gerichtliche Zulassung der Anklage" ab.

Während dieser beiden Verfahrensstadien kann der Beschuldigte weiterhin parallelen Strafverfahren ausgesetzt werden. Dies beeinträchtigt nicht nur die Interessen des Beschuldigten selbst, sondern auch die Interessen des die Strafverfolgung betreibenden Staates. Es werden ggf. mehrfach Ressourcen verschwendet und doppelter Ermittlungsaufwand betrieben, sofern die Sache in einer anderen Jurisdiktion vorher rechtshängig wird. Kurzum, die Nachteile paralleler Strafverfahren könnten durch eine derartige Lösung nicht ausgeschlossen werden.[776]

2. *Früherer Zeitpunkt*

Aus diesem Grund ist zu überlegen, ob für den Zweck, eine ausschließlich für die Strafverfolgung zuständige Jurisdiktion festzulegen, möglicherweise auf einen früheren Zeitpunkt der „Rechtshängigkeit"[777] abgestellt werden kann. Dadurch sollen die Nachteile paralleler Strafverfahren so früh wie möglich beseitigt werden.[778]

a) Einleitung des Ermittlungsverfahrens

Als frühestmöglicher Zeitpunkt käme zunächst die Einleitung des Ermittlungsverfahrens in Betracht.[779] Würde zu diesem Zeitpunkt bereits „Rechtshängigkeit" eintreten, wären sowohl die Interessen des Beschuldigten als auch die ressourcenbezogenen Interessen des Verfolgerstaates am besten gewahrt.

Daher ist im Folgenden zu prüfen, zu welchem Zeitpunkt ein Ermittlungsverfahren eingeleitet wird.

Nach deutschem Recht ist dies bereits mit Vorliegen eines Anfangsverdachts der Fall, vgl. § 152 Abs. 2 StPO.[780]

Ein solcher Anfangsverdacht ist gegeben, wenn „zureichende tatsächliche Anhaltspunkte" dafür vorliegen, dass eine verfolgbare Straftat begangen wurde,

776 Siehe dazu bereits oben unter Kap. 3.

777 Diese „Modifikationen" i.R.d. Lösungsmodells gelten freilich nur für Fälle, in denen ein Jurisdiktionskonflikt aufzulösen ist. Nationales Recht bleibt darüber hinaus unberührt.

778 Mit diesem Ziel bereits die Vorschläge zum Zeitpunkt der Beratungen i.R.d. Konsultationsmodelle, s. oben unter Kap. 4 B.II.7.a)bb).

779 Das i.R.d. Konsultationsmodelle vorgeschlagene Stadium vor Einleitung eines Ermittlungsverfahrens kann lediglich für Beratungen innerhalb des dortigen Lösungsmodells genutzt werden. Ein für eine verbindliche Zuteilung maßgeblicher konkreter Zeitpunkt kann daraus nicht abgeleitet werden. Zur Einleitung eines Ermittlungsverfahrens siehe zudem im Folgenden.

780 *Heger/Pohlreich*, Strafprozessrecht, Rn. 249.

§ 152 Abs. 2 StPO. Für die Einleitung eines Ermittlungsverfahrens ist jedoch nicht erforderlich, dass sich dieser Verdacht bereits gegen eine konkrete Person richtet.[781]

Insbesondere kann ein Ermittlungsverfahren dabei ausgelöst werden durch eine Strafanzeige (ggf. mit Strafantrag), § 158 StPO, oder durch sonstige polizeiliche oder staatsanwaltschaftliche Kenntniserlangung.[782]

Ist der Zeitpunkt der Einleitung des Ermittlungsverfahrens im Falle einer Strafanzeige möglicherweise noch eindeutig bestimmbar, so lässt sich der Zeitpunkt der Kenntniserlangung der Staatsanwaltschaft oder der Polizei wohl bereits nicht mehr eindeutig festlegen.[783]

Zudem erscheint in diesem Zusammenhang auch die Einleitung eines Ermittlungsverfahrens gegen Unbekannt problematisch. In diesem Fall ist nicht ersichtlich, gegen wen im Folgenden kein weiteres Strafverfahren geführt werden darf.

Auch ist es kritisch, bereits ab diesem Zeitpunkt die Ermittlungsverfahren anderer Staaten auszuschließen. Wäre ab Kenntniserlangung von zureichenden tatsächlichen Anhaltspunkten für eine verfolgbare Straftat staatenübergreifend die Aufnahme von Ermittlungen gesperrt, wären die Strafverfolgungsbehörden zu sehr eingeschränkt. Eine effektive Strafverfolgung wäre wohl nicht mehr möglich.[784]

b) Zeitpunkt der Inkulpation

Möglich wäre auch, auf den Zeitpunkt der Inkulpation abzustellen.[785] Mit Erlangung des Beschuldigtenstatus wird zugleich in die Rechte des betroffenen Individuums eingegriffen.[786] Allerdings ist es umstritten, zu welchem Zeitpunkt die Inkulpation exakt erfolgt. Die in Deutschland vertretenen Ansichten lassen sich

781 *Roxin/Schünemann*, Strafverfahrensrecht, § 39 Rn. 15; *Heger/Pohlreich*, Strafprozessrecht, Rn. 249.

782 *Heger/Pohlreich*, Strafprozessrecht, Rn. 249.

783 Auf die Bedeutung einer genauen Festlegung des maßgeblichen Zeitpunkts hinweisend *Biehler u. a.*, Analyse des Grünbuchs, S. 62.

784 *Biehler u. a.*, Analyse des Grünbuchs, S. 63; *Eicker*, StV 2005, 631 (636); *Eicker*, Transstaatliche Strafverfolgung, S. 272; zurückhaltend ebenfalls *Luchtman*, U. Law. Rev. 2013, 11 (30).

785 *Biehler u. a.*, Analyse des Grünbuchs, S. 62; *Eicker*, Transstaatliche Strafverfolgung, S. 271; *Eicker*, StV 2005, 631 (636); *Greco*, Strafprozesstheorie und materielle Rechtskraft, S. 847 f., 852.

786 *Lagodny*, in: Donatsch/Forster/Schwarzenegger, FS Trechsel, S. 257; *Lagodny*, Gutachten für das BMJ, S. 34; *Rekate*, Die Vermeidung von Jurisdiktionskonflikten, S. 129 f.;

in eine subjektive Beschuldigtentheorie, eine objektive Beschuldigtentheorie und eine subjektiv-objektive Beschuldigtentheorie[787] einteilen.[788]

Nach der subjektiven Beschuldigtentheorie soll allein der Willensakt der Strafverfolgungsbehörden für die Inkulpation entscheidend sein.[789] Der genaue Zeitpunkt dieses Willensakts ist jedoch schwer nachweisbar. Dadurch birgt diese Ansicht die Gefahr, dass die Rechte des Beschuldigten umgangen werden.[790]

Nach der objektiven Beschuldigtentheorie ist stets das Stadium des Verfahrens für die Feststellung der Beschuldigteneigenschaft maßgeblich.[791] Diese Ansicht verkennt jedoch, dass eine Inkulpation bereits begrifflich einen Willensakt in Form einer bestimmten Beschuldigung voraussetzt.[792] Zudem fehlt es den vorgeschlagenen Kriterien an der notwendigen Trennschärfe.[793]

Herrschend ist die subjektiv-objektive Beschuldigtentheorie.[794] Sie kombiniert die eben genannten Ansichten.

Demnach setzt die Beschuldigteneigenschaft „nicht nur das objektive Bestehen eines Verdachts, sondern auch den Verfolgungswillen der Strafverfolgungsbehörde hinsichtlich einer Verdachtshypothese voraus, der sich in einem Willensakt manifestiert"[795].[796]

Voulgaris, Transnationales „ne bis in idem", S. 96 f. Diesen zufolge stellt der Inkulpationsakt einen Eingriff in das allgemeine Persönlichkeitsrecht dar.

787 Bezeichnung nach *Roxin/Schünemann*, Strafverfahrensrecht, § 25 Rn. 11.

788 Siehe dazu ausführlich *Rogall*, in: Wolter, SK-StPO, Vor § 133 Rn. 26 ff. m.w.N.

789 So bspw. *Fincke*, ZStW 95 (1983), 918 (923, 925 ff.).

790 *Rogall*, in: Wolter, SK-StPO, Vor § 133 Rn. 27; *v. Gerlach*, NJW 1969, 776 (779) verweist auf die Missbrauchsmöglichkeit durch Vorenthalten des Beschuldigtenstatus; ebenfalls *Geppert*, in: Hoyer/Müller/Pawlik/Wolter, FS Schroeder, S. 678.

791 So bspw. *v. Gerlach*, NJW 1969, 776 (779 f.): „Ergibt sich aus der Lage des Verfahrens und dem Stande der Ermittlungen, daß die Polizei der Sache nach gegen einen Tatverdächtigen verantwortlich ermittelt, so richtet sich die Verfolgung automatisch gegen ihn; er ist damit Beschuldigter".

792 *Fincke*, ZStW 95 (1983), 918 (955); *Rogall*, in: Wolter, SK-StPO, Vor § 133 Rn. 30.

793 *Geppert*, in: Hoyer/Müller/Pawlik/Wolter, FS Schroeder, S. 679.

794 *Rogall*, in: Wolter, SK-StPO, Vor § 133 Rn. 32 m.w.N.; *Gleß*, in: Erb/Esser/Franke/Graalmann-Scheerer/Hilger/Ignor, Löwe-Rosenberg, StPO, § 136 Rn. 5; *Roxin/Schünemann*, Strafverfahrensrecht, § 25 Rn. 11; *Geppert*, in: Hoyer/Müller/Pawlik/Wolter, FS Schroeder, S. 679.

795 BGH, 30.12.2014 - 2 StR 439/13 = NStZ 2015, 291 (292).

796 BGH, 30.12.2014 - 2 StR 439/13 = NStZ 2015, 291 (292); BGH, 3.7.2007 - 1 StR 3/07 = BGHSt 51, 367 (370); BGH, 18.10.1956 - 4 StR 278/56 = BGHSt 10, 8 (10 ff.).

Ein solcher Willensakt liegt dabei regelmäßig in der förmlichen Einleitung eines Ermittlungsverfahrens.[797] Dies ist jedoch nicht zwingend. Die Zuweisung der Rolle als Beschuldigter ist auch konkludent möglich. Entscheidend ist, „wie sich das Verhalten des ermittelnden Beamten bei seinen Aufklärungsmaßnahmen nach außen darstellt“[798].[799]

Trifft die Ermittlungsbehörde eine Maßnahme, „die nach ihrem äußeren Erscheinungsbild darauf abzielt, gegen jemanden strafrechtlich vorzugehen“[800], liegt darin die Einleitung des Strafverfahrens.[801]

Nach dieser subjektiv-objektiven Beschuldigtentheorie, muss also neben dem objektiven Tatverdacht ein mindestens konkludenter Willensakt der Strafverfolgungsbehörde vorhanden sein, dass sie das Strafverfahren gegen den Verdächtigen als Beschuldigten führen will.[802]

Beispiele für die Manifestation des Willensakts sind die Führung eines Ermittlungsverfahrens nicht mehr gegen Unbekannt, sondern nunmehr gegen eine bestimmte Person sowie Maßnahmen, die nur gegen einen Beschuldigten zulässig sind (z.B. vorläufige Festnahme nach § 127 Abs. 2 StPO).[803] Auch eine Belehrung gemäß § 136 StPO kann einen solchen Willensakt darstellen.[804]

---

797 *Schmitt*, in: Meyer-Goßner/Schmitt, StPO, Einl Rn. 76; *Diemer*, in: Hannich, Karlsruher Kommentar zur Strafprozessordnung, § 136 Rn. 4; in der Regel werde der Verdächtige mit der Eintragung ins Js-Register der StA zum Beschuldigten, vgl. *Rogall*, in: Wolter, SK-StPO, Vor § 133 Rn. 22.

798 BGH, 30.12.2014 - 2 StR 439/13 = NStZ 2015, 291 (292).

799 BGH, 30.12.2014 - 2 StR 439/13 = NStZ 2015, 291 (292); BGH, 3.7.2007 - 1 StR 3/07 = BGHSt 51, 367 (370) (vor allem auf die Sicht des Betroffenen abstellend); BGH, 27.2.1992 - 5 StR 190/91 = BGHSt 38, 214 (228) (auch auf die Sicht des Betroffenen abstellend).

800 BGH, 30.12.2014 - 2 StR 439/13 = NStZ 2015, 291 (292).

801 BGH, 30.12.2014 - 2 StR 439/13 = NStZ 2015, 291 (292); BGH, 28.2.1997 - StB 14/96 = NJW 1997, 1591; BGH, 3.7.2007 - 1 StR 3/07 = BGHSt 51, 367 (370 f.); *Geppert*, in: Herzberg, FS Oehler, S. 328.

802 *Roxin/Schünemann*, Strafverfahrensrecht, § 25 Rn. 11.

803 *Heger/Pohlreich*, Strafprozessrecht, Rn. 141; zu Letzterem *Schuhr*, in: Knauer/Kudlich/Schneider, Münchener Kommentar zur Strafprozessordnung, Vor §§ 133 ff. Rn. 26; *Geppert*, in: Hoyer/Müller/Pawlik/Wolter, FS Schroeder, S. 682 f.; *Schmitt*, in: Meyer-Goßner/Schmitt, StPO, Einl Rn. 76; vgl. auch BGH, 3.7.2007 - 1 StR 3/07 = BGHSt 51, 367 (370).

804 *Schuhr*, in: Knauer/Kudlich/Schneider, Münchener Kommentar zur Strafprozessordnung, Vor §§ 133 ff. Rn. 26.

Diese Lösung, die auf den Zeitpunkt der Inkulpation abstellt, hätte den Vorteil, dass parallele Sachverhaltsermittlungen ausländischer Strafverfolgungsbehörden nicht von Anfang an blockiert wären. Verdachtsermittlungen, die sich noch nicht gegen ein konkretes Individuum richten, können weiterhin angestellt werden.[805] Erst der konkrete Willensakt, gegen eine konkrete Person nunmehr als Beschuldigter vorzugehen, soll die „Rechtshängigkeit" begründen. Ab diesem Zeitpunkt muss die betroffene Person vor parallelen Strafverfahren geschützt werden. Mit der Inkulpation wurde nämlich bereits in ihre Rechte eingegriffen.[806]

Dieser Vorschlag wird auch i.R.d. Konsultationsmodelle vertreten.[807] Der Unterschied würde hier aber darin bestehen, dass zum Zeitpunkt der Inkulpation nicht erst Verhandlungen aufzunehmen sind – wie i.R.d. Konsultationsmodelle vorgeschlagen – sondern die ausschließliche Zuständigkeit einer Jurisdiktion zu diesem Zeitpunkt bereits festgelegt wird.

Vor diesem Hintergrund ist zu beachten, dass eine weitere ermittelnde Jurisdiktion vor vollendete Tatsachen gestellt werden kann, wenn die ausschließliche Verfolgungszuständigkeit bereits festgelegt wurde. Dies kann im Einzelfall ein großes Konfliktpotenzial bieten. Bei den Konsultationsmodellen ist dies anders. Dort sollen zu diesem Zeitpunkt zunächst Konsultationen anberaumt werden, die derartige Konflikte beilegen sollen. Sodann soll erst die zuständige Jurisdiktion auf Basis dieser Beratungen bestimmt werden.

Um das Konfliktpotenzial möglichst gering zu halten, ist es daher an dieser Stelle erforderlich, dass der Zeitpunkt, in der die ausschließliche Verfolgungszuständigkeit zugeteilt wird, klar bestimmbar ist.

Allerdings kommt hier erschwerend hinzu, dass sich die eben dargestellte, in Deutschland herrschende subjektiv-objektive Beschuldigtentheorie lediglich an deutschem Recht orientiert. Beispielsweise richten sich die nur gegenüber einem Beschuldigten zulässigen Maßnahmen, die die Inkulpation begründen sollen, ausschließlich nach deutschem Recht, wo es eine Vielzahl solcher Maßnahmen[808]

805 *Eicker*, StV 2005, 631 (636); zu diesen sog. „informatorischen Befragungen" s. *Geppert*, in: Herzberg, FS Oehler, S. 323 ff., der diese als das „»Herumfragen« im Vorfeld des Anfangsverdachts" umschreibt, S. 324.

806 *Lagodny*, in: Donatsch/Forster/Schwarzenegger, FS Trechsel, S. 257; *Rekate*, Die Vermeidung von Jurisdiktionskonflikten, S. 129 f.

807 Siehe dazu oben unter Kap. 4 B.II.7.a)bb) in den Nachweisen.

808 Siehe dazu bspw. *Schuhr*, in: Knauer/Kudlich/Schneider, Münchener Kommentar zur Strafprozessordnung, Vor §§ 133 ff. Rn. 2.

gibt. Die praktische Handhabung dieser Lösung im transnationalen Bereich wäre sehr geschwächt, wenn die ausländische Behörde zunächst prüfen müsste, ob die gegen einen Tatverdächtigen getroffene Maßnahme nach ausländischem Recht nur gegenüber einem Beschuldigten zulässig ist oder eben nicht, um feststellen zu können, ob die Zuständigkeit bereits ausschließlich festgelegt worden ist.

Insofern ist auf einen allgemein und vor allem auf staatenübergreifender Ebene eindeutig zu bestimmenden Zeitpunkt abzustellen.[809]

Abhilfe könnte dabei die förmliche Einleitung eines Ermittlungsverfahrens gegen das Individuum leisten. Wie oben bereits erwähnt, begründet diese auch im deutschen Recht regelmäßig die Beschuldigteneigenschaft des Individuums.[810] Durch den Eintrag in ein Register ist die förmliche Inkulpation auch nach außen erkennbar.[811] Zudem kann ein exakter Zeitpunkt der Inkulpation und dadurch der „Rechtshängigkeit" ermittelt werden. Mit dem förmlichen Eintrag des Verfahrens in ein Verfahrensregister soll demnach „Rechtshängigkeit" eintreten. Die eintragende Jurisdiktion soll mit dem Eintrag ausschließlich für die Strafverfolgung zuständig sein.[812] Dies wäre auch für die Strafverfolgungsbehörden anderer Jurisdiktionen leicht erkennbar. Es müsste keine Prüfung ausländischen Verfahrensrechts erfolgen. Ein Blick in ein entsprechendes Register würde genügen.

---

809 Mit dem Hinweis, dass der Zeitpunkt, in dem ein Strafverfahren beginnt, von Staat zu Staat unterschiedlich ist *Lelieur*, U. Law Rev. 2013, 198 (206); daraus die unterschiedliche Zuweisung der Beschuldigteneigenschaft folgernd *Schönberger*, Positive transnationale Jurisdiktionskonflikte, S. 337 f.; die Notwendigkeit eines klaren Abgrenzungskriteriums wird auch bei der schwierigen Frage deutlich, wann eine informatorische Befragung zu einer Beschuldigtenvernehmung wird, dazu eingehend *Geppert*, in: Hoyer/Müller/Pawlik/Wolter, FS Schroeder, S. 685 ff.; sowie *Geppert*, in: Herzberg, FS Oehler, S. 323 ff.

810 So auch BGH, 3.7.2007 - 1 StR 3/07 = BGHSt 51, 367 (370), demnach die Einleitung eines förmlichen Ermittlungsverfahrens die Manifestation des Willensaktes darstellt. Nur sofern dieses noch nicht eingeleitet ist („andernfalls") soll subsidiär auf die Wahrnehmung des Betroffenen abgestellt werden; *Schmitt*, in: Meyer-Goßner/Schmitt, StPO, Einl Rn. 76; *Diemer*, in: Hannich, Karlsruher Kommentar zur Strafprozessordnung, § 136 Rn. 4; in der Regel werde der Verdächtige mit der Eintragung ins Js-Register der StA zum Beschuldigten, vgl. *Rogall*, in: Wolter, SK-StPO, Vor § 133 Rn. 22; ebenso *Eicker*, StV 2005, 631 (636).

811 Das würde wohl eine gewisse „Formalisierung des Inkulpationsaktes" zwar nicht durch Aktenvermerk, sondern durch Registereintrag darstellen, vgl. *Rogall*, in: Wolter, SK-StPO, Vor § 133 Rn. 34 m.w.N.

812 So bereits *Eicker*, Transstaatliche Strafverfolgung, S. 272 f.; *Eicker*, StV 2005, 631 (636).

Vor diesem Hintergrund ist ein international einsehbares Verfahrensregister zu fordern.[813] Dessen Errichtung dürfte nach dem heutigen Stand der Technik kein Problem darstellen.[814]

Allerdings sind die damit verbundenen Missbrauchsmöglichkeiten hervorzuheben. Dies betrifft Fälle, in denen die Strafverfolgungsbehörde eine förmliche Eintragung unterlässt, um eine parallele Strafverfolgung für einen längeren Zeitraum möglich zu machen.[815] Ein solches Szenario erscheint indes nicht sehr wahrscheinlich. Die Behörde kann kein Interesse daran haben, die förmliche Einleitung des Ermittlungsverfahrens auf lange Zeit hinauszuzögern, da sie dadurch riskiert, dass eine andere Jurisdiktion zuvorkommt und ihre Ermittlungen damit umsonst waren. Um diesen Einwand zu umgehen, müsste man von einer Kollusion mehrerer Strafverfolgungsbehörden unterschiedlicher Staaten ausgehen. Dies soll hier ausgeschlossen werden.

Auch an die missbräuchliche förmliche Einleitung eines Ermittlungsverfahrens, um den Beschuldigten mittels „pro forma"-Verfahren vor ausländischen

---

813 So bereits *Eicker*, Transstaatliche Strafverfolgung, S. 273; *Eicker*, StV 2005, 631 (636); *Thomas*, Das Recht auf Einmaligkeit der Strafverfolgung, S. 292; für die Schaffung eines europäischen Strafverfahrensregisters bereits *Lagodny*, Gutachten für das BMJ, S. 130; *Schomburg/Suominen-Picht*, NJW 2012, 1190 (1193); *Vander Beken u. a.*, NStZ 2002, 624 (627); *Rekate*, Die Vermeidung von Jurisdiktionskonflikten, S. 363 ff.; *Eisele*, ZStW 125 (2013), 1 (33); *Kommission der Europäischen Gemeinschaften*, KOM (2000) 495 endgültig, S. 7 f.; *Thorhauer*, Jurisdiktionskonflikte im Rahmen transnationaler Kriminalität, S. 761 ff.; *Kniebühler*, Transnationales ‚ne bis in idem', S. 370 f. spricht sich für ein Informationssystem aus; für ein Kommunikationssystem, dem Strafverfahren gemeldet werden müssen sobald Anhaltspunkte für konkurrierende Zuständigkeiten bestehen *Radtke/Mahler*, in: Steinberg, FS Rüping, S. 71; auf diese Weise ließen sich auch die Bedenken von *Vogel*, in: Hoyer/Müller/Pawlik/Wolter, FS Schroeder, S. 886 ausräumen.

814 Dies ebenfalls andeutend *Greco*, Strafprozesstheorie und materielle Rechtskraft, S. 848.

815 Nach *Geppert*, in: Herzberg, FS Oehler, S. 325 ist die Ermittlungsbehörde geneigt, den Zeitraum der informatorischen Befragung möglichst in die Länge zu ziehen, da nach erfolgter Belehrung nicht mehr viel Kooperation des Beschuldigten erwartet werden könne. Allerdings ist an dieser Stelle darauf hinzuweisen, dass die Inkulpation (ggf. durch die Belehrung) nach nationalem Recht unabhängig von der „Inkulpation" des hier vorgeschlagenen Lösungsmodells ist. Die „Inkulpation" und die damit einhergehende „Rechtshängigkeit" i.S.d. Lösungsvorschlags mittels förmlichen Eintrag des Verfahrens in ein Verfahrensregister dient ausschließlich der Zuteilung der Verfolgungszuständigkeit.

Strafverfahren zu schützen, ist zu denken. Dem könnte jedoch durch eine Missbrauchsregelung begegnet werden.[816]

c) Zeitpunkt der ersten Ermittlungsmaßnahme

Möglich wäre aber auch, auf den Zeitpunkt der ersten Ermittlungsmaßnahme abzustellen. So wird beispielsweise vorgeschlagen, dass diejenige Jurisdiktion zuständig sein soll, in der die verdächtige Person festgenommen wird.[817] Ist der Verdächtige „ins (Strafrechts-)Netz" gegangen, kann dieses Netz an zuständigen Jurisdiktionen für diesen „Fall" aufgelöst werden. Es ist nicht mehr erforderlich.[818]

Allerdings wird ein Tatverdächtiger nicht in allen Fällen festgenommen. Auch andere Ermittlungsmaßnahmen müssten zur „Rechtshängigkeit" in diesem Sinne führen.

Jedoch ist dabei zu beachten, dass es eine Vielzahl an Ermittlungsmaßnahmen gibt, die verdeckt erfolgen und von denen der Betroffene nichts mitbekommt.[819] Nach deutschem Recht ist beispielsweise die Möglichkeit einer Telekommunikationsüberwachung für Korruptionsdelikte vorgesehen, vgl. § 100a Abs. 1 S. 1 Nr. 1, Abs. 2 Nr. 1 s) und u) StPO. Der Betroffene selbst kann somit andere Strafverfolgungsbehörden, die gegen ihn ermitteln nicht darauf aufmerksam machen, dass mit der ersten (heimlich durchgeführten) Ermittlungsmaßnahme bereits „Rechtshängigkeit" eingetreten ist und damit bereits eine andere Jurisdiktion zuständig ist.[820]

Zudem können sich Ermittlungsmaßnahmen auch gegen Personen richten, die sich später als Unbeteiligte herausstellen. Auch gegen diese Personen würde sich somit eine Sperrwirkung entfalten. Weiter wäre die Behandlung einer einfachen Befragung durch Ermittlungsbehörden schwierig. Möchte man demzufolge

---

816 So bereits *Eicker*, StV 2005, 631 (636); ebenso *Kniebühler*, Transnationales ‚ne bis in idem', S. 128 ff.; eher kritisch *Hoven*, Auslandsbestechung, S. 141 f. Siehe dazu unten unter Kap. 5 A.VIII.

817 *Lagodny*, in: Arnold/Burkhardt/Gropp/Heine/Koch/Lagodny/Perron/Walther, FS Eser, S. 790, 792.

818 *Lagodny*, in: Arnold/Burkhardt/Gropp/Heine/Koch/Lagodny/Perron/Walther, FS Eser, S. 790, 792.

819 *Rogall*, in: Wolter, SK-StPO, Vor § 133 Rn. 33.

820 *Rogall*, in: Wolter, SK-StPO, Vor § 133 Rn. 33, möchte auch verdeckte Verfolgungshandlungen als „äußeres Zeichen" ausreichen lassen, erkennt jedoch an, dass der Beschuldigte die Information zu seinem Status benötigt, um seine Rechte wirksam wahren zu können.

nur auf Maßnahmen gegen den Beschuldigten abstellen, befindet man sich wiederum in der Diskussion um die Inkulpation.

Mit Eintrag in das internationale Strafverfahrensregister bleibt für andere Jurisdiktionen ersichtlich, ob für den konkreten Fall bereits eine Jurisdiktion ausschließlich zuständig ist. Insbesondere die Ermittlung eines genauen Zeitpunkts der Inkulpation hilft dabei, Konflikte zu vermeiden. Damit würde beispielsweise auch eine simultane Telekommunikationsüberwachung mehrerer Strafverfolgungsbehörden gegen ein Individuum verhindert.

Insoweit kann die Idee, auf den Zeitpunkt der ersten Ermittlungsmaßnahme abzustellen, nicht gänzlich überzeugen. Zur Lösung der positiven Kompetenzkonflikte und zur Vermeidung von parallelen Strafverfahren sind die äußere Erkennbarkeit und die Festlegung eines exakten Zeitpunkts essentiell. Es bleibt damit auf die förmliche Einleitung eines Ermittlungsverfahrens abzustellen.

d) Fazit

Somit ist nach dem hier vorgeschlagenen Lösungsmodell jede förmliche Einleitung eines Ermittlungsverfahrens in Zusammenhang mit einer Korruptionsstraftat in ein international einsehbares und beschreibbares Strafverfahrensregister einzutragen. Ab diesem Zeitpunkt soll die Sache im Rahmen dieses Lösungsmodells in der eintragenden Jurisdiktion „rechtshängig" werden. Diese Jurisdiktion ist damit ausschließlich für die Strafverfolgung zuständig. Den Möglichkeiten des Missbrauchs ist durch eine entsprechende Regelung zu begegnen.

Diese „Modifikationen" gelten freilich nur für Fälle, in denen ein Jurisdiktionskonflikt aufzulösen ist. Nationales Recht bleibt darüber hinaus unberührt.

III. Folgen der ausschließlichen Zuständigkeit („ne")

Ist die Zuständigkeit für das Strafverfahren derjenigen Jurisdiktion ausschließlich zugeteilt worden, in der das Verfahren zuerst „rechtshängig" im Sinne dieses Vorschlags geworden ist, so kann der entsprechende Einzelfall nicht der nationalen Strafgewalt einer anderen Jurisdiktion unterworfen werden. In solch einem Fall fehlt die „Strafberechtigung"[821] des anderen Staates.[822] Die Durchführung eines Strafverfahrens ist folglich unzulässig.

---

821 Begriff nach *Satzger*, Internationales Strafrecht, § 3 Rn. 2.

822 Ähnlich *Mansdörfer*, Das Prinzip des ne bis in idem im europäischen Strafrecht, S. 165, der die Regelungen des Art. 54 ff. SDÜ als einen „nachträglichen Zuständigkeitsverlust" der übrigen Mitgliedsstaaten deutet; in diese Richtung auch *Mayer*, Ne-bis-in-idem-Wirkung europäischer Strafentscheidungen, S. 185 f., demnach sich durch Auslegung des völkerrechtlichen Vertrages, der die Strafrechtsausweitung

Im deutschen Recht ist von einem Verfahrenshindernis auszugehen.[823] Dieselbe Wirkung hat auch das Prioritätsprinzip. Mit Eröffnung des Hauptverfahrens wird die Sache rechtshängig. Dadurch wird das eröffnende Gericht ausschließlich zuständig. Das Gericht, dass das Hauptverfahren später eröffnet, hat das Verfahren einzustellen (Einrede der Rechtshängigkeit[824]).[825]

Die Information, ob bereits eine andere Jurisdiktion für ein konkretes Verfahren ausschließlich zuständig ist, kann auf einfache Weise durch einen Blick in das zu errichtende überstaatliche Strafverfahrensregister gewonnen werden.

IV. Begrenzter Umfang der „Vertretungsmacht"

An dieser Stelle ist hervorzuheben, dass diese Vertretung grundsätzlich nur inter partes erfolgen kann. Eine Vertretung ist nur nach Erteilung einer „Vertretungsmacht" legitim. Sofern man davon ausgeht, dass diese „Vertretungsmacht" im Rahmen der jeweiligen Anti-Korruptionsübereinkommen erteilt wird[826], ist festzuhalten, dass ein völkerrechtlicher Vertrag nur die Vertragsstaaten berechtigen und verpflichten kann.[827] Es gilt soweit der Grundsatz „pacta tertiis nec nocent nec prosunt".[828] Ein Übereinkommen zulasten von Drittstaaten, denen es nicht mehr möglich sein soll, ihre Strafgewalt auszuüben, nur weil ein Mitgliedsstaat eines anderen Übereinkommens ein Ermittlungsverfahren in einer Korruptionsstrafsache eingetragen hat, ist unzulässig. Dies wäre ein Vertrag zulasten eines Drittstaats.

Ist eine entsprechende „Vertretungsmacht" nicht erteilt, weil der betroffene Staat nicht Partei des Übereinkommens ist, kann er nicht von einer anderen

---

gestattet, ergeben kann, dass „das einmal gewährte Recht zur Strafrechtsausweitung [nachträglich entfällt]"; ähnlich auch *Böse u. a.*, GA 2014, 572 (586).

823 BGH, 22.1.1986 - 3 StR 472/85 = BGHSt 34, 1 (3 f.); *Satzger*, Internationales Strafrecht, § 3 Rn. 2; *Werle/Jeßberger*, in: Laufhütte/Rissing-van Saan/Tiedemann, Leipziger Kommentar, Strafgesetzbuch, Vor § 3 Rn. 10.

824 *Roxin/Schünemann*, Strafverfahrensrecht, § 40 Rn. 10.

825 *Scheuten*, in: Hannich, Karlsruher Kommentar zur Strafprozessordnung, § 12 Rn. 4.

826 Siehe zur Implementierung unten unter Kap. 5 E.

827 Ebenfalls eine Beschränkung auf die Vertragsstaaten andeutend *Hoven*, Auslandsbestechung, S. 137.

828 *Stein u. a.*, Völkerrecht, Rn. 113; *Heintschel von Heinegg*, in: Ipsen, Völkerrecht, 3. Kap. § 13 Rn. 23; *Herdegen*, Völkerrecht, § 15 Rn. 19; kritisch zur Reichweite zwischenstaatlicher Strafgewaltregelungen *Jeßberger*, Der transnationale Geltungsbereich des deutschen Strafrechts, S. 186 ff.; kritisch insoweit auch die Ausdehnung der Strafgewalt auf unbeteiligte Drittstaaten durch die Anti-Korruptionsübereinkommen, vgl. *Schünemann*, GA 2003, 299 (309), der bzgl. des OECD-Übereinkommens von Strafrechtsimperialismus spricht.

Vertragspartei vertreten werden. Diese würde „ohne Vertretungsmacht" handeln.[829]

Im Ergebnis kann damit ausschließlich ein Mitgliedsstaat des OECD-Übereinkommens einen anderen Mitgliedsstaat des OECD-Übereinkommens bei der Durchführung seines Strafverfahrens vertreten. Ebenso verhält es sich innerhalb des Europarat-Übereinkommens und des UN-Übereinkommens. Eine Vertretung eines anderen Staates „über das eigene Übereinkommen hinaus" ist damit nicht möglich.

V. Reichweite der Vertretung („idem")

Zu klären ist weiterhin, wie weit diese Vertretung reichen soll.

Das Strafverfahren soll stellvertretend für alle übrigen Staaten, die im konkreten Einzelfall einen völkerrechtlich legitimierenden Anknüpfungspunkt geltend machen können, durchgeführt werden.[830]

Essentiell ist dafür die Frage, welchen Umfang das Fehlen der „Strafberechtigung" für den vertretenen Staat hat. Welche weiteren Strafverfahren ihm also verwehrt bleiben.

Diese Frage hängt maßgeblich davon ab, welchen Tatbegriff man dieser Lösung zugrunde legen möchte. Für welche „Tat" also genau ein weiteres Strafverfahren i.S.d. Grundsatzes ne bis in idem ausgeschlossen sein soll.

1. Begriff der Tat

Die Ermittlung des maßgeblichen Tatbegriffs zur Klärung der Reichweite des „idem" war bereits Gegenstand zahlreicher Abhandlungen.[831]

Die Problematik der Etablierung eines internationalen ne bis in idem liegt auch darin, dass in den verschiedenen Rechtsordnungen verschiedene Tatbegriffe

829 Mit dieser Terminologie bereits *Thorhauer*, Jurisdiktionskonflikte im Rahmen transnationaler Kriminalität, S. 252; *Bochmann*, Strafgewaltkonflikte und ihre Lösung, S. 84.

830 Möchte ein weiterer Vertragsstaat dieselbe Tat auf Basis eines Anknüpfungsprinzips verfolgen, das ihm erst bekannt wurde, nachdem das Strafverfahren bereits abgeschlossen ist, so kann auch dieser (wenn auch erst nachträglich) einen Anknüpfungspunkt in diesem konkreten Fall geltend machen und ist damit in die Stellvertretung miteinbezogen. Auf diese Weise lässt sich zudem sog. „carbon copying" verhindern, vgl. dazu *Holtmeier*, Fordham L. Rev. 2015, 493 (497 ff.) m.w.N.

831 Siehe bspw. *Thomas*, Das Recht auf Einmaligkeit der Strafverfolgung, S. 188 ff.; *Oehler*, Internationales Strafrecht, Rn. 972 ff.; *Kniebühler*, Transnationales ‚ne bis in idem', S. 105 ff.; *van den Wyngaert/Stessens*, Int'l. & Comp. Law Q. 1999, 779 (788 ff.); umfassend zur Diskussion des Tatbegriffs *Greco*, Strafprozesstheorie und materielle Rechtskraft, S. 427 ff. m.w.N.

etabliert sind. Diese lassen sich einteilen in einen prozessualen Tatbegriff, wie er bspw. in Deutschland herrschend ist, und einen materiellen Tatbegriff, wie er vor allem im anglo-amerikanischen Rechtskreis vertreten wird.

Da diese beiden Begriffe jeweils einem anderen Ansatz folgen, sind sie schwerlich in Einklang zu bringen. Allerdings ist für die effektive Geltung eines transnationalen ne bis in idem ein eindeutig definierter Tatbegriff notwendig.[832]

Somit ist die Festlegung eines maßgeblichen Tatbegriffs unumgänglich.[833]

Der prozessuale Tatbegriff bezieht sich auf *idem factum*.[834] Nach deutschem Recht ist die prozessuale Tat gemäß §§ 155 Abs. 1, 264 Abs. 1 StPO das gesamte Verhalten des Täters, das nach natürlicher Auffassung einen einheitlichen Lebenssachverhalt darstellt.[835] An diesen Tatbegriff knüpft auch das Doppelbestrafungsverbot in Art. 103 Art. 3 GG an.[836] Abgestellt wird demnach nach dem grundsätzlich selbstständigen verfassungsrechtlichen Tatbegriff[837] auf den „geschichtlichen Vorgang, auf welchen Anklage und Eröffnungsbeschluss hinweisen und innerhalb dessen der Angeklagte als Täter oder Teilnehmer einen Straftatbestand verwirklicht haben soll“[838]. Somit stellt ein prozessualer Tatbegriff auf den historischen Lebenssachverhalt ab.

Der materielle Tatbegriff hingegen stellt auf *idem crimen* ab.[839] Nach deutschem Recht ist eine materiell-rechtliche Straftat grundsätzlich eine tatbestandsmäßige, rechtswidrige und schuldhafte Handlung.[840] Der materielle Tatbegriff (§§ 52, 53 StGB) ist enger als der prozessuale Tatbegriff und nach deutschem

---

832 *Thomas*, Das Recht auf Einmaligkeit der Strafverfolgung, S. 209 f.

833 Zur Notwendigkeit der einheitlichen Festlegung siehe weiterführend *Thomas*, Das Recht auf Einmaligkeit der Strafverfolgung, S. 206 ff.

834 *Kniebühler*, Transnationales ‚ne bis in idem', S. 105.

835 BGH, 3.11.1959 - 1 StR 425/59 = BGHSt 13, 320 (321); BGH, 29.9.1987 - 4 StR 376/87 = BGHSt 35, 60 (62); BGH, 23.9.1999 - 4 StR 700/98 = BGHSt 45, 211 (212 f.); *Schmitt*, in: Meyer-Goßner/Schmitt, StPO, § 264 Rn. 2.

836 BVerfG, 7.9.1977 - 2 BvR 674/77 = BVerfGE 45, 434 (435); BVerfG, 8.1.1981 - 2 BvR 873/80 = BVerfGE 56, 22 (28); BGH, 11.8.1988 - 4 StR 217/88 = BGHSt 35, 318 (323); *Schmidt-Aßmann*, in: Maunz/Dürig, GG, Art. 103 Rn. 282; *Kunig*, in: von Münch/Kunig, GG, Art. 103 Rn. 39.

837 *Schmidt-Aßmann*, in: Maunz/Dürig, GG, Art. 103 Rn. 283; *Kunig*, in: von Münch/Kunig, GG, Art. 103 Rn. 39.

838 BVerfG, 7.9.1977 - 2 BvR 674/77 = BVerfGE 45, 434 (435).

839 *Kniebühler*, Transnationales ‚ne bis in idem', S. 105.

840 *Fischer*, StGB, Vor § 13 Rn. 1; *Kühl*, in: Lackner/Kühl, Strafgesetzbuch, Vor § 13 Rn. 6.

Recht nicht für die Garantie des Art. 103 Abs. 3 GG entscheidend.[841] Anders verhält es sich jedoch im US-amerikanischen Recht. Dort ist für die Festlegung, ob eine Tat oder mehrere vorliegen, der sog. „Blockburger-Test" entscheidend. Demnach kommt es für die Frage, ob eine einzelne Handlung eine oder zwei Straftaten darstellt, darauf an, ob jede Vorschrift ein weiteres Tatbestandsmerkmal voraussetzt, das in der anderen Vorschrift nicht enthalten ist.[842] Ist dies der Fall, liegen zwei unterschiedliche Straftaten vor.[843] Er beschreibt damit eine dem Grundsatz *lex specialis derogat legi generali* vergleichbare Konstruktion.[844]

Auch im englischen Recht ist ein materieller Tatbegriff maßgeblich.[845] Insofern stellt der materielle Tatbegriff darauf ab, ob es sich um dasselbe Delikt handelt.

2. Tatbegriff und internationales Korruptionsstrafrecht

Bevor sich jedoch auf einen Tatbegriff festgelegt wird, sind sich nochmals die Eigenheiten der vorliegenden Problematik vor Augen zu führen.

Dabei ist vorweg zu beachten, dass hier nicht nach einer universell gültigen Ideallösung des Tatbegriffs gesucht wird. Die Festlegung eines Tatbegriffs verfolgt ausschließlich den in dieser Arbeit verfolgten Zweck, eine Mehrfachverfolgung und -bestrafung im internationalen Korruptionsstrafrecht zu verhindern.

In der hier behandelten Konstellation liegt die Besonderheit zunächst unter anderem darin, dass die unter Strafe zu stellenden Verhaltensweisen bereits detailliert in den jeweiligen Anti-Korruptionsübereinkommen beschrieben

---

841 *Kunig*, in: von Münch/Kunig, GG, Art. 103 Rn. 39; *Schmidt-Aßmann*, in: Maunz/Dürig, GG, Art. 103 Rn. 282.

842 Blockburger v. United States, 284 U.S. 299, at 304 (1932): „The applicable rule is that, where the same act or transaction constitutes a violation of two distinct statutory provisions, the test to be applied to determine whether there are two offenses or only one is whether each provision requires proof of an additional fact which the other does not.".

843 Dazu weiterführend *Thomas*, Das Recht auf Einmaligkeit der Strafverfolgung, S. 200 ff. m.w.N.; zur Entwertung des Blockburger-Tests durch zahlreiche Ausnahmen unter Berufung auf den (mutmaßlichen) Willen des Gesetzgebers *Greco*, Strafprozesstheorie und materielle Rechtskraft, S. 500 ff. m.w.N.; dazu auch *Stuckenberg*, Double Jeopardy, S. 17 ff.

844 *Stuckenberg*, Double Jeopardy, S. 18; *Greco*, Strafprozesstheorie und materielle Rechtskraft, S. 454.

845 *Emmins u. a.*, in: Murphy/Stockdale, Blackstone's Criminal Practice, D11.39; *Thomas*, Das Recht auf Einmaligkeit der Strafverfolgung, S. 198 f., 192 ff. m.w.N.

sind. Daraus folgt, dass bei der Umsetzung der unterzeichneten Abkommen in nationales Recht grundsätzlich[846] in allen Vertragsstaaten die in den Übereinkommen beschriebenen Verhaltensweisen unter Strafe gestellt sind.

Zwar unterscheidet sich die konkrete Ausgestaltung dieser Strafbarkeitsvorgaben im nationalen Recht. Die Essenz, die zentralen Kriterien, die in den Übereinkommen festgelegt sind, ist den Tatbeständen der nationalen Umsetzungsgesetze der Mitgliedsstaaten jedoch gemeinsam. Damit wäre grundsätzlich eine Sperrwirkung für dasselbe Delikt – mindestens auf Ebene der Übereinkommen – möglich.

Die aus den sehr weiten extraterritorialen Anwendungsbereichen resultierende Problematik der Doppelverfolgung und -bestrafung betrifft vor allem Korruptionsstraftaten. Davor soll der Betroffene geschützt werden. Wenn ein paralleles Verfahren wegen eines Korruptionsdelikts im Sinne des materiellen Tatbegriffs gesperrt wäre, wäre dem gedient. Wollte ein weiterer Staat ebenfalls verfolgen, müsste er dies auf Basis eines anderen Delikts tun. Dafür wird er jedoch regelmäßig keine den Korruptionsdelikten vergleichbar weite extraterritoriale Anwendbarkeit geltend machen können und wäre damit gar nicht erst für die Verfolgung des anderen Delikts zuständig.[847] Der Betroffene wäre im Ergebnis vor einer Doppelverfolgung im internationalen Korruptionsstrafrecht, das sich gerade durch seine weite extraterritoriale Anwendbarkeit auszeichnet, geschützt.

Würde man denselben Lebenssachverhalt sperren wollen, wäre dies grundsätzlich weitgehender. Allerdings wäre dann wieder die parallele Verfolgung einer anderen prozessualen Tat auf Basis desselben (Korruptions-)Delikts möglich. Der zweitverfolgende Staat könnte sich also noch immer auf die weiten extraterritorialen Zuständigkeitsbegründungen des Korruptionsstrafrechts berufen.

---

846 Problematisch sind dabei jedoch die fakultativen Strafbarkeitsbestimmungen sowie die Vorbehaltsmöglichkeiten. Wurde davon allerdings Gebrauch gemacht, ist die konkrete „Tat“ im jeweiligen Staat auch nicht unter Strafe gestellt. Ein Jurisdiktionskonflikt ist damit nicht möglich.

847 Vgl. bspw. im deutschen Recht: Wäre im konkreten Fall eine Strafverfolgung nach §§ 334 Abs. 1, 335a Abs. 1 Nr. 2 a) i.V.m. § 5 Nr. 15 a) StGB ausgeschlossen, käme möglicherweise auch eine Strafverfolgung wegen Untreue gem. § 266 StGB in Betracht. Diese ist allerdings nicht im Katalog des § 5 StGB aufgeführt, weshalb die extraterritoriale Anwendbarkeit der Norm deutlich eingeschränkter ist. Auf diesen Nachteil im Zusammenhang mit Untreue hinweisend *Kudlich/Hoven*, in: Spinellis/Theodorakis/Billis/Papadimitrakopulos, FS Courakis, S. 606. Siehe dazu auch unten unter Kap. 5 C. IV.

Wie eben erwähnt, ist gerade den Anti-Korruptionsvorschriften ein weiter extraterritorialer Anwendungsbereich immanent. Jedoch wäre deren Anwendung auch bei Maßgeblichkeit eines prozessualen Tatbegriffs gesperrt.

Die Idee des hier vorgestellten Lösungsmodells ist, dass sich Staaten, deren nationale Anti-Korruptionsnormen aufgrund eines Anti-Korruptionsübereinkommens eine weite Anwendbarkeit haben, gegenseitig bei der Durchführung des Strafverfahrens vertreten.

Diese Vertretung kann – wie oben bereits festgestellt – grundsätzlich nicht über das jeweilige Übereinkommen hinausreichen. Dies würde bei Anwendung eines prozessualen Tatbegriffs bedeuten, dass eine Strafverfolgung desselben Lebenssachverhalts im Rahmen der jeweiligen Anti-Korruptionsübereinkommen nicht mehr möglich wäre. Also dürfte derselbe Lebenssachverhalt von den anderen verfolgungswilligen Staaten nicht mehr mittels der nationalen Umsetzungsnormen der in den jeweiligen Übereinkommen festgelegten Strafbarkeitsanforderungen strafrechtlich bewertet werden.[848] Ein prozessualer Tatbegriff würde damit ebenso dazu beitragen, die den Anti-Korruptionstatbeständen immanente weite extraterritoriale Reichweite einzuschränken.

Jedoch darf bei den hier angestellten Überlegungen auch der Tatortstaat nicht aus den Augen verloren werden. Zwar vermag es ein materieller Tatbegriff, das Delikt „Bestechung eines ausländischen Amtsträgers" für andere verfolgungswillige Staaten zusperren. Jedoch ist es für den Tatortstaat gar nicht notwendig, sich auf dieses Delikt zu berufen, wenn der Amtsträger – wie wohl im Regelfall – ein inländischer Amtsträger des Tatortstaats ist. Dann könnten die Strafverfolgungsbehörden des Tatortstaats auf Basis des Delikts „Bestechung eines inländischen Amtsträgers" ein weiteres Strafverfahren einleiten. Dies würde jedoch wiederum einen ausländischen Staat nicht daran hindern, auf Basis des Delikts „Bestechung eines ausländischen Amtsträgers" zu verfolgen. Der Beschuldigte sähe sich somit immer zwei Strafverfahren ausgesetzt. Dem Strafverfahren des Tatortstaates und dem eines ausländischen Staates.

Somit scheint ein prozessualer Tatbegriff im hier vorgeschlagenen Lösungsmodell auf Basis dieser Überlegungen angebrachter. Fraglich ist, ob dieses Ergebnis auch der nachfolgenden Diskussion standhalten kann.

848 Eine strafrechtliche Bewertung des Lebenssachverhalts seitens des verfolgenden Staates ist freilich nur in Fällen möglich, in denen der Staat einen völkerrechtlich legitimierenden Anknüpfungspunkt geltend machen kann.

3. *Stellungnahme*

Im Rahmen der Stellungnahme wird zunächst ein Überblick über vorhandene Argumente gegeben, welche die Diskussionsgrundlage für die Erörterung des Tatbegriffs vor dem Hintergrund des Lösungsmodells bilden sollen. Dabei wird zuerst auf einen materiellen Tatbegriff eingegangen, bevor anschließend ein prozessualer Tatbegriff diskutiert wird.

a) Diskussionsgrundlage

Als Vorteil für die Anwendung eines materiellen Tatbegriffs auf internationaler Ebene wird dessen leichte Anwendbarkeit genannt. Die Tat im Sinne des jeweiligen Delikts unterliege im Laufe des Verfahrens keinen Änderungen. Sie bleibe die gesamte Dauer über gleich. Änderungen der Tat, wie sie im Laufe eines Verfahrens auf Basis eines prozessualen Tatbegriffs auftreten können, seien dort ausgeschlossen.[849]

Dadurch ermögliche ein Abstellen auf einen materiellen Tatbegriff eindeutige Ergebnisse.[850] Im Gegensatz dazu sei eine exakte Abgrenzung des Verfahrensgegenstandes bei Abstellen auf den gesamten geschichtlichen Vorgang nicht möglich.[851] Auch wird vorgebracht, das Abstellen auf einen materiellen Tatbegriff würde keine Änderung der nationalen Rechtssysteme erfordern.[852]

Gegen das Abstellen auf einen materiellen Tatbegriff wird angeführt, dass eine weitere Strafverfolgung möglich wäre, wenn durch geschicktes Verhalten der Strafverfolgungsbehörden nur ein Einzelakt angeklagt wurde.[853] Dies wird auch speziell am Blockburger-Test kritisiert. Er sei zu eng und könne keinen Schutz vor Schikane („harassment") durch die Strafverfolgungsbehörden bieten, da auf eine rechtswidrige Verhaltensweise häufig mehrere Strafvorschriften gleichzeitig anwendbar seien.[854] Auch wird angeführt, es sei rechtsmissbräuchlich, wenn nach diesem Test aus einem bewaffneten Bankraub zwei Taten gemacht werden (Raub + Bank und Raub + Waffe), nur um die Strafandrohung maximieren zu können.[855]

---

849 *Thomas*, Das Recht auf Einmaligkeit der Strafverfolgung, S. 217.

850 *Greco*, Strafprozesstheorie und materielle Rechtskraft, S. 446 m.w.N.

851 *Roxin*, JR 1984, 346 (346); *Thomas*, Das Recht auf Einmaligkeit der Strafverfolgung, S. 213 f.

852 *Thomas*, Das Recht auf Einmaligkeit der Strafverfolgung, S. 221.

853 *Greco*, Strafprozesstheorie und materielle Rechtskraft, S. 447 f.

854 *Anonym*, Wash. U. Law Rev. 1960, 98 (98 ff.); dazu auch *Greco*, Strafprozesstheorie und materielle Rechtskraft, S. 454 f.

855 *Amar*, Yale Law J. 1997, 1807 (1820).

Für das Abstellen auf einen prozessualen Tatbegriff spreche der weitreichende Schutz der Prozessbeteiligten sowie der umfassende Rechtsfriede, den dieser Tatbegriff aufgrund seiner Weite garantiere.[856]

b) Diskussion

aa) Materieller Tatbegriff

In der Tat würde es für Jurisdiktionen, in denen ein prozessualer Tatbegriff herrschend ist, keine Schwierigkeit darstellen, im Bereich des internationalen Korruptionsstrafrechts zur Ermittlung der Sperrwirkung ausnahmsweise nur auf das jeweilige Delikt abzustellen. Jurisdiktionen, die bis dato ausschließlich einem materiellen Tatbegriff gefolgt sind, würde die Ermittlung und Würdigung des geschichtlichen Vorgangs wohl vor eine schwierigere, da unbekannte Aufgabe stellen.[857]

Auch die eindeutigen Ergebnisse, die ein materieller Tatbegriff zu liefern vermag, lassen sich für dessen Maßgeblichkeit im vorgeschlagenen Lösungsmodell anführen. In Fällen, in denen mehrere Jurisdiktionen um die Durchführung eines Strafverfahrens konkurrieren und zur Strafverfolgung gewillt sind, ist es für eine effektive Geltung des Grundsatzes ne bis in idem wichtig, dass die Reichweite der Sperrwirkung eindeutig bestimmt ist. Würde auf einen geschichtlichen Vorgang abgestellt, könnte dies zu Konflikten darüber führen, ob das durch einen weiteren Staat ebenfalls verfolgte Verhalten noch zum jeweiligen geschichtlichen Vorgang zu zählen ist oder nicht.

Der gegen einen materiellen Tatbegriff vorgebrachte Kritikpunkt, dass durch geschicktes Anklagen der Strafverfolgungsbehörden die Entstehung von Rechtskraft verhindert werden könnte und dadurch mehrere Strafverfahren möglich sind, ist jedoch berechtigt.

Dieses Problem existiert vor allem in den Vereinigten Staaten und resultiert hauptsächlich daraus, dass den dortigen Strafverfolgungsbehörden ein weites Anklageermessen zuteil wird.[858] In Deutschland und in Staaten, in denen das Legalitätsprinzip gilt, kann dieses Argument nicht derart durchschlagen. Die

856 *Thomas*, Das Recht auf Einmaligkeit der Strafverfolgung, S. 211 f.

857 Dazu allgemein *Thomas*, Das Recht auf Einmaligkeit der Strafverfolgung, S. 221 ff.; zustimmend *Lagodny*, Gutachten für das BMJ, S. 60.

858 Zum Ermessensspielraum der dortigen Strafverfolgungsbehörden vgl. *Weigend*, in: Jescheck/Leibinger, Funktion und Tätigkeit der Anklagebehörde im ausländischen Recht, S. 610 ff. m.w.N.; *Geisler*, Die Ausgestaltung des Anklageprinzips, S. 18; *Stuckenberg*, Double Jeopardy, S. 10; ein weiter Ermessensspielraum findet sich auch in England, vgl. *Huber*, in: Jescheck/Leibinger, Funktion und Tätigkeit der Anklagebehörde

Strafverfolgungsbehörden sind dort verpflichtet, wegen aller verfolgbaren Straftaten einzuschreiten, sofern zureichende tatsächliche Anhaltspunkte vorliegen (§ 152 Abs. 2 StPO) und Klage zu erheben, sofern die Ermittlungen genügenden Anlass dazu bieten (§ 170 Abs. 1 StPO).[859] Wichtig ist hier vor allem der erste Teil des Legalitätsprinzips, da die zuständige Jurisdiktion bereits mit der förmlichen Einleitung eines Ermittlungsverfahrens mittels Eintragung in das Register bestimmt wird. Demnach sind die Strafverfolgungsbehörden verpflichtet, wegen aller verfolgbaren Straftaten einzuschreiten, sofern zureichende tatsächliche Anhaltspunkte vorliegen. Auf das hier vorgeschlagene Modell übersetzt bedeutet das, den entsprechenden Registereintrag wegen aller in Betracht kommender Straftaten vorzunehmen.

Allerdings stellt eine Bindung der Strafverfolgungsbehörden an das Legalitätsprinzip auf internationaler Ebene nicht den Regelfall dar. Diesbezüglich stellt die Bundesrepublik Deutschland „eine der ganz wenigen Ausnahmen dazu dar“[860], sodass die Gefahr der Verhinderung von Rechtskraft durch geschicktes Anklagen weithin vorhanden ist. Zwar entsteht im hier vorgeschlagenen Zuweisungsmechanismus noch keine Rechtskraft. Übertragen auf das Lösungsmodell könnte jedoch versucht werden, das Entstehen einer Sperrwirkung durch geschickte Eintragung zu verhindern.

bb) Prozessualer Tatbegriff

Eine solche eben angesprochene „geschickte“ Anklage bzw. Eintragung wäre im Rahmen eines prozessualen Tatbegriffs hingegen nicht möglich. Wäre ein prozessualer Tatbegriff maßgeblich, wäre eine solche Vorgehensweise nicht erfolgsversprechend, da die Sperrwirkung immer den gesamten Lebenssachverhalt erfassen würde.

Für ein Abstellen auf einen prozessualen Tatbegriff spricht ferner, dass nach dem hier vertretenen Modell die Eintragung in das überstaatliche Register und damit die Zuständigkeitszuteilung in einem sehr frühen Verfahrensstadium erfolgt. Der Registereintrag, der für die Sperrwirkung maßgeblich sein soll, soll bereits vor Durchführung des Ermittlungsverfahrens vorgenommen werden. Zu diesem Zeitpunkt sind zwar Verdachtsermittlungen, die sich noch nicht gegen ein konkretes Individuum richten, möglich. Die Einzelheiten der Tat werden jedoch regelmäßig nicht vollständig bekannt sein. Ein prozessualer Tatbegriff würde sicherstellen, dass eine

im ausländischen Recht, S. 556 ff. m.w.N.; dazu auch *Letzien*, Internationale Korruption und Jurisdiktionskonflikte, S. 222 ff. (USA), S. 229 (England und Wales).

859 Vgl. dazu *Roxin/Schünemann*, Strafverfahrensrecht, § 14 Rn. 1 ff.

860 *Oehler*, Internationales Strafrecht, Rn. 973.

parallele Strafverfolgung für den gesamten Lebenssachverhalt gesperrt ist. Auch erst später im Laufe der Ermittlungen zu Tage tretende Umstände der (prozessualen) Tat wären von diesem Tatbegriff umfasst und unterlägen der ausschließlichen Zuständigkeit der eintragenden Jurisdiktion. Sie wäre damit für das Strafverfahren in seiner Gesamtheit zuständig. Bei Maßgeblichkeit eines materiellen Tatbegriffs wären nachträglich ermittelte Delikte nicht von der ursprünglichen Sperrwirkung erfasst. Diese müssten entweder nachträglich eingetragen werden – was umständlich wäre – oder die Gefahr bestünde, dass sich eine weitere Jurisdiktion in das Verfahren „hineindrängt", indem diese ihrerseits die nachträglich ermittelte (materielle) Tat in das überstaatliche Register einträgt. Das Ergebnis wäre im letztgenannten Fall, dass sich der Beschuldigte wiederum mehreren parallelen Strafverfahren ausgesetzt sähe.

Bedenken gegen die Anwendung eines prozessualen Tatbegriffs, die darauf abstellen, dass die Tatbestände in den verschiedenen Rechtsordnungen nicht identisch ausgestaltet sind, können im internationalen Korruptionsstrafrecht hingegen nicht greifen.[861] Dadurch, dass die beteiligten Staaten die in den Übereinkommen genau vorgegebenen Verhaltensweisen unter Strafe gestellt haben, sind den nationalen Umsetzungsgesetzen der Mitgliedsstaaten gerade die Essenz, die zentralen Kriterien, die in den Übereinkommen festgelegt sind, gemeinsam.

Auch ist es für Jurisdiktionen, in denen ein materieller Tatbegriff herrschend ist, möglich, das hier vertretene Lösungsmodell auf Basis eines prozessualen Tatbegriffs anzuwenden. Die nationalen Behörden können wie gewohnt weiterarbeiten. Die Festlegung des Tatbegriffs an dieser Stelle betrifft lediglich die „Reichweite" der Vertretung und der damit einhergehenden Sperrwirkung für die übrigen verfolgungswilligen Staaten. Entdecken die Strafverfolgungsbehörden beispielsweise, dass ein Unternehmen ein ganzes Korruptionsnetzwerk unterhält, tragen sie das Ermittlungsverfahren im Zusammenhang mit diesem „Korruptionsnetzwerk" in das Register ein. Dadurch wird ihnen die ausschließliche Zuständigkeit für diese Sache zuteil. In der Folge können die nationalen Behörden wiederum ganz normal nach dem ihnen bekannten Recht weiterarbeiten. Lediglich die „Sperre" anderer Ermittlungsverfahren richtet sich nach dem prozessualen Tatbegriff. Eine Änderung der Rechtsordnung ist somit auch bei Abstellen auf einen prozessualen Tatbegriff mitnichten nötig, womit diesbezügliche Bedenken hier nicht durchgreifen können.

---

861 Diesen Einwand im Zusammenhang mit dem Auslieferungsrecht gegen einen prozessualen Tatbegriff auf internationaler Ebene anführend *Oehler*, Internationales Strafrecht, Rn. 973.

Auch hätten die Strafverfolgungsbehörden nach Registereintrag genug Zeit, den konkreten Fall zu ermitteln und müssten nicht damit rechnen, dass eine andere Jurisdiktion ihr das Verfahren streitig macht.

Die Verfolgungsbehörde hat dann auch die Möglichkeit, nach Abschluss der Ermittlungen einzelne Handlungen aus diesem weitgehaltenen Registereintrag vor Gericht anzuklagen. Dadurch wird sichergestellt, dass die nationalen Gerichte wie gewohnt arbeiten können und sich nicht mit einem anderen Tatbegriff befassen müssen.[862]

Ferner lässt sich eine weitreichende Sperrwirkung durch Abstellen auf einen prozessualen Tatbegriff durch den Gedanken rechtfertigen, dass das Individuum durch den „Netzgedanken", demgemäß sich zahlreiche Jurisdiktionen zur Errichtung eines dichten Strafrechtsnetzes geeinigt haben, einer besonderen Gefahr der Mehrfachverfolgung ausgesetzt ist. Vor dieser Gefahr muss das Individuum auch besonders geschützt werden, wenn es „ins Netz" gegangen ist. Darum scheint die mit einem prozessualen Tatbegriff einhergehende weitreichende Sperrwirkung hier gerechtfertigt.

Zuletzt spricht auch die oben angestellte Erwägung, dass ein materieller Tatbegriff dazu führen würde, dass sich der Beschuldigte immer zwei Strafverfahren ausgesetzt sähe, wenn er einen inländischen Amtsträger des Tatortstaats bestechen würde, entscheidend für das Abstellen auf einen prozessualen Tatbegriff im Rahmen des Lösungsmodells.

4. *Fazit*

Maßgeblich für das hier vorgeschlagene Lösungsmodell soll damit ein prozessualer Tatbegriff sein.[863]

---

862 Nochmals zur Klarstellung: Der im Lösungsmodell favorisierte Tatbegriff dient dabei freilich nur der Festlegung der Reichweite der Sperrwirkung. Die Arbeit der Gerichte richtet sich weiterhin nach innerstaatlichem Recht.

863 Ebenfalls einen prozessualen Tatbegriff favorisierend *Hein*, Zuständigkeitskonflikte, S. 50 ff.; *Lelieur*, U. Law Rev. 2013, 198 (205); *Biehler u. a.*, Freiburg Proposal, S. 23 f.; Initiative der Hellenischen Republik im Hinblick auf die Annahme eines Rahmenbeschlusses des Rates über die Anwendung des „ne-bis-in-idem"-Prinzips (Art. 1 e)), vgl. *Rat der Europäischen Union*, ABl. Nr. C 100 vom 26.4.2003, S. 24 ff.; a.A. für seinen Lösungsvorschlag *Thomas*, Das Recht auf Einmaligkeit der Strafverfolgung, S. 225; auch a.A. *van den Wyngaert/Stessens*, Int'l. & Comp. Law Q. 1999, 779 (791).

Für den hier verfolgten Zweck mit den gegebenen Besonderheiten des internationalen Korruptionsstrafrechts ist ein prozessualer Tatbegriff am besten geeignet. Insofern wurde die oben aufgestellte Prämisse bestätigt.

Neben den eingeschränkten Missbrauchsmöglichkeiten können vor allem die Argumente einer umfassenden frühzeitigen Zuständigkeitsverteilung und der Ausschluss einer parallelen Strafverfolgung des Tatortstaats im Falle der Bestechung eines dortigen inländischen Amtsträgers überzeugen.

VI. Abschluss der Vertretung („bis“)

Zu klären ist zudem, wann die stellvertretende Durchführung des Strafverfahrens abgeschlossen ist.

Der ausschließlich für die Strafverfolgung zuständige Staat führt das gesamte Strafverfahren stellvertretend für alle Staaten, die im konkreten Fall einen Anknüpfungspunkt geltend machen konnten. Diese Stellvertretung umfasst die gesamte Dauer des Strafverfahrens. Abgeschlossen ist die Stellvertretung mit Beendigung des Strafverfahrens im „Vertreterstaat“, also dann, wenn dort eine verfahrensbeendende Maßnahme ergangen ist.

Der Begriff der verfahrensbeendenden Maßnahme ist dabei umfassend zu verstehen.

Insofern ist auf die Rechtskraft im Vertreterstaat abzustellen.[864] Wenn dort eine rechtskräftige Entscheidung ergeht[865], ist die Vertretung der vertretenen Staaten abgeschlossen.

Eine derartige Reichweite ist dem hier vorgestellten Vertretungsgedanken immanent. Die mit Vertretungsmacht ausgestattete Jurisdiktion führt das Strafverfahren gerade gemäß der eigenen nationalen Regelungen als Vertreterin der übrigen Staaten.

Gegen eine derart umfassende „Anerkennung“ ausländischer justizieller Entscheidungen wird häufig angeführt, dass das Misstrauen in die Strafverfolgung

---

864 So auch *Thomas*, Das Recht auf Einmaligkeit der Strafverfolgung, S. 289, 303; ebenso für Art. 54 SDÜ: EuGH, 11.2.2003 - C-187/01 u. C-385/01 („Gözütok/Brügge“) = NJW 2003, 1173; *Hecker*, StV 2001, 306 (310); *Lagodny*, NStZ 1997, 265 (265 f.); *Kühne*, JZ 1998, 876 (877); *Lelieur*, U. Law Rev. 2013, 198 (206); einschränkend *Satzger*, Internationales Strafrecht, § 10 Rn. 66 m.w.N.

865 Ausführlich zur Rechtskraft der einzelnen verfahrensbeendenden Maßnahmen in den verschiedenen Staaten *Thomas*, Das Recht auf Einmaligkeit der Strafverfolgung, S. 226 ff. (Deutschland), S. 235 ff. (England), S. 253 ff. (Vereinigte Staaten).

ausländischer Staaten zu groß ist, um eine derartige Lösung erzielen zu können.[866]

Mag dieser Einwand gegen eine pauschale globale Anerkennung von ausländischen Entscheidungen seine Berechtigung haben, so kann er im Bereich des internationalen Korruptionsstrafrechts mit seinen Eigenheiten nicht überzeugen.

Wenn man sich gerade beim Spannen des Strafrechtsnetzes zur Korruptionsbekämpfung vertraut, muss dies auch weiter gelten, wenn dann ein möglicher Täter ins Netz gegangen ist. Anderenfalls wäre dies klassische „Rosinenpickerei". Beim Spannen des Netzes vertraut man darauf, dass auch das Netz der fremden Staaten „dicht hält" und dafür sorgt, dass die Korruptionsstraftäter weltweit gefasst werden. Hat man jedoch den „Fisch" einmal gefangen, würde plötzlich das Misstrauen überwiegen, diesen auch angemessen „weiterzuverarbeiten".

Eine angemessene Folgebehandlung des Täters traut sich jeder Staat nur selbst zu. Das ist insofern widersprüchlich, da man fremden Strafverfolgungsbehörden zwar bei der Ergreifung des Täters vertraut, bei der Durchführung des anschließenden Verfahrens jedoch nicht mehr.

Staaten, denen gegenüber das Misstrauen derart groß ist, dass man eine Vertretung durch diese ausschließen möchte, muss der Beitritt zu diesen Übereinkommen eben verwehrt bleiben. Ist das Misstrauen gegenüber den Strafverfolgungsbehörden dieser Staaten zu groß, um deren Entscheidungen zu vertrauen, so kann von diesen Staaten auch keine Schaffung eines dichten Strafrechtnetzes erwartet werden. Für den Gedanken „besser ein schlechtes weites Netz als gar kein Netz" ist dabei kein Raum. Würde dieser Staat einen Beschuldigten ergreifen, wäre das Individuum (aufgrund der durch die übrigen Vertragsstaaten getragenen Legitimation zur Ausweitung des dortigen Korruptionsstrafrechts) einer Rechtsordnung ausgeliefert, deren Behörden nicht einmal das Vertrauen der übrigen (legitimitätsstiftenden) Vertragsstaaten genießen.

Zudem wird in der Präambel des OECD-Übereinkommens gerade „die Gleichwertigkeit der von den Vertragsparteien zu ergreifenden Maßnahmen" beschworen. Sofern überall die gleichen Standards herrschen, ist für Vorbehalte bzgl. der daraus resultierenden Entscheidungen kein Raum mehr.

866 So bspw. *Thomas*, Das Recht auf Einmaligkeit der Strafverfolgung, S. 145 ff.; *Fuchs*, ZStW 116 (2004), 368 (368); *Oehler*, Internationales Strafrecht, Rn. 960; *Schönberger*, Positive transnationale Jurisdiktionskonflikte, S. 617.

Auch kann gegen eine umfassende Erfassung von ausländischen Entscheidungen vorgebracht werden, dass nicht klar sei, wie mit Maßnahmen ausländischer Behörden umzugehen sei, die im eigenen Recht so nicht vorgesehen sind.[867]

Maßgeblich soll mit der Festlegung der ausschließlichen Zuständigkeit aber gerade die Rechtsordnung des zuständigen Staates sein. Dieser Staat ist als „Vertreter" für die Durchsetzung des „Anspruchs" ausschließlich zuständig. Darum ist auch dessen Recht als ausschließlich maßgeblich anzusehen.

Ist bspw. eine deutsche Strafverfolgungsbehörde ausschließlich für die Strafverfolgung zuständig und stellt das Verfahren nach § 153a StPO[868] ein, ist damit das Strafverfahren zunächst beendet, sofern der Beschuldigte die ihm erteilten Auflagen und Weisungen erfüllt. Nach § 153a Abs. 1 S. 5 StPO kann die Tat dann nicht mehr als Vergehen verfolgt werden. Ein beschränkter Strafklageverbrauch entsteht.[869] Erfüllt der Beschuldigte die ihm aufgetragenen Pflichten nicht, so wird das Strafverfahren fortgesetzt.[870] Ist die Klage bereits erhoben und erfüllt der Angeschuldigte die erteilten Auflagen, so entsteht ein endgültiges Verfahrenshindernis für die Verfolgung der Tat als Vergehen, § 153a Abs. 2 S. 2 i.V.m. Abs. 1 S. 5 StPO.[871] Ergibt sich daraufhin der Verdacht eines Verbrechens, ist eine weitere Verfolgung derselben Tat wiederum zulässig.[872] Da die Bestechungsdelikte nach deutschem Recht jedoch durchweg als Vergehen ausgestaltet sind, ist dies nicht möglich.[873] Eine weitere Verfolgung dieser Tat ist in der Bundesrepublik Deutschland damit ausgeschlossen. Damit ist das Strafverfahren in Vertretung der anderen Staaten durchgeführt.

Je nach Entwicklung des Falles „lebt" mit dem deutschen Strafverfahren auch die stellvertretende Durchführung der Strafverfahren der vertretenen Staaten wieder auf. Somit ist allein das Recht des Vertreterstaates maßgeblich.[874] Dies

---

867 Vgl. dazu bspw. *Kühne*, JZ 1998, 876 (877).

868 Eine Einstellung nach § 153 StPO wird bei transnationalen Korruptionssachverhalten wohl regelmäßig nicht in Betracht kommen. Da sowohl § 299 StGB als auch §§ 331 ff. StGB Vergehen i.S.d. § 12 StGB darstellen, ist eine Einstellung nach § 153a StPO grundsätzlich möglich.

869 *Schmitt*, in: Meyer-Goßner/Schmitt, StPO, § 153a Rn. 45.

870 *Schmitt*, in: Meyer-Goßner/Schmitt, StPO, § 153a Rn. 46, 24.

871 *Schmitt*, in: Meyer-Goßner/Schmitt, StPO, § 153a Rn. 52.

872 *Schmitt*, in: Meyer-Goßner/Schmitt, StPO, § 153a Rn. 52.

873 Insbesondere die besonders schweren Fälle nach § 335 StGB sind bei der Einteilung von Vergehen und Verbrechen außer Acht zu lassen, § 12 Abs. 3 StGB.

874 Dieser Gedanke findet sich auch in EuGH, 5.6.2014 - C-398/12 („M") = NJW 2014, 3010; dazu *Satzger*, Internationales Strafrecht, § 10 Rn. 66 mit anschließender Kritik.

betrifft auch die seltenen Fälle der Rechtskraftdurchbrechung nach dem jeweiligen nationalen Recht.[875] Auch beispielsweise die Verjährung der Tat richtet sich folglich nach den Vorschriften des Vertreterstaates.[876]

Dies stellt auch keine Unbilligkeit dar, da diese Bestimmungen den jeweiligen nationalen Rechtsordnungen immanent sind. Die Regelungen des § 153a StPO beispielsweise sind allgemein gültige Vorschriften, die grundsätzlich auf jedermann anwendbar sind, der in Deutschland einem Strafverfahren ausgesetzt ist. Dasselbe gilt für die Rechtsordnungen der anderen Mitgliedsstaaten der Übereinkommen.

Somit ist auf die strafklageverbrauchende Wirkung der verfahrensbeendenden Maßnahme im ausschließlich zuständigen Staat abzustellen.

Diese verfahrensbeendende Maßnahme soll sodann auch in das Verfahrensregister eingetragen werden. Daraufhin wissen die übrigen Staaten, dass die stellvertretende Durchführung der Strafverfolgung der jeweiligen Tat abgeschlossen wurde. Die „Vertretung" ist damit abgeschlossen.

Eine weitere Strafverfolgung der anderen Staaten gegen denselben Täter ist damit nur im Rahmen einer neuen Tat möglich.

Um möglichem Missbrauch vorzubeugen, ist insoweit auch ein Recht des Beschuldigten auf Beendigung des Verfahrens wie im US-amerikanischen Recht[877] anzudenken. Durch die ausschließliche Zuteilung der Zuständigkeit ist der Beschuldigte zwar bereits vor einem wiederholten Strafverfahren durch einen anderen Staat geschützt. Problematisch könnte jedoch eine wiederholte Strafverfolgung im selben, ausschließlich zuständigen Staat sein. Würde das erste Verfahren vorzeitig beendet, ohne dass eine verfahrensbeendende Maßnahme ergeht, könnte die Strafverfolgungsbehörde die Schwachpunkte der Anklage ausfindig machen und diese im nächsten Verfahren korrigieren.[878]

---

875 Für Deutschland bspw. *Roxin/Schünemann*, Strafverfahrensrecht, § 52 Rn. 22; s. auch *Thomas*, Das Recht auf Einmaligkeit der Strafverfolgung, S. 314 f. (für England) und S. 319 f. (für die Vereinigten Staaten).

876 Ebenso *Thomas*, Das Recht auf Einmaligkeit der Strafverfolgung, S. 304.

877 Vgl. Arizona v. Washington, 434 U.S. 497, at 503 (1978).

878 Vgl. United States v. DiFrancesco, 449 U.S. 117, at 128 (1980).

VII. Mögliches Korrektiv in Ausnahmefällen

Es sind allerdings auch Konstellationen denkbar, in denen es nicht sachgerecht erscheint, dass die ausschließliche Zuständigkeit zur Strafverfolgung nach dem hier vorgestellten Lösungsmodell festgelegt wird.

Dies betrifft beispielsweise Fälle, in denen zentrale Interessen eines bestimmten Staates betroffen sind[879] sowie Missbrauchsfälle[880]. In einem solchen Fall soll nicht allein der Eintrag in das Verfahrensregister endgültig maßgeblich sein. Es muss eine Möglichkeit geben, auch noch nach Eintrag in das Register die Zuständigkeit auf den besonders involvierten Staat zu übertragen.

1. Bereits vorhandene Regelungen

Zu beachten ist allerdings, dass es bereits Übereinkommen zur Übertragung von Strafverfahren gibt.[881] Zudem bestehen bereits Möglichkeiten zur Rechtshilfe. Diese sind auch in den maßgeblichen Anti-Korruptionsübereinkommen vorgesehen. Somit könnte sich ein Verfahrenstransfer nach diesen Regelungen richten.

a) OECD-Übereinkommen

So bestimmt Art. 9 Abs. 1 OECD-Übereinkommen, dass jeder Mitgliedsstaat „in dem nach [seinen] Gesetzen sowie einschlägigen Verträgen und Vereinbarungen größtmöglichen Umfang unverzügliche und wirksame Rechtshilfe in Ermittlungs- und Strafverfahren, die von einer Vertragspartei in bezug auf Straftaten, die unter dieses Übereinkommen fallen [leistet]."

In Art. 10 OECD-Übereinkommen finden sich Regelungen zur Auslieferung. Möglichkeiten der Verfahrensübernahme sind in diesem Übereinkommen jedoch nicht vorgesehen.

879 Mit einer derartigen Öffnungsklausel bspw. *Biehler u. a.*, Freiburg Proposal, S. 13; Initiative der Hellenischen Republik im Hinblick auf die Annahme eines Rahmenbeschlusses des Rates über die Anwendung des „ne-bis-in-idem"-Prinzips (Art. 4), vgl. *Rat der Europäischen Union*, ABl. Nr. C 100 vom 26.4.2003, S. 24 ff.; *Böse u. a.*, GA 2014, 572 (581, 576); auch *Zimmermann*, Strafgewaltkonflikte in der Europäischen Union, S. 392 ff. Vgl. dazu auch die Vorbehaltsmöglichkeit des Art. 55 Abs. 1 b) SDÜ.

880 Siehe dazu unten unter Kap. 5 A.VIII.

881 Z.B. das Übereinkommen des Europarats vom 15.5.1972 über die Übertragung der Strafverfolgung (ETS Nr. 073), das allerdings von Deutschland nicht ratifiziert wurde, vgl. https://www.coe.int/de/web/conventions/full-list/-/conventions/treaty/073/signatures?p_auth=1Kufh47b (Stand: 12.8.2019, zuletzt aufgerufen am 12.8.2019).

b) UN-Übereinkommen

Ebensolche Regelungen zu Rechtshilfe und Auslieferung finden sich auch in Art. 44 und Art. 46 UN-Übereinkommen.

In Art. 47 UN-Übereinkommen ist darüber hinaus ausdrücklich die Übertragung von Strafverfahren geregelt.[882] Nach dieser Regelung wird die Möglichkeit einer Verfahrensübertragung für Fälle geprüft, in denen „die Übertragung dem Interesse einer geordneten Rechtspflege dienlich erscheint, insbesondere in Fällen, in denen mehrere Gerichtsbarkeiten betroffen sind, mit dem Ziel, die Strafverfolgung zu konzentrieren."

Gemäß dem *Legislative Guide* ist eine Verfahrensübertragung für alle Beteiligten – auch Täter und Opfer – praktischer, fairer und effizienter.[883] Der Begriff der „geordneten Rechtspflege" bleibt dabei allerdings unklar. Ob darunter auch die Berührung zentraler Interessen eines Vertragsstaates zu fassen ist, ist nicht eindeutig erkennbar. Der in der Norm geschilderte Fall, der bei Sachverhalten mit mehreren beteiligten Gerichtsbarkeiten auf eine Verfahrenskonzentration abzielt und zentrale Interessen einer anderen Vertragspartei gar nicht erst erwähnt, lässt nicht darauf schließen, dass eine Verfahrensübertragung auch für diese Fälle vorgesehen sein soll.[884] Auch der *Legislative Guide* spricht eher dafür, dass sich diese Regelung lediglich allgemein auf Fälle beziehen soll, in der der Täter in mehreren Jurisdiktionen tätig wird.[885] Dafür lässt sich zudem der Verweis auf die „equivalent provisions" des OECD-Übereinkommens (Art. 4 Abs. 3 OECD-Übereinkommen) anführen.[886] Dort sind Konsultationen für die am besten geeignete Jurisdiktion vorgesehen. Zentrale Interessen eines Staates könnten dabei möglicherweise eine Rolle spielen. Ein nachträglicher Verfahrenstransfer in Fällen, in denen bereits eine zuständige Jurisdiktion bestimmt ist, ist darin jedoch ebenfalls nicht vorgesehen.

Auch ein Blick in den *Technical Guide* führt zu keinem anderen Ergebnis. Im Rahmen der dort genannten Kritieren ist zwar auch die Frage nach den wesentlichen Auswirkungen der Straftat zu stellen[887], ein ausdrücklicher Hinweis auf die

---

882 Siehe dazu bereits oben unter Kap. 2 B.I.1.b).

883 *United Nations Office on Drugs and Crime*, Legislative Guide for the Implementation of the United Nations Convention Against Corruption, S. 213 Rn. 640: „In such instances, it is more practical, efficient and fairer to all parties concerned (including offenders and victims) to consolidate the case in one place.".

884 Die exakte Bedeutung dieser Norm ist fraglich, vgl. dazu auch oben unter Kap. 2 B.I.1.b).

885 *United Nations Office on Drugs and Crime*, Legislative Guide for the Implementation of the United Nations Convention Against Corruption, S. 213 Rn. 640.

886 *United Nations Office on Drugs and Crime*, Legislative Guide for the Implementation of the United Nations Convention Against Corruption, S. 213 f. Rn. 641 (Fn. 114).

887 *United Nations Office on Drugs and Crime*, Technical Guide to the United Nations Convention Against Corruption, S. 174.

Möglichkeit eines nachträglichen Verfahrenstransfers aufgrund zentraler Interessen eines anderen Staates in Fällen, in denen bereits eine ausschließlich zuständige Jurisdiktion feststeht, kann daraus jedoch ebenfalls nicht abgeleitet werden.

c) Europarat-Übereinkommen

Auch in Art 26 und Art. 27 Europarat-Übereinkommen finden sich Regelungen zu Rechtshilfe und Auslieferung. Eine Verfahrensübernahme ist jedoch auch in diesem Übereinkommen nicht ausdrücklich geregelt.

Jedoch gilt der Verweis in Art. 25 Abs. 1 Europarat-Übereinkommen auch für das Europäische Übereinkommen über die Übertragung der Strafverfolgung vom 15.5.1972[888].[889] In diesem Abkommen werden allerdings Fälle geregelt, in denen ein Staat einen anderen Staat ersucht, das Strafverfahren durchzuführen, vgl. dort Art. 6. Die Möglichkeit, ein Strafverfahren aufgrund zentraler staatlicher Interessen „an sich zu ziehen", wird darin gerade nicht geregelt. Zudem können die dort in Art. 30 ff. (unter Titel IV „Mehrheit von Verfahren") getroffenen Regelungen nicht weiterhelfen. In der hier relevanten Konstellation gibt es bereits keine parallelen Strafverfahren mehr, da die ausschließliche Zuständigkeit bereits festgelegt wurde. Auch wurde das Übereinkommen lediglich von 25 Staaten ratifiziert. Nicht darunter sind die Bundesrepublik Deutschland und das Vereinigte Königreich, die das Übereinkommen nicht einmal unterzeichnet haben.[890]

Da diese bestehenden Regelungen somit keine befriedigende Lösung anbieten können, ist die Suche nach einem passenden Korrektiv in Ausnahmefällen weiterzuführen.

2. Verfahrenstransfer im Einzelfall

Nach einer Ansicht soll ein Verfahrenstransfer mittels zwischenstaatlicher Vereinbarung im Einzelfall möglich sein.[891] Bestehende Übereinkommen zur Verfahrensübertragung könnten dabei „Leitlinien" bilden.[892] Solche Leitlinien finden sich beispielsweise für das Übertragungsverfahren in Art. 13 ff. des Europäischen

888 ETS Nr. 073.

889 ETS Nr. 173, Explanatory Report to the Criminal Law Convention on Corruption 1999, S. 24 Rn. 120.

890 Vgl. https://www.coe.int/de/web/conventions/full-list/-/conventions/treaty/073/signatures?p_auth=ZOYCZRjf (Stand: 30.6.2018, zuletzt aufgerufen am 12.8.2019).

891 *Schomburg/Suominen-Picht*, NJW 2012, 1190 (1193); so auch *Böse u. a.*, GA 2014, 572 (581).

892 *Schomburg/Suominen-Picht*, NJW 2012, 1190 (1193).

Übereinkommens über die Übertragung der Strafverfolgung vom 15.5.1972.[893] Dafür, dass eine Übertragung von Strafverfahren im Einzelfall durch zwischenstaatliche Übereinkunft möglich ist, spricht auch Art. 47 UN-Übereinkommen, der ebenfalls grundsätzlich eine solche Verfahrensübertragung im Einzelfall vorsieht.

Diese Ansicht scheint damit zustimmungswürdig.
Dabei muss allerdings berücksichtigt werden, dass nicht jede Straftat, an der ein Amtsträger eines Staates beteiligt ist, gleichzeitig dessen besonderes Interesse an der Strafverfolgung dieser Tat begründen kann, wie von einigen Stimmen vorgeschlagen.[894] Dies wäre bei beinahe jeder Strafverfolgung nach einem der hier besonders untersuchten Übereinkommen der Fall. Diese richten sich in ihrer Gesamtheit gerade gegen die Bestechung von (ausländischen) Amtsträgern. Lediglich bei besonders hochrangigen Amtsträgern wäre die Tangierung zentraler Interessen eines Staates im Einzelfall denkbar. Auch bezüglich sonstiger zentraler Interessen ist eine restriktive Handhabung zu fordern, um den Einzelfallcharakter dieser Ausnahmeregelung zu wahren.

3. *Unabhängige Entscheidungsinstanz*

Ist im Einzelfall ein konsensualer Verfahrenstransfer nicht möglich, muss eine unabhängige Instanz zur Konfliktlösung beitragen. Gerichte der beteiligten Staaten scheiden dabei aus. Zwar sind diese in der Regel unabhängig, doch leidet die Akzeptanz deren Entscheidungen durch die andere Partei wohl vor allem bei politisch brisanten Fällen. Insoweit muss eine unabhängige überparteiliche Instanz entscheiden.[895]

a) Bestehende Instanzen

Das häufig genannte Eurojust[896] scheidet dabei ebenfalls als Entscheidungsinstanz aus. Zwar würde das Treffen einer derartigen Entscheidung durchaus in den Aufgabenbereich von Eurojust passen, vgl. Art. 85 Abs. 1 AEUV. Jedoch

893 Dieses Übereinkommen schlagen *Schomburg/Suominen-Picht*, NJW 2012, 1190 (1193) für die Bestimmung dieser Leitlinien vor.

894 So bspw. *Zimmermann*, Strafgewaltkonflikte in der Europäischen Union, S. 395; für Amtsdelikte *Thomas*, Das Recht auf Einmaligkeit der Strafverfolgung, S. 325 f. Vgl. dazu auch die Vorbehaltsmöglichkeit des Art. 55 Abs. 1 c) SDÜ.

895 So auch *Thomas*, Das Recht auf Einmaligkeit der Strafverfolgung, S. 339. Dazu bereits oben unter Kap. 4 B.II.7.b)cc) und Kap. 4 B.II.7.b)dd)(3).

896 So bspw. *Schomburg/Suominen-Picht*, NJW 2012, 1190 (1194).

bezieht sich diese Norm und damit die Zuständigkeit von Eurojust lediglich auf Mitgliedsstaaten der Europäischen Union. Somit wären von den untersuchten Staaten die Vereinigten Staaten nicht von der Zuständigkeit von Eurojust erfasst. Auch eine Zuständigkeit für das Vereinigte Königreich nach dem Brexit ist derzeit fraglich. Eine Entscheidungsinstanz muss aber gerade für alle Mitgliedsstaaten der jeweiligen Anti-Korruptionsübereinkommen zuständig sein.

Vorgeschlagen wird deshalb, eine entsprechende Entscheidungsinstanz auf Ebene der UN, der OECD und des Europarats festzulegen. Da die jeweiligen Übereinkommen von diesen Organisationen herrühren, wären sie gleichermaßen für die Unterzeichnerstaaten zuständig.

Zu untersuchen ist dabei zunächst, ob sich dort bereits geeignete Gremien finden.

aa) UN

In Art. 66 UN-Übereinkommen ist die Beilegung von Streitigkeiten geregelt. Nach Art. 66 Abs. 2 UN-Übereinkommen sind zunächst Verhandlungen zu führen. Wenn diese nicht nach angemessener Frist weiterhelfen, kann eine Partei ein Schiedsverfahren verlangen. Erst, wenn sich innerhalb von sechs Monaten nach diesem Begehren nicht auf die Ausgestaltung des Schiedsverfahrens verständigt werden kann, soll der IGH zuständig sein. Gegen die Gerichtsbarkeit des IGH kann aber gemäß Art. 66 Abs. 3 UN-Übereinkommen ein Vorbehalt eingelegt werden, was die meisten Staaten getan haben.[897]

Nach Art. 63 UN-Übereinkommen ist zudem eine Konferenz der Vertragsstaaten vorgesehen, die die Implementierung des Übereinkommens überwacht.[898] Dazu, dass diese Konferenz auch Konflikte auflösen soll, ist im Übereinkommen nichts geregelt.

bb) OECD

In Art. 12 OECD-Übereinkommen wird die Überwachung der Anwendung des Übereinkommens durch die Arbeitsgruppe der OECD für Bestechungsfragen im internationalen Geschäftsverkehr geregelt. Dort soll eine „Überwachung und Förderung der vollständigen Anwendung dieses Übereinkommens“ sichergestellt werden.

897 Vgl. http://www.unodc.org/documents/treaties/UNCAC/ReservationsDeclarations/DeclarationsAndReservations14Aug2008.pdf (zuletzt aufgerufen am 12.8.2019); *van Aaken*, in: Hofmann/Pfaff, Die Konvention der Vereinten Nationen zur Bekämpfung der Korruption. Betrachtungen aus Wissenschaft und Praxis, S. 16.

898 Dazu kritisch *van Aaken*, in: Hofmann/Pfaff, Die Konvention der Vereinten Nationen zur Bekämpfung der Korruption. Betrachtungen aus Wissenschaft und Praxis, S. 16, 38 f.

Lösungsmechanismen für Konfliktsituationen sind dort aber nicht vorgesehen.[899]

cc) Europarat

Art. 29 Europarat-Übereinkommen bestimmt die Errichtung einer zentralen Behörde durch jeden Vertragsstaat. Da diese damit von der jeweiligen Vertragspartei festgelegt werden, besitzen diese somit wohl aus der Sicht anderer Staaten bereits nicht die nötige Unabhängigkeit.

In Art. 40 Europarat-Übereinkommen werden neben Verhandlungen auch Instanzen benannt, die bei der Beilegung von Streitigkeiten zwischen Mitgliedsstaaten helfen sollen. Genannt werden der Europäische Ausschuss für Strafrechtsfragen, ein Schiedsgericht und der Internationale Gerichtshof.

Diese sollen bei Streitigkeiten „über die Auslegung oder Anwendung" des Europarat-Übereinkommens helfen. Welcher Hilfe sich die Streitparteien dabei konkret bedienen, ist ihnen überlassen, Art. 40 Abs. 2 Europarat-Übereinkommen.

Innerhalb des Europarats gibt es zudem GRECO. Dies ist eine Staatengruppe zur Überprüfung der Korruptionsbekämpfung und besteht aktuell aus 49 Mitgliedern. Dass GRECO damit ein Mitglied mehr hat, als das Europarat-Übereinkommen ratifizierende Vertragsparteien, liegt daran, dass die Vereinigten Staaten als nicht-ratifizierender Mitgliedsstaat des Übereinkommens Mitglied bei GRECO sind.[900] GRECO überwacht gemäß Art. 24 Europarat-Übereinkommen die Durchführung des Übereinkommens durch die Vertragsparteien.

Nach Art. 32 Abs. 3 und Abs. 4, Art. 33 Abs. 2 Europarat-Übereinkommen wird jeder Mitgliedsstaat, für den das Übereinkommen in Kraft tritt, automatisch Mitglied bei GRECO. GRECO wurde auf Grundlage der Resolution (98) 7 des Ministerkomitees des Europarats vom 5.5.1998 eingerichtet.[901] Im Anhang der Resolution finden sich die für GRECO relevanten Bestimmungen.[902]

---

899 Ebenso auf das Fehlen einer Streitentscheidungsstelle i.R.d. OECD hinweisend *Letzien*, Internationale Korruption und Jurisdiktionskonflikte, S. 420 f., die sodann die Errichtung eines vermittelnden Schiedskomitees innerhalb der OECD vorschlägt.

900 Vgl. https://www.coe.int/en/web/greco/about-greco/what-is-greco (zuletzt aufgerufen am 12.8.2019).

901 Resolution (98) 7 - Authorising the partial and enlarged agreement establishing the "group of states against corruption - GRECO"; *van Aaken*, in: Hofmann/Pfaff, Die Konvention der Vereinten Nationen zur Bekämpfung der Korruption. Betrachtungen aus Wissenschaft und Praxis, S. 32.

902 Appendix to Resolution (99) 5 - Statute of the group of states against corruption (GRECO) („GRECO-Statut").

Demnach beschränkt sich die Aufgabe von GRECO auf die Optimierung der Korruptionsbekämpfung mittels Überwachung, Art. 1 und Art. 2 GRECO-Statut. Besetzt ist GRECO mit aus jeweils bis zu zwei Personen bestehenden Delegationen der Mitgliedsstaaten, Art 6 Abs. 1 GRECO-Statut, sowie weiteren Vertretern (Art. 7 GRECO-Statut). Dass GRECO nicht für Streitbeilegung zuständig ist, wird auch bereits dadurch deutlich, dass in der Regelung zur Beilegung von Streitigkeiten (Art. 40 Europarat-Übereinkommen) kein Bezug zu GRECO hergestellt wurde.

dd) Fazit

Zwar besteht mit GRECO bereits eine möglicherweise geeignete Stelle innerhalb des Europarats, diese ist aber nicht für Streitbeilegung zuständig. Ebenso verhält es sich mit der Konferenz der Vertragsstaaten des UN-Übereinkommens und der Arbeitsgruppe der OECD für Bestechungsfragen im internationalen Geschäftsverkehr.

Aufgrund der Vorbehalte gegen den IGH als Entscheidungsinstanz kommt dieser auch nicht in Betracht. Auch scheint fraglich, ob ein Schiedsverfahren im konkreten Fall dienlich ist. Allein schon die Dauer der Einberufung und Bestellung passender, in der Sache kundiger Schiedsrichter wird wohl sehr viel Zeit in Anspruch nehmen. Insoweit ist ein ständiges Gremium vorzuziehen.

Somit ist gegenwärtig kein geeignetes Entscheidungsgremium vorhanden, welches über möglicherweise auftretende Konflikte im Zusammenhang mit Verfahrenstransfers nach getroffener Zuständigkeitsverteilung entscheiden könnte.

b) Überstaatliches Entscheidungsgremium

Da gegenwärtig kein geeignetes Gremium vorhanden ist, wird die Errichtung eines neuen Gremiums zur Streitbeilegung im Zusammenhang mit der Ausführung des Lösungsmodells vorgeschlagen.[903] Die Errichtung dieses Gremiums ist zunächst für jedes Übereinkommen separat notwendig.

Die Besetzung einer neuen Stelle könnte ähnlich Eurojust[904] mit Richtern der Mitgliedsstaaten besetzt sein. Eine Beteiligung von Staatsanwälten der jeweiligen Nationalstaaten scheidet aufgrund der unterschiedlichen Rolle, die den

---

903 Die Notwendigkeit eines solchen Gremiums ebenfalls erkennend *Thomas*, Das Recht auf Einmaligkeit der Strafverfolgung, S. 339 f., der jedoch anschließend den IStGH als Streitentscheidungsinstanz favorisiert, S. 340 ff.

904 Dazu *Satzger*, Internationales Strafrecht, § 10 Rn. 13. Eurojust ist demnach mit Staatsanwälten, Richtern oder Polizeibeamten der Mitgliedsstaaten besetzt.

Staatsanwälten in den Nationalstaaten zukommt, aus.[905] Richter, die durchweg eine unabhängige Rolle innehaben, scheinen dafür besser geeignet.[906]

So könnten bspw. insgesamt drei oder fünf Richter ein solches Gremium bilden. Diese werden von den jeweiligen Nationalstaaten für eine gewisse Dauer an die jeweilige Organisation abgeordnet. Dabei ist stets darauf zu achten, dass die Gremien mit Richtern aus Rechtsordnungen des common law und des civil law besetzt sind. Die entsendenden Nationalstaaten rotieren dabei, sodass sich z.B. bei der UN, deren UN-Übereinkommen von 186 Parteien ratifiziert wurde, der Aufwand für die Nationalstaaten in Grenzen halten würde. Je nach dem wie oft derartige Streitfälle angetragen werden, kann die Größe des Gremiums mit der Zeit angepasst werden.

4. *Fazit*

Nach der hier vorgeschlagenen Lösung soll ein Verfahrenstransfer im Einzelfall möglich sein. Sind die zentralen Interessen eines Vertragsstaates durch eine Tat betroffen und ist die ausschließliche Zuständigkeit durch den Registereintrag bereits zugunsten einer anderen Jurisdiktion festgelegt, so kann sich der betroffene Staat an die zuständige Jurisdiktion wenden und versuchen, sich auf einen Verfahrenstransfer mittels zwischenstaatlicher Vereinbarung im Einzelfall zu einigen.

Ist dabei kein Konsens möglich, ist der Fall vor das zu errichtende Gremium zu tragen. Dieses entscheidet sodann verbindlich über diese Streitfrage.

VIII. Missbrauchsschutz

Wie oben bereits angedeutet, ist auch einem möglichen Missbrauch des Lösungsmodells entgegenzuwirken.

Dazu muss insbesondere die Einleitung von „pro forma"-Verfahren ausgeschlossen werden.[907]

---

905 Vgl. bspw. zur Rolle des US-amerikanischen „Prosecutor" *Weigend*, in: Jescheck/Leibinger, Funktion und Tätigkeit der Anklagebehörde im ausländischen Recht, S. 594 ff.; demgegenüber zur Rolle des deutschen StA im Strafverfahren *Roxin/Schünemann*, Strafverfahrensrecht, § 9 Rn. 11 ff.

906 Mit diesem Gedanken auch *Schönberger*, Positive transnationale Jurisdiktionskonflikte, S. 664 f.

907 Ebenso *Kniebühler*, Transnationales ‚ne bis in idem', S. 128 ff.; dazu auch *Thomas*, Das Recht auf Einmaligkeit der Strafverfolgung, S. 147 ff., 330 ff.; auf die Gefahr einer „pro-forma Strafe" hinweisend *Zieher*, Das sog. Internationale Strafrecht nach der Reform, S. 73; dazu auch *Schroeder*, JuS 1997, 227 (230); *Biehler u. a.*, Freiburg Proposal, S. 32 f.; potenziellem Missbrauch durch einen „ordre public"-Vorbehalt begegnend *Voulgaris*, Transnationales „ne bis in idem", S. 190 f.

Hat ein Mitgliedsstaat einen Verdacht, dass ein anderer Vertragsstaat ein solches „pro forma"-Verfahren eingeleitet hat oder sonstige missbräuchliche Maßnahmen unternimmt, so soll ihm das Recht zustehen, dieses Anliegen vor das zu errichtende unabhängige und überstaatliche Gremium[908] zu tragen. Auch sonstige Streitigkeiten zwischen den Jurisdiktionen in Zusammenhang mit diesem Lösungsvorschlag sollen dem Gremium unterbreitet werden. Das Gremium entscheidet sodann über diese Sache.

Allerdings müssen an dieser Stelle auch die Folgen geklärt werden, die eintreten, wenn sich ein Mitgliedsstaat missbräuchlicher Praktiken bedient oder sich nicht an das Lösungsmodell hält und sich über die ausschließliche Zuständigkeitsverteilung hinwegsetzt, indem er ein weiteres, paralleles Strafverfahren wegen desselben Delikts einleitet. In sämtlichen dieser Streitfälle soll das zu errichtende Gremium entscheiden. Es soll auch über Verwarnungen oder einen möglichen Ausschluss des jeweiligen Mitgliedsstaates aus dem Übereinkommen und als ultima ratio aus dem Staatenbund befinden können.

IX. Zusammenfassung

Dem hier vorgeschlagenen Lösungsmodell liegt die Idee zu Grunde, dass ein Staat die übrigen (ebenfalls auf Basis eines völkerrechtlich legitimierenden Anknüpfungspunktes zuständigen) Staaten bei der Durchführung des Strafverfahrens vertritt.

Demnach ist jede förmliche Einleitung eines Ermittlungsverfahrens in Zusammenhang mit einer Korruptionsstraftat in ein international einsehbares und beschreibbares Strafverfahrensregister einzutragen. Ab diesem Zeitpunkt soll die Sache im Rahmen dieses Lösungsmodells in der eintragenden Jurisdiktion „rechtshängig" werden. Mit Eintritt dieser „Rechtshängigkeit" ist diese Jurisdiktion für die Durchführung des Strafverfahrens ausschließlich zuständig und vertritt die übrigen Staaten.

Ist die ausschließlich zuständige Jurisdiktion festgelegt, fehlt den übrigen Staaten die „Strafberechtigung". Die Durchführung eines Strafverfahrens wegen derselben Tat ist dort folglich unzulässig. Im deutschen Recht ist dabei von einem Verfahrenshindernis auszugehen.

Nach hiesigem Lösungsmodell ist demnach die strafrechtliche Bewertung desselben Lebenssachverhalts mittels der nationalen Umsetzungsnormen der in den jeweiligen Übereinkommen festgelegten Strafbarkeitsanforderungen von der Sperrwirkung erfasst.

---

908 Siehe dazu oben unter Kap. 5 A.VII.3.b).

Die stellvertretende Durchführung des Strafverfahrens endet mit jeder nach dem Recht des Vertreterstaates verfahrensbeendenden Maßnahme.

Sofern es zentrale staatliche Interessen nicht sachgerecht erscheinen lassen, dass die ausschließliche Zuständigkeit zur Strafverfolgung nach dem hier vorgestellten Lösungsmodell festgelegt wird, ist die Möglichkeit eines Verfahrenstransfers im Einzelfall vorgesehen.

In Streit- und Missbrauchsfällen hat ein einzurichtendes unabhängiges und überstaatliches Gremium zu entscheiden.

B. Überprüfung anhand der aufgestellten Maßstäbe

Als Abschluss der Darstellung und Diskussion bereits vorhandener Lösungsvorschläge wurden Maßstäbe aufgestellt, denen eine zustimmungswürdige Lösung gerecht werden muss.[909]

Inwieweit das hier vorgestellte Lösungsmodell dies vermag, soll nun überprüft werden.

Zuvorderst ist das Lösungsmodell im Stande, parallelen Strafverfahren gegen den Beschuldigten vorzubeugen. Durch die frühe Festlegung des ausschließlich zuständigen Verfolgerstaates wird verhindert, dass das betroffene Individuum mehreren Strafverfahren ausgesetzt wird.

Auf diese Weise ist zudem sichergestellt, dass die darüber hinausgehenden Interessen, die für die Etablierung eines transnationalen ne bis in idem angeführt wurden[910], befriedigt werden können.

Gleichzeitig ist das Lösungsmodell nicht nur auf die Europäische Union beschränkt. Da das Modell innerhalb des jeweiligen Anti-Korruptionsübereinkommens ansetzt, sind ihm alle Mitgliedsstaaten, die ihr nationales Strafrecht den extraterritorialen Anforderungen der Übereinkommen angepasst haben, unterworfen.[911]

Dadurch, dass für die Festlegung der ausschließlich zuständigen Jurisdiktion der Eintrag in ein international einsehbares und beschreibbares Strafverfahrensregister erforderlich ist, ist für alle anderen Mitgliedsstaaten transparent und überprüfbar festgelegt, wann die Zuständigkeitsverteilung exakt erfolgt ist und auf welche Tat sich diese bezieht.

Durch das vorgeschlagene Gremium ist es zudem möglich, Streitigkeiten auszuräumen und missbräuchlichem Vorgehen entgegenzuwirken. Das Gremium

909 Siehe dazu oben unter Kap. 4 C.

910 Siehe dazu oben unter Kap. 3 B. und D.

911 Zur Implementierung siehe unten unter Kap. 5 E.

ist auch für Fälle rechtswidrig eingeleiteter paralleler Strafverfahren durch nicht zuständige Staaten zuständig. Durch Verwarnungen sowie einen möglichen Ausschluss des jeweiligen Mitgliedsstaates aus dem Übereinkommen und als ultima ratio auch aus dem Staatenbund stehen dem Gremium auch Sanktionsmöglichkeiten zur Durchsetzung des Modells zur Verfügung.

Sofern durch eine Tat zentrale staatliche Interessen berührt sind, die es im Einzelfall unbillig erscheinen lassen, die ausschließliche Zuständigkeit nach dem hier vorgeschlagenen Modell zu bestimmen, ist die Möglichkeit eines konsensualen Verfahrenstransfers im Einzelfall vorgesehen. Erst, wenn in der Angelegenheit keine einvernehmliche Lösung erzielt werden kann, soll ebenfalls das Gremium eine Entscheidung treffen. Dadurch steht die Entscheidung bezüglich der zuständigen Jurisdiktion grundsätzlich fest. Nur in begründeten Ausnahmefällen kann davon durch nachträglich auftretende Umstände abgewichen werden, was der Rechtssicherheit zugute kommt.

Da der Vertreterstaat die Tat nach eigenem Recht verfolgt und sich nach dessen Recht auch bestimmt, wann die Vertretung abgeschlossen ist, ist eine Fremdrechtsanwendung nach diesem Modell nicht erforderlich. Zuständige Jurisdiktion und anzuwendendes materielles Recht werden nicht voneinander getrennt.

Zudem ist das Lösungsmodell auch praktisch umsetzbar. Zwar wäre der Wille der Mitgliedsstaaten der Anti-Korruptionsübereinkommen vonnöten, den Beschuldigteninteressen mehr Gewicht einzuräumen. Dies würde allerdings nicht einseitig erfolgen. Es ließen sich durch eine Einführung des Modells auch staatliche Interessen realisieren (z.B. Ressourceneinsparung[912]).[913]

Die Belange der Beteiligten werden insofern berücksichtigt, als sie nur noch einem Strafverfahren ausgesetzt werden bzw. daran mitzuwirken haben. Das vorgeschlagene Lösungsmodell ist insofern interessengerecht.[914] Längere Reisen sind dabei in Kauf zu nehmen. Die Zeugenaussagen können auf einen bestimmten Tag bzw. ggf. auf mehrere aufeinanderfolgende Tage gelegt werden, sodass die Zeugen diese Reise lediglich einmal auf sich nehmen müssen. Finanzielle Einbußen können durch Kostenerstattungen abgefedert werden.

Ein solches Ergebnis ließe sich nicht einmal durch eine strikte Anwendung des Territorialitätsprinzips vermeiden. Selbst dann wäre nicht sichergestellt, dass nicht doch ein ausländischer Zeuge existiert, der eine entsprechende Reise zum Verfahrensort antreten muss.

---

912 *Vander Beken u. a.*, NStZ 2002, 624 (625).

913 Siehe dazu oben unter Kap. 3 B.II. sowie zur Implementierung unter Kap. 5 E.

914 Siehe dazu oben unter Kap. 3 D.

Auch wurden die zentralen Elemente des ne bis in idem Grundsatzes festgelegt. So wurde ein Tatbegriff bestimmt, Anforderungen an die Erstentscheidung gestellt sowie der Gehalt der daraus folgenden Sperrwirkung definiert. Rechtsunsicherheiten bzgl. dieser zentralen Elemente wurde damit vorgebeugt.

Außerdem wurde gefordert, dass ein Lösungsmodell auch eine ausreichende Vorhersehbarkeit gewährleisten muss. Das Individuum muss wissen, wann es sich unter welchen Umständen und nach welcher Rechtsordnung strafbar macht. Durch die hohe Mitgliederzahl der jeweiligen Anti-Korruptionsübereinkommen sind die wesentlichen strafbarkeitsbegründenden Elemente in einer Vielzahl von Staaten bekannt. Da sich diese Elemente zudem sehr ähnlich sind[915], ist sichergestellt, dass ein Individuum im internationalen Korruptionsstrafrecht grundsätzlich erkennen kann, wann es die Schwelle zum Unrecht übertritt und sich vor allem keinen widersprüchlichen Verhaltensanforderungen ausgesetzt sieht.

Im Rahmen des hier vorgeschlagenen Lösungsmodells kann der Täter jedoch nicht erkennen, welcher Staat letztendlich den Registereintrag vornimmt und damit ausschließlich für die Verfolgung der Tat zuständig ist. Allerdings wird dies regelmäßig der Staat sein, in dem er die meisten Spuren hinterlässt. Somit kann der Täter zumindest abschätzen, welche Jurisdiktionen „in Frage kommen" könnten. Wenn er sich entschließt, global kriminell tätig zu werden, steigt damit die Gefahr, in diesen Ländern auch strafrechtlich verfolgt zu werden, direkt proportional an. Dass dabei die letzte Sicherheit fehlt, welcher Staat nun tatsächlich als erster den Registereintrag vornimmt, ist hinzunehmen. Dies ist der Preis, den der Täter dafür bezahlen muss, dass er am Ende trotz seiner möglicherweise weltweit vorgenommenen Korruptionsstraftaten nur einem einzigen Strafverfahren ausgesetzt werden kann.

C. Mögliche Kritik

Auch auf mögliche weitergehende Kritik am Lösungsmodell soll eingegangen werden. Ob es diese vermag, das vorgeschlagene Konstrukt zum Einsturz zu bringen, soll im Folgenden untersucht werden.

I. Frühzeitige Festlegung

Als möglicher Kritikpunkt könnte angeführt werden, dass die Festlegung der ausschließlich zuständigen Jurisdiktion zu früh erfolgt. Im Laufe des

915 Vgl. zu den Übereinkommen, auf denen die nationalen Anti-Korruptionsgesetze beruhen unter Kap. 1 E.

Ermittlungsverfahrens können noch viele für die Zuständigkeitsentscheidung relevante Erkenntnisse zu Tage treten.[916]

Dies könnte nach einer Ansicht dadurch gelöst werden, dass zwar mehrere Ermittlungen in verschiedenen Staaten möglich sein sollen, diese jedoch koordiniert als „ein Ganzes" gegenüber dem Betroffenen auftreten sollen.[917]

Allerdings bleibt unklar, wie dadurch verhindert werden soll, dass sich der Betroffene in verschiedenen Jurisdiktionen verteidigen oder den Ermittlungen stellen muss. Zudem ist darauf hinzuweisen, dass auch nach der Festlegung der zuständigen Jurisdiktion Rechtshilfe möglich ist. Die übrigen beteiligten Jurisdiktionen können also weiterhin an der Sachverhaltsaufklärung mitwirken. Lediglich die Interessen des Betroffenen sind zu diesem Zeitpunkt zusätzlich gewahrt.

Damit einher geht die Gefahr, dass sich die ausschließlich zuständige Jurisdiktion später als für die Strafverfolgung ungeeignet herausstellen könnte. Dies könnte beispielsweise die Belegenheit der Beweismittel betreffen, die für die Behörden der zuständigen Jurisdiktion nicht oder nur sehr schwer erreichbar sind.[918]

Dem lässt sich jedoch ebenfalls damit begegnen, dass in den jeweiligen Anti-Korruptionsübereinkommen Möglichkeiten zur Rechtshilfe vorgesehen sind.[919] Staaten, die einen besseren Zugriff auf das jeweilige Beweismittel haben, könnten im Einzelfall aushelfen. Sofern sich diese Maßnahmen als nicht ausreichend erweisen, ist als letzter Ausweg auf die Möglichkeit eines Verfahrenstransfers hinzuweisen.[920]

II. Keine eindeutigen Ergebnisse

Ferner könnte kritisiert werden, dass das Abstellen auf einen prozessualen Tatbegriff keine eindeutigen Ergebnisse ermögliche.[921]

Ein derartiges Problem könnte vor allem dann auftreten, wenn eine Ermittlungsbehörde ein Ermittlungsverfahren bzgl. eines ganzen

---

916 *Kommission der Europäischen Gemeinschaften*, KOM (2005) 696 endgültig, S. 8; *Biehler u. a.*, Analyse des Grünbuchs, S. 63; *Luchtman*, U. Law. Rev. 2013, 11 (30); *Lelieur*, U. Law Rev. 2013, 198 (206); *Gleß*, ZStW 125 (2013), 573 (596); *Schönberger*, Positive transnationale Jurisdiktionskonflikte, S. 338 f. m.w.N.

917 *Schönberger*, Positive transnationale Jurisdiktionskonflikte, S. 341 f.

918 *Gleß*, ZStW 125 (2013), 573 (596); nach *Kniebühler*, Transnationales ‚ne bis in idem', S. 71 befinden sich die meisten Beweismittel regelmäßig im Tatortstaat.

919 Siehe dazu oben unter Kap. 5 A.VII.1.

920 Siehe dazu oben unter Kap. 5 A.VII.2.

921 *Thomas*, Das Recht auf Einmaligkeit der Strafverfolgung, S. 213 f.; in diese Richtung auch *Holtmeier*, Fordham L. Rev. 2015, 493 (515).

„Korruptionsnetzwerks" in das Register einträgt. Will daraufhin beispielsweise ein anderer Staat, in dessen Rechtsordnung ein materieller Tatbegriff maßgeblich ist, auch in diesem Zusammenhang ermitteln, könnte Uneinigkeit darüber bestehen, was alles vom eingetragenen ersten Ermittlungsverfahren umfasst ist und wie weit dementsprechend die Sperrwirkung reicht.

In einem solchen Fall könnte die verfolgungswillige Jurisdiktion zunächst selbst versuchen, die Reichweite der Sperrwirkung zu ermitteln. Weiterhin sind auch Konsultationen mit der ausschließlich zuständigen Jurisdiktion zu führen. Auf diesem Wege können möglicherweise hinter dem Verfolgungswunsch stehende weitergehende Interessen befriedigt werden. Als letzten Schritt ist das einzurichtende Gremium zu befragen. Dieses ist mit erfahrenen Richtern der jeweiligen Rechtsordnungen besetzt und entscheidet sodann verbindlich über die Reichweite der Sperrwirkung und insbesondere darüber, ob die Einleitung eines Strafverfahrens im Zweitstaat zulässig ist.

III. Wettrennen der Strafverfolgungsbehörden

Auch könnte entgegnet werden, durch das maßgebliche Prioritätsprinzip werde ein Wettrennen der Jurisdiktionen gefördert. Die ausschließlich verfolgungsbefugte Jurisdiktion werde demnach durch Zufall bestimmt. Es gelte das Prinzip „wer zuerst kommt, mahlt zuerst"[922].[923]

Verfolgender Staat wird jedoch regelmäßig der Staat sein, in dem der Täter die meisten Spuren hinterlässt. Somit ist mitnichten allein der Zufall maßgeblich. Wenn sich der Täter entschließt, global kriminell tätig zu werden, steigt damit natürlich die Gefahr, in diesen Ländern auch strafrechtlich verfolgt zu werden, entsprechend an. Da der Täter somit grundsätzlich mit einer Strafverfolgung in allen diesen Staaten rechnen muss, bestimmt er durch seine Taten, welche Jurisdiktionen in Frage kommen. Dass die letztendliche Entscheidung zugunsten

922 *Kommission der Europäischen Gemeinschaften*, KOM (2005) 696 endgültig, S. 3.

923 *Lagodny*, Gutachten für das BMJ, S. 59 f.; *Vander Beken u. a.*, NStZ 2002, 624 (624 f.); *Thomas*, Das Recht auf Einmaligkeit der Strafverfolgung, S. 164; *Kniebühler*, Transnationales ‚ne bis in idem', S. 127; diese Kritik im Zusammenhang mit Art. 54 SDÜ anführend *Kommission der Europäischen Gemeinschaften*, KOM (2005) 696 endgültig, S. 3 und S. 8; ebenso *Caeiro*, KritV 2010, 366 (376); *Eisele*, ZStW 125 (2013), 1 (7); *Thorhauer*, Jurisdiktionskonflikte im Rahmen transnationaler Kriminalität, S. 459 f.; *Zimmermann*, Strafgewaltkonflikte in der Europäischen Union, S. 281 ff.; s. auch *Hoven*, Auslandsbestechung, S. 130.

einer Jurisdiktion durch den Registereintrag festgelegt wird, ist ebenfalls nicht allein vom Zufall abhängig. Die Jurisdiktion, in der sich die meisten Beweismittel befinden, wird regelmäßig auch als erstes Kenntnis von der Tat erlangen und daraufhin ein Ermittlungsverfahren einleiten. Die Vorstellung, dass ein völlig außen vor liegender Drittstaat die Strafverfolgung durch einen willkürlichen Registereintrag an sich zieht, ist (außer in Missbrauchsfällen) fernliegend. Sofern die verfügbaren Beweismittel zwischen zwei Staaten genau hälftig aufgeteilt sind, ist das Prioritätsprinzip ein geeigneter Festlegungsmechanismus.[924] Durch die Möglichkeiten der Rechtshilfe wird die Wahrheitsfindung dadurch auch nicht beeinträchtigt. Auch ist zu beachten, dass durch diese frühe Zuständigkeitsverteilung gerade keine „schlampigen" Urteile gefördert werden.[925] Diese Gefahr besteht hauptsächlich bei den „res iudicata"-Lösungsmodellen, in denen die Erstentscheidung für die Sperrwirkung maßgeblich ist. Ist die ausschließliche Zuständigkeit bereits mit förmlicher Einleitung des Ermittlungsverfahrens zugewiesen, kann das Strafverfahren in der gebotenen Gründlichkeit zu Ende geführt werden.

IV. Berücksichtigung des Tatortstaates

Der Einwand, der Tatortstaat sollte immer verfolgen dürfen, könnte ebenfalls erhoben werden.[926] Dies wird naturgemäß von den Verfechtern einer Vormachtstellung des Territorialitätsprinzips so gesehen.[927]

Dem ist vorwegzunehmen, dass der Tatortstaat wahrscheinlich auch nach dem hier vorgeschlagenen Modell in der Regel in ausschließlicher Zuständigkeit

---

924 Ebenso *Weißer*, GA 2012, 416 (431), die jedoch zunächst Konsultationen favorisiert.

925 Mit dieser Befürchtung bspw. *Thomas*, Das Recht auf Einmaligkeit der Strafverfolgung, S. 164; *Zimmermann*, Strafgewaltkonflikte in der Europäischen Union, S. 282; ein solches Wettrennen unter Hinweis auf die Überlastung der Behörden als „exotische[n] Ausnahmefall" bezeichnend *Vogel*, in: Hoyer/Müller/Pawlik/Wolter, FS Schroeder, S. 883.

926 Vgl. bspw. *Caeiro*, KritV 2010, 366 (374), demnach derjenige Staat für die Strafverfolgung zuständig sein sollte, dessen Rechtsordnung durch die Tat am meisten erschüttert wurde. Dies sei regelmäßig der Tatortstaat.

927 So bspw. *Ambos*, in: Joecks/Miebach, Münchener Kommentar zum StGB, Vor § 3 Rn. 64 m.w.N.; ebenso das Modell bei *Schünemann*, Ein Gesamtkonzept für die Europäische Strafrechtspflege, S. 5 f., 7, demnach zunächst der Staat, in dem der Beschuldigte gehandelt hat zuständig sein soll. War dies in mehreren Staaten der Fall, soll der Erfolgsort maßgeblich sein. Vgl. dazu auch die Regelung in Art. 55 Abs. 1 a) SDÜ sowie die Nachweise i.R.d. des Lösungsvorschlags, der sich für eine Rangfolge der Anknüpfungsprinzipien ausspricht, s. unter Kap. 4 B.II.4.

verfolgen können wird, da sich dort regelmäßig die Beweismittel befinden werden[928] und die Strafverfolgungsbehörden damit dort am ehesten auf die Tat aufmerksam werden und ein entsprechendes Verfahren einleiten können. Sollte ein anderer Staat dem Tatortstaat zuvorkommen, hat er immer noch die Möglichkeit einen Verfahrenstransfer zu erwirken, wenn seine zentralen Interessen betroffen sind. Ansonsten kann der Tatortstaat ggf. durch Rechtshilfe am Verfahren mitwirken. Vor allem in Fällen, in denen der Täter in mehreren Staaten tätig wurde, ist das Verfahren auf einen Verfolgerstaat zu konzentrieren. Könnte jeder Staat, der sich auf das Territorialitätsprinzip berufen könnte, den (mutmaßlichen) Täter strafrechtlich verfolgen, würden parallele Strafverfahren geradezu herausgefordert werden.[929]

Bei dem Verbot, denselben Lebenssachverhalt mittels der nationalen Umsetzungsnormen der in den jeweiligen Übereinkommen festgelegten Strafbarkeitsanforderungen zu bewerten, könnte sich eine mögliche Doppelverfolgung durch den Tatortstaat, der sich für eine strafrechtliche Bewertung des Lebenssachverhaltes nicht auf die Korruptionstatbestände berufen muss, sondern dafür auf andere Normen zurückgreifen kann, als problematisch erweisen. So wäre in Deutschland bspw. eine parallele Strafverfolgung in Korruptionssachen wegen Untreue (§ 266 StGB) möglich.[930]

Dabei ist jedoch festzuhalten, dass ein solcher Fall regelmäßig nur denkbar ist, wenn ein anderer als der Tatortstaat für die Verfolgung dieser Tat ausschließlich zuständig wäre. Dass dies in der Regel wohl nicht der Fall sein wird, wurde bereits erwähnt.

Zum anderen ist zu beachten, dass derartige Normen nicht in allen Jurisdiktionen vorhanden sind. Diese Problematik stellt sich somit lediglich in einer sehr begrenzten Anzahl an Fällen.

Zuletzt wäre es wohl die Aufgabe der Judikative der Nationalstaaten, durch restriktive Auslegung bzw. vorrangig deren Legislative durch Gesetzesänderungen dafür zu sorgen, dass Untreue und sonstige Normen, mit denen sich die hier vorgestellte Sperrwirkung im Korruptionsstrafsachen „umgehen" lässt, in einem

928 Vgl. *Kniebühler*, Transnationales ‚ne bis in idem', S. 71.

929 Siehe dazu auch die Stellungnahme zur Rangfolge der Prinzipien unter Kap. 4 B.II.4.b); dass bereits eine parallele Strafverfolgung zu vermeiden ist siehe oben unter Kap. 3 D.

930 Vgl. bspw. den Fall Siemens: BGH, Urt. v. 29.8.2008 - 2 StR 587/07 = BGHSt 53, 323 (Untreue bereits durch die Bildung „schwarzer Kassen"); dazu bereits *Kudlich/Hoven*, in: Spinellis/Theodorakis/Billis/Papadimitrakopulos, FS Courakis, S. 603 ff.; auch *Hoven*, Auslandsbestechung, S. 120; *Wittig*, Wirtschaftsstrafrecht, § 20 Rn. 5 m.w.N.

Fall, für den es speziell die Korruptionstatbestände gibt, nicht zur Anwendung kommen können.[931]

V. Umständlicher Zuweisungsmechanismus

Ein weiterer Einwand könnte den Zuweisungsmechanismus betreffen. Es könnte angeführt werden, der geforderte Registereintrag sei impraktikabel und erfordere zu viel Arbeit.

Allerdings ist zu berücksichtigen, dass die nationalen Strafverfolgungsbehörden die Strafverfahren ohnehin schon in ein Register eintragen.[932]

Nach Einrichtung des überstaatlichen Verfahrensregisters könnte bei (digitaler) Eintragung im innerstaatlichen Register anschließend eine Auswahl möglich sein, diesen Eintrag in den jeweiligen anderen Mitgliedsstaaten des OECD-Übereinkommens, des UN-Übereinkommens oder des Europarat-Übereinkommens anzuzeigen, je nach dem, welchem Übereinkommen der eintragende Staat angehört.

Ein solcher Eintrag ist zudem nicht sehr arbeitsintensiv. Transnationale Korruptionsverfahren treten nicht derart häufig auf wie andere nationale „Alltagsdelikte". Insofern ist ein solcher Eintrag durchaus zumutbar.

Ein derartiges Register liefert außerdem eindeutige und transparente Ergebnisse. Bei Abstellen auf Kriterien wie Tatortstaat, Lage der Beweismittel etc. ist immer eine Abhängigkeit von den Ermittlungsergebnissen der jeweiligen nationalen Strafverfolgungsbehörden gegeben, die sich möglicherweise unterscheiden können. Ein Registereintrag ermöglicht zu einem frühen Zeitpunkt ein eindeutiges Ergebnis.

VI. Regelungen zum Abschluss des Verfahrens („bis") unnötig

Weiter könnte eingewandt werden, dass die Festlegung des „bis" im Rahmen dieses Lösungsmodells überflüssig sei, da eine Sperrwirkung ja gerade mit förmlicher Einleitung des Ermittlungsverfahrens entsteht. Ab diesem Zeitpunkt ist bereits keine parallele Strafverfolgung mehr möglich.

---

931 Für eine restriktive Auslegung des Untreuetatbestandes in Korruptionsstrafsachen bspw. *Saliger/Gaede*, HRRS 2008, 57 (66 ff., 72 ff.); auch *Dierlamm*, in: Schöch/Satzger/Schäfer/Ignor/Knauer, FS Widmaier, S. 609 ff., der anschließend auf S. 615 eine passende Schlussbemerkung macht: „Korruption sollte mit dem Korruptionsstrafrecht verfolgt und geahndet werden. Dazu ist es da!".

932 Vgl. bspw. in Deutschland das zentrale staatsanwaltschaftliche Verfahrensregister, § 492 StPO, in das alle staatsanwaltschaftlichen Ermittlungsverfahren gegen einen bestimmten und bekannten Täter eingetragen werden, *Schmitt*, in: Meyer-Goßner/Schmitt, StPO, § 492 Rn. 4 f.

Allerdings ist es dem Vertretungsgedanken immanent, dass die vertretenen Staaten auch erfahren, wann „ihre" Strafgewalt vollständig durchgesetzt wurde. Sie können das Strafverfahren schon nicht selbst durchführen, so steht ihnen wenigstens dieses Informationsrecht zu.

Zudem kann dadurch Missbrauchsfällen vorgebeugt werden, in denen die Strafverfolgungsbehörden des ausschließlich zuständigen Staates nicht weiter tätig werden und das Verfahren ruhen lassen. Ergibt sich in einem solchen Fall nach Rückfrage keine Klarheit, so kann das einzurichtende Gremium bezüglich dieser Form des Missbrauchs befasst werden.

Vor allem ist es aber für das betroffene Individuum wichtig zu wissen, wann das Strafverfahren für ihn endgültig beendet ist und nach welchem Recht sich dies richtet. Insoweit bietet diese Festlegung also auch Rechtssicherheit für den (mutmaßlichen) Täter. Darüber hinaus kann dies auch für die Rehabilitierungsinteressen des Individuums eine wichtige Rolle spielen.[933]

VII. Misstrauen

Weiterhin könnte ein verbreitetes Misstrauen der Vertragsstaaten untereinander gegen die Umsetzbarkeit des vorgeschlagenen Lösungsmodells sprechen.[934]

Dies weniger im OECD-Übereinkommen mit seinen 43 OECD-Mitgliedsstaaten[935] oder dem Europarat-Übereinkommen, das von 48 Staaten ratifiziert wurde[936]. Die dort beteiligten Staaten teilen sich wohl grundsätzlich eine ähnliche

---

933 Dazu ausführlich *Greco*, Strafprozesstheorie und materielle Rechtskraft, S. 310 ff., 740 ff.

934 Auf diesen Einwand hinweisend *Thomas*, Das Recht auf Einmaligkeit der Strafverfolgung, S. 145 ff.; *Fuchs*, ZStW 116 (2004), 368 (368); *Oehler*, Internationales Strafrecht, Rn. 960; *Schönberger*, Positive transnationale Jurisdiktionskonflikte, S. 617; *Kniebühler*, Transnationales ‚ne bis in idem', S. 128 ff., der auf die Gefahr von Scheinverfahren eingeht; vgl. auch *Vogel*, in: Hoyer/Müller/Pawlik/Wolter, FS Schroeder, S. 882, der auf die damit verbundene Missbrauchsgefahr eingeht.

935 http://www.oecd.org/daf/anti-bribery/WGBRatificationStatus.pdf (Stand: Mai 2017, zuletzt aufgerufen am 12.8.2019).

936 https://www.coe.int/en/web/conventions/full-list/-/conventions/treaty/173/signatures (Stand: 12.8.2019, zuletzt aufgerufen am 12.8.2019).

gemeinsame Werteordnung.[937] Vor allem im Zusammenhang mit dem UN-Übereinkommen, welches von 186 Staaten ratifiziert wurde[938], könnte dieser Einwand allerdings greifen. Die Suche nach einer gemeinsamen Werteordnung beinahe aller Staaten der Erde könnte sich als schwierig, wenn nicht gar utopisch erweisen.[939]

Jedoch haben alle diese Staaten durch die Ratifizierung des Übereinkommens zum Ausdruck gebracht, Korruption weltweit bekämpfen zu wollen. Zu diesem Zweck haben sie sich den Anforderungen des Übereinkommens unterworfen. Als Teil dieser Welt haben sie sich am Kampf gegen die Korruption beteiligt. Lässt sich daraus zwar keine gemeinsame allgemeine Werteordnung ableiten, so ist den Staaten somit der Wille zur globalen Korruptionsbekämpfung gemein.

Wenn dennoch Misstrauen gegenüber einzelnen Staaten diesbezüglich besteht, dass diese keine angemessenen Strafverfahren führen, ist auf den vorgeschlagenen Missbrauchsschutz zu verweisen. „Pro forma"-Urteile und sonstiger Missbrauch werden dadurch ausgeschlossen.

Sofern darauf abgestellt wird, dass Korruption in den „kritischen" Staaten derart verbreitet sei, dass eine effektive Bekämpfung dieser dort nicht möglich sei, kann dieser Einwand hier nicht greifen. Hier wird gerade die Situation untersucht, in der mehrere Staaten zur Verfolgung von Korruptionsstraftaten gewillt sind. Ist dieser Wille – trotz Ratifikation des Übereinkommens – nicht vorhanden, entsteht die Gefahr einer Mehrfachverfolgung durch diesen Staat gar nicht erst.

Zuzustimmen ist jedoch der Annahme, dass das UN-Übereinkommen intensivere Mechanismen bräuchte, die die sachgerechte Umsetzung des Übereinkommens überwachen.[940] Durch positive Evaluationsberichte „kritischer Staaten" könnten die übrigen Mitgliedsstaaten in ihrem Vertrauen in diese gestärkt werden.

937 Zum wechselseitigen Vertrauen auf Ebene des Europarats *Schönberger*, Positive transnationale Jurisdiktionskonflikte, S. 196 ff.

938 http://www.unodc.org/unodc/en/corruption/ratification-status.html (Stand: 26.6.2018, zuletzt aufgerufen am 12.8.2019).

939 Eine „Pflicht zur Überwindung gegenseitigen Mißtrauens" aus der UN-Charta ableitend *Thomas*, Das Recht auf Einmaligkeit der Strafverfolgung, S. 146 f.; eine ausreichende Vertrauensbasis auf Ebene der UN hingegen kritisch sehend *Schönberger*, Positive transnationale Jurisdiktionskonflikte, S. 199 ff.

940 *van Aaken*, in: Hofmann/Pfaff, Die Konvention der Vereinten Nationen zur Bekämpfung der Korruption. Betrachtungen aus Wissenschaft und Praxis, S. 38 f.

VIII. Gefahr negativer Kompetenzkonflikte

Auch könnten Bedenken hinsichtlich negativer Kompetenzkonflikte geäußert werden, sofern der ausschließlich zuständige Staat das Strafverfahren nicht durchführen kann bzw. will.[941]

In diesen Fällen können jedoch die vorgesehenen Möglichkeiten zum Verfahrenstransfer sowie zum Missbrauchsschutz Abhilfe schaffen.

IX. Forum Shopping

Ferner könnte der Einwand erhoben werden, das vorgestellte Modell ermögliche „forum shopping". Dies wäre sowohl auf Seiten des Täters als auch auf Seiten der Strafverfolgungsbehörden denkbar.[942]

Zunächst ist jedoch bereits zweifelhaft, ob und in welcher Intensität „forum shopping" durch den Täter überhaupt betrieben wird. Der Anteil derart gebildeter und vorausplanender Täter ist wohl verschwindend gering.[943] Allerdings werden die hier relevanten Korruptionsdelikte als sog. „white-collar-crimes" wohl vor allem von gut ausgebildeten Personen begangen.[944] Insoweit ist die Möglichkeit eines planhaften Vorgehens vor allem bei größeren Korruptionsnetzwerken wohl nicht gänzlich von der Hand zu weisen.

Zwar sind in den Anti-Korruptionsübereinkommen die unter Strafe zu stellenden Handlungen ziemlich genau umschrieben. Die zu verhängenden Sanktionen werden von den Übereinkommen jedoch nicht derart genau festgelegt.[945]

---

941 So bspw. *Eser*, in: Sinn, Jurisdiktionskonflikte bei grenzüberschreitender Kriminalität, S. 569 f.; *Eisele*, ZStW 125 (2013), 1 (31); *Hoven*, Auslandsbestechung, S. 141.

942 *Vogel*, in: Hoyer/Müller/Pawlik/Wolter, FS Schroeder, S. 883; *Kniebühler*, Transnationales ‚ne bis in idem', S. 130 ff.; *Thomas*, Das Recht auf Einmaligkeit der Strafverfolgung, S. 162 ff.; *Eisele*, ZStW 125 (2013), 1 (9 f.); *Lagodny*, Gutachten für das BMJ, S. 65 ff.; *Fuchs*, ZStW 116 (2004), 368 (369).

943 *Kniebühler*, Transnationales ‚ne bis in idem', S. 131.

944 Vgl. dazu *Wittig*, Wirtschaftsstrafrecht, § 2 Rn. 7 m.w.N.

945 Art. 3 Abs. 1 OECD-Übereinkommen fordert eine Bedrohung der Bestechung ausländischer Amtsträger „mit wirksamen, angemessenen und abschreckenden Strafen". Art. 3 Abs. 2 OECD-Übereinkommen bestimmt die Sanktionierung juristischer Personen.

Art. 30 Abs. 1 UN-Übereinkommen fordert „Sanktionen, die der Schwere der Straftat Rechnung tragen". Die Sanktionierung juristischer Personen ist in Art. 26 UN-Übereinkommen geregelt.

Art 19 Abs. 1 Europarat-Übereinkommen fordert „wirksame, verhältnismäßige und abschreckende Sanktionen und Maßnahmen". Regelungen bzgl. juristischer Personen finden sich in Art. 18, Art. 19 Abs. 2 Europarat-Übereinkommen.

Insoweit könnte ein „forum shopping" durch den Täter vor allem hinsichtlich der zu erwartenden Sanktionen in Betracht kommen.[946]

Allerdings ist zudem fraglich, ob ein derartiges „forum shopping" durch den Täter überhaupt als verwerflich oder verhindernswert anzusehen ist.[947] Es liegt an den jeweiligen Staaten, entsprechende Normen zu erlassen und für eine gerechte Aburteilung zu sorgen. Wenn dies den Anforderungen der Übereinkommen gerecht wird, ist dies hinzunehmen.[948]

Sollte ein derart planhaftes Vorgehen tatsächlich Realität sein und möchte man dies als verwerflich ansehen, so wäre auch hier im Einzelfall ein Verfahrenstransfer in eine andere Jurisdiktion möglich.[949]

Ein „forum shopping" durch die Strafverfolgungsbehörden wäre möglich, indem sie sich absprechen, welche Ermittlungsbehörde zuerst die förmliche Einleitung des Ermittlungsverfahrens durch Eintrag in das Strafverfahrensregister vornimmt. Dies würde jedoch wiederum eine Kollusion voraussetzen, von der hier nicht ausgegangen werden soll. Zudem müssten Strafverfolgungsbehörden, für die das Legalitätsprinzip gilt, dieses ignorieren.[950]

X. Brüchiges Strafrechtsnetz

Als weiterer Kritikpunkt könnte angeführt werden, dass das zuvor mühsam gespannte Strafrechtsnetz durch das hier vorgestellte Lösungsmodell brüchig werde.[951]

Das Strafrechtsnetz wird allerdings gerade nicht brüchig. Wie oben dargestellt[952] ist es ausreichend, dass der Täter einem Strafverfahren ausgesetzt wird. Es geht nicht darum, gegen den Täter möglichst viele Strafverfahren parallel zu führen. Erst, wenn der Täter einem Strafverfahren ausgesetzt ist, greift die Sperrwirkung ein. Bis der Täter gefasst ist, besteht das Netz uneingeschränkt fort.

---

946 Ebenso *Voulgaris*, Transnationales „ne bis in idem", S. 193. Zu den Sanktionsmöglichkeiten nach dem nationalen Recht der Bundesrepublik Deutschland, des Vereinigten Königreichs und der Vereinigten Staaten siehe oben unter Kap. 1 A.III. (BRD), Kap. 1 B.II.3. (UK) und Kap. 1 C.II.7. (USA).

947 *Voulgaris*, Transnationales „ne bis in idem", S. 192 f.

948 Ähnlich *Lagodny*, Gutachten für das BMJ, S. 66; *Thorhauer*, Jurisdiktionskonflikte im Rahmen transnationaler Kriminalität, S. 136.

949 Ebenso *Thomas*, Das Recht auf Einmaligkeit der Strafverfolgung, S. 163; *Kniebühler*, Transnationales ‚ne bis in idem', S. 132.

950 *Kniebühler*, Transnationales ‚ne bis in idem', S. 131.

951 Bezweifelnd, dass die Staaten im zwischenstaatlichen Bereich bereit sein werden „die Maschen des von ihnen geknüpften Netzes konkurrierender Strafgewalten zu lockern", *Böse/Meyer*, ZIS 2011, 336 (344); für eine Beibehaltung des Netzgedankens *Eisele*, ZStW 125 (2013), 1 (31).

952 Siehe oben unter Kap. 5 A.I.

XI. Schutzinteresse des Staates

Zudem könnte eingewandt werden, dass es eine fremde Jurisdiktion nicht vermag, den gestörten Rechtsfrieden im jeweiligen Nationalstaat wiederherzustellen. Dies könnte insbesondere bei Korruptionsstraftaten unter Beteiligung ranghoher Amtsträger dazu führen, dass der jeweilige Staat sein Schutzinteresse nicht realisieren kann, da er die Straftat nicht verfolgen kann, weil in einer anderen Jurisdiktion bereits ein Strafverfahren eingeleitet wurde.[953]

Gerade für solche Fälle ist jedoch die Möglichkeit des Korrektivs in Form eines Verfahrenstransfers in Einzelfällen vorgesehen.[954] Sind die zentralen Interessen eines Vertragsstaates durch eine Tat betroffen und ist die ausschließliche Zuständigkeit bereits zugunsten einer anderen Jurisdiktion festgelegt, so kann sich der betroffene Staat an die zuständige Jurisdiktion wenden und versuchen, sich auf einen Verfahrenstransfer mittels zwischenstaatlicher Vereinbarung im Einzelfall zu einigen.

Ist dabei kein Einvernehmen möglich, ist der Fall vor das zu errichtende Gremium zu tragen. Dieses entscheidet verbindlich über diese Streitfrage.

XII. Legalitätsprinzip

Dem hier vorgestellten Lösungsmodell könnte zudem vorgeworfen werden, dass es mit dem Legalitätsprinzip nicht vereinbar sei. Dieses Prinzip gilt zwar nicht in allen Staaten, könnte jedoch in den Staaten, in denen es existiert, zu Problemen führen. Die dortige Staatsanwaltschaft wäre bei einem Anfangsverdacht verpflichtet, ein Strafverfahren einzuleiten. Dies könnte sie jedoch nicht mehr, wenn durch den Eintrag in das überstaatliche Verfahrensregister bereits eine andere Jurisdiktion ausschließlich für die Strafverfolgung zuständig ist.[955]

In einem solchen Fall fehlt nach dem hier vorgeschlagenen Modell jedoch die „Strafberechtigung" des zweitverfolgenden Staates.[956] Es ist von einem Verfahrenshindernis auszugehen. In einem solchen Fall kann die Staatsanwaltschaft nicht zur Strafverfolgung verpflichtet sein.[957] Ein Konflikt mit dem Legalitätsprinzip entsteht somit nicht.

---

953 *Kniebühler*, Transnationales ‚ne bis in idem', S. 93 f.

954 Eine Ausnahmeregelung in diesem Fall ebenfalls befürwortend *Kniebühler*, Transnationales ‚ne bis in idem', S. 95.

955 Auf diesen Einwand hinweisend *Kommisson der Europäischen Gemeinschaften*, KOM (2005) 696 endgültig, S. 4; zustimmend *Bundesrechtsanwaltskammer*, BRAK-Stellungnahme-Nr. 07/2006, S. 5.

956 Siehe dazu oben unter Kap. 5 A.III.

957 Nach deutschem Recht ist die Straftat in diesem Fall nicht verfolgbar i.S.d. § 152 Abs. 2 StPO, vgl. *Beulke*, in: Erb/Esser/Franke/Graalmann-Scheerer/Hilger/Ignor, Löwe-Rosenberg, StPO, § 152 Rn. 30; *Weßlau/Deiters*, in: Wolter, SK-StPO, § 152 Rn. 17.

Sicherheitshalber wird jedoch bereits gefordert, dass künftige Rechtsakte eine Ausnahme zum Legalitätsprinzip enthalten sollen.[958]

Zudem ist festzustellen, dass sich der Täter dadurch auch nicht der Strafverfolgung entziehen kann. Die Tat an sich wird nach diesem Modell schließlich verfolgt.[959]

XIII. Souveränität

Die vermeintlich größten Bedenken gegen das vorgeschlagene Lösungsmodell werden wohl den damit einhergehenden Souveränitätsverzicht betreffen.

Dies liegt darin begründet, dass wohl grundsätzlich kein Staat auf ihm zustehende Kompetenzen verzichten möchte. Dazu zähle auch die Verfolgung von Straftaten. Dies gelte unabhängig davon, was andere Staaten in diesem Zusammenhang bereits zuvor unternommen haben.[960] Die nationale Souveränität garantiere darüber hinaus auch, ein entsprechendes Verhalten härter bestrafen zu können als ein anderer Staat. Diese „legislatorischen Handlungsspielräume“[961] wären eingeschränkt, wenn der Beschuldigte bereits von einem das entsprechende Verhalten milde sanktionierenden Staat verurteilt wurde und ausländische Verfahrensabschlüsse von der Garantie des ne bis in idem erfasst wären.[962]

Jedoch wurde diese Argumentation bereits im Jahre 1983 vor dem Hintergrund der „supranationalen Gemeinschaften und sonstiger die Souveränität der Vertragsstaaten beschränkenden Verträge“[963] als nicht mehr zwingend angesehen.[964]

Vor allem hinsichtlich der immer weiter fortschreitenden Globalisierung ist ein starres Beharren auf staatliche Souveränitätsinteressen nicht mehr möglich.

---

958 *Kommission der Europäischen Gemeinschaften*, KOM (2005) 696 endgültig, S. 4.

959 Dies soll nach *Kommission der Europäischen Gemeinschaften*, KOM (2005) 696 endgültig, S. 4 zumindest „in einem gemeinsamen Raum der Freiheit, der Sicherheit und des Rechts“ ausreichend sein. Für den beschränkten Teilbereich des internationalen Korruptionsstrafrechts, das durch die Maßstäbe der jeweiligen Übereinkommen geprägt ist, soll dies nach hier vertretener Ansicht ebenfalls gelten.

960 Zu diesem Einwand bereits *Schermers*, in: Capotorti/Ehlermann/Frowein/Jacobs/Joliet/Koopmans/Kovar, Liber Amicorum Pierre Pescatore, S. 604 f.; *Thomas*, Das Recht auf Einmaligkeit der Strafverfolgung, S. 155 ff.; *Oehler*, Internationales Strafrecht, Rn. 960; *Vogel*, in: Hoyer/Müller/Pawlik/Wolter, FS Schroeder, S. 882; dazu ebenfalls *Schönberger*, Positive transnationale Jurisdiktionskonflikte, S. 616.

961 *Nolte/Aust*, in: v. Mangoldt/Klein/Starck, GG, Art. 103 Abs. 3 Rn. 200.

962 *Nolte/Aust*, in: v. Mangoldt/Klein/Starck, GG, Art. 103 Abs. 3 Rn. 200; ähnlich *Eckstein*, ZStW 124 (2012), 490 (499).

963 *Oehler*, Internationales Strafrecht, Rn. 960.

964 *Oehler*, Internationales Strafrecht, Rn. 960.

Auf globale Änderungen in einer immer globaler werdenden Gesellschaft, muss ebenso global reagiert werden. Ein starres Festhalten an nationalen Souveränitätsinteressen stünde dieser Entwicklung entgegen.[965] Ein praktisches Beispiel dafür, dass diese Entwicklung auch an der Rechtspraxis nicht vorbeigeht, sind die Verfahrensstatuten der internationalen Tribunale. Diese drängen die nationalen Verfahrensregelungen zurück und beschränken damit ebenfalls die Souveränität der Nationalstaaten.[966]

Damit einhergehend wird angeführt, dass die nationalstaatliche Souveränität immer mehr von der Teilhabe an der internationalen Staatengemeinschaft geprägt wird. Wenn sich ein Staat dieser Teilhabe verweigert, wird er seine nationalen Interessen nicht durchsetzen können.[967]

Gegen diese Bedenken kann weiter eingewandt werden, dass ein freiwilliger Verzicht eines Staates auf die eigenständige Durchführung eines Strafverfahrens gerade Ausdruck dessen Souveränität ist.[968]

Diesem „klassischen" Einwand gegen ein transnationales ne bis in idem wird auch entgegnet, dass das Souveränitätsprinzip lediglich zwischenstaatlichen Charakter habe. Es könne damit nicht auf die beim ne bis in idem maßgebliche Beziehung des Individuums zum Staat durchgreifen und jeglichen Eingriff in die Grundrechte des Beschuldigten rechtfertigen.[969]

Auch ist zu beachten, dass der Staat durch das hier vertretende Lösungsmodell nicht umfassende Souveränitätsrechte preisgibt. Er verzichtet lediglich auf die Durchführung eines doppelten Strafverfahrens bezüglich einer Korruptionsstraftat mit internationalem Bezug, die nicht seine eigenen zentralen Interessen berührt.

Gleichzeitig verzichtet der Nationalstaat gerade nicht auf die Durchsetzung seines Strafanspruchs. Dieser wird gerade durchgesetzt. Nur eben mittels Vertretung durch die im Einzelfall ausschließlich zuständige Jurisdiktion.
Dadurch werden Beschuldigtenrechte gewahrt und Ressourcen geschont.

Auch würde der Staat dadurch seiner Schutzpflicht in dem Sinne genügen, die eigenen Staatsangehörigen vor einer Mehrfachverfolgung durch ausländische

965 Eingehend *Thomas*, Das Recht auf Einmaligkeit der Strafverfolgung, S. 155 ff. m.w.N.; auf einen „Souveränitätswandel" hinweisend *Hobe*, Einführung in das Völkerrecht, S. 73.

966 *Specht*, Die zwischenstaatliche Geltung des Grundsatzes *ne bis in idem*, S. 72 f.; *Thomas*, Das Recht auf Einmaligkeit der Strafverfolgung, S. 160, jeweils m.w.N.

967 *Chayes/Chayes*, The New Sovereignty, S. 27; diesen folgend *Herdegen*, Völkerrecht, § 1 Rn. 17 m.w.N.

968 *Thomas*, Das Recht auf Einmaligkeit der Strafverfolgung, S. 155; *Vogel*, in: Hoyer/Müller/Pawlik/Wolter, FS Schroeder, S. 883; *Li*, Die Prinzipien des internationalen Strafrechts, S. 247; vgl. auch *Kniebühler*, Transnationales ‚ne bis in idem', S. 92 f.

969 *Voulgaris*, Transnationales „ne bis in idem", S. 182 f.

Staaten zu schützen. Dies gelingt im Völkerrecht am besten durch den Grundsatz der Reziprozität.[970] Nur wenn man selbst die Vertretung bei der Durchführung des Strafverfahrens durch den anderen Staat billigt, wird dieser bereit sein, dasselbe zu tun.

Zuletzt schont die hier favorisierte Beschränkung, den Lebenssachverhalt lediglich auf Basis der im Übereinkommen festgelegen Delikte nicht strafrechtlich zu bewerten, die Souveränität der Mitgliedsstaaten. Die Sperrwirkung gilt gerade nur für die nationalen Umsetzungsnormen der im Übereinkommen festgelegten Delikte und nicht umfassend.

XIV. Fazit

Zusammenfassend lässt sich feststellen, dass sich eine Vielzahl an möglichen Einwänden ausmachen lässt. Diese betreffen jedoch hauptsächlich die generelle Anerkennung eines ne bis in idem im transnationalen Bereich. Diese Einwände lassen sich jedoch im Bereich des internationalen Korruptionsstrafrechts überwinden. Dafür wird allerdings vor allem der Wille der einzelnen Nationalstaaten erforderlich sein. Innerhalb des abgrenzbaren Teilbereiches des internationalen Korruptionsstrafrechts scheint dies jedoch nicht unmöglich.[971]

D. Versuch einer dogmatischen Einordnung

An dieser Stelle soll nun der Versuch unternommen werden, das eben dargestellte Konzept auf eine dogmatische Grundlage zu stellen.[972]

Die Idee dieses Lösungsmodells beruht auf der Überlegung, dass, wenn mehrere Staaten einen Anknüpfungspunkt in derselben Sache geltend machen können, einer dieser Staaten, der das Strafverfahren letztendlich durchführt, die übrigen Jurisdiktionen bei der Durchführung des Strafverfahrens vertreten kann.

Somit könnte es sich bei dem hier vorgeschlagenen Modell einen Fall der stellvertretenden Strafrechtspflege handeln.

I. Stellvertretende Strafrechtspflege

Dem Prinzip der stellvertretenden Strafrechtspflege wird bislang lediglich eine subsidiäre Rolle zugesprochen. Es soll vielmehr die Lücken füllen, die die

---

970 Dazu *Hobe*, Einführung in das Völkerrecht, S. 300 f.; auch *Herdegen*, Völkerrecht, § 1 Rn. 16.

971 Sich ebenfalls zunächst für eine bereichsspezifische Lösung aussprechend *Eisele*, ZStW 125 (2013), 1 (30).

972 Mit den Worten *Grecos* soll versucht werden, das Konzept „in die Sphäre des Dogmatischen [zu] übertragen", vgl. *Greco*, GA 2016, 249 (253).

übrigen Prinzipien des Strafanwendungsrechts[973] hinterlassen. Dem Prinzip liegt die Maxime der Solidarität der Staaten bei der Bekämpfung von Straftaten zugrunde. Es ergänzt die Strafgewalt anderer Staaten.[974]

Dies gilt insbesondere dann, wenn der Täter aus tatsächlichen oder rechtlichen Gründen nicht an den Staat ausgeliefert werden kann, in dem er die Tat begangen hat und der folglich nach dem Territorialitätsprinzip eigentlich für die Strafverfolgung zuständig wäre. In einem solchen Fall soll der Ergreifungsstaat sein eigenes Recht *stellvertretend* für den ausländischen Staat anwenden. Da der Ergreifungsstaat den ausländischen Staat vertreten soll, ist die Strafbarkeit des Verhaltens nach dem Recht des Begehungsortes (sog. „lex loci") Voraussetzung. Zudem muss die Tat nach dem lex loci noch verfolgbar sein. Ist die Tat am Begehungsort nicht mehr verfolgbar, stünde eine Verfolgung im Widerspruch zum Gedanken der Stellvertretung.[975]

Als weitere dem Prinzip der Stellvertretung immanente Voraussetzung wird der Wille des Tatortstaates zur Strafverfolgung genannt. Da der Ergreifungsstaat lediglich derivativ, also für den Tatortstaat, handelt, ist dessen Einverständnis maßgeblich.[976]

Das Prinzip zeigt, dass der Strafanspruch eines Staates befriedigt werden kann, selbst wenn dieser die Strafverfolgung nicht selbst durchführt.

Allerdings soll es vorliegend gerade um Fälle gehen, in denen der verfolgende Staat eine *originäre* Strafgewalt[977] geltend machen kann, da er sich ebenfalls auf einen eigenen völkerrechtlich legitimierenden Anknüpfungspunkt berufen kann.

Das Prinzip der stellvertretenden Strafrechtspflege ist dagegen *derivativ*. Der nach diesem Prinzip verfolgende Staat kann gerade keinen eigenen völkerrechtlich legitimierenden Anknüpfungspunkt geltend machen.[978]

---

973 Die weiteren klassischen Prinzipien sind das Territorialitätsprinzip, das aktive und passive Personalitätsprinzip, das Staatsschutzprinzip sowie das Weltrechtsprinzip. Daneben wird das Kompetenzverteilungsprinzip und das Unionsschutzprinzip sowie neuerdings das sog. Vertragsprinzip genannt, vgl. *Satzger*, Internationales Strafrecht, § 4 Rn. 3 ff. m.w.N.; *Böse*, in: Kindhäuser/Neumann/Paeffgen, Strafgesetzbuch, Vor §§ 3 ff Rn. 15 ff.

974 *Satzger*, Internationales Strafrecht, § 4 Rn. 15.

975 *Satzger*, Internationales Strafrecht, § 4 Rn. 15; *Böse*, in: Kindhäuser/Neumann/Paeffgen, Strafgesetzbuch, Vor §§ 3 ff Rn. 29.

976 *Ambos*, in: Joecks/Miebach, Münchener Kommentar zum StGB, Vor § 3 Rn. 57.

977 *Lagodny*, Gutachten für das BMJ, S. 12; *Pappas*, Stellvertretende Strafrechtspflege, S. 99.

978 *Ambos*, Internationales Strafrecht, § 3 Rn. 118; *Pappas*, Stellvertretende Strafrechtspflege, S. 100 f.

Insofern handelt es sich bei dem hier vorgeschlagenen Modell um keinen Fall der stellvertretenden Strafrechtspflege.

Zu beachten ist an dieser Stelle somit, dass für die dogmatische Einordnung nicht unmittelbar auf die völkerrechtlich legitimierenden Anknüpfungsprinzipien zurückgegriffen werden kann. Diese Geltungsprinzipien geben Aufschluss darüber, „ob und inwieweit das Völkerrecht die Ausübung staatlicher Strafgewalt erlaubt."[979]

In der hier untersuchten Konstellation können bereits mehrere Staaten einen völkerrechtlich legitimierenden Anknüpfungspunkt für die Verfolgung derselben Tat vorweisen.

Diese aufgrund der Anti-Korruptionsübereinkommen in das nationale Recht umgesetzten Anwendungsregeln für Korruptionsstraftaten legitimieren damit die Anwendung des nationalen Strafrechts dieser Staaten bzgl. derselben Tat. Jeder dieser Staaten kann damit grundsätzlich für dieselbe Tat seine Strafgewalt *originär* ausüben. Völkerrechtlich bestehen hinsichtlich der Anwendung der nationalen Anti-Korruptionstatbestände somit keine Bedenken.

II. Vertragsprinzip

Eine weitere Möglichkeit wäre es, das Lösungsmodell als Ausprägung des sog. Vertragsprinzips zu verstehen.

Das Vertragsprinzip regelt die Ausdehnung der Strafgewalt innerhalb des Hoheitsgebiets der Vertragsstaaten.[980]

Nach diesem Prinzip gilt inländisches Strafrecht für Taten, „über deren Verfolgung sich mehrere Staaten in einem internationalen Abkommen verständigt haben."[981] Dieses Prinzip dehnt die Strafgewalt aus.[982]

Das Vertragsprinzip begründet somit eine originäre Strafgewalt. Diese können die betreffenden Staaten im Rahmen des Lösungsmodells bereits geltend machen.

---

979 *Jeßberger*, Der transnationale Geltungsbereich des deutschen Strafrechts, S. 220.

980 *Böse*, in: Kindhäuser/Neumann/Paeffgen, Strafgesetzbuch, Vor §§ 3 ff Rn. 31.

981 *Werle/Jeßberger*, in: Laufhütte/Rissing-van Saan/Tiedemann, Leipziger Kommentar, Strafgesetzbuch, Vor § 3 Rn. 250.

982 *Böse*, in: Kindhäuser/Neumann/Paeffgen, Strafgesetzbuch, Vor §§ 3 ff Rn. 31; *Jeßberger*, Der transnationale Geltungsbereich des deutschen Strafrechts, S. 286 ff.

Somit kann das hier vorgeschlagene Modell auch nicht unter das Vertragsprinzip gefasst werden.[983]

III. Kompetenzverteilungsprinzip

Das Modell könnte weiter einen Fall des sog. Kompetenzverteilungsprinzips darstellen.

Fraglich ist allerdings, ob dieses Prinzip ein völkerrechtlich legitimierendes Anknüpfungsprinzip darstellt, oder ob damit auch eine Zuweisung von ausschließlicher Zuständigkeit wie in dem hier vorgestellten Modell möglich ist.

Zur Einordnung dieses Prinzips gibt es unterschiedliche Ansichten.

1. Einordnung des Prinzips

Nach *Oehler* zeichnet sich dieses Prinzip dadurch aus, dass „Staaten die Zuständigkeit zur Aburteilung von Taten aus Zweckmäßigkeitsgründen und/oder um der Gerechtigkeit willen so festlegen, daß unter Verzicht auf die eigene Gerichtsbarkeit die Überschneidung der Geltungsbereiche der Strafrechte möglichst eingeschränkt und eine doppelte Bestrafung vermieden wird“[984]. Hierbei wird davon ausgegangen, dass sich durch das Kompetenzverteilungsprinzip originäre Strafgewalten begründen lassen.[985]

Nach einer anderen Ansicht dient das Prinzip der Vermeidung von Jurisdiktionskonflikten und stellt gerade kein legitimierendes Anknüpfungsprinzip dar („völkerrechtliche Kompetenzregelung zur Vermeidung von Jurisdiktionskonflikten“[986]). Es soll vielmehr dazu dienen, die Überschneidung der Geltungsbereiche verschiedener Strafrechtsordnungen zu verhindern.[987]

Nach einer weiteren Ansicht schafft das Kompetenzverteilungsprinzip „einen vertraglichen Rahmen für Ersuchen um die Übernahme der Strafverfolgung“[988]. Zwar steht bei Eingreifen dieses „Prinzips“ bereits eine auf Basis der völkerrechtlich legitimierenden Anknüpfungspunkte zuständige Jurisdiktion fest, jedoch ist

---

983 Dies wäre möglicherweise mit der Argumentation denkbar, dass Strafgewalt, die über das Vertragsprinzip verliehen wurde, dadurch auch eingeschränkt werden kann.

984 *Oehler*, Internationales Strafrecht, Rn. 684.

985 *Oehler*, Internationales Strafrecht, Rn. 134 ff., 138a, 682 ff.; *Werle/Jeßberger*, in: Laufhütte/Rissing-van Saan/Tiedemann, Leipziger Kommentar, Strafgesetzbuch, Vor § 3 Rn. 255 f.

986 *Satzger*, Internationales Strafrecht, § 4 Rn. 17.

987 *Satzger*, Internationales Strafrecht, § 4 Rn. 17; *Esser*, Europäisches und Internationales Strafrecht, § 16 Rn. 16.

988 *Böse*, in: Kindhäuser/Neumann/Paeffgen, Strafgesetzbuch, Vor §§ 3 ff Rn. 30.

diese tatsächlich nicht in der Lage, das Strafverfahren vollständig durchzuführen. Aus diesem Grund sieht das Kompetenzverteilungsprinzip die Möglichkeit vor, die „Kompetenz" zur Durchführung des Strafverfahrens auf einen anderen Staat zu übertragen, der die Straftat besser verfolgen kann.[989] Es handele sich dabei um eine Form der stellvertretenden Strafrechtspflege.[990]

Nach *Ambos* ist es überflüssig, diese, der Sache nach völkervertraglichen Kompetenzregelungen, die der Vermeidung von Jurisdiktionskonflikten dienen sollen, unter ein eigenes Prinzip zu fassen.[991] In diesem Sinne stellt auch *Zieher* darauf ab, dass die Prinzipien eine andere Funktion „als diese modernen Kompetenzverteilungsbestrebungen" haben.[992] Aber deswegen verstoßen derartige Kompetenzverteilungen nicht gegen die Prinzipien. Sie können vielmehr der Anpassung an internationale Entwicklungen dienen.[993]

Anschließend schränkt *Zieher* eine solche Kompetenzverteilung jedoch ein. Sie soll nur bei einfachen Ermittlungstätigkeiten zwischen „im wesentlichen gleichartigen Staaten" möglich sein. Bei schweren Delikten möchte er auf den Tatort abstellen, da dort umfassend ermittelt werden müsse.[994]

2. Kein eigenes Prinzip

Soweit vertreten wird, dass das Kompetenzverteilungsprinzip eine originäre Strafgewalt begründet, ist festzustellen, dass dies im hier vorgestellten Modell gerade nicht der Fall ist. Die beteiligten Staaten können sich bereits auf ein Anknüpfungsprinzip berufen, sodass sich das Lösungsmodell nicht unter diesen Ansatz einordnen lässt.

Die Ansicht, nach der das Kompetenzverteilungsprinzip der Vermeidung von Jurisdiktionskonflikten dienen soll, indem die Überschneidung von Geltungsbereichen verhindert werden soll, kann ebenfalls nicht überzeugen. Das hier vertretene Modell möchte nicht die Überschneidung von Geltungsbereichen im Sinne eines Restriktionsmodells verhindern. Vielmehr sollen diese Situationen aufgelöst werden.

---

989 *Zimmermann*, Strafgewaltkonflikte in der Europäischen Union, S. 88 f.

990 *Pappas*, Stellvertretende Strafrechtspflege, S. 134; *Böse*, in: Kindhäuser/Neumann/Paeffgen, Strafgesetzbuch, Vor §§ 3 ff Rn. 30; *Zimmermann*, Strafgewaltkonflikte in der Europäischen Union, S. 89.

991 *Ambos*, in: Joecks/Miebach, Münchener Kommentar zum StGB, Vor § 3 Rn. 60.

992 *Zieher*, Das sog. Internationale Strafrecht nach der Reform, S. 87.

993 *Zieher*, Das sog. Internationale Strafrecht nach der Reform, S. 88.

994 *Zieher*, Das sog. Internationale Strafrecht nach der Reform, S. 88.

Nach der Ansicht, nach der das Kompetenzverteilungsprinzip der Übernahme der Strafverfolgung dient, wäre dieses Prinzip gleichlaufend wie bspw. die Regelungen des Europäischen Übereinkommens über die Übertragung der Strafverfolgung vom 15.5.1972. Im Rahmen des Übereinkommens fragt ein Staat den anderen, ob er die Straftat für ihn verfolgen will. Daraufhin verfolgt dieser Staat aufgrund der Anfrage.[995] Im hier untersuchten internationalen Korruptionsstrafrecht wird aber davon ausgegangen, dass beide Staaten selbst verfolgen wollen. Nur so kann die Problematik einer Mehrfachverfolgung überhaupt entstehen. Diese Staaten haben beide originäre Strafgewalt inne. Demnach lässt sich das Lösungsmodell auch nicht der Ansicht zuteilen, die das Kompetenzverteilungsprinzip als Form der stellvertretenden Strafrechtspflege ansieht.

Somit können die Ansichten, die das Kompetenzverteilungsprinzip als eigenständiges „Prinzip" betrachten, bei der dogmatischen Einordnung des vorgeschlagenen Lösungsmodells nicht weiterhelfen.

3. *Völkervertragliche Kompetenzregelung zur Auflösung von Jurisdiktionskonflikten*

Auf eine solche Zuweisung verzichtet die Ansicht von *Ambos* und *Zieher*. Ein eigenständiges Prinzip wird das hier vorgeschlagene Lösungsmodell nicht verkörpern können. Das muss es auch nicht, da sich die einzelnen Staaten bereits durch die Umsetzung der Anti-Korruptionsübereinkommen in nationales Recht für die jeweilige Tat auf ein Anknüpfungsprinzip berufen können. Diese Ansicht ist daher im Bezug auf das Lösungsmodell vorzuziehen.

Lediglich die vorgeschlagene Beschränkung auf leichte Ermittlungstätigkeiten ist abzulehnen. Nach dem hier vorgeschlagenen Modell wird wohl ohnehin regelmäßig der Tatortstaat ausschließlich für das Strafverfahren zuständig sein.[996] Sofern dies nicht der Fall sein sollte, besteht nach hiesigem Lösungsmodell die Möglichkeit der Rechtshilfe und als ultima ratio eines Verfahrenstransfers.

Nach alledem handelt es sich bei dem hier vertretenen Lösungsmodell um eine völkervertragliche[997] Kompetenzregelung zur *Auflösung* von Jurisdiktionskonflikten.[998]

---

995 Mit Verweis auf dieses Übereinkommen auch *Oehler*, der daraus auf die Eigenständigkeit des Prinzips schließt, *Oehler*, Internationales Strafrecht, Rn. 138a.

996 Siehe dazu auch oben unter Kap. 5 C.III. und Kap. 5 C.IV.

997 Zur Implementierung siehe unter Kap. 5 E.

998 Vgl. auch *Lagodny*, ZStW 101 (1989), 987 (988), der in diesem Zusammenhang von einer „Koordination der Strafansprüche im Sinne einer Konkurrenz(auf)lösung"

IV. Vertretungsgedanke

1. Allgemeine Erwägungen

Der im Lösungsmodell enthaltene Vertretungsgedanke lässt sich mit folgender Überlegung erklären.

Ausgangspunkt ist zunächst, dass grundsätzlich jeder der vier im Beispielsfall[999] betroffenen Staaten eine originäre Strafgewalt geltend machen kann. Damit wären vier Strafverfahren gegen den Beschuldigten möglich.

Da Strafanwendungsrecht letztlich nationales Recht ist, das regelt, wann nationale Rechtsnormen anwendbar sind[1000], wären im Beispielsfall vier nationale Rechtsordnungen nebeneinander anwendbar.

Wäre dies der Fall, würden dem Beschuldigten im Ergebnis für dieselbe Tat vier unabhängige Strafverfahren drohen. Er könnte damit für eine Tat viermal verfolgt und bestraft werden.

Nach diesem Lösungsvorschlag geht mit Zuweisung der ausschließlichen Zuständigkeit die „Strafberechtigung" der anderen Staaten verloren. Die Durchführung eines Strafverfahrens ist diesen Staaten folglich unzulässig.

Die originäre Strafgewalt der vertretenen Staaten wird mit Zuweisung der ausschließlichen Zuständigkeit auf den Vertreterstaat übertragen.[1001] Dies lässt

---

spricht; *Letzien*, Internationale Korruption und Jurisdiktionskonflikte, S. 402 spricht i.R.d. Art. 4 Abs. 3 OECD-Übereinkommen von einer „Kompetenzzuweisung im Einzelfall"; *Thorhauer*, Jurisdiktionskonflikte im Rahmen transnationaler Kriminalität, S. 673 f. zufolge „liegt die Lösung darin, im Sinne des Kompetenzverteilungsprinzips die *prozessuale Ausübung* mitgliedstaatlicher Strafgewalt zu beschränken und zu koordinieren"; auch das Modell bei *Sinn*, Jurisdiktionskonflikte bei grenzüberschreitender Kriminalität, S. 587 folgt diesem zufolge dem Kompetenzverteilungsprinzip. Dabei wird jedoch bzgl. des „Prinzips" der Ansicht *Oehlers* gefolgt.

999 Siehe dazu oben unter Kap. 1 D.

1000 *Oehler*, Internationales Strafrecht, Rn. 1; *Satzger*, Internationales Strafrecht, § 2 Rn. 4; speziell für Deutschland *Ambos*, Internationales Strafrecht, § 1 Rn. 5.

1001 Eine Übertragung von Strafgewalt ebenfalls andenkend *Letzien*, Internationale Korruption und Jurisdiktionskonflikte, S. 403 ff., im Rahmen ihrer Konkretisierung der nach Art. 4 Abs. 3 OECD-Übereinkommen durchzuführenden „Konsultationen mit dem Ziel, die zur Verfolgung am besten geeignete Gerichtsbarkeit zu bestimmen", die sich dabei jedoch auf die Figuren der „Verfahrenseinheit" und des „international-arbeitsteiligen Strafverfahrens" beruft, S. 404. Dabei wird wohl vielmehr von einem „Verzicht" auf (Ausübung der) Strafgewalt ausgegangen als von einer Übertragung im Wege der Vertretung, vgl. S. 403, 420. Eher in diese Richtung geht jedoch die Überlegung, ob „die staatlichen Sanktionsansprüche auch dann durchgesetzt werden können, wenn [...] die Übertragung der Kompetenz für die Sanktionierung auf einen die Strafgewalt des Vertreterstaats jedoch nicht zu einer derivativen Strafgewalt werden. Da sich der Vertreterstaat noch immer selbst auf ein völkerrechtlich legitimierendes Anknüpfungsprinzip berufen kann, übt er seine Strafgewalt originär aus. Die übertragenen Strafgewalten der vertretenen Staaten gehen darin auf. Somit führt der Vertreterstaat das Strafverfahren *auch* in Vertretung der übrigen Staaten.[1002]

Die Übertragung der Strafgewalt, also die „Erteilung der Vertretungsmacht" an den Staat, in dem zuerst die „Rechtshängigkeit" eintritt, wird durch die Unterwerfung des jeweiligen Staates unter den Zuweisungsmechanismus ermöglicht. Dies erfolgt grundsätzlich durch Ratifizierung des entsprechenden Übereinkommens.[1003]

2. *Vertretungsgedanke und Strafgrund*

Auch mit Blick auf den Strafgrund der Auslandskorruption lässt sich dieser Stellvertretungsgedanke begründen. Dies gilt unabhängig davon, wie man die Kriminalisierung von Auslandsbestechungen legitimieren möchte, ob und warum ein Staat also überhaupt mittels seiner nationalen Anti-Korruptionsgesetze fremde

---

anderen Staat erfolgt.", S. 405. Dies soll i.R.d. Art. 4 Abs. 3 OECD-Übereinkommen möglich sein, da sich Strafzwecke bei Unternehmenssanktionierung auch ohne eigenes Zweitverfahren realisieren lassen, S. 405 ff. Im Gegensatz zum Konzept des „international-arbeitsteiligen Strafverfahrens" soll im hiesigen Lösungsmodell die Strafverfolgung gerade auf einen Staat konzentriert und ausschließlich dort durchgeführt werden. Grundlegend zu diesem Konzept *Schomburg u. a.*, Internationale Rechtshilfe in Strafsachen, Einleitung Rn. 112 ff.

1002 Eine Übertragung der „Strafverfolgung" vorsehend *Böse u. a.*, GA 2014, 572 (586). Eine solche Übertragung ist dort jedoch stets nur einzelfallbezogen möglich, S. 580 ff. Wird das Strafverfahren übertragen, so soll der übertragende Staat „nicht mehr berechtigt [sein], den Beschuldigten wegen derselben Tat zu verfolgen", da „der übertragende Mitgliedstaat [...] damit auf die Ausübung seines *ius puniendi* [verzichtet]", S. 586. Lehnt der ersuchte Staat eine Übertragung der Strafverfolgung ab, soll er dieses „auch für den betroffenen Mitgliedsstaat [übernehmen]", S. 582. Dies soll nach dieser Lösung durch eine angemessene Berücksichtigung dessen Interessen sowie eine entsprechende Anwendung des innerstaatlichen Strafrechts erfolgen, S. 582, 581; ähnlich *Thorhauer*, Jurisdiktionskonflikte im Rahmen transnationaler Kriminalität, S. 732, derzufolge bei zwei originär zuständigen Jurisdiktionen „in der „Übertragung" der Strafgewalt schlicht ein Verzicht des Tatortstaats auf die Ausübung seines *ius puniendi* zu sehen [ist], verbunden mit der Aufforderung [...] seine Strafgewalt auszuüben".

1003 Zur Implementierung des Lösungsmodells siehe unter Kap. 5 E.

ausländische Rechtsgüter schützen darf bzw. er sein nationales Strafrecht derart weit extraterritorial ausdehnen darf.

Zu dieser Frage werden bisweilen unterschiedliche Ansätze vertreten.[1004] Während eine Ansicht in dem Schutz ausländischer Kollektivrechtsgüter[1005] durch inländische Anti-Korruptionsgesetze die „Manifestation eines imperialistischen Strafrechts“[1006] sieht und einer derartigen Vorgehensweise kritisch gegenüber steht[1007], gibt es durchaus auch befürwortende Ansichten.

Nach einer dieser befürwortenden Ansichten bestehe eine „Solidaritätsverpflichtung gegenüber der betroffenen Bevölkerung“[1008], die die Kriminalisierung der Auslandsbestechung rechtfertige. Diese Verpflichtung lasse sich auch daraus ableiten, dass die lokalen Behörden mit der Bewältigung der Korruption und ihrer negativen Folgen überfordert seien.[1009] Diese Ansicht folgt dem Verursacherprinzip. „Wenn sich unsere Exportunternehmen und ihre Manager daran beteiligen, diese Probleme zu verschärfen, haben wir eine Verpflichtung, sie zur Rechenschaft zu ziehen.“[1010] Insofern müsse ein Staat Verantwortung für die Taten heimischer Personen im Ausland übernehmen.[1011]

1004 Dazu ausführlich *Hoven*, Auslandsbestechung, S. 510 ff. m.w.N.

1005 Von einem alleinigen Schutz des internationalen Wettbewerbs kann seit dem Europarat-Übereinkommen, in dem auf den Bezug zum internationalen Geschäftsverkehr verzichtet wurde, – zumindest durch die beteiligten Staaten – nicht mehr ausgegangen werden, sodass allein darauf abstellende Legitimationsbemühungen nicht mehr durchgreifen können, vgl. *Böse*, ZIS 2018, 119 (127); *Androulakis*, Die Globalisierung der Korruptionsbekämpfung, S. 402 f.; *Kubiciel*, in: Hoven/Kubiciel, Das Verbot der Auslandsbestechung. Tagungen und Kolloquien, S. 50 ff.

1006 *Schünemann*, ZRP 2015, 68 (71).

1007 *Schünemann*, ZRP 2015, 68 (71); sowie dazu *Schünemann*, GA 2003, 299; ebenfalls kritisch *Weigend*, in: Pawlik/Zaczyk, Festschrift für Günther Jakobs: zum 70. Geburtstag am 26. Juli 2007, S. 752, 760; *Gaede*, in: Leitner/Rosenau, Wirtschafts- und Steuerstrafrecht, § 335a Rn. 2; *Kuhlen*, in: Kindhäuser/Neumann/Paeffgen, Strafgesetzbuch, § 334 Rn. 3b; *Isfen*, JZ 2016, 228 (233 ff.); *Horrer*, Bestechung durch deutsche Unternehmen im Ausland, S. 251 ff.; *Pedrazzi*, in: Tiedemann, Multinationale Unternehmen und Strafrecht, S. 90.

1008 *Pieth*, in: Hoven/Kubiciel, Das Verbot der Auslandsbestechung. Tagungen und Kolloquien, S. 22.

1009 *Pieth*, in: Hoven/Kubiciel, Das Verbot der Auslandsbestechung. Tagungen und Kolloquien, S. 22.

1010 *Pieth*, in: Hoven/Kubiciel, Das Verbot der Auslandsbestechung. Tagungen und Kolloquien, S. 23.

1011 *Pieth*, in: Hoven/Kubiciel, Das Verbot der Auslandsbestechung. Tagungen und Kolloquien, S. 23; *Pieth*, ZStW 109 (1997), 756 (773); zustimmend *Hoven*, Auslandsbestechung, S. 537 ff., die darüber hinaus auf den Selbstschutz des Staates abstellt.

Nach einer ähnlichen Meinung sei extraterritoriale Korruptionsbekämpfung im Ausland als eine Form des Schutzes von Menschenrechten legitim. Korruption begründe eine „Erosion der Gesetzesbindung der Verwaltung“[1012] und schaffe dadurch „eine strukturelle Gefahr für die Gewährleistung grundlegender Menschenrechte“[1013].[1014] Die Bekämpfung von Korruption im Ausland diene damit insbesondere dem Schutz der dort lebenden Individuen und ihrer Menschenrechte.[1015] Wie auch bei der vorherigen Ansicht folge dies daraus, dass der Staat für die schädlichen Geschäftspraktiken seiner inländischen Unternehmen im Ausland subsidiär[1016] Verantwortung übernehmen müsse.[1017]

Nach einer weiteren Auffassung diene die weite extraterritoriale Ausdehnung des Korruptionsstrafrechts überhaupt nicht dazu, sich in irgendeiner Art in ausländische Interessen einzumischen. Sie diene vielmehr dem Schutz eigener inländischer Institutionen, indem verhindert wird, dass sich eine korrupte Praxis im Ausland etabliert, welche womöglich auf das Inland übergreift.[1018] Es gehe darum, ein konsequentes Rechtsbewusstsein zu schaffen und durchzusetzen.[1019]

Doch unabhängig davon, wie man die Bestrafung von Auslandsbestechung legitimieren möchte: Keine diese Erwägungen, sei es eine Solidaritätsverpflichtung gegenüber der betroffenen Bevölkerung durch Übernahme von Verantwortung, die Garantie grundlegender Menschenrechte durch Erhalt der Gesetzesbindung der (ausländischen) Verwaltung oder auch die Schaffung eines konsequenten Rechtsbewusstseins zum mittelbaren Schutz inländischer Institutionen, vermag es, eine Mehrfachverfolgung und -bestrafung des Beschuldigten zu rechtfertigen.

1012 *Böse*, ZIS 2018, 119 (127).

1013 *Böse*, ZIS 2018, 119 (127).

1014 *Böse*, ZIS 2018, 119 (127); *Peters*, JZ 2016, 217 (218 ff.).

1015 *Böse*, ZIS 2018, 119 (127); *Peters*, JZ 2016, 217 (224).

1016 Wenn ein Strafverfahren im ausländischen Staat nicht geführt wird bzw. geführt werden kann, vgl. *Böse*, ZIS 2018, 119 (129).

1017 *Böse*, ZIS 2018, 119 (128); ähnlich *Maas*, NStZ 2015, 305 (308).

1018 *Kubiciel*, in: Hoven/Kubiciel, Das Verbot der Auslandsbestechung. Tagungen und Kolloquien, S. 56 f., der diesen Gedanken zu § 335a StGB äußert.

1019 *Kubiciel*, in: Hoven/Kubiciel, Das Verbot der Auslandsbestechung. Tagungen und Kolloquien, S. 56 f.; vgl. auch *Kubiciel/Spörl*, KPKp 4/2014, S. 29 f.; *Papathanasiou*, wistra 2016, 175 (177); kritisch *Deiters*, in: Herzog/Schlothauer/Wohlers/Wolter, GS Weßlau, S. 60, der stattdessen auf „das Interesse an intakten zwischenstaatlichen Beziehungen“ als Legitimationsgrund abstellt; ebenfalls kritisch *Hoven*, Auslandsbestechung, S. 521 f.; ebenfalls mit Kritik *T. Zimmermann*, Das Unrecht der Korruption, S. 706 f.

Für die Erfüllung dieser Interessen ist es nämlich nicht zwingend erforderlich, dass der jeweilige Staat ein eigenes Strafverfahren durchführt.[1020] Diese Belange lassen sich für den vertretenen Staat vielmehr auch in Vertretung, also durch einen Vertreterstaat erfüllen.

Dies lässt sich durch folgende Überlegungen begründen. Durch den Beitritt zu den jeweiligen Anti-Korruptionsübereinkommen treten die Staaten einer Art „Solidargemeinschaft" bei, die sich dem Kampf gegen die internationale Korruption verschworen haben und sich der Kriminalisierung der im jeweiligen Übereinkommen unter Strafe zu stellenden Verhaltensweisen verpflichtet haben.[1021] Mit dem Beitritt in diese Gemeinschaft ist bereits ein Teil der Solidaritätsverpflichtung erfüllt. Durch die Erteilung der „Vertretungsmacht" wird das gegenseitige Versprechen abgegeben, diese Solidaritätsverpflichtungen auch innerhalb der Gemeinschaft zu erfüllen und diesen nachzukommen.[1022] Im Rahmen dieser Gemeinschaft werden diese Solidaritätsverpflichtungen dann auch durch die Strafverfolgung erfüllt. Dafür ist keine eigene Strafverfolgung des vertretenen Staates mehr erforderlich.

Ähnlich verhält es sich mit der Garantie grundlegender Menschenrechte durch Erhalt der Gesetzesbindung der (ausländischen) Verwaltung. Auch dafür ist keine parallele Strafverfolgung erforderlich. Sobald der Beschuldigte einem Strafverfahren ausgesetzt ist, wird die Rechtswidrigkeit seines Verhaltens beurteilt. Durch die effektive Strafverfolgung wird der Erhalt der Gesetzesbindung der Verwaltung bestärkt. Auch dafür ist es nur erforderlich, dass überhaupt ein Strafverfahren durchgeführt wird, der Täter also nicht davon ausgehen kann, sein Verhalten bliebe straffrei. Mehrere parallele Strafverfahren sind dafür gerade nicht erforderlich.

Die gleichen Erwägungen gelten für die Schaffung eines konsequenten Rechtsbewusstseins. Auch hierfür ist ein Strafverfahren ausreichend. Wird der

---

1020 Für die Europäische Union *Thorhauer*, Jurisdiktionskonflikte im Rahmen transnationaler Kriminalität, S. 462 und S. 542.

1021 Damit kann auch dem Vorwurf von Imperialismus entgegengetreten werden. Die beteiligten Staaten haben sich bereits selbst dem Kampf gegen die Korruption und damit der Etablierung entsprechender Normen verschrieben; ebenso *Hoven*, Auslandsbestechung, S. 530; vgl. dazu auch *Böse*, ZIS 2018, 119 (125).

1022 Einen ähnlichen Gedanken äußert *Hoven*, Auslandsbestechung, S. 514 für das OECD-Übereinkommen: „Ihr Zusammenschluss beruht auf der wechselseitigen Zusicherung, Fälle von Auslandsbestechung im Rahmen der eigenen Zuständigkeit zu verfolgen. Die Bestrafung eines Gebers soll [...] zugleich eine internationale Verpflichtung einlösen – um von anderen Staaten ein entsprechendes Vorgehen einfordern zu können.", mit anschließender Kritik auf S. 514 ff.; dazu auch *Kubiciel*,

Beschuldigte (überhaupt) einem Strafverfahren ausgesetzt, muss er sich für sein Verhalten verantworten. Dadurch wird auch ein Übergreifen auf inländische Institutionen verhindert, da gerade nicht die Gefahr besteht, dass sich die bestechenden Personen an die Praktik der Bestechung gewöhnen[1023], da diese gerade nicht unverfolgt bleibt. Für das Erreichen eines entsprechenden verhaltenssteuernden Effekts sind ebenso gerade nicht mehrere parallele Strafverfahren erforderlich. Hierfür genügt vielmehr ein Verfahren. Dieses kann auch stellvertretend durchgeführt werden, um eine entsprechende Wirkung zu erzielen.[1024]

V. Fazit

Bei dem hier vertretenen Lösungsmodell handelt es sich demnach um eine völkervertragliche Kompetenzregelung zur Auflösung von Jurisdiktionskonflikten. Die originäre Strafgewalt der vertretenen Staaten wird mit Zuweisung der ausschließlichen Zuständigkeit auf den Vertreterstaat übertragen.

E. Implementierung

Im Folgenden soll untersucht werden, auf welche Weise sich das vorgeschlagene Regelungsmodell de lege ferenda implementieren lässt.

In den jeweiligen Anti-Korruptionsübereinkommen werden gerade die Anforderungen an die Kriminalisierung bestimmter Verhaltensweisen sowie die extraterritoriale Geltungsbereichserstreckung nationaler Strafgewalt gestellt, sodass dieser Tendenz an dieser Stelle auch korrigierend entgegengewirkt werden sollte.

Daher bietet sich insbesondere eine Implementierung im jeweiligen Anti-Korruptionsübereinkommen an.[1025]

---

in: Hoven/Kubiciel, Das Verbot der Auslandsbestechung. Tagungen und Kolloquien, S. 52 ff.; ebenso dazu *T. Zimmermann*, Das Unrecht der Korruption, S. 704 f.

1023 Mit dieser Sorge *Kubiciel*, in: Hoven/Kubiciel, Das Verbot der Auslandsbestechung. Tagungen und Kolloquien, S. 56 unter Verweis auf *Ostendorf*, NJW 1999, 615 (617).

1024 Dadurch wird sodann gleichermaßen das „Normbefolgungsinteresse" bestärkt, vgl. *T. Zimmermann*, Das Unrecht der Korruption, S. 691 f.; dazu auch *Hoven*, Auslandsbestechung, S. 551.

1025 Ebenfalls eine Ergänzung bestehender Abkommen, etwa des OECD-Übereinkommens, vorschlagend, *Hoven*, Auslandsbestechung, S. 117, derzufolge eine an Art. 54 SDÜ angelehnte Vorschrift angefügt werden sollte, S. 142; sich ebenfalls zunächst für eine bereichsspezifische Lösung aussprechend *Eisele*, ZStW 125 (2013), 1 (30); ähnlich *Fuchs*, ZStW 116 (2004), 368 (369); eindeutige internationale Abkommen („clear international agreements") bevorzugend *Schermers*, in: Capotorti/Ehlermann/Frowein/Jacobs/Joliet/Koopmans/Kovar, Liber Amicorum Pierre Pescatore,

Es wurde bereits festgestellt, dass eine Vertretung eines anderen Staates im Rahmen eines völkerrechtlichen Vertrags „über das eigene Übereinkommen hinaus" nicht möglich ist.[1026] Ein Mitgliedsstaat des OECD-Übereinkommens kann demnach ausschließlich einen anderen Mitgliedsstaat des OECD-Übereinkommens bei der Durchführung des Strafverfahrens vertreten. Ebenso verhält es sich innerhalb des Europarat-Übereinkommens und des UN-Übereinkommens.

I. Änderung oder Modifizierung der bestehenden Übereinkommen

Es besteht die Möglichkeit, das vorgestellte Lösungsmodell mittels Änderung oder Modifikation in jedes einzelne Anti-Korruptionsübereinkommen zu implementieren.

Da die Änderung eines Völkervertrages – sofern nichts anderes vereinbart ist – grundsätzlich die Übereinkunft aller Vertragsparteien voraussetzt[1027], wäre eine solche praktisch schwer umzusetzen.

Möglich wäre darüber hinaus aber auch eine Vertragsmodifikation. Sind nicht alle Mitgliedsstaaten mit einer Änderung einverstanden, ist es möglich, dass eine derartige Änderung nur innerhalb der änderungswilligen Vertragsparteien geschlossen wird („inter se-Abkommen").[1028] Die dort getroffenen Regelungen betreffen nur die modifizierenden Parteien. Dies würde zwar nicht zu einem umfassenden Schutz vor Doppelverfolgung und -bestrafung im internationalen Korruptionsstrafrecht führen, wäre jedoch bereits ein Anfang.

Gemäß Art. 16 OECD-Übereinkommen ist eine Änderung des Übereinkommens nur einvernehmlich oder auf einvernehmlich festgelegte Weise möglich.

S. 611; eine ne bis in idem-Konvention vorschlagend *Thomas*, Das Recht auf Einmaligkeit der Strafverfolgung, S. 347 f.; ebenfalls eine multilaterale Lösung bevorzugend *Eser/Weißer*, in: Schönke/Schröder, Strafgesetzbuch, Vor §§ 3-9 Rn. 36; kritisch bzgl. einer Lösung auf multilateraler Ebene *Hein*, Zuständigkeitskonflikte, S. 126, demnach diese nur sehr schwer umzusetzen sei, da dafür ein Konsens der Staaten notwendig sei, der sich jedoch anschließend selbst für eine Umsetzung mittels zwischenstaatlichem Abkommen entscheidet, S. 254 f.; sich gegen deliktsspezifische Strafrechtskonventionen und stattdessen für ein „internationalisiertes Menschenrecht" aussprechend *Schomburg*, NJW 2000, 1833 (1840).

1026 Siehe dazu oben unter Kap. 5 A.IV.

1027 *Herdegen*, Völkerrecht, § 15 Rn. 35; *Heintschel von Heinegg*, in: Ipsen, Völkerrecht, 3. Kap. § 14 Rn. 1; *Stein u. a.*, Völkerrecht, Rn. 87 mit Bsp. zu abweichenden Regelungen.

1028 *Heintschel von Heinegg*, in: Ipsen, Völkerrecht, 3. Kap. § 15 Rn. 8; *Stein u. a.*, Völkerrecht, Rn. 88.

Art. 69 UN-Übereinkommen fordert grundsätzlich einen Konsens, lässt notfalls aber auch eine Zweidrittelmehrheit ausreichen. Nach Art. 69 Abs. 3 und 5 ist die Änderung jedoch nur für die zustimmenden Vertragsparteien bindend.

Nach Art. 39 Abs. 2 Europarat-Übereinkommen wird der Änderungsvorschlag zunächst dem CDPC[1029] übermittelt. Anschließend wird die Änderung dem Ministerkomitee zur Annahme übermittelt. Sofern dieses die Änderungen angenommen hat (Abs. 3), ist weiterhin die Mitteilung aller Vertragsparteien an den Generalsekretär notwendig, dass sie die Änderung angenommen haben, Abs. 5. Trotz dieses umständlichen Änderungsmechanismus ist dieses Verfahren nur für kleinere Änderungen vorgesehen. Umfassendere Änderungen sind mittels Zusatzprotokoll zu realisieren.[1030]

Den notwendigen Konsens für jedes einzelne Übereinkommen separat zu erzielen, bedarf wohl einer großen politischen Anstrengung und Motivation. Berücksichtigt man die politischen Bemühungen, die bis dato zur Verhinderung einer Mehrfachverfolgung und -bestrafung im internationalen Korruptionsstrafrecht unternommen wurden, ist wohl eine politische Trendwende nötig, damit diese Anstrengungen tatsächlich unternommen werden.[1031] In Anbetracht der Schnelllebigkeit der heutigen Zeit kann und darf eine solche jedoch nicht ausgeschlossen werden.

II. Formulierungsvorschlag

Zur Implementierung des Lösungsmodells könnte folgender Formulierungsvorschlag dienen.

Mehrfache Gerichtsbarkeit

(1) [1]Im Falle konkurrierender Strafgewalten ist diejenige Jurisdiktion ausschließlich für die Durchführung des Strafverfahrens zuständig, in der das Strafverfahren zuerst rechtshängig geworden ist. [2]Die Rechtshängigkeit tritt zum Zwecke dieser Vereinbarung zu dem Zeitpunkt ein, in dem die förmliche Einleitung des Ermittlungsverfahrens im zu errichtenden überstaatlichen Strafverfahrensregister erfolgt. [3]Die ausschließlich zuständige Jurisdiktion vertritt die übrigen Vertragsstaaten bei der Durchführung des Strafverfahrens. [4]Die Vertretung endet mit dem Ergehen einer verfahrensbeendenden Maßnahme.

1029 Europäischer Ausschuss für Strafrechtsfragen.

1030 ETS Nr. 173, Explanatory Report to the Criminal Law Convention on Corruption 1999, S. 29 Rn. 145.

1031 Ähnlich *Zöller*, in: Leipold/Tsambikakis/Zöller, AnwaltKommentar StGB, Vor § 3 Rn. 12.

[5]In Ausnahmefällen kann im ausschließlich zuständigen Staat ein Gesuch auf Verfahrensübernahme gestellt werden, sofern zentrale Interessen des ersuchenden Staates dies gerechtfertigt erscheinen lassen. [6]Bestehende Übereinkommen bleiben von dieser Regelung unberührt.

(2) [1]Die verfahrensbeendende Maßnahme richtet sich nach dem Recht der ausschließlich zuständigen Jurisdiktion. [2]Die Einleitung weiterer Strafverfahren wegen derselben Tat ist nicht zulässig. [3]Unter derselben Tat ist dabei der gesamte in das Register eingetragene Lebenssachverhalt zu verstehen. [4]Der Verbrauch der Strafklage der übrigen Vertragsstaaten richtet sich dabei nach der strafklageverbrauchenden Wirkung der verfahrensbeendenden Maßnahme.

(3) [1]In Streitfällen in Zusammenhang mit diesem Übereinkommen ist das zu errichtende überstaatliche Gremium zu befassen. [2]Dies betrifft insbesondere Fälle, in denen keine Einigung über einen Verfahrenstransfer erzielt werden kann. [3]Besteht der begründete Verdacht eines Missbrauchs, so ist jeder Vertragsstaat berechtigt, das Gremium diesbezüglich anzurufen. [4]Die Entscheidungen des Gremiums sind verbindlich.

(4) Diese Regelungen finden nur auf die in diesem Übereinkommen verpflichtend unter Strafe zu stellenden Verhaltensweisen Anwendung.

III. Prüfung des Lösungsmodells anhand des Beispielfalls

Nachdem das Lösungsmodell vollständig dargestellt wurde, soll nochmals der im Rahmen der Überschneidung der Anti-Korruptionsgesetzgebung gebildete Fall als konkretes Anwendungsbeispiel dienen, an dem sich das vorgeschlagene Lösungsmodell messen lassen muss:

Der deutsche Staatsbürger X, der im Vereinigten Königreich wohnt und Angestellter eines an der US-Börse gelisteten Unternehmens ist, welches auch im Vereinigten Königreich Geschäfte macht, bietet auf einer Geschäftsreise in Nigeria einem nigerianischen Amtsträger per E-Mail, die auf einem US-Server gespeichert ist, eine Bestechungszahlung für eine Dienstpflichtverletzung an, um seinem Arbeitgeber ein lukratives Geschäft zu sichern.

Nach Bekanntwerden des Sachverhalts, leitet eine deutsche Staatsanwaltschaft ein Ermittlungsverfahren gegen X nach §§ 334 Abs. 1, 335a Abs. 1 Nr. 2 a) i.V.m.

§ 5 Nr. 15 a) StGB ein und trägt dies in das zu errichtende überstaatliche Strafverfahrensregister ein.

Anschließend möchte auch das SFO des Vereinigten Königreichs ein Verfahren gegen X auf Basis von Sec. 12 Para. 4 g), Sec. 6 UKBA einleiten.

Auch das US-amerikanische DOJ möchte Ermittlungen gegen X auf Grundlage des 15 U.S.C. § 78dd-1(a) vorantreiben.

Da die deutsche Ermittlungsbehörde das Ermittlungsverfahren in das Register eingetragen hat, wurde die Sache bereits in Deutschland „rechtshängig" im Sinne des Lösungsmodells. Die Bundesrepublik Deutschland ist damit ausschließlich für die Strafverfolgung dieser Tat zuständig. Dem Vereinigten Königreich und den Vereinigten Staaten fehlt die „Strafberechtigung" für diese Tat. Sie können damit den gesamten eingetragenen Lebenssachverhalt nicht mittels der nationalen Umsetzungsnormen der im Übereinkommen festgelegten Strafbarkeitsanforderungen verfolgen, sofern sie ebenfalls Vertragspartei der jeweiligen Übereinkommen sind.

Die Bundesrepublik Deutschland ist Vertragspartei des OECD-Übereinkommens, des UN-Übereinkommens und des Europarat-Übereinkommens. Diese wurden unterzeichnet und ratifiziert.

Das Vereinigte Königreich ist ebenfalls Vertragspartei des OECD-Übereinkommens, des UN-Übereinkommens und des Europarat-Übereinkommens, welche auch unterzeichnet und ratifiziert wurden.

Die Vereinigten Staaten sind Vertragspartei des OECD-Übereinkommens und des UN-Übereinkommens. Diese sind unterzeichnet und ratifiziert. Das Europarat-Übereinkommens ist lediglich unterzeichnet, nicht aber ratifiziert.

Der Tatortstaat, Nigeria, hat das UN-Übereinkommen ratifiziert.

Die Bundesrepublik Deutschland ist somit Vertragspartei aller Übereinkommen, die auch das Vereinigte Königreich und die Vereinigten Staaten sowie der Tatortstaat ratifiziert haben. Folglich kann die Bundesrepublik Deutschland die übrigen Staaten bei der Durchführung des Strafverfahrens gegen X vertreten. Für das Vereinigte Königreich, die Vereinigten Staaten und den Tatortstaat ist eine strafrechtliche Bewertung des Lebenssachverhalts mittels der nationalen Umsetzungsnormen der in den Übereinkommen festgelegten Strafbarkeitsanforderungen gesperrt.[1032]

1032 Dies gilt freilich nur für Fälle, in denen der Vertreterstaat einen völkerrechtlich legitimierenden Anknüpfungspunkt geltend machen kann. Der nigerianische Amtsträger könnte bspw. wohl von Nigeria verfolgt werden. Siehe dazu bereits oben unter Kap. 5 A.V.2. als Fußnote.

Somit kann X im Beispielsfall lediglich einem Strafverfahren in Deutschland ausgesetzt werden.

IV. Problematische Abwandlung

Probleme könnten sich im vorliegenden Beispielsfall allerdings ergeben, wenn die Strafverfolgungsbehörden der Vereinigten Staaten die förmliche Einleitung des Ermittlungsfahrens gegen X mittels Registereintrag zuerst vorgenommen hätten.

In diesem Fall wäre eine weitere strafrechtliche Bewertung des Lebenssachverhalts in der Bundesrepublik Deutschland und im Vereinigten Königreich auf Basis der nationalen Umsetzungsnormen des OECD-Übereinkommens und des UN-Übereinkommens gesperrt.

Da die Vereinigten Staaten allerdings das Europarat-Übereinkommen nicht ratifiziert haben[1033], wäre eine parallele Strafverfolgung wegen derselben Tat in der Bundesrepublik Deutschland und im Vereinigten Königreich auf Basis der nationalen Umsetzungsnormen des Europarat-Übereinkommens weiterhin möglich.

Dieses Ergebnis erscheint jedoch in mehrfacher Hinsicht problematisch. Dies vor allem deshalb, weil Deutschland und das Vereinigte Königreich dennoch Vertragsparteien des UN-Übereinkommens und des OECD-Übereinkommens sind.

Durch Annahme des Lösungsmodells im jeweiligen Übereinkommen wären die beiden Staaten daran gehindert, dieselbe Tat im Sinne desselben Lebenssachverhalts auf Basis der Umsetzungsnormen zum UN-Übereinkommen und zum OECD-Übereinkommen zu verfolgen, wollten denselben Sachverhalt aber nun auf Basis der Umsetzungsnormen des Europarat-Übereinkommens bewerten. Dies erscheint widersprüchlich.

Dies scheint umso bizarrer, wenn man bedenkt, dass die Strafbarkeitsanforderungen dieser drei Übereinkommen möglicherweise in der selben nationalen Strafnorm umgesetzt wurden.

Andererseits kann man argumentieren, dass die jeweiligen Übereinkommen (zusammen mit dem darin implementierten Lösungsmodell) nur inter partes wirken. Ist ein Staat keine Vertragspartei, können für ihn daraus auch keine Folgen abgeleitet werden.

1033 Sofern dies geschehen sollte, erübrigt sich diese Problematik im Beispielsfall.

V. Umfassende Sperrwirkung durch umfassendes Übereinkommen

Zur generellen Auflösung dieses Dilemmas könnte ein für alle untersuchten Anti-Korruptionsübereinkommen anwendbares ne bis in idem-Übereinkommen beitragen.

Um eine parallele Strafverfolgung in Fällen zu verhindern, in denen der ausschließlich zuständige Staat nicht Vertragspartei aller drei untersuchten Anti-Korruptionsübereinkommen ist, müsste es für die Möglichkeit einer Vertretung und der daraus folgenden Sperrwirkung ausreichend sein, wenn ein Staat mindestens eines der drei Übereinkommen ratifiziert hat.

Eine Erstreckung der Sperrwirkung auf alle drei Übereinkommen ist dabei möglich, da die Sperre bzgl. desselben Lebenssachverhalts, dessen strafrechtliche Bewertung bei Implementierung des Lösungsmodells in jedes einzelne Übereinkommen auf Basis der daraus hervorgehenden nationalen Umsetzungsnormen ohnehin bereits ausgeschlossen ist, lediglich auf die übrigen Übereinkommen ausgeweitet werden müsste. Es müsste sich also jeder Staat verpflichten, dass er einen Sachverhalt, dessen strafrechtliche Bewertung bereits auf Basis eines der Übereinkommen gesperrt ist, nicht auf Basis eines anderen bewerten wird.

Dies wäre auch mit dem Telos der Anti-Korruptionsübereinkommen vereinbar. Es geht in allen drei untersuchten Übereinkommen darum, dass Korruption bekämpft bzw. verhindert wird. Dazu ist es notwendig, dass der Korruptionsstraftäter gefasst wird und einem Strafverfahren ausgesetzt wird. Genau dies ist weiterhin möglich. Nur die Rechte des Betroffenen werden nicht mehr außen vor gelassen.

Die fehlende Legitimation, die Überwindung des inter partes Arguments, würde dabei die Ratifizierung dieses umfassenden Übereinkommens darstellen. Dies würde in dogmatischer Sicht eine Erweiterung der völkervertraglichen Kompetenzregelung zur Auflösung von Jurisdiktionskonflikten mit weitergehender Erteilung von Vertretungsmacht zur stellvertretenden Durchführung des Strafverfahrens darstellen.

Auch würden bei dieser Lösung keine Probleme mit dem OECD-Übereinkommen entstehen, das sich nur auf ausländische Amtsträger bezieht.

Eine Sperrwirkung innerhalb des OECD-Übereinkommens würde die Bewertung des Lebenssachverhalts zwar lediglich hinsichtlich der „Bestechung ausländischer Amtsträger“ ausschließen. Sofern der Täter einen Amtsträger des Tatortstaats bestochen hat, könnte der Tatortstaat in diesem Fall sodann auf Basis eines Übereinkommens, das auch die „Bestechung eines inländischen Amtsträgers" erfasst, verfolgen und der Täter wäre im Ergebnis wiederum zwei Strafverfahren ausgesetzt.

Allerdings sind alle[1034] Mitgliedsstaaten des OECD-Übereinkommens auch Mitglieder des UN-Übereinkommens[1035] bzw. des Europarat-Übereinkommens.[1036] Somit findet deren Kampf gegen Korruption auch im Inland und nicht nur im Ausland statt. Aufgrund der daraus resultierenden Sperrwirkung auch bzgl. der „Bestechung eines inländischen Amtsträgers" ist eine mehrfache Strafverfolgung damit auch in Fällen der Bestechung eines Amtsträgers des Tatortstaats ausgeschlossen.[1037]

Im Rahmen dieses Übereinkommens könnte zudem eine Zusammenführung der vorgeschlagenen zu errichtenden Gremien zu einem gemeinsamen Gremium erwogen werden, welches über Streitigkeiten in Zusammenhang mit dem vorgestellten Lösungsmodell entscheiden soll.

Die Folge dieses Vorschlags wäre ein Übereinkommen, das die Mehrfachverfolgung und -bestrafung im internationalen Korruptionsstrafrecht zu verhindern vermag.

1034 Eine Ausnahme stellt insoweit Japan dar (Stand: 26.6.2018).

1035 Das UN-Übereinkommen wurde von den meisten Mitgliedsstaaten des OECD-Übereinkommens bereits ratifiziert. Estland, Island und Slowenien sind ihm lediglich beigetreten („Accession"). Finnland, Japan und Niederlande haben angenommen („Acceptance"), vgl. http://www.unodc.org/unodc/en/corruption/ratification-status.html (Stand: 26.6.2018, zuletzt aufgerufen am 12.8.2019).

1036 Estland, Island, Finnland, Niederlande und Slowenien haben jedoch bereits das Europarat-Übereinkommen ratifiziert, vgl. https://www.coe.int/en/web/conventions/full-list/-/conventions/treaty/173/signatures (Stand: 12.8.2019, zuletzt aufgerufen am 12.8.2019). Lediglich Japan hat von den untersuchten Übereinkommen lediglich das OECD-Übereinkommen ratifiziert.

1037 Eine Ausnahme stellt insoweit eine ausschließliche Zuständigkeit Japans dar. Dann ist eine solche Mehrfachverfolgung noch möglich. Dabei ist der Beschuldigte jedoch nicht gänzlich schutzlos gestellt. Es kommen immer noch Anrechnungs- bzw. Opportunitätserwägungen in Betracht, die ihn möglicherweise vor Doppelbelastungen schützen können (wenn auch u.U. erst nach ergangenem Ersturteil). Vgl. dazu *Kato/Sagawa*, in: Sinn, Jurisdiktionskonflikte bei grenzüberschreitender Kriminalität, S. 333 f.

Hinsichtlich der Formulierung dieses Übereinkommens könnte sich am bereits gemachten Formulierungsvorschlag[1038] orientiert werden. Es wäre lediglich zusammenfassend eine Erweiterung der Anwendbarkeit auf die im OECD-Übereinkommen, UN-Übereinkommen oder Europarat-Übereinkommen verpflichtend unter Strafe zu stellenden Verhaltensweisen nötig.

VI. Fazit

Als Ergänzung zur Implementierung im jeweiligen Anti-Korruptionsübereinkommen wird die Implementierung des Lösungsmodells in einem ne bis in idem-Übereinkommen für das internationale Korruptionsstrafrecht vorgeschlagen, dem Staaten beitreten können, die wenigstens eines der untersuchten Anti-Korruptionsübereinkommen in nationales Recht umgesetzt haben. Dies würde dogmatisch eine Erweiterung der völkervertraglichen Kompetenzregelung zur Auflösung von Jurisdiktionskonflikten mit weitergehender Erteilung von Vertretungsmacht zur stellvertretenden Durchführung des Strafverfahrens bedeuten.

Die Folge wäre, dass der Täter im internationalen Korruptionsstrafrecht nur noch einer Strafverfolgung ausgesetzt wäre, da der verfolgende Staat die übrigen Staaten, die ebenfalls einen völkerrechtlich legitimierenden Anknüpfungspunkt in dieser Sache geltend machen können, bei der Durchführung des Strafverfahrens vertreten könnte, unabhängig davon welches der untersuchten Anti-Korruptionsübereinkommen diese ratifiziert haben.

1038 Siehe oben unter Kap. 5 E.II.

Kapitel 6 Gesamtergebnis

Im Laufe dieser Untersuchung hat sich herausgestellt, dass den Anti-Korruptionsvorschriften des deutschen Rechts, des FCPA und des UKBA eine enorme extraterritoriale Reichweite innewohnt, die für das Individuum vor allem bei der Bestechung eines ausländischen Amtsträgers zu einer ernstzunehmenden Gefahr einer Mehrfachverfolgung derselben internationalen Korruptionsstraftat führt. Diese Gefahr lässt sich anhand des folgenden Beispielfalls veranschaulichen:

Der deutsche Staatsbürger X, der im Vereinigten Königreich wohnt und Angestellter eines an der US-Börse gelisteten Unternehmens ist, welches auch im Vereinigten Königreich Geschäfte macht, bietet auf einer Geschäftsreise in Nigeria einem nigerianischen Amtsträger per E-Mail, die auf einem US-Server gespeichert ist, eine Bestechungszahlung für eine Dienstpflichtverletzung an, um seinem Arbeitgeber ein lukratives Geschäft zu sichern.

Bei entsprechendem lokalen Recht ergibt sich in diesem Fall die Konstellation, dass der Täter von vier Jurisdiktionen gleichzeitig strafrechtlich verfolgt werden kann.

Vor dieser Gefahr können den Täter auch nicht die jeweiligen nationalen Regelungen zum Grundsatz ne bis in idem bewahren. Diese setzen allesamt das Ergehen einer Erstentscheidung voraus und erkennen dabei (bis auf das englische Recht) eine strafklageverbrauchende Wirkung von Entscheidungen ausländischer Gerichte nicht an. Darüber hinaus findet sich ein global wirkendes Verbot der Mehrfachverfolgung weder in geltenden völkerrechtlichen Verträgen, noch kann ein solches aus Völkergewohnheitsrecht abgeleitet werden. Auch ein entsprechender allgemeiner Rechtsgrundsatz existiert nicht.

Somit ist der (mutmaßliche) Täter nach geltendem Recht nicht vor der Gefahr einer Mehrfachverfolgung und der damit einhergehenden Gefahr der Mehrfachbestrafung im internationalen Korruptionsstrafrecht geschützt.

Diese Rechtslage auf transnationaler Ebene spiegelt allein staatliche Interessen wider, die gegen ein global wirkendes ne bis in idem vorgebracht werden können. Vor allem die Interessen des Individuums und die Besonderheiten des internationalen Korruptionsstrafrechts werden nach gegenwärtiger Rechtslage übergangen. Da es jedoch gilt, alle vorhandenen Interessen zur Geltung zu bringen, ist eine Anpassung der bisherigen Rechtslage erforderlich.

Zur Lösung der vorliegenden Problematik existiert bereits eine Vielzahl an Lösungsmöglichkeiten. Diese lassen sich unterteilen in solche Modelle, die eine rechtskräftige Erstentscheidung erfordern und solche Vorschläge, die bereits vor einer verfahrensbeendenden Maßnahme eingreifen.

Da bei erstgenannten Ansätzen jedoch bis zum Ergehen der geforderten Erstentscheidung parallele Strafverfahren gegen den Beschuldigten und möglicherweise sogar mehrfache Anklagen möglich sind, sind diese abzulehnen. Eine interessengerechte Lösung muss bereits vor dem Erlass einer Erstentscheidung eingreifen.

Doch auch innerhalb dieser sog. „lis pendens"-Regelungsmodelle vermag es keines, eine zustimmungswürdige Lösung für das internationale Korruptionsstrafrecht anzubieten.

Die dort vorgeschlagenen Modelle beschränken sich entweder auf die Europäische Union, würden vorhandene Kapazitäten sprengen, sind anfällig für Missbrauch, regeln die Problematik nicht umfassend[1039], sind auf internationaler Ebene nicht konsensfähig[1040] oder würden die Anwendung ausländischen Rechts erfordern.

Aus diesem Grund ist ein Lösungsvorschlag für das internationale Korruptionsstrafrecht erforderlich, der diese Schwächen überwinden kann. Da dieser speziell auf das internationale Korruptionsstrafrecht angepasst sein soll, ist der Ursprung der weiten extraterritorialen Anwendbarkeit der untersuchten nationalen Strafnormen zu berücksichtigen.

Diese extraterritoriale Reichweite geht vor allem auf das OECD-Übereinkommen und diesem folgend das UN-Übereinkommen und das Europarat-Übereinkommen zurück. Da sich in diesen Übereinkommen jedoch ebenfalls keine Lösung für das hiesige Problem findet, bedarf es eines eigenen Lösungsmodells.

Dieses beruht auf der Überlegung, dass in Fällen, in denen mehrere Staaten einen völkerrechtlich legitimierenden Anknüpfungspunkt in derselben Sache geltend machen können, einer dieser Staaten, der das Strafverfahren letztendlich durchführt, die übrigen Jurisdiktionen bei der Durchführung des Strafverfahrens vertreten kann.

1039 Dies betrifft vor allem Modelle, die nicht regeln, was mit bereits eingeleiteten Verfahren geschehen soll oder die keine Möglichkeit eines Verfahrenstransfers oder Entscheidungsinstanz vorsehen.

1040 Dies betrifft vor allem Regelungsmodelle, die sich auf eine Rangfolge der völkerrechtlichen Anknüpfungsprinzipien oder einen maßgeblichen Kriterienkatalog festlegen wollen.

Dies entspricht dem gemeinsamen Gedanken der Anti-Korruptionsübereinkommen, demnach sich der Täter an keinem Ort der Welt einer Strafverfolgung entziehen können soll. Es ist somit ausreichend, dass gegen den Beschuldigten überhaupt ein Strafverfahren durchgeführt und zum Abschluss gebracht werden kann.

Parallele Strafverfahren sind dazu nicht unbedingt notwendig.

Nach hiesigem Vorschlag ist jede förmliche Einleitung eines Ermittlungsverfahrens in Zusammenhang mit einer Korruptionsstraftat in ein international einsehbares und beschreibbares Strafverfahrensregister einzutragen. Ab diesem Zeitpunkt soll die Sache im Rahmen dieses Lösungsmodells in der eintragenden Jurisdiktion „rechtshängig" werden. Mit Eintritt dieser „Rechtshängigkeit" ist diese Jurisdiktion für die Durchführung des Strafverfahrens ausschließlich zuständig und vertritt die übrigen Staaten.

Ist die ausschließlich zuständige Jurisdiktion festgelegt, fehlt den übrigen Staaten die „Strafberechtigung". Die Durchführung eines Strafverfahrens wegen derselben Tat ist dort folglich unzulässig.[1041]

Anschließend ist die strafrechtliche Bewertung desselben Lebenssachverhalts mittels der nationalen Umsetzungsnormen der in den jeweiligen Übereinkommen festgelegten Strafbarkeitsanforderungen für die vertretenen Jurisdiktionen gesperrt.

Die stellvertretende Durchführung des Strafverfahrens endet mit jeder nach dem Recht des Vertreterstaates verfahrensbeendenden Maßnahme.

Sofern es zentrale staatliche Interessen nicht sachgerecht erscheinen lassen, dass die ausschließliche Zuständigkeit zur Strafverfolgung nach dem hier vorgestellten Lösungsmodell festgelegt wird, ist die Möglichkeit eines Verfahrenstransfers im Einzelfall vorgesehen. In Streit- und Missbrauchsfällen hat ein einzurichtendes unabhängiges und überstaatliches Gremium zu entscheiden.

Dogmatisch stellt dieses Modell eine völkervertragliche Kompetenzregelung zur Auflösung von Jurisdiktionskonflikten dar. Die originäre Strafgewalt der vertretenen Staaten wird dabei mit Zuweisung der ausschließlichen Zuständigkeit auf den Vertreterstaat übertragen.

Als Ergänzung zur Implementierung im jeweiligen Anti-Korruptionsübereinkommen wird die Implementierung dieses Vorschlags in einem ne bis in idem-Übereinkommen für das internationale Korruptionsstrafrecht vorgeschlagen,

1041 Im deutschen Recht ist von einem Verfahrenshindernis auszugehen.

dem Staaten beitreten können, die wenigstens eines der untersuchten Anti-Korruptionsübereinkommen in nationales Recht umgesetzt haben.

Folglich wäre der (mutmaßliche) Täter im internationalen Korruptionsstrafrecht nur noch einem Strafverfahren ausgesetzt, da der verfolgende Staat die übrigen verfolgungswilligen Staaten bei der Durchführung des Strafverfahrens vertreten könnte, unabhängig davon welches der untersuchten Anti-Korruptionsübereinkommen diese ratifiziert haben.

Literaturverzeichnis

Acker, Wendelin/Ehling, Jan, Einladung in die Business-Lounge? - Strafbarkeitsrisiko bei Vergabe oder Annahme von Einladungen im geschäftlichen Verkehr, BB 2012, 2517–2522.

Adler, Adam J., Dual Sovereignty, Due Process and Duplicative Punishment: A New Solution to an Old Problem, Yale Law J. 2014, 448–483.

Amar, Akhil Reed, Double Jeopardy Law Made Simple, Yale Law J. 1997, 1807–1848.

Ambos, Kai, Internationales Strafrecht. Strafanwendungsrecht - Völkerstrafrecht - Europäisches Strafrecht - Rechtshilfe, 5. Aufl., München 2018.

Androulakis, Ioannis N., Die Globalisierung der Korruptionsbekämpfung: Eine Untersuchung zur Entstehung, zum Inhalt und zu den Auswirkungen des internationalen Korruptionsstrafrechts unter Berücksichtigung der sozialökonomischen Hintergründe, Baden-Baden 2007.

Anonym, Federal Multiple Offense Prosecutions: The Same Evidence Test and Cumulative Punishment, Wash. U. Law Rev. 1960, 98–114.

Ashe, Daniel Patrick, The Lengthening Anti-Bribery Lasso of the United States: The Recent Extraterritorial Application of the U.S. Foreign Corrupt Practices Act, Fordham L. Rev. 2005, 2897–2945.

Ashworth, Andrew/Redmayne, Mike, The Criminal Process, 4. Ed., Oxford 2010.

Bantekas, Ilias, Corruption as an International Crime and Crime against Humanity. An Outline of Supplementary Criminal Justice Policies, Journal of Int. Criminal Justice 2006, 466–484.

Beukelmann, Stephan, Europäisierung des Strafrechts – Die neue strafrechtliche Ordnung nach dem Vertrag von Lissabon, NJW 2010, 2081–2086.

Biehler, Anke/Gleß, Sabine/Parra, Nina/Zeitler, Helge Elisabeth, Analyse des Grünbuchs zum strafrechtlichen Schutz der finanziellen Interessen der EG und zur Schaffung einer Europäischen Staatsanwaltschaft. Studie im Auftrag des Haushaltsausschusses des Europäischen Parlamentes, Freiburg 2002.

Biehler, Anke/Kniebühler, Roland/Lelieur-Fischer, Juliette/Stein, Sibyl (Hrsg.), Freiburg Proposal on Concurrent Jurisdictions and the Prohibition of Multiple Prosecutions in the European Union, Freiburg 2003, abrufbar im Internet unter: https://pure.mpg.de/rest/items/item_2501949_4/component/file_3014472/content (zuletzt aufgerufen am 14.8.2019).

Bochmann, Johannes, Strafgewaltkonflikte und ihre Lösung, Frankfurt am Main [u.a.] 2015.

Borner, Silvio/Schwyzer, Christophe, Die Bekämpfung der Bestechung im Lichte der Neuen Politischen Ökonomie, in: *Pieth, Mark/Eigen, Peter (Hrsg.)*, Korruption im internationalen Geschäftsverkehr. Bestandsaufnahme. Bekämpfung. Prävention, Neuwied, Kriftel 1999, S. 17–39.

Böse, Martin, Das Rechtsgut der Auslandsbestechung (§ 335a StGB), ZIS 2018, 119–129.

Böse, Martin, Die Ermittlung der „besten" Strafgewalt im Spannungsfeld von Strafanwendungsrecht und internationaler Zuständigkeit, in: *Zöller, Mark A./Hilger, Hans/Küper, Wilfried/Roxin, Claus (Hrsg.)*, Gesamte Strafrechtswissenschaft in internationaler Dimension. Festschrift für Jürgen Wolter zum 70. Geburtstag am 7. September 2013, Berlin 2013, S. 1311–1328.

Böse, Martin/Meyer, Frank, Die Beschränkung nationaler Strafgewalten als Möglichkeit zur Vermeidung von Jurisdiktionskonflikten in der Europäischen Union, ZIS 2011, 336–344.

Böse, Martin/Meyer, Frank/Schneider, Anne, Die Regulierung strafrechtlicher Jurisdiktionskonflikte in der Europäischen Union - ein Modellentwurf, GA 2014, 572–587.

Bray, John, A World Without Bribes? Fewer Places to Hide, The World Today 07/2010, 26–27.

Brennan, Bartley A., The Foreign Corrupt Practices Act Amendments of 1998: »Death« of a Law, N.C.J. Int'l L. & Com. Reg. 1990, 229–247.

Breuer, Lanny A./Khuzami, Robert S., A Resource Guide to the U.S. Foreign Corrupt Practices Act. By the Criminal Division of the U.S. Department of Justice and the Enforcement Division of the U.S. Securities and Exchange Commission, 2012, abrufbar im Internet unter: https://www.justice.gov/criminal/fraud/fcpa/guidance/guide.pdf (zuletzt aufgerufen am 14.8.2019).

Bundesrechtsanwaltskammer, Stellungnahme der Bundesrechtsanwaltskammer zum GRÜNBUCH über Kompetenzkonflikte und den Grundsatz *ne bis in idem* in Strafverfahren KOM (2005) 696 endgültig, BRAK-Stellung nahme-Nr. 07/2006, 2006, abrufbar im Internet unter: https://www.brak.de/zur-rechtspolitik/stellungnahmen-pdf/stellungnahmen-europa/2006/maerz/stellungnahme-der-brak-2006-07.pdf (zuletzt aufgerufen am 14.8.2019).

Caeiro, Pedro, Jurisdiction in criminal matters in the EU: negative and positive conflicts, and beyond, KritV 2010, 366–379.

Caracas, Christian, § 130 OWiG – Das lange Schwert der Korruptionsbekämpfung im privaten Sektor – Teil 1, CCZ 2015, 167–170.

Caracas, Christian, § 130 OWiG – Das lange Schwert der Korruptionsbekämpfung im privaten Sektor – Teil 2, CCZ 2015, 218–223.

Carr, Indira, Development, business integrity and the UK Bribery Act 2010, in: *Horder, Jeremy/Alldridge, Peter (Hrsg.)*, Modern Bribery Law. Comparative Perspectives, Cambridge [u.a.] 2013, S. 128–159.

Chapman, Becca/Niven, Stephen, A Guide to the Criminal Justice System in England and Wales, abrufbar im Internet unter: http://webarchive.nationalarchives.gov.uk/20040105002031/http://www.homeoffice.gov.uk/rds/cjspub1.html (zuletzt aufgerufen am 14.8.2019).

Chayes, Abram/Chayes, Antonia Handler, The New Sovereignty. Compliance with International Regulatory Agreements, Cambridge, Mass. [u.a.] 1998.

Cranman, Erin M., The Dual Sovereignty Exception to Double Jeopardy: A Champion of Justice or a Violation of a Fundamental Right?, Emory Int'l L. Rev. 2000, 1641–1679.

Dann, Matthias, Und immer ein Stück weiter – Die Reform des deutschen Korruptionsstrafrechts, NJW 2016, 203–206.

Dann, Matthias, Die Bestechung ausländischer Amtsträger im Bannkreis des FCPA, in: *Hoven, Elisa/Kubiciel, Michael (Hrsg.)*, Das Verbot der Auslandsbestechung. Tagungen und Kolloquien, Baden-Baden 2016, S. 227–260.

Dannecker, Gerhard, Die Garantie des Grundsatzes „ne bis in idem" in Europa, in: *Hirsch, Hans Joachim/Wolter, Jürgen/Brauns, Uwe (Hrsg.)*, Festschrift für Günter Kohlmann. Zum 70. Geburtstag, Köln 2003, S. 593–615.

Deister, Jochen/Geier, Anton, Der UK Bribery Act 2010 und seine Auswirkungen auf deutsche Unternehmen, CCZ 2011, 12–18.

Deister, Jochen/Geier, Anton/Rew, Paul, Business as usual? Die Leitlinien zum UK Bribery Act 2010 sind veröffentlicht, CCZ 2011, 81–89.

Deiters, Mark, Das Prinzip der stellvertretenden Strafrechtspflege als Strukturelement einer föderativen Strafrechtsordnung in Europa, ZIS 2006, 472–480.

Deiters, Mark, Das neue grenzüberschreitende Korruptionsstrafrecht und die Notwendigkeit seiner prozessualen Begrenzung, in: *Herzog, Felix/Schlothauer, Reinhold/Wohlers, Wolfgang/Wolter, Jürgen (Hrsg.)*, Rechtsstaatlicher Strafprozess und Bürgerrechte. Gedächtnisschrift für Edda Weßlau, Berlin 2016, S. 51–65.

Dierlamm, Alfred, Untreue - ein Korruptionsdelikt?, in: *Schöch, Heinz/Satzger, Helmut/Schäfer, Gerhard/Ignor, Alexander/Knauer, Christoph (Hrsg.)*, Strafverteidigung, Revison und die gesamten Strafrechtswissenschaften. Festschrift für Gunter Widmaier zum 70. Geburtstag, Köln; München 2008, S. 607–615.

Dixon, Giles/Gößwein, Georg/Hohmann, Olaf, Anti-Bribery Laws: Some Comparisons Between Germany and the UK, ICLR 2013, 54–63.

Dixon, Giles/Gößwein, Georg/Hohmann, Olaf, Gesetze zur Bekämpfung der Korruption im Vereinigten Königreich Großbritannien und Nordirland sowie in der Bundesrepublik Deutschland - Eine vergleichende Betrachtung der Rechtslage -, NZWiSt 2013, 361–366.

Eckstein, Ken, Grund und Grenzen transnationalen Schutzes vor mehrfacher Strafverfolgung in Europa, ZStW 124 (2012), 490–527.

Eicker, Andreas, Transstaatliche Strafverfolgung. Ein Beitrag zur Europäisierung, Internationalisierung und Fortentwicklung des Grundsatzes ne bis in idem, Herbolzheim 2004.

Eicker, Andreas, Zur Vermeidung simultaner Strafverfahren im zwischenstaatlichen Kontext: Modell einer (über)individuell-konkreten Kriterien-Gewichtung, StV 2005, 631–637.

Eisele, Jörg, Jurisdiktionskonflikte in der Europäischen Union: Vom nationalen Strafanwendungsrecht zum Europäischen Kollisionsrecht?, ZStW 125 (2013), 1–33.

Erb, Volker/Esser, Robert/Franke, Ulrich/Graalmann-Scheerer, Kirsten/Hilger, Hans/Ignor, Alexander (Hrsg.), Löwe-Rosenberg. Die Strafprozessordnung und das Gerichtsverfassungsgesetz. Großkommentar. Band 4: §§ 112-150; Sachregister, 26. Aufl., Berlin [u.a.] 2007.

Erb, Volker/Esser, Robert/Franke, Ulrich/Graalmann-Scheerer, Kirsten/Hilger, Hans/Ignor, Alexander (Hrsg.), Löwe-Rosenberg. Die Strafprozessordnung und das Gerichtsverfassungsgesetz. Großkommentar. Band 5: §§ 151-212b, 26. Aufl., Berlin 2008.

Eser, Albin, Harmonisierte Universalität nationaler Strafgewalt: ein Desiderat internationaler Komplementarität bei Verfolgung von Völkerrechtsverbrechen, in: *Donatsch, Andreas/Forster, Marc/Schwarzenegger, Christian (Hrsg.)*, Strafrecht, Strafprozessrecht und Menschenrechte. Festschrift für Stefan Trechsel zum 65. Geburtstag, Zürich [u.a.] 2002, S. 219–236.

Eser, Albin, Kritische Würdigung der Modellentwürfe eines Regelungsmechanismus zur Vermeidung von Jurisdiktionskonflikten, in: *Sinn, Arndt (Hrsg.)*, Jurisdiktionskonflikte bei grenzüberschreitender Kriminalität. Conflicts of jurisdiction in cross-border crime situations. Ein Rechtsvergleich zum Internationalen Strafrecht. A comparative law study on international criminal law, Osnabrück 2012, S. 557–572.

Eser, Albin/Burchard, Christoph, Interlokales „ne bis in idem" in Europa? Von »westfälischem« Souveränitätspathos zu europäischem Gemeinschaftsdenken, in: *Derra, Hans-Jörg (Hrsg.)*, Freiheit, Sicherheit und Recht. Festschrift für Jürgen Meyer zum 70. Geburtstag, Baden-Baden 2006, S. 499–524.

Esser, Robert, Europäisches und Internationales Strafrecht, 2. Aufl., München 2018.

Feller, Shneur-Zalman, Concurrent Criminal Jurisdiction in the International Sphere, Isr. L. Rev. 1981, 40–74.

Fincke, Martin, Zum Begriff des Beschuldigten und den Verdachtsgraden, ZStW 95 (1983), 918–972.

Fischer, Thomas, Strafgesetzbuch mit Nebengesetzen, 66. Aufl., München 2019.

Fuchs, Helmut, Bemerkungen zur gegenseitigen Anerkennung justizieller Entscheidungen, ZStW 116 (2004), 368–371.

Geiger, Rudolf, Staatsrecht III. Bezüge des Grundgesetzes zum Völker- und Europarecht. Ein Studienbuch, 7. Aufl., München 2018.

Geisler, Markus, Die Ausgestaltung des Anklageprinzips nach amerikanischem Strafverfahrens- und Verfassungsrecht, Berlin 1998.

Geppert, Klaus, Notwendigkeit und rechtliche Grenzen der »informatorischen Befragung« im Strafverfahren, in: *Herzberg, Rolf Dietrich (Hrsg.)*, Festschrift für Dietrich Oehler. Zum 70. Geburtstag, Köln [u.a.] 1985, S. 323–344.

Geppert, Klaus, Nochmals, doch immer wieder: Zum Beginn der „Beschuldigten"-Eigenschaft, in: *Hoyer, Andreas/Müller, Henning Ernst/Pawlik, Michael/Wolter, Jürgen (Hrsg.)*, Festschrift für Friedrich-Christian Schroeder zum 70. Geburtstag, Heidelberg 2006, S. 675–690.

Gleß, Sabine, Grenzüberschreitende Beweissammlung, ZStW 125 (2013), 573–608.

Graf, Jürgen Peter/Jäger, Markus/Wittig, Petra (Hrsg.), Wirtschafts- und Steuerstrafrecht, 2. Aufl., München 2017.

Grau, Carsten/Deborah R. Meshulam/Blechschmidt, Vanessa, Der „lange Arm" des US-Foreign Corrupt Practices Act: unerkannte Strafbarkeitsrisiken auch jenseits der eigentlichen Korruptionsdelikte, BB 2010, 652–658.

Greco, Luís, Strafprozesstheorie und materielle Rechtskraft. Grundlagen und Dogmatik des Tatbegriffs, des Strafklageverbrauchs und der Wiederaufnahme im Strafverfahrensrecht, Berlin 2015.

Greco, Luís, Annäherungen an eine Theorie der Korruption, GA 2016, 249–257.

Gropp, Walter, Kollision nationaler Strafgewalten - nulla prosecutio transnationalis sine lege, in: *Sinn, Arndt (Hrsg.)*, Jurisdiktionskonflikte bei grenzüberschreitender Kriminalität. Conflicts of jurisdiction in cross-border crime situations. Ein Rechtsvergleich zum Internationalen Strafrecht. A comparative law study on international criminal law, Osnabrück 2012, S. 41–63.

Hall, Christopher L., The Foreign Corrupt Practices Act: A Competitive Disadvantage, But For How Long?, Tulane J. of Int'l. & Comp. Law 1994, 289–316.

Hannich, Rolf (Hrsg.), Karlsruher Kommentar zur Strafprozessordnung. Mit GVG, EGGVG und EMRK, 7. Aufl., München 2013.

Hauer, Judith, Zur Europäisierung der Strafverfolgung, ZIS 2007, 12–25.

Hecker, Bernd, Das Prinzip »ne bis in idem« im Schengener Rechtsraum (Art. 54 SDÜ), StV 2001, 306–311.

Hecker, Bernd, Statement: Jurisdiktionskonflikte in der EU, ZIS 2011, 60–63.

Hecker, Bernd, Die rechtlichen Möglichkeiten der Europäischen Union zur Lösung von Kompetenzkonflikten, in: *Sinn, Arndt (Hrsg.)*, Jurisdiktionskonflikte bei grenzüberschreitender Kriminalität. Conflicts of jurisdiction in cross-border crime situations. Ein Rechtsvergleich zum Internationalen Strafrecht. A comparative law study on international criminal law, Osnabrück 2012, S. 85–102.

Heger, Martin, Perspektiven des Europäischen Strafrechts nach dem Vertrag von Lissabon. Eine Durchsicht des (wohl) kommenden EU-Primärrechts vor dem Hintergrund des Lissabon-Urteils des BVerfG vom 30.6.2009, ZIS 2009, 406–417.

Heger, Martin/Pohlreich, Erol, Strafprozessrecht, 2. Aufl., Stuttgart 2018.

Hein, Lars, Zuständigkeitskonflikte im internationalen Strafrecht. Ein europäisches Lösungsmodell, Berlin 2002.

Heiß, Maximilian, Bestechung und Bestechlichkeit im geschäftlichen Verkehr. Die strafrechtliche Erfassung in Deutschland und England. Ein Vergleich, Frankfurt am Main [u.a.] 2011.

Herdegen, Matthias, Völkerrecht, 17. Aufl., München 2018.

Hobe, Stephan, Einführung in das Völkerrecht, 10. Aufl., Tübingen 2014.

Holtmeier, Jay, Cross-Border Corruption Enforcement: A Case for Measured Coordination Among Multiple Enforcement Authorities, Fordham L. Rev. 2015, 493.

Horrer, Philipp, Bestechung durch deutsche Unternehmen im Ausland. Strafrechtsentwicklung und Probleme, Frankfurt am Main [u.a.] 2011.

Hoven, Elisa, Aktuelle rechtspolitische Entwicklungen im Korruptionsstrafrecht – Bemerkungen zu den neuen Strafvorschriften über Mandatsträgerbestechung und Bestechung im geschäftlichen Verkehr, NStZ 2015, 553–560.

Hoven, Elisa, Auslandsbestechung. Eine rechtsdogmatische und rechtstatsächliche Untersuchung, Baden-Baden 2018.

Huber, Barbara, Funktion und Tätigkeit des Anklägers in England und Wales, in: *Jescheck, Hans-Heinrich/Leibinger, Rudolf (Hrsg.)*, Funktion und Tätigkeit der Anklagebehörde im ausländischen Recht, Baden-Baden 1979, S. 545–585.

Huber, Barbara, England und Wales, in: *Sinn, Arndt (Hrsg.)*, Jurisdiktionskonflikte bei grenzüberschreitender Kriminalität. Conflicts of jurisdiction in cross-border crime situations. Ein Rechtsvergleich zum Internationalen Strafrecht.

A comparative law study on international criminal law, Osnabrück 2012, S. 263–278.

Hugger, Heiner/Röhrich, Raimund, Der neue UK Bribery Act und seine Geltung für deutsche Unternehmen, BB 2010, 2643–2647.

Ipsen, Knut (Hrsg.), Völkerrecht. Ein Studienbuch, 6. Aufl., München 2014.

Isfen, Osman, Zwischen Hybris und Symbolik - die neuen Regelungen zur Auslandskorruption, JZ 2016, 228–236.

Jarass, Hans D./Pieroth, Bodo, Grundgesetz für die Bundesrepublik Deutschland. Kommentar, 15. Aufl., München 2018.

Jescheck, Hans-Heinrich/Weigend, Thomas, Lehrbuch des Strafrechts. Allgemeiner Teil, 5. Aufl., Berlin 1996.

Jeßberger, Florian, Der transnationale Geltungsbereich des deutschen Strafrechts. Grundlagen und Grenzen der Geltung des deutschen Strafrechts für Taten mit Auslandsberührung, Tübingen 2011.

Joecks, Wolfgang/Miebach, Klaus (Hrsg.), Münchener Kommentar zum Strafgesetzbuch, Band 1. §§ 1–37, 3. Aufl., München 2017.

Joecks, Wolfgang/Miebach, Klaus (Hrsg.), Münchener Kommentar zum Strafgesetzbuch, Band 5. §§ 263–358, 3. Aufl., München 2019.

Joecks, Wolfgang/Miebach, Klaus (Hrsg.), Münchener Kommentar zum Strafgesetzbuch, Band 8. Nebenstrafrecht III. Völkerstrafgesetzbuch, 3. Aufl., München 2018.

Jung, Heike, Zur »Internationalisierung« des Grundsatzes »ne bis in idem«, in: *Albrecht, Peter-Alexis/Ehlers, Alexander P. F./Lamott, Franziska/Pfeiffer, Christian/Schwind, Hans-Dieter/Walter, Michael (Hrsg.)*, Festschrift für Horst Schüler-Springorum. Zum 65. Geburtstag, Köln [u.a.] 1993, S. 493–502.

Kappel, Jan/Ehling, Jan, Wie viel Strafe ist genug? - Deutsche Unternehmen zwischen UK Bribery Act, FCPA und StGB, BB 2011, 2115–2121.

Kappel, Jan/Junkers, Florian, Die Strafbarkeit der „Auslandsbestechung" nach der Einführung des Gesetzes zur Bekämpfung der Korruption vom 26.11.2015 – ein Überblick, NZWiSt 2016, 382–387.

Kappel, Jan/Lagodny, Otto, Der UK Bribery Act - Ein Strafgesetz erobert die Welt? - Ein kritischer Diskussionsanstoß -, StV 2012, 695–701.

Kato, Katsuyoshi/Sagawa, Yukako, Japan, in: *Sinn, Arndt (Hrsg.)*, Jurisdiktionskonflikte bei grenzüberschreitender Kriminalität. Conflicts of Jurisdiction in cross-border crime situations. Ein Rechtsvergleich zum Internationalen Strafrecht. A comparative law study on international criminal law, Osnabrück 2012, S. 327–344.

Kieferle, Thomas, Bestechlichkeit und Bestechung im geschäftlichen Verkehr und entschleierte Schmiergelder, NZWiSt 2017, 391–397.

Kindhäuser, Urs/Neumann, Ulfrid/Paeffgen, Hans-Ullrich (Hrsg.), Strafgesetzbuch. Band 1. Allgemeiner Teil. §§ 1–79b, 5. Aufl., Baden-Baden 2017.

Kindhäuser, Urs/Neumann, Ulfrid/Paeffgen, Hans-Ullrich (Hrsg.), Strafgesetzbuch, Band 3. Besonderer Teil. §§ 232–358, 5. Aufl., Baden-Baden 2017.

Klengel, Jürgen Detlef W./Heckler, Andreas, Geltung des deutschen Strafrechts für vom Ausland aus im Internet angebotenes Glücksspiel. Ein Beitrag zur Frage des Erfolgsorts bei abstrakten Gefährdungsdelikten und zugleich eine Besprechung der Entscheidung des BGH v. 12.12.2000 - 1 StR 184/00, CR 2001, 243–249.

Klengel, Jürgen/Dymek, Stefanie, Criminal Compliance in Zeiten des UK Bribery Act. Extraterritoriales Antikorruptionsgesetz als Herausforderung für die Compliance-Strukturen deutscher und international tätiger Unternehmen, HRRS 2011, 22–25.

Klip, André, Strafrecht in der Europäischen Union, ZStW 117 (2005), 889–911.

Knauer, Christoph/Kudlich, Hans/Schneider, Hartmut (Hrsg.), Münchener Kommentar zur Strafprozessordnung. Band 1: §§ 1-150 StPO, München 2014.

Kniebühler, Roland Michael, Transnationales ‚ne bis in idem'. Zum Verbot der Mehrfachverfolgung in horizontaler und vertikaler Dimension, Berlin 2005.

Koehler, Mike, The Foreign Corrupt Practices Act under the Microscope, U. Penn. J. of Business L. 2012, 1–63.

Koehler, Mike, The Foreign Corrupt Practices Act in a New Era, Cheltenham, Northampton 2014.

Koepsel, Anne K., Bestechlichkeit und Bestechung im geschäftlichen Verkehr, Göttingen 2006.

Kommission der Europäischen Gemeinschaften, Mitteilung der Kommission an den Rat und das Europäische Parlament. Gegenseitige Anerkennung von Endentscheidungen in Strafsachen, KOM (2000) 495 endgültig.

Kommission der Europäischen Gemeinschaften, Grünbuch. Über Kompetenzkonflikte und den Grundsatz *ne bis in idem* in Strafverfahren, KOM (2005) 696 endgültig.

Korte, Matthias, Der Einsatz des Strafrechts zur Bekämpfung der internationalen Korruption, wistra 1999, 81–88.

Kraft, Oliver, Deutsche Unternehmen im Anwendungsbereich von FCPA und UK Bribery Act - Strafbarkeitsvoraussetzungen und Handlungsempfehlungen -, in: *Ahlbrecht, Heiko/Dann, Matthias/Wessing, Helga/Frister, Helmut/Bock,*

Dennis (Hrsg.), Unternehmensstrafrecht. Festschrift für Jürgen Wessing zum 65. Geburtstag, München 2015, S. 79–99.

Kubiciel, Michael, Core Criminal Law Provisions in the United Nations Convention Against Corruption, Int. Crim. Law Rev. 2009, 139–155.

Kubiciel, Michael, Bestechung und Bestechlichkeit im geschäftlichen Verkehr. Zu einer wettbewerbsorientierten Umsetzung des sog. Geschäftsherrnmodells in § 299 StGB, ZIS 2014, 667–673.

Kubiciel, Michael, Bekämpfung der Korruption im Gesundheitswesen - Ziel, Tragweite und Wirkungen des Referentenentwurfes, KPKp 1/2015.

Kubiciel, Michael, Facilitation Payments: A Crime?, ZIS 2015, 473–476.

Kubiciel, Michael, Auslandsbestechung und Institutionenschutz: Schutz inländischer Ordnungssysteme durch § 335a StGB, in: *Hoven, Elisa/Kubiciel, Michael (Hrsg.)*, Das Verbot der Auslandsbestechung. Tagungen und Kolloquien, Baden-Baden 2016, S. 45–59.

Kubiciel, Michael, Das Verbot der Auslandsbestechung: Bedeutungswandel und Legitimationsfragen, in: *Hoven, Elisa/Kubiciel, Michael (Hrsg.)*, Das Verbot der Auslandsbestechung. Tagungen und Kolloquien, Baden-Baden 2016, S. 13–16.

Kubiciel, Michael/Spörl, Cornelia, Gesetz zur Bekämpfung der Korruption. Stellungnahme zum Referentenentwurf des Bundesministeriums der Justiz und für Verbraucherschutz, KPKp 4/2014.

Kudlich, Hans/Hoven, Elisa, Deutsche Manager vor Gericht in Griechenland – Zur Geltung von ne bis in idem in Verfahren der Auslandskorruption, in: *Spinellis, C.D./Theodorakis, Nikolaos/Billis, Emmanouil/Papadimitrakopoulos, George (Hrsg.)*, Europe in Crisis: Crime, Criminal Justice and the Way Forward. Festschrift für Nestor Courakis. Vol. II, Athen 2017, S. 583–619.

Kühne, Hans-Heiner, Ne bis in idem in den Schengener Vertragsstaaten. Die Reichweite des Art. 54 SDÜ im deutsch-französischen Kontext, JZ 1998, 876–880.

Lackner, Karl/Kühl, Kristian, Strafgesetzbuch. Kommentar, 29. Aufl., München 2018.

LaFave, Wayne R./Israel, Jerold H./King, Nancy J./Kerr, Orin S., Criminal Procedure, 5. Ed., St. Paul, MN 2009.

Lagodny, Otto, Teileuropäisches „ne bis in idem“ durch Art. 54 des Schengener Durchführungsübereinkommens (SDÜ), NStZ 1997, 265–266.

Lagodny, Otto, Empfiehlt es sich, eine europäische Gerichtskompetenz für Strafgewaltskonflikte vorzusehen? Gutachten im Auftrag des Bundesministeriums der Justiz, Berlin, 2001, abrufbar im Internet unter: https://www.

uni-salzburg.at/fileadmin/oracle_file_imports/460066.PDF (zuletzt aufgerufen am 14.8.2019).

Lagodny, Otto, Viele Strafgewalten und nur ein transnationales ne-bis-in-idem?, in: *Donatsch, Andreas/Forster, Marc/Schwarzenegger, Christian (Hrsg.)*, Strafrecht, Strafprozessrecht und Menschenrechte. Festschrift für Stefan Trechsel zum 65. Geburtstag, Zürich [u.a.] 2002, S. 253–267.

Lagodny, Otto, Überlegungen zu einem menschengerechten transnationalen Straf- und Strafverfahrensrecht, in: *Arnold, Jörg/Burkhardt, Björn/Gropp, Walter/Heine, Günter/Koch, Hans-Georg/Lagodny, Otto/Perron, Walter/Walther, Susanne (Hrsg.)*, Menschengerechtes Strafrecht. Festschrift für Albin Eser zum 70. Geburtstag, München 2005, S. 777–795.

Lagodny, Otto, Grundkonstellationen des internationalen Strafrechts. Zugleich ein Rückblick auf das internationale Kolloquium üner "International Cooperation in Criminal Matters" an der Harvard Law School, ZStW 101 (1989), 987–1011.

Landau, Herbert, Verwirklichung eines europaweiten „ne bis in idem" im Rahmen der Anwendung des § 153c Abs. 1 Nr. 3 StPO, in: *Köbler, Gerhard/Heinze, Meinhard/Hromadka, Wolfgang (Hrsg.)*, Europas universale rechtsordnungspolitische Aufgabe im Recht des dritten Jahrtausends. Festschrift für Alfred Söllner zum 70. Geburtstag, München 2000, S. 627–646.

Laufhütte, Heinrich Wilhelm/Rissing-van Saan, Ruth/Tiedemann, Klaus (Hrsg.), Strafgesetzbuch. Leipziger Kommentar. Großkommentar. Band 1. Einleitung; §§ 1 bis 31, 12. Aufl., Berlin 2007.

Laufhütte, Heinrich Wilhelm/Rissing-van Saan, Ruth/Tiedemann, Klaus (Hrsg.), Strafgesetzbuch. Leipziger Kommentar. Großkommentar. Band 10. §§ 284 bis 305a, 12. Aufl., Berlin 2008.

Laufhütte, Heinrich Wilhelm/Rissing-van Saan, Ruth/Tiedemann, Klaus (Hrsg.), Strafgesetzbuch. Leipziger Kommentar. Großkommentar. Band 13. §§ 331 bis 358, 12. Aufl., Berlin 2009.

Leipold, Klaus/Tsambikakis, Michael/Zöller, Mark A. (Hrsg.), AnwaltKommentar StGB, 2. Aufl., Heidelberg [u.a.] 2015.

Leitner, Werner/Rosenau, Henning (Hrsg.), Wirtschafts- und Steuerstrafrecht, Baden-Baden 2017.

Lelieur, Juliette, „Transnationalising" Ne Bis In Idem: How the Rule of Ne Bis In Idem Reveals the Principle of Personal Legal Certainty, U. Law Rev. 2013, 198–210.

Letzien, Claudia, Internationale Korruption und Jurisdiktionskonflikte. Die Sanktionierung von Unternehmen im Fall der Bestechung ausländischer Amtsträger, Wiesbaden 2018.

Li, Haidong, Die Prinzipien des internationalen Strafrechts. Eine vergleichende Untersuchung zwischen dem internationalen Strafrecht der Volksrepublik China und dem der Bundesrepublik Deutschland, Pfaffenweiler 1991.

Lim, Ren-En, Parting the Fog of the UK Bribery Act 2010: A Critical Discussion of What we Do Know about the Act and Why it is in the Company's Interests to Comply with its Provisions, ICCLR 2014, 1–18.

Linke, Robert, Zwischenstaatliche Kompetenzkonflikte auf dem Gebiet des Strafrechts, in: *Oehler, Dietrich/Pötz, Paul-Günter (Hrsg.)*, Aktuelle Probleme des Internationalen Strafrechts. Beiträge zur Gestaltung des Internationalen und eines Supranationalen Strafrechts. Heinrich Grützner zum 65. Geburtstag, Hamburg 1970, S. 85–91.

Luchtman, Michiel J.J.P., Towards a Transnational Application of the Legality Principle in the EU's Area of Freedom, Security and Justice?, U. Law. Rev. 2013, 11–33.

Luther, Gerhard, Zum Verbrauch der Strafklage im internationalen Strafrecht, NJW 1968, 1026–1027.

Maas, Heiko, Wann darf der Staat strafen?, NStZ 2015, 305–309.

Maberry, J. Scott/McBride, Thaddeus Rogers/Merchant, Fatema K., FCPA Overreach? Courts Adress Personal Jurisdiction in Cases Against Foreign Defendants, Metro. Corp. C. 05/2013, 26.

Mansdörfer, Marco, Das Prinzip des ne bis in idem im europäischen Strafrecht, Berlin 2004.

Maunz, Theodor/Dürig, Günter, Grundgesetz. Kommentar, hrsg. von Herzog, Roman/ Scholz, Rupert/ Herdegen, Matthias/ Klein, Hans H. Band IV. Art. 86-106b, 81. Ergänzungslieferung, München 2017.

Mayer, Markus, Ne-bis-in-idem-Wirkung europäischer Strafentscheidungen, Frankfurt am Main [u.a.] 1992.

Meißner, Markus, Der »ausländische Bedienstete« i.S.d. § 335a Abs. 1 Nr. 2a StGB - Anwendungsprobleme und Versuch einer Begriffsbestimmung -, StV 2017, 128–132.

Meyer-Goßner, Lutz/Schmitt, Bertram (Hrsg.), Strafprozessordnung. Gerichtsverfassungsgesetz, Nebengesetze und ergänzende Bestimmungen, 62. Aufl., München 2019.

Ministry of Justice, Impact Assessment of bill on reform of the law on bribery, 2. Ed., abrufbar im Internet unter: https://www.justice.gov.uk/downloads/legislation/bills-acts/bribery-bill-ia.pdf (zuletzt aufgerufen am 14.8.2019).

Ministry of Justice, The Bribery Act 2010. Guidance about procedures which relevant commercial organisations can put into place to prevent persons associated with them from bribing (section 9 of the Bribery Act 2010),

2011, abrufbar im Internet unter: https://www.justice.gov.uk/downloads/legislation/bribery-act-2010-guidance.pdf (zuletzt aufgerufen am 14.8.2019) (zitiert: UKBA Guidance).

Ministry of Justice, The Bribery Act 2010. Quick start guide, abrufbar im Internet unter: https://www.justice.gov.uk/downloads/legislation/bribery-act-2010-quick-start-guide.pdf (zuletzt aufgerufen am 14.8.2019) (zitiert: UKBA Quick start guide).

Mitsch, Wolfgang (Hrsg.), Karlsruher Kommentar zum Gesetz über Ordnungswidrigkeiten, 5. Aufl., München 2018.

Mölders, Simone, Bestechung und Bestechlichkeit im internationalen geschäftlichen Verkehr. Zur Anwendbarkeit des § 299 StGB auf Sachverhalte mit Auslandsbezug, Frankfurt am Main [u.a.] 2009.

Münkel, Sebastian, Bestechung und Bestechlichkeit ausländischer Amtsträger. De lege lata und de lege ferenda, Baden-Baden 2013.

Murphy, Peter/Stockdale, Eric (Hrsg.), Blackstone's Criminal Practice, 12. Ed., Oxford [u.a.] 2002.

Nagel, Simone, Entwicklung und Effektivität internationaler Maßnahmen zur Korruptionsbekämpfung, Baden-Baden 2007.

Nestler, Cornelius, Europäische Verteidigung bei transnationalen Strafverfahren, in: *Schünemann, Bernd (Hrsg.)*, Ein Gesamtkonzept für die Europäische Strafrechtspflege. A Programme for European Criminal Justice, Köln [u.a.] 2006, S. 166–180.

Nestler, Cornelius, Amtsträgerkorruption gemäß § 335a (Entwurf) StGB, StV 2009, 313–320.

Neumann, Ulfrid, Normtheoretische Aspekte der Irrtumsproblematik im Bereich des „internationalen Strafrechts", in: *Britz, Guido/Jung, Heike/Koriath, Heinz/Müller, Egon (Hrsg.)*, Grundfragen staatlichen Strafens. Festschrift für Heinz Müller-Dietz zum 70. Geburtstag, München 2001, S. 589–607.

Nuvolone, Pietro, Die Kollisionsnormen auf dem Gebiete des Strafrechts in Europa, ZStW 66 (1954), 545–567.

OECD, Convention on Combating Bribery of Foreign Public Officials in International Business Transactions and Related Documents, 2011, abrufbar im Internet unter: https://www.oecd.org/daf/anti-bribery/ConvCombatBribery_ENG.pdf (zuletzt aufgerufen am 14.8.2019).

OECD, Typology on Mutual Legal Assistance in Foreign Bribery Cases, 2012, abrufbar im Internet unter: http://www.oecd.org/daf/anti-bribery/TypologyMLA2012.pdf (zuletzt aufgerufen am 14.8.2019).

Oehler, Dietrich, Theorie des Strafanwendungsrechts, in: *Oehler, Dietrich/Pötz, Paul-Günter (Hrsg.)*, Aktuelle Probleme des Internationalen Strafrechts.

Beiträge zur Gestaltung des Internationalen und eines Supranationalen Strafrechts. Heinrich Grützner zum 65. Geburtstag, Hamburg 1970, S. 110–126.

Oehler, Dietrich, Internationales Strafrecht. Geltungsbereich des Strafrechts, internationales Rechtshilferecht, Recht der Gemeinschaften, Völkerstrafrecht, 2. Aufl., Köln; München [u.a.] 1983.

O'Melveny & Myers LLP, Foreign Corrupt Practices Act. An O'Melveny Handbook, 7. Ed., 2013.

Ostendorf, Heribert, Bekämpfung der Korruption als rechtliches Problem oder zunächst moralisches Problem?, NJW 1999, 615–618.

Papathanasiou, Konstantina, Amtsträgerkorruption unter Beteiligung ausländischer und internationaler Bedienstete - die neue Gleichstellungsklausel des § 335a StGB, wistra 2016, 175–179.

Pappas, Claudia, Stellvertretende Strafrechtspflege. Zugleich ein Beitrag zur Ausdehnung deutscher Strafgewalt nach § 7 Abs. 2 Nr. 2 StGB, Freiburg im Breisgau 1996.

Partsch, Christoph, The Foreign Corrupt Practices Act (FCPA) der USA. Das amerikanische Bestechungsverbot und seine Auswirkungen auf Deutschland, Berlin 2007.

Pedrazzi, Cesare, Multinationale Unternehmen und nationale Strafgewalt, in: *Tiedemann, Klaus (Hrsg.),* Mulitnationale Unternehmen und Strafrecht, Köln [u.a.] 1979, S. 81–98.

Pelz, Christian, We observe local law – Strafrechtskonflikte in internationalen Compliance-Programmen, CCZ 2013, 234–240.

Peters, Anne, Korruption und Menschenrechte, JZ 2016, 217–226.

Pieth, Mark, Die Strafbarkeit der aktiven Bestechung ausländischer Beamter, in: *Pieth, Mark/Eigen, Peter (Hrsg.),* Korruption im internationalen Geschäftsverkehr. Bestandsaufnahme. Bekämpfung. Prävention, Neuwied, Kriftel 1999, S. 341–353.

Pieth, Mark, Internationale Harmonisierung von Strafrecht als Antwort auf transnationale Wirtschaftskriminalität, ZStW 109 (1997), 756–776.

Pieth, Mark, Strafzweck – Warum bestrafen wir Auslandsbestechung? Auslandsbestechung, internationaler Wettbewerb und universale Menschenrechte, in: *Hoven, Elisa/Kubiciel, Michael,* Das Verbot der Auslandsbestechung. Tagungen und Kolloquien. Baden-Baden 2016, S. 19–23.

Pieth, Mark/Low, Lucinda A./Bonucci, Nicola (Hrsg.), The OECD Convention on Bribery. A Commentary. A Commentary on the Convention on Combating Bribery of Foreign Public Officials in International Business Transactions of 21 November 1997, 2. Ed., Cambridge 2014.

Pörnbacher, Karl/Mark, Jonas, Auswirkungen des UK Bribery Act auf deutsche Unternehmen, NZG 2010, 1372–1375.

Radtke, Henning/Mahler, Franziska, Regelungsmodelle zur Vermeidung von Mehrfachverfolgungen derselben Tat innerhalb der Europäischen Union, in: *Steinberg, Georg (Hrsg.)*, Recht und Macht. Zur Theorie und Praxis von Strafe. Festschrift für Hinrich Rüping zum 65. Geburtstag, München 2008, S. 49–71.

Rat der Europäischen Union, Initiative der Hellenischen Republik im Hinblick auf die Annahme eines Rahmenbeschlusses des Rates über die Anwendung des „ne-bis-in-idem"-Prinzips, ABl. Nr. C 100 vom 26.4.2003, S. 24–27.

Rekate, Benjamin, Die Vermeidung von Jurisdiktionskonflikten und der Grundsatz einmaliger Strafverfolgung in einem Raum der Freiheit, der Sicherheit und des Rechts. Eine Untersuchung unter besonderer Berücksichtigung des Rahmenbeschlusses 2009/948/JI des Rates vom 30. November 2009 zur Vermeidung und Beilegung von Kompetenzkonflikten in Strafverfahren, Göttingen 2015.

Rönnau, Thomas, „Angestelltenbestechung" in Fällen mit Auslandsbezug, JZ 2007, 1084–1089.

Rotsch, Thomas (Hrsg.), Criminal Compliance. Handbuch, Baden-Baden 2015.

Roxin, Claus, Anmerkung zu BGH, 21.12.1983 - 2 StR 578/83 = BGHSt 32, 215, JR 1984, 346–349.

Roxin, Claus, Strafrecht. Allgemeiner Teil. Band II. Besondere Erscheinungsformen der Straftat, München 2003.

Roxin, Claus, Strafrecht Allgemeiner Teil. Band I. Grundlagen. Der Aufbau der Verbrechenslehre, 4. Aufl., München 2006.

Roxin, Claus, Vorteilsannahme, in: *Albrecht, Peter-Alexis/Kirsch, Stefan/Neumann, Ulfrid/Sinner, Stefan (Hrsg.)*, Festschrift für Walter Kargl zum 70. Geburtstag, 2015, S. 459–477.

Roxin, Claus/Schünemann, Bernd, Strafverfahrensrecht. Ein Studienbuch, 29. Aufl., München 2017.

Rübenstahl, Markus, Der Foreign Corrupt Practices Act (FCPA) der USA, NZWiSt 2012, 401–407.

Rübenstahl, Markus, Der Foreign Corrupt Practices Act (FCPA) der USA (Teil 2), NZWiSt 2013, 6–10.

Rübenstahl, Markus/Boerger, Björn, Der Foreign Corrupt Practices Act (FCPA) der USA (Teil 4), NZWiSt 2013, 281–286.

Rübenstahl, Markus/Boerger, Björn, Der Foreign Corrupt Practices Act (FCPA) der USA (Teil 5), NZWiSt 2013, 367–370.

Safferling, Christoph, Internationales Strafrecht. Strafanwendungsrecht - Völkerstrafrecht - Europäisches Strafrecht, Heidelberg [u.a.] 2011.

Salbu, Steven R., Bribery in the Global Market: A Critical Analysis of the Foreign Corrupt Practices Act, Wash. & Lee Law Rev. 1997, 229–287.

Saliger, Frank/Gaede, Karsten, Rückwirkende Ächtung der Auslandskorruption und Untreue als Korruptionsdelikt – Der Fall Siemens als Startschuss in ein entgrenztes internationalisiertes Wirtschaftsstrafrecht? Zugleich Besprechung zu LG Darmstadt, Az. 712 Js 5213/04 – KLs, Urteil vom 14. Mai 2007, HRRS 2008, 57–76.

Satzger, Helmut, Die Anwendung des deutschen Strafrechts auf grenzüberschreitende Gefährdungsdelikte, NStZ 1998, 112–117.

Satzger, Helmut, Internationales und Europäisches Strafrecht. Strafanwendungsrecht. Europäisches Straf- und Strafverfahrensrecht. Völkerstrafrecht, 8. Aufl., Baden-Baden 2018.

Scheint, Katharina, Korruptionsbekämpfung nach dem UK Bribery Act 2010, NJW-Spezial 2011, 440.

Schermers, Henry G., Non Bis In Idem, in: *Capotorti, Francesco/Ehlermann, Claus-Dieter/Frowein, Jochen Abr./Jacobs, Francis G./Joliet, René/Koopmans, Thijmen/Kovar, Robert (Hrsg.)*, Du droit international au droit de l'intégration. Liber Amicorum Pierre Pescatore, Baden-Baden 1987, S. 601–612.

Schmidt-Kessel, Martin, Das internationale Privatrecht als Vorbild eines transnationalen Strafanwendungsrechts?, in: *Sinn, Arndt (Hrsg.)*, Jurisdiktionskonflikte bei grenzüberschreitender Kriminalität. Conflicts of jurisdiction in cross-border crime situations. Ein Rechtsvergleich zum Internationalen Strafrecht. A comparative law study on international criminal law, Osnabrück 2012, S 65–83.

Schmitz, Roland, § 7 II Nr. 2 StGB und das Prinzip der stellvertretenden Strafrechtspflege, in: *Samson, Erich/Dencker, Friedrich/Frisch, Peter/Frister, Helmut/Reiß, Wolfram (Hrsg.)*, Festschrift für Gerald Grünwald. Zum siebzigsten Geburtstag, Baden-Baden 1999, S. 619–640.

Schomburg, Wolfgang, Die Europäisierung des Verbots doppelter Strafverfolgung - Ein Zwischenbericht, NJW 2000, 1833–1840.

Schomburg, Wolfgang/Lagodny, Otto/Gleß, Sabine/Hackner, Thomas, Internationale Rechtshilfe in Strafsachen, 5. Aufl., München 2012.

Schomburg, Wolfgang/Suominen-Picht, Irene, Verbot der mehrfachen Strafverfolgung, Kompetenzkonflikte und Verfahrenstransfer, NJW 2012, 1190–1194.

Schönberger, Christoph, Positive transnationale Jurisdiktionskonflikte - Causae, rechtliche Lösungsnotwendigkeit und -konzepte. Ein individualorientierter Beitrag zur reaktiven Bewältigung transnational iterativer Strafverfolgung und Sanktionierung und präventiven Vermeidung transnational simultaner Strafverfahren, Zürich [u.a.] 2015.

Schönke, Adolf/Schröder, Horst, Strafgesetzbuch. Kommentar, 30. Aufl., München 2019.

Schroeder, Friedrich-Christian, Die Rechtsnatur des Grundsatzes „ne bis in idem", JuS 1997, 227–231.

Schulte, Martin/Görts, Cornelius, Die SEC-Untersuchung nach dem Foreign Corrupt Practices Act, RIW 2006, 561–568.

Schünemann, Bernd, Das Strafrecht in Zeiten der Globalisierung, GA 2003, 299–313.

Schünemann, Bernd, Grundzüge eines Alternativ-Entwurfs zur europäischen Strafverfolgung, ZStW 116 (2004), 376–399.

Schünemann, Bernd (Hrsg.), Ein Gesamtkonzept für die Europäische Strafrechtspflege. A Programme for European Criminal Justice, Köln [u.a.] 2006.

Schünemann, Bernd, Die Grundlagen eines transnationalen Strafverfahrens, in: *Schünemann, Bernd (Hrsg.)*, Ein Gesamtkonzept für die Europäische Strafrechtspflege. A Programme for European Criminal Justice, Köln [u.a.] 2006, S. 93–111.

Schünemann, Bernd, Der Gesetzentwurf zur Bekämpfung der Korruption – überflüssige Etappe auf dem Niedergang der Strafrechtskultur, ZRP 2015, 68–71.

Schünemann, Bernd, Die Bestrafung der Auslandsbestechung - eine strafrechtsimperialistische Torheit?, in: *Hoven, Elisa/Kubiciel, Michael (Hrsg.)*, Das Verbot der Auslandsbestechung. Tagungen und Kolloquien, Baden-Baden 2016, S. 25–43.

Senderowitz, Stephen J./Ugarte, Ricardo E./Cortez, Marlén, Die Durchsetzung US-amerikanischer Wertpapiergesetze auf internationaler Ebene - Ausweitung auf deutsche Unternehmen, wistra 2008, 281–285.

Sieber, Ulrich/Satzger, Helmut/v. Heintschel-Heinegg (Hrsg.), Europäisches Strafrecht, 2. Aufl., Baden-Baden 2014.

Sinn, Arndt, Das Strafanwendungsrecht als Schlüssel zur Lösung von Jurisdiktionskonflikten? Rechtsvergleichende Beobachtungen, in: *Sinn, Arndt (Hrsg.)*, Jurisdiktionskonflikte bei grenzüberschreitender Kriminalität. Conflicts of jurisdiction in cross-border crime situations. Ein Rechtsvergleich zum Internationalen Strafrecht. A comparative law study on international criminal law, Osnabrück 2012, S. 501–529.

Sinn, Arndt (Hrsg.), Jurisdiktionskonflikte bei grenzüberschreitender Kriminalität. Conflicts of jurisdiction in cross-border crime situations. Ein

Rechtsvergleich zum Internationalen Strafrecht. A comparative law study on international criminal law, Osnabrück 2012.

Small, Melvin, The Presidency of Richard Nixon, Lawrence 1999.

Specht, Britta, Die zwischenstaatliche Geltung des Grundsatzes *ne bis in idem*. Zugleich ein Beitrag zur Auslegung des Art. 103 Abs. 3 Grundgesetz, Berlin [u.a.] 1999.

Spehl, Stephan J./Grützner, Thomas, "Resource Guide to the U.S. Foreign Corrupt Practices Act" ("FCPA-Guide") – Eine Hilfe für Unternehmen im Umgang mit dem FCPA, CCZ 2013, 198–204.

Spence, Matthew J., American Prosecutors as Democracy Promoters: Prosecuting Foreign Public Officials in U.S. Courts, Yale Law J. 2005, 1185–1192.

Sporkin, Stanley, The Worldwide Banning of Schmiergeld: A Look at the Foreign Corrupt Practices Act on its Twentieth Birthday, Nw. J. Int'l L. & Bus. 1998, 269–281.

Stein, Torsten/von Buttlar, Christian/Kotzur, Markus, Völkerrecht, 14. Aufl., München 2017.

Streinz, Rudolf (Hrsg.), EUV/AEUV. Vertrag über die Europäische Union und Vertrag über die Arbeitsweise der Europäischen Union, 2. Aufl., München 2012.

Stuckenberg, Carl-Friedrich, Double Jeopardy. Das Verbot doppelter Bestrafung und Strafverfolgung im US-amerikanischen Recht, Heidelberg 2001.

Sullivan, Bob, Reformulating bribery: a legal critique of the Bribery Act 2010, in: *Horder, Jeremy/Alldridge, Peter (Hrsg.)*, Modern Bribery Law. Comparative Perspectives, Cambridge [u.a.] 2013, 13–38.

Süße, Sascha/Püschel, Carolin, UKBA 2010: Erste Verurteilung mit Unternehmensbezug. Potenzielle Haftungsrisiken für Unternehmen wieder stärker im Fokus, ZRFC 2015, 82–87.

Tarun, Robert W., Basics of the Foreign Corrupt Practices Act. What Every General Counsel, Transactional Lawyer and White Collar Criminal Lawyer Should Know, 2006, abrufbar im Internet unter: https://www.lw.com/upload/pubContent/_pdf/pub1287_1.pdf (zuletzt aufgerufen am 14.8.2019).

Teicke, Tobias/Mohsseni, Soleiman, Facilitation Payments - Haftungsrisiken für Unternehmen nach deutschem Recht, FCPA und UK Bribery Act, BB 2012, 911–917.

Thomas, Herbert, Das Recht auf Einmaligkeit der Strafverfolgung. Vom nationalen zum internationalen ne bis in idem. Eine rechtsvergleichende Erörterung unter besonderer Berücksichtigung des Rechts der Bundesrepublik Deutschland, Englands, Schottlands und der USA sowie Art. 54 SDUE, Baden-Baden 2002.

Thorhauer, Nathalie Isabelle, Jurisdiktionskonflikte im Rahmen transnationaler Kriminalität. Zur Koordination der Strafgewalten über natürliche Personen und Unternehmen in der Europäischen Union, Baden-Baden 2019.

United Nations Office on Drugs and Crime, Legislative Guide for the Implementation of the United Nations Convention Against Corruption, New York 2006, abrufbar im Internet unter: https://www.unodc.org/pdf/corruption/CoC_LegislativeGuide.pdf (zuletzt aufgerufen am 14.8.2019).

United Nations Office on Drugs and Crime, Technical Guide to the United Nations Convention Against Corruption, New York 2009, abrufbar im Internet unter: https://www.unodc.org/documents/corruption/Technical_Guide_UNCAC.pdf (zuletzt aufgerufen am 14.8.2019).

v. Gerlach, Jürgen, Die Begründung der Beschuldigteneigenschaft im Ermittlungsverfahren, NJW 1969, 776–781.

v. Heintschel-Heinegg (Hrsg.), Beck'scher Online Kommentar StGB, 42. Ed., Stand: 01.05.2019, München 2019.

v. Mangoldt, Hermann/Klein, Friedrich/Starck, Christian, Grundgesetz. Band 3. Artikel 83-146. Kommentar, hrsg. von Voßkuhle, Andreas/Huber, Peter M., 7. Aufl., München 2018.

van Aaken, Anne, Die VN-Konvention gegen Korruption: Alter Wein in neuen Schläuchen?, in: *Hofmann, Rainer/Pfaff, Christina (Hrsg.)*, Die Konvention der Vereinten Nationen zur Bekämpfung der Korruption. Betrachtungen aus Wissenschaft und Praxis, Baden-Baden 2006, S. 9–39.

van den Wyngaert/Stessens, Guy, The International Non Bis In Idem Principle: Resolving Some of the Unanswered Questions, Int'l. & Comp. Law Q. 1999, 779–804.

Vander Beken, Tom/Vermeulen, Gert/Lagodny, Otto, Kriterien für die jeweils „beste“ Strafgewalt in Europa. Zur Lösung von Strafgewaltskonflikten jenseits eines transnationalen Ne-bis-in-idem, NStZ 2002, 624–628.

Vander Beken, Tom/Vermeulen, Gert/Steverlynck, Soetekin/Thomaes, Stefan, Finding the Best Place for Prosecution. European study on jurisdiction criteria, Antwerpen-Apeldoorn 2002.

Vogel, Joachim, Internationales und europäisches ne bis in idem, in: *Hoyer, Andreas/Müller, Henning Ernst/Pawlik, Michael/Wolter, Jürgen (Hrsg.)*, Festschrift für Friedrich-Christian Schroeder zum 70. Geburtstag, Heidelberg 2006, S. 877–893.

von Münch, Ingo/Kunig, Philip (Hrsg.), Grundgesetz Kommentar. Band 2: Art. 70 bis Art. 146, 6. Aufl., München 2012.

Voulgaris, Dimitrios, Transnationales „ne bis in idem“ zwischen staatlicher Schutz- und Achtungspflicht. Grundlagen der „ne bis in idem“-Problematik, Berlin 2016.

Walter, Tonio, Angestelltenbestechung, internationales Strafrecht und Steuerstrafrecht - Entgegung auf Randt, BB 2000, 1006 -, wistra 2001, 321–327.

Walter, Tonio, Einführung in das internationale Strafrecht, JuS 2006, 870–873.

Walther, Felix, Bestechlichkeit und Bestechung im geschäftlichen Verkehr - Internationale Vorgaben und deutsches Strafrecht, Freiburg im Breisgau 2011.

Waßmer, Martin Paul, Die Sanktionierung von Auslandsbestechung nach dem OWiG, in: *Hoven, Elisa/Kubiciel, Michael (Hrsg.)*, Das Verbot der Auslandsbestechung. Tagungen und Kolloquien, Baden-Baden 2016, S. 165–182.

Weidemann, Jürgen, Zur Angestelltenbestechung: Die Bedeutung des § 299 III StGB für § 4 V S. 1 Nr. 10 S. 1 EStG, RIW 2006, 370–372.

Weigend, Thomas, Funktion und Tätigkeit der Staatsanwaltschaft in den U.S.A., in: *Jescheck, Hans-Heinrich/Leibinger, Rudolf (Hrsg.)*, Funktion und Tätigkeit der Anklagebehörde im ausländischen Recht, Baden-Baden 1979, S. 587–679.

Weigend, Thomas, Internationale Korruptionsbekämpfung - Lösung ohne Problem?, in: *Pawlik, Michael/Zaczyk, Rainer (Hrsg.)*, Festschrift für Günther Jakobs: zum 70. Geburtstag am 26. Juli 2007, Köln; München [u.a.] 2007, S. 747–765.

Weigend, Thomas, Strafanwendungsrecht bei Auslandskorruption, in: *Hoven, Elisa/Kubiciel, Michael (Hrsg.)*, Das Verbot der Auslandsbestechung. Tagungen und Kolloquien, Baden-Baden 2016, S. 109–122.

Weigend, Thomas, Das „Opportunitätsprinzip“ zwischen Einzelfallgerechtigkeit und Systemeffizienz, ZStW 109 (1997), 103–121.

Weiß, Matthias, UK Bribery Act 2010: Einführung in die Straftatbestände der Bestechung ausländischer Amtsträger und die Strafbarkeit von Unternehmen, HRRS 2014, 293–297.

Weißer, Bettina, Das Prinzip der Weltrechtspflege in Theorie und Praxis, GA 2012, 416–433.

Wittig, Petra, Wirtschaftsstrafrecht, 4. Aufl., München 2017.

Wollschläger, Sebastian, Die Anwendbarkeit des § 299 StGB auf Auslandssachverhalte - frühere, aktuelle und geplante Tatbestandsfassung, StV 2010, 385–390.

Wolter, Jürgen (Hrsg.), SK-StPO. Systematischer Kommentar zur Strafprozessordnung. Mit GVG und EMRK. Band II. §§ 94-136a StPO, 5. Aufl., Köln 2016.

Wolter, Jürgen (Hrsg.), SK-StPO. Systematischer Kommentar zur Strafprozessordnung. Mit GVG und EMRK. Band III. §§ 137-197 StPO, 5. Aufl., Köln 2016.

Wörner, *Liane/Wörner*, *Matthias*, Deutschland, in: *Sinn*, *Arndt (Hrsg.)*, Jurisdiktionskonflikte bei grenzüberschreitender Kriminalität. Conflicts of jurisdiction in cross-border crime situations. Ein Rechtsvergleich zum Internationalen Strafrecht. A comparative law study on international criminal law, Osnabrück 2012, S. 203–262.

Zieher, *Wolfgang*, Das sog. Internationale Strafrecht nach der Reform. Der Rechtsgrund bei Straftaten im Ausland nach den §§ 5 und 6 StGB, Berlin 1977.

Zimmermann, *Frank*, Strafgewaltkonflikte in der Europäischen Union. Ein Regelungsvorschlag zur Wahrung materieller und prozessualer strafrechtlicher Garantien sowie staatlicher Strafinteressen, Baden-Baden 2014.

Zimmermann, *Till*, Das Unrecht der Korruption. Eine strafrechtliche Theorie, Baden-Baden 2018.

Deutsches, europäisches und internationales Strafrecht und Strafprozessrecht

Herausgegeben von Martin Paul Waßmer

Band 1 Jan-Maximilian Zeller: Folter vor dem Forum des Rechts. 2014.

Band 2 Heiko Löw: Strafrechtliche Risiken der unterlassenen Aufklärung über Vertriebsprovisionen. 2016.

Band 3 Navid Aliabasi: Die staatsgefährdende Gewalttat. Eine Analyse der §§ 89a, 89b und 91 StGB. 2017.

Band 4 Eva Maria Bongartz: Korruptionsstrafbarkeit niedergelassener (Vertrags-)Ärzte wegen bevorzugender Verordnung von Arznei-, Heil- und Hilfsmitteln. Eine Untersuchung des Phänomens, des Neuregelungsbedürfnisses der Bestechlichkeit von Ärzten und der neu eingeführten §§ 299a, 299b StGB. 2017.

Band 5 Dominik Bender: Strafrechtliche Risiken des Directors einer Private Company Limited by Shares mit Verwaltungssitz in Deutschland. Eine Untersuchung unter besonderer Berücksichtigung der nationalen Rechtsprechung im Spiegel der Judikatur des Europäischen Gerichtshofs. 2017.

Band 6 Martin J. Kirstgen: Die Strafbarkeit deutscher Ärzte wegen elektiver Wunschamputationen aufgrund von Body Integrity Identity Disorder (BIID). 2018.

Band 7 Corinna Reckmann: Strafrechtliche Aspekte des Versandes wettbewerbsrechtlicher und urheberrechtlicher Abmahnungen. 2018.

Band 8 Wolfgang Peetz: Der strafrechtliche Eigentumsschutz in Spanien und Deutschland. 2019.

Band 9 Phillip Dominik: Strafbarkeit von pharmakologischem Neuroenhancement zur kognitiven Leistungssteigerung. 2019.

Band 10 Volker Müller: Das Entschädigungsverfahren nach dem Gesetz zur Reform der strafrechtlichen Vermögensabschöpfung. 2019.

Band 11 Martin Wilke: Strukturelle Vorgaben der Strafprozessordnung für die Vernehmung zur Sache. Die Entstehung der Vernehmungsstruktur des § 69 StPO unter besonderer Berücksichtigung der Teilhabemöglichkeiten der Verteidigung – zugleich eine Gegenüberstellung mit aussagepsychologischen Grundsätzen. 2020.

Band 12 Thomas Kieferle: Die Gefahr der Mehrfachverfolgung und Mehrfachbestrafung im internationalen Korruptionsstrafrecht. Am Beispiel Deutschlands, Großbritanniens und der Vereinigten Staaten. 2020.

www.peterlang.com

Kolibri 360 GmbH
Ferdinand-Jühlke-Straße 7
99095 Erfurt, Deutschland
produktsicherheit@kolibri360.de

Druck:
CPI Druckdienstleistungen GmbH
im Auftrag der
Kolibri 360 GmbH
Ferdinand-Jühlke-Str. 7
99095 Erfurt